AF741914

La trace et le sentier

Mélanges dédiés
au professeur Dominique Sarr

Tome 1

Études réunies par

Mamadou BADJI, Amadou Abdoulaye DIOP
et Paul NGOM

La trace et le sentier

Mélanges dédiés au professeur Dominique Sarr

Tome 1

Sénégal
L'Harmattan

Mise en pages et composition :

Charles BECKER

© L'Harmattan-Sénégal - 2019
10 VDN, Sicap Amitié 3, lot. Cité Police
Dakar, Sénégal
http://harmattansenegal.com
senharmattan@gmail.com

ISBN : 978-2-343-18068-7
EAN : 9782343180687

Dominique Sarr

I - Naissance

Dominique Sarr est né à Fadiouth, le 9 novembre 1943.

II – Formation, distinctions et titres

A - Études primaires et secondaires

Dominique Sarr a eu un parcours scolaire et secondaire qui, au gré des affectations de son père, gendarme, s'est déroulé entre Abidjan (Côte d'Ivoire), Bignona et Saint-Louis du Sénégal.

- De 1949 à 1954, il vit avec ses parents à Abidjan, en Côte d'Ivoire.
- De 1954 à 1957, il est de retour au bercail où le devoir appelle son père, affecté à Bignona, en Casamance. C'est là que Dominique Sarr, inscrit au

Cours moyen 2e année (CM 2), obtient les premiers diplômes d'études au Sénégal : le certificat d'études primaires (CEP) et l'entrée en sixième, avant de subir plus tard l'examen du brevet d'études du premier cycle du second degré (BEPC) au collège de Ziguinchor qu'il obtient en 1962.

- Il entre alors au lycée Faidherbe de Saint-Louis.
- De 1964 à 1967, étant à Dakar, à la faveur de l'affectation de son père, dans la capitale, il travaille comme surveillant au lycée Blaise Diagne, puis passe et obtient le baccalauréat en 1965.

B – Études supérieures

- Inscription à la faculté des sciences juridiques et économiques de l'université de Dakar.
- Licence en droit en 1969.
- DES en histoire du droit.
- Thèse de doctorat en droit (option "histoire du droit") soutenue devant la faculté de droit de Montpellier (en France), le 1er octobre 1980. Thèse validée avec la mention Très honorable et les félicitations du jury (Prix de thèse).
- Concours d'agrégation organisé par le CAMES (Conseil africain et malgache pour l'enseignement supérieur) en novembre 1983, à Abidjan, en Côte d'Ivoire. Agrégé des facultés de droit.

II – Vie professionnelle, responsabilités administratives et engagement civique

A – Carrière universitaire

- Assistant en histoire du droit à la faculté des sciences juridiques et économiques de l'université de Dakar, de 1974 à 1980.
- Maître-assistant, de 1980 à 1983.
- Maître de conférence agrégé, de 1983 à 1988.
- Inscription sur les listes d'aptitude aux fonctions de professeur titulaire (LAFPT) du CAMES, en 1988.
- Nommé dans les fonctions de professeur titulaire des universités, par décret du président de la République, le 9 mai 1990.

B – Responsabilités administratives

- Chef du département d'histoire du droit et des institutions, de 1979 à 1985 ;
- Assesseur du doyen de la faculté des sciences juridiques et économiques, de 1985 à 1988 ;
- Membre de l'Assemblée de l'université de Dakar, de 1985 à 1988.

C – Engagement civique

1 – Un laïc au service de l'Église

Dominique Sarr a été entre autres :

- Responsable de la jeunesse étudiante catholique (JEC), de 1965 à 1967. Quelques années plus tard, devenu agent de la fonction publique, il devient membre des Équipes enseignantes où les valeurs de l'Église devaient être défendues car menacées, voire combattues, dans un système laïcisé à outrance.
- Membre de l'ACCD (Association des cadres catholiques de Dakar).
- Membre du conseil paroissial de Sacré-Cœur, membre de la commission SEP (Secrétariat épiscopal pour la pastorale) – Catéchèse - Vocations.

2 – Un militant politique

- Membre du GRESEN [1] ;
- Membre du GER [2] et de l'École des cadres du Parti Socialiste (PS) ;
- Militant et membre du comité central du PS.

Décédé le 11 novembre 1988.

[1] Groupe d'études pour un Sénégal nouveau, créé au lendemain de l'accession du président Abdou Diouf au pouvoir.

[2] Groupe d'études et de réflexions, créé par des cadres et des intellectuels proches du Parti Socialiste.

Principales publications

- 1975, Le fait colonial devant la Cour de cassation, Mémoire de DEA, en histoire du droit, université Montpellier 1.
- 1975, « La Chambre spéciale d'homologation de la Cour d'appel de l'A.O.F. et les coutumes pénales de 1903 à 1920 », *Annales Africaines*, Paris, Pedone, p. 101-115.
- 1975, « La jurisprudence des tribunaux indigènes du Sénégal. Les causes de rupture du lien matrimonial de 1872 à 1946 », *Annales Africaines*, Paris, Pedone, p. 143 et s.
- 1980, La Cour d'appel de l'A.O.F., Université Montpellier 1, Thèse de droit.
- 1987, « Une juridiction supérieure coloniale : la Cour d'appel de l'Afrique Occidentale Française dans le premier tiers du 20e siècle », *Droit et Cultures, Revue semestrielle d'anthropologie et d'histoire*, *13*, p. 59-67.

Avant-Propos

Mamadou Badji

Agrégé des facultés de droit, professeur d'histoire du droit
Doyen de la faculté des sciences juridiques et politiques
Université Cheikh Anta Diop de Dakar (Sénégal)

La mort brutale du professeur Dominique Sarr a plongé ses proches, ses amis et ses étudiants dans la peine en même temps qu'elle creusait un vide institutionnel.

Dominique Sarr était en effet demeuré fidèle à l'institution où il avait acquis ses titres universitaires. Il fut, jusqu'à son rappel à Dieu en 1988, l'un des phares de la faculté de droit de Dakar, continuateur des maîtres prestigieux qui l'avaient formé. Il y dispensa des enseignements et s'y dévoua en prenant en charge des responsabilités administratives diverses ; on retiendra au titre des plus marquantes la direction du département d'histoire du droit et des institutions, puis l'opiniâtreté mise à la gestion des activités de nature ou à caractère pédagogique aux côtés du doyen, dont il parut évident qu'il devienne l'assesseur. Il avait la faveur de ses pairs, qui lui faisaient confiance.

Il y a déjà quelques années, l'idée de lui rendre un hommage par la publication d'études qui lui seraient offertes avait été avancée, mais n'a pu se concrétiser jusqu'à ce jour.

En rejoignant le Ciel, le professeur Dominique Sarr abandonnait pour la première fois, mais aussi, définitivement, les amphithéâtres dont il aura passé des années à arpenter les couloirs. Pour autant, son esprit reste présent à jamais dans les hémicycles scientifiques.

Premier agrégé d'histoire des institutions d'Afrique au sud du Sahara, Dominique Sarr aura marqué de nombreuses générations d'étudiants, tant dans l'enseignement que dans la recherche scientifique.

Esprit curieux, il fut un homme d'ouverture qui prit une part décisive dans la création dans les programmes officiels de l'université de Dakar des enseignements d'histoire du droit et des institutions. Discret, « laïc rayonnant, pétri de qualités humaines et chrétiennes », il savait aussi être attentif au devenir des uns et aux difficultés des autres bien plus qu'il n'y laissait paraître.

Estimant, à l'instar de Bernard Durand, que l'université doit, conformément à sa tradition et par vocation, former non seulement des techniciens du droit mais surtout des juristes, le professeur Sarr a toujours jeté un regard critique sur le contenu de l'enseignement du droit, en exigeant une mise en relation avec le développement d'une culture générale de l'étudiant, orientée vers l'étude de l'évolution des institutions juridiques et des autres disciplines.

Parallèlement à ses fonctions de professeur, Dominique Sarr s'est particulièrement intéressé à la recherche, défrichant de nombreux champs dans le domaine de l'histoire de la justice, notamment, où ses intuitions savoureuses continuent de nourrir de leur pertinence nos curiosités intellectuelles et occupent une place de choix dans les débats actuels sur la justice et l'État de droit.

On remarquera dans ces *Mélanges* offerts à sa mémoire, des contributions de ses collègues, d'amis ou de disciples plus jeunes. Ces études transcendent les frontières disciplinaires, émanent d'horizons divers. En effet, elles sont aux confins du droit et de la science juridique, appellent une transversalité impliquant des matières telles que : droit civil, droit constitutionnel, droit du travail, et indispensable histoire du droit. Chacune constitue un vibrant hommage rendu aux qualités intellectuelles de l'universitaire, mais aussi à celles de l'homme qui lui est indissociable.

Ce bref propos est aussi l'occasion, pour finir, de saluer la collaboration précieuse de Charles Becker à l'édition de cet ouvrage, dont la publication n'aurait pas été possible sans son appui et ses conseils.

I - TÉMOIGNAGES

Témoignage de Madame Madeleine, épouse Dominique SARR

Dominique, tu es né à Fadiouth le 9 novembre 1943.

Fils aîné de François Sanghol Sarr, de lignée maternelle Diakhanora, et de Marie Kara Ndioufa Ndeb Sarr, de lignée Soos, tu étais le frère puiné d'une sœur qui n'a pas vécu.

Dans les jours qui suivirent, tu fus baptisé par le père Caudron, le 14 novembre 1943.

Ton parrain fut Dominique Diam Ndong, grand ami et parent de Papa Sanghol.

Ton prénom traditionnel ne figure pas dans ton extrait de naissance, mais comme tout nouveau-né, tu en avais un, celui qui t'avait été donné au moment de la cérémonie du huitième jour, au cours de laquelle la famille et la communauté te recevaient sous une identité bien définie !

Nous pouvons aussi retenir celui de ton parrain homonyme, car tu fus un homme de paix, Dominique !

À ta signature, tu avais ajouté le prénom Ngor !

On devine quel a été le bonheur de tes jeunes parents qui t'avaient prodigué toute l'attention et tous les soins requis pour la croissance et le développement harmonieux d'un enfant qui représentait tant de promesses de survie des deux branches de ta famille !

Dans toutes les cultures humaines, la naissance d'un garçon est une bénédiction, non seulement pour ses géniteurs, mais aussi pour la famille élargie !

Ta naissance fut, à juste titre, prémices de prospérité et de prestige pour tous !

Dominique, ton père a été l'un des premiers fils de Fadiouth, sinon le premier, à embrasser une carrière professionnelle dans la gendarmerie nationale sénégalaise !

Parvenu au grade de sous-officier, il faisait l'objet de nombreuses affectations dans les différentes régions de notre pays et même dans les pays voisins !

Voilà pourquoi ton enfance à Fadiouth a été finalement de courte durée !

Cela explique aussi le fait que tu n'aies pas été immergé assez longtemps dans le milieu pour en maîtriser les aspects culturels tels que la langue, par exemple !

Certains t'en avaient fait le reproche, comme si tu étais de ceux qui reniaient leurs origines !

C'était loin d'être le cas ! Au contraire, tu vivais cela comme une sorte de handicap à surmonter !

Mais de ce point de vue, il était absolument impossible de rattraper toutes ces années qui t'auraient permis de parler sérère comme un authentique fadiouthien !

Heureusement, il y a tant d'autres manières qui permettent de se souder au milieu et au clan familial.

Tu étais le petit-fils d'Édouard Roog Ndjila Sarr, de lignée Fata-Fata et de Louise Diaher Ndiambar Diouf.

Nos deux familles se rejoignaient déjà et j'aurai l'occasion d'y revenir en retraçant le parcours qui nous aura conduit l'un vers l'autre !

À l'époque ou la tradition du lévirat assurait une certaine cohésion dans la famille en évitant la dispersion des enfants et du patrimoine, ta famille était composée de plusieurs branches très soudées aujourd'hui, sous la conduite éclairée du cardinal Sarr.

Sur le plan scolaire, les nombreux séjours de la famille hors du Sénégal n'ont pas été de tout repos pour toi. Les différentes affectations du gendarme François Sanghol Sarr t'avaient obligé à fréquenter de nombreuses écoles, ici et là, dans différentes régions de notre pays et même en Guinée Conakry, en passant par la Côte d'Ivoire !

Nous pouvons relever les étapes suivantes de ta vie scolaire :

- De 1949 à 1954, la famille est à Abidjan, en Côte d'Ivoire.
- De 1954 à 1956, tes parents résident à Bignona, en Casamance.
- En 1956-57, ton père fut affecté à Kolda. Mais tu restes à Bignona pour cette année charnière du Cours moyen 2e année (CM2) qui sanctionne les premiers diplômes d'études au Sénégal !

Tu obtenais alors le certificat d'études primaires (CEP) et réussissais l'entrée en sixième !

Tu résidais chez le père de Caroline Faye, première femme députée, puis ministre au Sénégal !

- En 1957-58, la famille est en Guinée Conakry, mais tu restes en Casamance.

Tu retrouvais tes parents à Labé pendant les vacances !

- De 1958 à 1961, la famille vit à Saint-Louis.
- De 1961 à 1964, Papa Sanghol est affecté à Kaolack.

Dans ces différentes villes, tu fréquentais les écoles de la Mission Catholique, où responsables et enseignants ont su t'inculquer les valeurs qui ont établi la renommée de ces écoles privées : amour du travail bien fait, sens de l'effort et formation humaine et chrétienne !

C'est en 1962 que tu décroches le brevet d'études du premier cycle du second degré (BEPC) au collège de Ziguinchor.

Après le brevet, tu entres au lycée Faidherbe de Saint-Louis et deviens un des responsables de la Jeunesse étudiante catholique (JEC). Quelques années plus tard, devenu agent de la fonction publique, tu étais aussi membre des Équipes enseignantes où les valeurs de l'Église devaient être défendues car menacées, voire combattues, dans un système laïcisé à outrance !

- De 1964 à 1967, tu réintègres la famille à la faveur de l'affectation de ton père à Dakar.

Tu travailles comme surveillant au lycée Blaise Diagne et tu obtiens le baccalauréat en 1965.

Plus d'un élève de cet âge aurait souffert de tous ces changements d'établissements et même de « milieu familial », mais tu avais fait preuve d'une grande faculté d'adaptation, même à l'âge critique de l'adolescence !

Le sérieux et la grande motivation dont tu faisais montre dès l'école primaire et tout au long de tes études secondaires et supérieures allaient aboutir aux grands succès amassés !

Tous ces changements en auraient découragé plus d'un ! Mais tu avais admirablement surmonté ces difficultés, car tu n'avais fait aucun redoublement de classe, même au début de l'âge critique de l'adolescence !

Nous pouvons déjà signaler que ce fut à cette période que tu apportais à Maman Kara un soutien précieux dans ses responsabilités de mère toujours sur la brèche, dans une famille qui ne comptait que des garçons à cette époque !

Mais qui aurait pu imaginer que ce petit enfant allait porter la renommée de ta famille au sommet sur le plan intellectuel ?

Tu représentais aussi une garantie de renouvellement des générations et de la transmission du patronyme familial.

C'est au fil des rencontres familiales que tout le monde pouvait découvrir les liens importants qui existaient entre nous.

On avait ainsi l'occasion de mesurer la valeur qu'il attachait à la famille et son souci de la voir préserver son unité dans la solidarité.

Au moment où nous nous engagions dans la vie à deux, l'université t'avait attribué un appartement au bloc des Madeleines, sur l'avenue de la République, à l'angle de la corniche Ouest.

Nous étions paroissiens de la cathédrale et, à ce titre, appelés à participer aux activités organisées au niveau de la communauté laïque.

J'animais la retransmission de la grande messe du dimanche à la chaine principale de Radio Sénégal (RTS).

Au conseil paroissial, tu retrouvais ta collègue feue Élisabeth Michelet et nous étions parfois sollicités pour apporter notre témoignage lors de sessions de formation des jeunes de la paroisse.

Je me rappelle, en particulier, celle où les jeunes étaient invités à réfléchir et à échanger sur les exigences de l'engagement dans le mariage chrétien.

C'était la première fois que nous participons à ce genre de session.

Tout se passait dans une atmosphère « studieuse » ce matin-là et tous étaient attentifs à l'exposé introductif que tu présentais.

Puis vint la séquence questions-réponses.

Tout se passait bien quand, du fond de la salle, un des jeunes nous interpella à haute voix !

« Et si c'était à refaire ? » Éclats de rire puis silence gêné et suspense !

Un brin malicieux, n'est-ce pas ?

Nous étions encore dans l'antichambre du mariage !

À quelle réponse pouvait-il s'attendre ?

Nous avions répondu, non pas avec des mots, mais un sourire et un long échange du regard !

Ils en avaient bien saisi le sens et nous eûmes droit à des applaudissements que l'auteur de la question avait dû commencer !

À cette période, il nous avait été donné de vivre une petite expérience œcuménique avec des agents expatriés français évoluant dans des sociétés comme l'OFADEC ou l'ORSTOM, aujourd'hui l'INRA.

Il y avait aussi des ressortissants Rwandais qui avaient dû quitter leur pays pour les raisons qui allaient conduire au génocide de 1994 !

Ils étaient protestants en majorité et les rencontres régulières qui nous rassemblaient parfois, autour d'un repas partagé, étaient profitables à chacune et à chacun !

Marguerite, l'épouse de Jean, était aussi professeur de Français au lycée Van Vollenhoven.

Ces liens amicaux entre chrétiens m'avaient permis de collaborer avec feu Jean Carbonare, directeur de l'OFADEC, une ONG américaine implantée au Sénégal oriental.

Jean m'avait invitée à les raccompagner lors d'une visite de responsables de ladite structure pour les besoins de la traduction !

L'espace d'un week-end, j'avais pu mesurer le grand écart qui existait dans la rémunération accordée par une ONG et le salaire mensuel d'un fonctionnaire sénégalais presque en fin de carrière !

Mais là aussi, c'était une règle générale ! Il fallait faire avec, même si l'on était titulaire de diplômes français !

Le père de famille attentionné

Homme de grand cœur, tu avais fait d'Étienne l'aîné de notre famille, Dominique !

Au fil des années, une belle complicité s'était instaurée entre toi et lui !

Aujourd'hui, il exerce avec bonheur son rôle de grand frère protecteur et de bon conseil.

Il faisait montre de tant d'affection pour ses parents et pour ses frères et sœurs !

Dès les premières années, Dieu nous faisait le don inestimable de la naissance de François !

Tu devenais PÈRE ! Joie immense pour toi comme pour moi !

J'étais si fière de t'avoir « donné un garçon, un héritier », pour utiliser le langage convenu !

C'était de bon augure ! De tes fils, tu allais faire des *hommes* pétris de tes qualités humaines, spirituelles et intellectuelles !

Nos deux familles étaient ravies !

À la fin de l'année académique, tes collègues expatriés organisaient des diners à tour de rôle et rivalisaient d'originalité par les menus proposés.

Je me souviens que le professeur Bernard Durand avait beaucoup de succès pour la qualité des repas concoctés par lui-même !

Les sorties que tu préférais, c'étaient les diners au restaurant pour les fêtes de fin d'année !

Les enfants grandissaient, et nous nous découvrions chaque jour davantage !

L'atmosphère à la maison était gaie avec les facéties des garçons et beaucoup d'attentions de ta part !

Étienne était ton bras dans le domaine « technique », car tu n'étais pas bricoleur !

Dès que tu étais bloqué par quelque problème (radio ou télévision), tu l'appelais à la rescousse !

Nous partions d'un bon éclat de rire en t'entendant l'appeler dans le couloir : « Étienne, viens voir ! »

D'un pas rapide, il te rejoignait et trouvait la solution, la source de la petite panne !

Pour les serrures des portes, tu allais passer aux ateliers de l'université !

Mais avant l'arrivée des ouvriers, le travail était fait !

Tu avais essuyé quelques moqueries en public à cet égard ! Qui peut se targuer d'être compétent dans tous les domaines ?

Là où tu excellais, c'était dans le domaine très réservé des études à un degré supérieur !

Rien à voir avec la capacité à remettre en marche une machine en panne en ce moment-là !

À l'époque, tu mettais la dernière main à la rédaction de ta thèse d'État dans les conditions difficiles que nous connaissons.

Après ta brillante soutenance, où tu obtins le grade de docteur d'État, nous avions pu emménager dans un appartement un peu plus spacieux à la rue Docteur Thèze, à l'angle de la rue Galandou Diouf.

Nous étions donc sur le territoire de la paroisse de Sacré-Cœur, rue Malenfant, église-mère de Dakar. Là aussi tu avais mis tes nombreux talents au service de tous par ta présence au sein du conseil paroissial.

Les conditions semblaient être réunies pour accueillir d'autres jeunes filles à la maison.

La cohabitation n'a pas toujours été facile : juxtaposition des caractères si différents sur un espace assez restreint ! Préoccupations et centres d'intérêt tout autres !

Les garçons n'avaient plus de chambre à eux !

Ils vivaient assez mal ce manque d'espace et François allait l'exprimer de manière tout à fait directe !

Pendant les vacances, nous allions rendre visite à « Monseigneur », à Kaolack.

Il nous recevait avec joie à l'Évêché, le temps d'un week-end, et nous pouvions voir avec quelle fierté il présentait la famille de son neveu à ses collaborateurs !

Au retour de ce dernier voyage, quelques semaines avant la rentrée des classes, il avait refusé de descendre de la voiture !

Il fallait lui expliquer pourquoi Monseigneur habitait SEUL dans une aussi grande maison alors que nous étions entassés à huit dans un appartement à trois pièces !

En matière de logement, tu n'étais pas le premier servi !

Tu étais redescendu lui parler et tu avais su trouver les mots qui l'avaient convaincu de regagner leur chambre !

Ce soir-là, Dominique, ta sensibilité en avait pris un coup et tu t'étais juré de tout faire pour loger ta famille avec tout le confort que tu voulais pour nous !

Hélas, tu n'as pas eu le temps de nous laisser une maison !

Après la douleur indicible de t'avoir « perdu », ce fut une de nos plus grandes peines !

Au jardin d'enfants, les filles avaient appris…

En fait, le souci vestimentaire n'occupait pas la première place chez nous.

Nous avions un ordre de priorités différent !

Cependant, cette simplicité dans ta mise n'excluait ni dignité, ni élégance !

Tu ne pouvais passer inaperçu dans les cérémonies officielles ou simplement familiales !

À mon niveau, c'était encore un trait de caractère, car je me trouvais mal à l'aise dans ces milieux où la « toilette » primait sur les soins portés aux enfants ou la tenue de la maison, par exemple !

Mais pour les jours de fête, les enfants étaient bien habillés et les petites coiffées au « salon » !

Pendant les premières années de notre vie de couple, la vie n'a pas toujours été facile.

Nous avions beaucoup plus de charges que de moyens financiers pour y faire face !

Mais nous avions suffisamment de bagages en amour et affection pour pouvoir tenir !

C'est à toi le fils aîné, que revenait la charge d'accueillir sous ton propre toit, sœur et cousine par alliance, en plus de celle qui vivait chez nous depuis quelques années déjà !

Quand je me plaignais du refus de participation symbolique de la part de celle qui travaillait dans les dépenses de la famille, tu me demandais de prendre patience. Cela finirait bien un jour ! En plus, cela porterait atteinte à ta dignité et à ton sens des responsabilités !

La maladie

Première crise au bloc des Madeleines en 1978.

Dans l'après-midi de ce dimanche, tu t'es « senti fatigué », selon tes propres termes.

Peu rassurée, je fis appel à ton frère qui habitait le plus près et que je pouvais joindre au téléphone.

Sans tarder, il nous conduisait à l'Hôpital Principal.

C'est là que se passaient pour toi, Dominique, consultations de routine, bilans de santé et hospitalisations souvent de courte durée !

Ces séjours dans ce haut lieu de la médecine devaient être entourés de la plus grande discrétion ! Il fallait éviter toutes ces visites qui, parfois, fatiguaient les malades plus qu'autre chose !

Arrivés au Bureau des Entrées, nous fûmes reçus par un jeune VSN (entendre : volontaire du service national (français) qui était de garde) !

Les lignes qui suivent conviendraient mieux à une œuvre de pure fiction, promise à un succès certain en librairie !

Il ne s'agit malheureusement pas de fiction, mais de faits tangibles dont la réalité continue à hanter nos esprits !

Après t'avoir examiné, il posa son diagnostic :

- C'est une question de nerfs. Ce n'est pas grave ! Revenez demain, car il n'y a pas de place pour une hospitalisation.

Erreur de diagnostic ?

- Ce n'est pas possible, docteur !

Cet homme *a un problème cardiaque* et il est suivi dans cet hôpital par le Dr Griffet depuis une bonne dizaine d'années.

Prenez contact avec le service qui gère sa maladie ou son médecin traitant !

- Mais Madame, on ne peut pas déranger le docteur pendant un week-end !

Non Dominique, on n'allait pas déranger ce médecin pour toi !

Ne serait-ce que par téléphone !

Le médecin qui te suivait n'était absent ni de Dakar, ni du Sénégal !

À défaut de pouvoir se « déplacer pendant le week-end », il aurait certainement donné des instructions à suivre à la lettre et n'aurait jamais laissé « son » malade se faire mettre à la porte comme importun !

Car nous fûmes purement et simplement *éconduits* !

Était-ce parce qu'en Afrique on pouvait se le permettre impunément et sans scrupules ?

Ah, cette injustice, cette discrimination, qui ont donné lieu à tant de crimes dans l'histoire, et encore de nos jours, contre les fils de ce continent !

Que n'as-tu été de leur groupe humain !

Avec quel empressement on t'aurait prodigué des soins de premier ordre et en urgence !

Mais nous n'avions même pas pu accéder au service des urgences !

Nous avions pourtant décliné ton identité, mais pour lui tu étais un parfait inconnu !

Nous constatons aujourd'hui, que la direction du personnel avait fait preuve d'une légèreté certaine en affectant ce garçon à un poste dont pouvait dépendre l'admission ou le « renvoi » d'un patient !

Car ce jeune agent de santé subalterne n'était pas habilité à décider, *seul*, de ce qu'il convenait de faire en pareille circonstance ! Avait-il reçu des consignes strictes qui lui auraient fait éviter de mettre la vie des personnes en danger ?

Comment justifier cette attitude, sinon par le peu de souci que l'on affiche à l'encontre de certaines personnes en désarroi ? Qu'est ce qui, dans ta personne, pouvait autoriser un comportement aussi cavalier ?

Comme s'il tenait à remplir sa clause d'un certain contrat, il est resté sourd à tous nos arguments !

De grands médecins ont souligné l'importance des renseignements fournis par les accompagnateurs d'un malade, même quand celui-ci peut encore s'exprimer !

À aucun moment, nous ne l'avions entendu s'enquérir de la situation dans le service où tu avais souvent eu à consulter !

À qui avait-il affaire ? Ce n'était pas *son problème* !

Nous soulignons que ce n'est pas le statut social ou la notoriété d'une personne qui doit lui ouvrir l'accès à un traitement digne !

Pourquoi cela devrait-il dépendre du pays où l'on se trouve ?

Il semblait si sûr de son fait ! Il était en terrain conquis !

Ce n'était plus simplement le constat d'une série de faits injustes subis, c'est un état d'esprit, une mentalité si difficile à combattre et à changer !

Comble du paradoxe, le milieu médical peut présenter des dangers pour les personnes ayant besoin d'être secourues et qui, en toute bonne foi, se sont adressées, à temps, à une structure dont la raison d'être ne consiste en rien d'autre !

Que penser et que dire lorsque ceux qui, par vocation *et par devoir*, ont la charge de veiller sur la santé et de *la rétablir* en cas de besoin, *sont ceux-là mêmes qui la mettent en danger* par des comportements indignes !

Mais ce garçon ne faisait pas encore partie du personnel *capable* d'évaluer la gravité d'une situation sanitaire !

Il y aurait tant à dire… !

Aux yeux de beaucoup de personnes, *nous ne pouvons pas nous en prendre qu'a nous-mêmes* !

Refus de situer les responsabilités !

À l'époque, seul le contact téléphonique de l'hôpital nous était accessible !

Il n'y avait pas encore ces téléphones portables, indispensables aujourd'hui, qui vous permettent d'échapper à des circonstances dans lesquelles on se sent comme « emprisonné » !

Peut-on exclusivement incriminer notre situation de sous-développement endémique ?

On peut déceler une bonne dose d'*inconscience* et peut-être de volonté de nuire !

Aucun de tes carnets d'adresses ne porte un numéro de téléphone à composer en cas d'urgence ! C'est loin d'être le cas dans ce pays où les « malades du cœur » sont suivis à distance, et peuvent être accueillis à toute heure du jour et de la nuit !

Pourquoi *avions-nous eu à insister, à supplier* ?

Nous étions fondés à porter plainte au vu de cette attitude obstinée et inqualifiable !

Magnanime, l'oncle-évêque nous en avait dissuadés.

« De toute façon, cela ne pourrait te faire revenir » !

Dieu, que c'était dur à entendre !

J'avais contribué à sauver plus d'un malade dans ma famille et je n'avais rien pu faire pour toi, Dominique !

Quelle ironie du sort ! Quelle souffrance de te voir traité de la sorte !

Pourtant, à ce moment précis, nous ne pouvions nous attendre à ce qui pouvait paraître comme la conséquence inévitable d'*une série de fautes inexcusables* !

Aurait-il jamais osé adopter un tel comportement dans son propre pays, face à un de ses semblables ?

Nous avions décliné ton identité, mais pour lui, tu étais un parfait inconnu !

Et tu rejoignais la très longue file de ces personnes anonymes ou bien vues, à qui on avait *refusé assistance alors qu'elles étaient en danger* !

Il venait ainsi de fouler aux pieds ce principe élémentaire de la déontologie médicale !

Avait-il seulement entendu parler du serment d'Hippocrate ?

Il ne s'agissait pas d'*erreur médicale, mais de délit puni par la loi* !

Pourquoi aller tâtonner ailleurs alors que tous les paramètres de ta maladie étaient consignés dans ce dossier et gérés avec compétence par ton médecin-traitant ?

Le protocole de soins qui avait fait ses preuves devait être poursuivi.

Revenu à nos sens, nous comprenons que nous aurions dû laisser notre respectabilité et notre dignité au vestiaire et squatter les couloirs de cet hôpital !

Une voix masculine qui aurait pu être prépondérante nous avait cruellement fait défaut !

Car voix de femme ne porte pas loin ! Même dans des circonstances aussi inquiétantes !

On vous parle de « problème cardiaque », mais vous n'en avez cure !

C'est proprement insupportable ! Une telle outrecuidance n'est-elle possible que sous le ciel africain ?

Comment comprendre cette indifférence caractérisée devant l'angoisse qui nous paralysait ?

Notre cas n'était pas aussi isolé que cela, malheureusement !

Que signifiait la présence de notre accompagnateur à ses yeux ?

Toutes les prémonitions que j'avais eues allaient-elles donc se réaliser ?

Les nombreuses péripéties de cette maladie, nous les avions traversées avec succès dans des *conditions normales* !

Pourquoi ce jeune étranger s'était-il trouvé sur notre chemin ?

Comme beaucoup de ses compatriotes, il était venu apprendre les rudiments de son futur métier chez nous !

La garde du week-end n'était-elle dévolue qu'aux agents subalternes, sans diplômes ni expérience ?

Ce qui demeure *incompréhensible*, c'est que nous ayons « *obtempéré* », comme sous le pouvoir et le contrôle d'une force maléfique !

Comment comprendre, en effet, que trois adultes, doués de bon sens et jouissant de toutes leurs facultés mentales, se soient rendus à la décision de ce garçon qui ne pouvait se prévaloir d'aucune prérogative pouvant lui permettre de prendre *seul*, une décision qui pourrait être lourde de conséquences ?

Les responsables du personnel d'une structure de santé de cette importance avaient fait preuve d'une légèreté certaine en affectant un si jeune garçon à un poste névralgique pour les patients, puisque « l'admission » ou le « renvoi » d'un malade pouvait en *dépendre* !

Mais malgré sa jeunesse et son manque d'expérience, il se sentait autorisé à jouer les « patrons » ! Et nous étions son champ d'expérimentation !

Il aura inscrit son nom dans l'histoire d'une famille sénégalaise qui s'enorgueillit de compter parmi ses membres le premier professeur africain, agrégé des universités en histoire du droit !

C'est là qu'il convient de se poser plus d'une question !

Après le Mémorial du dixième anniversaire de ton retour à Dieu, j'avais entrepris de faire connaître, de témoigner de ce qu'il nous avait été donné de vivre avec toi dans une cellule familiale que nous voulions exemplaire !

Mais là aussi que de blocages ! Il y avait trop de choses que je n'avais pas la force de révéler !

Aujourd'hui, plus de 30 ans après cet événement qui nous dépasse, le temps semble avoir fait son œuvre et, qui l'eût cru, je retrouve une certaine sérénité qui me permet de retracer les circonstances tragiques et si ténébreuses qui ont entouré le décès prématuré d'un éminent professeur de droit !

« Les faits sont constants » ! Et quelle que soit la lourdeur de la culpabilité qui nous a été collée à la peau, nous disons que le monde universitaire doit savoir quel sort a été le tien au moment où tu étais encore en jouissance de tes facultés humaines !

Devant cette décision on ne peut plus irresponsable, tu devais te sentir « abandonné ! »

Et tu m'avais dit : « Madeleine, emmène-moi à Fadiouth ! »

- « Comment çà, Dominique ? Nous ne pouvons pas prendre un tel risque ! Quel spécialiste du cœur va te prendre en charge au village ? »

Tu savais aussi bien que moi que cela ne pouvait être une solution !

Mais tu sentais le besoin de retrouver tes parents !

Pour toi, ils représentaient le dernier recours !

Je me suis sentie humiliée, comme toi, que notre revendication ait été royalement ignorée !

Ton frère proposa qu'on aille plutôt chercher, et il partit en début de soirée, avec la voiture de ton autre frère.

Quelle information ce frère avait-il reçue pour être resté chez lui ce soir-là ?

Avait-il subi le même sortilège que celui qui nous avait enchainés ?

Quelque temps plus tard, ta mère arrivait, accompagnée de tonton Léopold.

Papa Sanghol n'arriverait que le lendemain ! Bloqué lui aussi ? Or, il avait hérité de dons de prise en charge de certaines maladies, suivie de guérison par l'usage de la médecine traditionnelle.

Aurait-il été en mesure de faire quelque chose pour son fils aîné ?

La machine était lancée. Elle allait s'emballer !

Le destin implacable avait semblé se servir du concours de ce jeun étranger !

C'est donc au bout de quelques heures que le docteur Griffet retrouva « son » malade !

- Comment se fait-il, madame, que votre mari soit dans cet état ?
- Docteur, demandez-le au jeune VSN qui nous a reçus hier !
- Vous êtes venus à l'hôpital hier madame ?
- Oui docteur, mais vous ne deviez pas être « dérangé pendant le weekend ! »

« Nous n'avions aucun moyen pour vous joindre car il avait *refusé* d'utiliser le téléphone ! »

C'est incroyable que de tels anachronismes aient encore pu se passer au XXIe siècle !

Comment oublier le visage décomposé de ce médecin en réaction à ce qu'il venait d'apprendre !

Il avait compris qu'*une faute lourde avait été commise* et que celle-ci engageait la responsabilité de cet hôpital !

Il n'y avait pas eu d'autres commentaires et ce VSN jamais revu !

Quelle avait été la décision des responsables après le 11 novembre ?

Peut-être avait-il été « écarté, mis en sécurité ailleurs ? »

Car ce qui venait de se passer aurait fait la une des journaux et magazines de son pays !

Puis le médecin fit son travail.

Tu fus transporté en salle de réanimation de suite !

C'était impressionnant tous ces fils des machines qu'ils t'avaient branchées !

C'était la première fois que je te voyais aussi « harnaché » !

Les autres fois, cela se passait en France où tu profitais de tes missions pour subir électrochocs et autres interventions nécessaires pour faire fonctionner cet organe vital avec le maximum de succès !

À Dakar, nous attendions avec appréhension les résultats de ces examens.

Quelle joie, quel soulagement que nous éprouvions à ton retour, apparemment remis en forme !

Je me demande encore si tous ces personnels s'étaient donné la peine de te mettre en garde par rapport à une activité débordante à une période où tu donnais tant de signes inquiétants !

J'avais été impuissante à te convaincre que c'était trop à la fois… !

En ce début de semaine, tu recevais *enfin, les soins appropriés*, et tu avais quitté le service de réanimation après trois jours.

Dominique, tu engageais ce combat contre l'ennemi du genre humain à armes égales !

Peut-être que l'on aurait pu te sauver si tu avais été pris en charge dès notre arrivée à l'hôpital alors que tu parlais encore !

Pourquoi une telle irresponsabilité ?

Pendant une semaine, tu avais lutté de toutes tes forces et au quatrième jour, il y eut un léger mieux sans que tu aies repris connaissance.

Et la famille suggéra que je prenne un peu de répit à la maison.

Revenue de l'hôpital, je demandai à l'aumônier de t'administrer l'Onction des malades.

Papa Sanghol me dit : « Madeleine, pourquoi tu as peur ? Dominique va s'en sortir ! » Il exprimait un grand espoir plus qu'une certitude ! Il avait aussi le souci de me procurer quelque réconfort !

Le médecin ne communiquait plus !

Il ne nous avait pas avertis du caractère irréversible de la situation !

Au contraire, il suivait et constatait avec nous une amélioration de ton état.

La chute

Mais au matin du vendredi 11 novembre, *tu t'endormais dans la paix de Dieu* !

Le docteur vint vers moi : « *Il est mort, madame* ! »

Il n'y eut aucun autre mot venant de lui !

Comme moi, peut-être n'avait-il noté rien d'anormal dans cette chambre d'hôpital !

Dominique, je m'incline, nous faisons *silence* en ta mémoire !

« Mon Dieu, ce n'est pas possible ! »

« Pourquoi toi aujourd'hui, Dominique ? »

« Qui pouvait nous en vouloir autant et donner des preuves de sa puissance ? »

Car cela paraissait être une punition, l'application de représailles, d'une peine méritée !

Je tombai dans les bras de mon grand neveu feu Benjamin Diouf, venu te voir très tôt ce matin-là avant d'aller au travail !

Puis je retournai à ton chevet !

« Dominique, *saddkiim meen* ! »

« Je vais avoir peur sans toi, Dominique ! Je ne pourrai pas supporter de rester *seule* ! »

« À qui, à quoi vais-je pouvoir me cramponner ? »

Et je parlais comme si tu avais choisi de *partir* ce jour-là !

Le jour s'était levé, mais pour moi, pour nous, commençait une autre nuit interminable !

Ce fut seulement au bout d'un long moment que j'acceptai de « te rendre au Créateur ! » C'était fini !

Tu étais parti emportant avec toi plus d'un secret ! Et nous continuons à nous interroger sur toutes ces circonstances aussi inexplicables les unes que les autres !

« *Sabbab a djega* » ! *Un grand malheur* s'abattait sur nous !

Quelle *catastrophe* ! Le ciel nous tombait sur la tête !

Seigneur Dieu, je ne pouvais pas encore dire « que ta volonté soit faite ! »

Qu'allais-je pouvoir dire aux enfants ?

Et on me ramena à la maison !

J'avais eu la force de donner la nouvelle et d'embrasser tout le monde !

Les garçons étaient au collège et au lycée.

Qui avait été les chercher en cette matinée fatidique ?

Je n'eus pas le temps de m'épancher en lamentations.

Il m'avait fallu préparer les petites qui devaient « déménager » chez l'oncle avant l'arrivée des parents et sympathisants !

En effet, la nouvelle s'était répandue comme une traînée de poudre !

Sur toutes les lèvres, la même question : que s'était-il passé ?

Un accident ? Oui, mais vasculaire cérébral, celui-là !

Dans un cas pareil, nous savons que les premiers instants d'intervention d'un personnel compétent sont d'une importance capitale pour la survie du malade !

Nous avions eu la malchance de n'avoir pas pu accéder à la bonne personne !

C'est à ton dernier souffle que ces trois mots furent inscrits sur ton certificat de « genre de mort ! »

Que me reste-t-il à dire en cet instant ?

La douleur de tes parents était incommensurable ! Tous les efforts de tonton Léopold se révélaient-ils inutiles, inefficaces ?

Comment expliquer cet ultime *blocage* ?

Quel malheur pour les parents de devoir « enterrer » leurs enfants, de leur survie, alors que la loi naturelle voudrait que les fils organisent les funérailles de ceux qui leur ont donné la vie !

Au moment où tu t'en allais, Dominique, des malades illustres étaient maintenus en vie dans leur vieillesse, par des méthodes sophistiquées ! (note : l'empereur Hiro Hito du Japon).

Vingt ans plus tard, il en fut de même pour Nelson Mandela, figure emblématique de la lutte contre l'apartheid en Afrique du Sud et premier président noir de la « nation arc-en-ciel », après de longues années passées en prison ! Il fallait accepter de « laisser partir » *Madiba*, dont la mission était accomplie !

Ces conditions exceptionnelles de prise en charge médicales n'étaient pas à notre portée !

Le minimum exigé nous avait même été refusé ! De quel droit ?

L'heure était-elle venue ?

Ton chemin s'arrêtait net, au carrefour de toutes les routes que tu avais parcourues avec nous :

- Vie studieuse de jeune garçon qui voulait aller le plus loin possible !
- Vie de jeune professeur de droit qui exerçait sa profession d'enseignant avec tant de compétence et de joie !
- Vie de fils aîné, premier de cordée, dont dépendait, en très grande partie, la réussite des frères et sœurs !
- Vie exemplaire de jeune époux et père de famille !
- Vie parsemée de sacrifices et croix, petites et grandes !
- Vie pleinement engagée dans les combats politiques !
- Vie de témoignage de ta grande foi en Dieu et en Jésus-Christ !
- Vie pleine d'ambition pour ton pays et pour l'Église.

Mais comme l'avait souligné l'Abbé Léon Diouf à la messe du 8e jour, nous marchions avec toi comme sur le chemin d'Emmaüs ! Nous ne savions pas vraiment qui cheminait en notre compagnie !

Lorsque cette nouvelle assourdissante se répandit en ville et dans les familles, les premières personnes arrivées chez nous étaient Pierre Basse et son épouse Marie !

Puis arriva Clotilde Sarr. Dans un sanglot, je lui avais dit : « *Ndayo den e mbusaam* ! »

« Won't they have mercy? Pourquoi tant d'acharnement ? » Oui je me sentais comme persécutée ! Et il n'y avait pas moyen d'échapper ! Qui pouvait m'en vouloir à ce point ?

Étais-je en train de subir la loi des séries ?

Chacun aurait pu se faire une religion !

Ensuite devait arriver de Fadiouth, cette grande tante chargée de me faire traverser les rites du veuvage tel qu'il est vécu en milieu sérère, dans notre île natale !

Les règles fixées par les femmes, (« their own worst enemies » : elles se révèlent être leurs pires ennemies), prenaient parfois l'aspect de véritables punitions qui pouvaient s'avérer dangereuses même !

Ces bains rituels en mer, avant le lever du jour, et en toutes saisons, pouvaient être interprétés de mille façons !

Et ce jeune étudiant qui avait fait son mémoire de maîtrise sur le sujet, se demandait si j'avais eu à me conformer à toutes ces pratiques !

Dominique, j'ai vécu tout cela, non par peur de sanctions qui pourraient découler de quelque manquement, mais par devoir de fidélité à l'engagement que nous avions pris, l'un envers l'autre, dans le mariage !

On dit que tout cela contribuer à faciliter le « passage » pour la personne qui vient de quitter ce monde !

Sans minimiser le rôle de tes parents dans ton éducation, ni celui de tous ces enseignants qui ont contribué à ton instruction, nous pouvons dire, Dominique, que tu es de la classe valeureuse des pionniers et des « self-made men », hommes accomplis par l'effort personnel et un courage hors du commun !

Tu as inscrit ton nom au registre de toutes ces personnes qui font la fierté de leurs pays et qui en reçoivent un hommage mérité !

On ne saurait douter que la *mission a été accomplie* !

Tu avais atteint le but que tu t'étais fixé !

Sans t'épargner ni sueur ni sacrifices !

Des obsèques grandioses à la cathédrale de Dakar

La messe solennelle de tes funérailles eut lieu dès le lendemain, samedi 12 novembre dans l'après-midi !

Les évêques membres de la CERAO : (Conférence épiscopale régionale de l'Afrique de l'Ouest) venaient d'achever leurs travaux d'une de leurs sessions annuelles, tenue au Foyer de Charité de cap des Biches, près de Rufisque, à une trentaine de kilomètres de Rufisque.

Ils tenaient tous à être présents pour rendre l'hommage de l'Église à l'un de ses dignes fils !

Ils voulaient aussi exprimer leur affection et leur solidarité à l'endroit de leur frère dans l'épiscopat en la personne de Monseigneur Théodore Adrien Sarr, président de la Conférence épiscopale du Sénégal, dont la famille venait d'être si tragiquement et si brutalement endeuillée !

Après une brève cérémonie traditionnelle et la mise en bière, le corbillard qui transportait ton cercueil prit le chemin de la cathédrale.

Marche silencieuse d'une foule médusée !

Tu fus exposé à la salle Briard où tes parents et amis pouvaient se recueillir et prier pour toi pendant la chapelle ardente qui précédait la messe !

Ton collègue Bernard Moleur s'était tenu à l'écart « ne pouvant supporter de te voir dans un cercueil ! »

Et on se demandait pour qui sonnait le glas !

Il sonnait pour toi, Dominique !

L'église-cathédrale ne pouvait contenir cette foule compacte accourue de Fadiouth, mais aussi de tous les coins du pays où ton nom n'était pas inconnu !

Les parvis et les abords de cet édifice majestueux étaient assaillis bien avant l'heure prévue pour la cérémonie !

Cette portion de l'avenue de la République avait été barrée par un cordon de sécurité.

Les passants étaient curieux de savoir quel membre du gouvernement ou autre personnalité de haut rang avait rassemblé autant de monde !

Cette messe concélébrée par les évêques était présidée Monseigneur Jacques Sarr, alors évêque de Thiès. Sa voix étranglée par l'émotion avait plongé l'assemblée dans une fervente participation.

Surtout au moment où il terminait le chant de la Préface par ces mots : « Car, pour ceux qui croient en Toi Seigneur, la *vie* n'est pas *détruite*, elle est *transformée* ! Et lorsque prend fin leur séjour sur la terre, ils ont déjà *une demeure éternelle dans les cieux* ! »

Résidant dans la paroisse du Sacré-Cœur, sise sur la rue Malenfant, cette église-mère de Dakar n'aurait pu contenir le nombre impressionnant de personnes de tous les milieux et de toutes les confessions qui avaient tenu à faire avec toi cet ultime voyage qui te conduisait à ta dernière demeure sur terre !

Voilà pourquoi il revenait à feu l'abbé Médard Sarr, curé de cette paroisse, de prononcer l'homélie dont voici un extrait : « La sagesse populaire a raison de dire que l'homme de bien est le fils de tout le monde.

Chacun se réclame de lui et revendique une part de lien parental ou amical avec lui ».

Cela se vérifie dans la vie de Dominique Sarr…

Au service du Sénégal

Il était engagé dans son peuple.

Là ou plus d'un se contente d'une vie bien tranquille, il avait choisi le parti de l'engagement, mettant ainsi sa formation, son talent et sa compétence au service de son pays…

Au service de l'Église

Dans cette seconde famille, nous l'avons retrouvé engagés sur plusieurs fronts.

Il était membre de l'ACCD (Association des cadres catholiques de Dakar).

Membre du conseil paroissial de Sacré-Cœur, membre de la commission SEP (Secrétariat épiscopal pour la pastorale) – Catéchèse - Vocations.

Témoignage de feue Élisabeth MICHELET

Dominique professeur, Dominique laïc engagé.

Ce qui est vrai de l'instituteur ou du professeur du secondaire – il enseigne ce qu'il est avant d'enseigner ce qu'il dit – l'est à plus forte raison du professeur de faculté.

Ses élèves ne sont plus des enfants, ni des adolescents dont la personnalité se forge, mais des jeunes adultes moins malléables certes, mais plus exigeants et qui cherchent encore leur voie, souvent leur vocation, dans cette période si instable de la vie où rien n'est décidé.

Il est très dur d'avoir vingt ans, de ne pouvoir maîtriser aucune composante de ce que sera demain, succès dans les études, profession, vie conjugale, indépendance économique, notamment.

Côtoyer « certains » professeurs est source d'équilibre pour les jeunes et diminue les tensions intérieures. Ces maîtres sont des références tout au long de la vie marquant durablement leurs disciples. Dominique Sarr fut ce maître auprès de ces élèves par l'harmonie de sa vie intérieure, qui éclairait son comportement avec les autres, ses responsabilités qu'il assumait comme assesseur du doyen de la faculté et comme membre du conseil de l'université.

L'hommage de son étudiant de deuxième année, Cheikh Seck, en est une illustration magnifique et combien, émouvante qu'il nous plait de citer : « Avec quelle délicatesse il savait rendre service ! Dominique était un homme au cœur grand !

Les caractères de son âme étaient la sérénité, la joie et l'effacement. Il avait le courage d'aimer et son amour était d'envergure. Il était un homme passionné ! » [1]

Cheikh Seck n'était-il pas, à travers son témoignage, le porte-parole de tant de camarades qui ressentaient comme lui le vide impossible à combler de la séparation ; auxquels était brutalement révélée la mort, *la densité de la vie de Dominique*...

Ces jeunes qui furent l'une de ses dernières préoccupations, comme l'atteste la pensée trouvée sur son bureau de la faculté : « *Écoute de la jeunesse et disponibilité* ».

Témoignages de disciples, témoignages de collègues : l'un d'eux disait au lendemain du retour à Dieu de notre ami : « Je découvre aujourd'hui à quel point je l'aimais ! Je ne savais pas que je l'aimais autant ! » Sentiment unanimement éprouvé par les enseignants de la faculté de droit et les membres du

[1] *Le Soleil*, 19 novembre 1988.

service administratif dès l'annonce de son hospitalisation, sentiment assez rare dans une communauté de travail empreinte de réserve.

Pour moi, Dominique était comme un frère, partageant les mêmes références, la même confiance réciproque, les mêmes aspirations dans le laïcat militant où je l'avais rencontré sur deux terrains bien différents mais complémentaires : notre vie professionnelle et notre engagement dans l'Église du Sénégal.

Nos conversations privées étaient toutes sous-tendues, quel qu'en fut l'objet et même à notre corps défendant, par notre foi au Christ et par ses exigences.

Lorsque des chrétiens, dans un environnement très minoritaire, ont accepté de vivre à découvert, ils ont la conscience, les uns et les autres, derrière le non-dit, de leur complicité et de nos manques de courage à dénoncer injustices et contre-vérités.

À ce titre, Dominique ne fut jamais pour moi un collègue comme les autres. C'était un témoin silencieux de la présence du Christ à la faculté.

Il avait bien été regretté au secrétariat du conseil paroissial de la cathédrale quand il dut changer de quartier pour s'établir près de l'église de Sacré-Cœur.

Pourtant, il était resté fidèle à la cathédrale du Souvenir africain, participant fréquemment avec sa famille, aux messes dominicales. Il continuait à se tenir au courant de la vie de la cathédrale, comme paroisse et comme lieu de rencontre de la communauté diocésaine, parce que c'était toute la vie de l'Église militante du Sénégal qui le préoccupait !

Mais c'est dans la pastorale de la paroisse du Sacré-Cœur qu'il avait persévéré dans son engagement apostolique auprès du clergé et de la communauté.

« Élément d'équilibre entre les cultures », dira de lui le recteur, lors de l'hommage qui lui fut rendu par l'université Cheikh Anta Diop.

« Rigueur et dépassement, conciliation de vertu, du savoir, de l'humilité, de l'érudition », continuera un responsable politique [2], car c'est tout naturellement que Dominique s'était engagé dans l'action politique !

« Homme bon » au plein sens du terme, on se perd à essayer d'évoquer toutes les facettes de cette personnalité si riche qui avait laissé fructifier les talents déposés en lui par son créateur.

Homme tolérant, engagé dans le dialogue islamo-chrétien, comme en témoignent nombre d'amis musulmans accourus près de la famille de Dominique dès l'annonce de sa mort.

La tolérance si difficile, parce que nous ne sommes pas des saints. Les saints de toutes les religions convergent dans la sainteté de Dieu. Le dialogue est à ce prix.

Dominique élément modérateur, attentif, ouvert, sans parti pris, avait la confiance dans les travaux des commissions de l'islam.

Chef de l'église domestique qu'état devenu le foyer de Dominique et Madeleine, si souvent sollicités pour porter témoignage de leur enracinement dans

---

[2] Moustapha Ka, responsable socialiste, *Le Soleil*, 24 novembre 1988.

le mariage chrétien, lors de sessions de jeunes ou de préparation au mariage, au Foyer de Charité du Cap des Biches.

Dominique Sarr était un laïc rayonnant, pétri de qualités humaines et chrétiennes qui se confondaient dans une unité harmonieuse. Il avait pris sa vie de chrétien tout simplement au sérieux et accepté de se laisser « saisir par le Christ ».

Dakar, le 29 novembre 1988.

Élisabeth Michelet, maître de conférences à la faculté des sciences juridiques de Dakar.

(Elle devait, à son tour, rejoindre Dominique dans la maison du Père en 1996).

Témoignage d'un étudiant

Maurice DIOUF

Témoignage de la générosité de Dominique Sarr
L'homme de bien a pitié, il partage
Il mène ses affaires avec droiture,
Cet homme à jamais ne tombera
Toujours on fera mémoire de lui.

Avec le psalmiste, dans cet extrait du psaume 111, je rends hommage au professeur Dominique Sarr pour sa générosité et continue de prier que Dieu lui rende à lui, à toute sa famille, tout le bien qu'il a fait en abondantes bénédictions.

Je me souviens encore, étudiant en première année de sciences économiques à l'université Cheikh Anta Diop de Dakar, je venais de réussir à la session d'octobre 1987 et ne disposais pas d'assez d'argent pour payer ma réinscription.

À quelques jours de la clôture des inscriptions, mon camarade de classe ne cessait de dire : « va voir le professeur Sarr, il aide beaucoup les étudiants ».

Il ne me connaissait pas, mais j'ai fini par aller le voir, car je risquais de perdre mon inscription.

Il m'a reçu avec le sourire et m'a demandé ce que je voulais.

Après m'avoir écouté, il m'a généreusement donné ce qu'il me fallait pour m'inscrire.

Je courus remplir cette formalité.

Je veux encore rendre grâce à Dieu d'avoir mis professeur Dominique Sarr sur ma route, et prier pour qu'il ait part au banquet éternel avec tous les saints !

Que notre Seigneur Jésus-Christ lui rende cet acte en abondantes bénédictions pour sa famille et toute sa postérité.

Que du haut du ciel, auprès du Père, il continue de prier pour la générosité des hommes sur terre.

Témoignage de Moustapha KA, ancien ministre (Parti Socialiste)

Dominique Sarr : rigueur et pondération

La mort subite de Dominique Sarr a jeté partout la consternation chez ses nombreux amis.

C'est un homme de bien qui disparaît. On ne saurait mieux qualifier ses vertus. Nous l'avons connu en 1981 à une époque de fiévreuse mutation politique où des intellectuels séduits par le projet politique du président Abdou Diouf avaient pris parti pour lui. Il milita au GRESEN, à ses premières heures, et il prolongea ensuite son activité au sein du Parti Socialiste pour donner à son engagement une forme politique.

Au GER, il s'est toujours distingué par son esprit de mesure, son sérieux et son sens des responsabilités. Il s'est investi totalement dans l'action politique par conviction et par patriotisme. Jamais il n'a été à la quête d'honneurs ou de postes. Assurément, cet engagement force l'admiration par la pureté de l'idéal qui l'anime.

Homme simple, il aimait la rigueur, se refusait à verser, comme c'est malheureusement la mode, dans un intellectualisme stérile ou dans le vedettariat. Point de positions flamboyantes chez lui, ni de fantaisies. Il ne cherchait pas de clientèle idéologique ou universitaire.

En effet, il avait une autre conception de la recherche du savoir, celle-là qui repose sur la rigueur et le dépassement. Il conciliait en lui, la vertu et le savoir, l'humilité et l'érudition.

Voilà pourquoi au GER, il a servi de modérateur, car il savait écouter, faire avancer les débats lorsqu'ils risquaient de s'enliser ou de s'éloigner des préoccupations essentielles. Il nous a quittés au moment même où il préparait une conférence tant attendue sur la démocratie au mois de décembre prochain. Cet agrégé de droit, qui avouait avoir beaucoup appris en faisant le terrain politique des opérations de renouvellement et des ventes de cartes, avait beaucoup réfléchi sur la situation politique du Sénégal. Il voulait à son tour parler, et en ces moments de clameur et de rumeurs, dire l'essentiel en rappelant certains principes de la démocratie.

Hélas, avec sa mort, sa parole s'éteint, mais le GER continuera toujours de s'inspirer de la démarche du militant et de l'intellectuel.

Nous avons aujourd'hui une pensée pieuse pour lui, et affectueuse pour ses enfants et son épouse si admirable par son courage et sa foi.

Témoignage d'Étienne SARR

Début novembre 1988.

Une des dernières interactions que j'ai eues avec lui. Nous sommes à table, en train de manger. J'ai besoin d'une cassette vidéo (encore une !) pour pouvoir enregistrer mes matchs de football. Et il n'en reste plus. Je demande à Baba (je l'appelais comme ça) s'il pouvait m'en donner une. Il accepte, je suis super content et je me demande où il va la prendre. Il a accepté que j'efface une de ses cassettes de « *nguel* » pour que je puisse l'avoir.

Voilà comment était Dominique Sarr : généreux, altruiste, à l'écoute. Il sacrifiait souvent son propre bien-être pour celui des autres.

Très sportif et amateur de foot, il allait faire son jogging très tôt le matin sur la Corniche quand on était au Bloc des Madeleines. Je me souviens de son maillot jaune avec le numéro 4 derrière, sûrement un ancien stoppeur.

L'heure de la sieste était sacrée pour lui.

Il élevait rarement la voix, même malgré nos bêtises assez fréquentes !

Quand nous habitions en ville, à la rue du Docteur Thèze, François et moi jouions souvent au football dans le couloir, avec le ballon qui se promenait dangereusement près de la lampe ! Jusqu'à ce qu'elle se casse un jour inévitablement… Et même là, il nous grondait gentiment avec ses « ho-ho » affectifs.

Il lisait souvent, assis dans son fauteuil au bout du couloir. C'est de là qu'il m'avait annoncé, à mon réveil, que Ben Johnson avait gagné la médaille d'or du 100 mètres, avec le record du monde, aux Jeux Olympiques de 1988 !

Très matinal, il avait pour habitude de travailler sur sa thèse ou sa préparation au concours d'agrégation, pendant qu'il pouvait être tranquille.

La voiture : pendant que je joue au football dans la rue avec des amis, un après-midi de vacances, il m'appelle pour me demander si je voulais aller avec lui quelque part. Je lui demandais où. Il me dit que c'était une surprise !

Nous arrivons chez le concessionnaire de cette marque japonaise bien connue.

C'est le jour où devait lui être livrée la voiture flambant neuve qu'il avait achetée !

Il me savait amateur de voitures, et c'est tout content que j'y suis entré !

Les housses en plastic couvraient encore les sièges.

C'était le 8 septembre 1988 ! La plaque d'immatriculation était 3544 S-1-P.

On est allé en premier voyage à Ngazobil, chez les sœurs. Tout un symbole…

Rassembleur, « Baba Dominique » aimait réunir les gens et veiller à l'harmonie des gens autour de lui. Il s'est énormément investi au sein de la famille pour améliorer le quotidien de tout un chacun. Il a été mon père durant toutes ces années et un modèle de conduite et de comportement. Complice dans mes premières interactions avec les filles, il savait rester discret quand on arrivait à l'école… Il me déposait un peu avant que nous arrivion à la porte ! Je lui chipais parfois des cravates pour frimer à l'école (à l'occasion des fêtes de fin d'année).

Mais comme nous ne savions pas faire un nœud de cravate, il fallait faire attention de ne pas les défaire…

Il connaissait nos goûts vestimentaires et savait nous garder « branchés ».

Lors de son voyage aux États-Unis, il nous a ramenés, à François et à moi, les « *Converse* » dernier cri qui ont fait fureur dans nos écoles respectives de l'époque !

Il ne refusait rien à Christine, notre cadeau de Noël 1984, à nous qui voulions tant une petite sœur ! Sosso, c'est notre « miss Caire 86 », née ce 7 mars, jour de la victoire historique des « Lions de la Téranga » contre l'Égypte, en match d'ouverture de la Coupe d'Afrique des Nations !

Il nous a quittés trop tôt, et il nous manque beaucoup…

Témoignage de Marie Hélène et feu Maurice DIÈNE

Vivre en famille harmonieuse n'est pas seulement le fruit de la Providence.

Donner du prix au renforcement d'une paix durable au sein d'un foyer élargi demeure une tâche contraignante au jour le jour.

Aussi toute personne qui réussit cette noble mission mérite-t-elle la plus haute marche du podium. Ce valeureux pèlerin, c'est vous, mais le vaillant missionnaire nous a quittés !

Pensons tous à Dominique Sarr !

Notre témoignage à nous, Élisabeth Ndiaye, dite Marie Hélène et Maurice Diène voudrait illustrer de belle manière les vertus de Dominique Sarr qui ont allumé et attisent encore la flamme de l'amitié qui s'est transformée, au fil des années, en liens familiaux très forts.

Un jour de dimanche 2 avril 1978, Monsieur et Madame Dominique Sarr se mariaient à Kaolack, pendant que Monsieur et Madame Maurice Diène se donnaient le même sacrement de mariage à Fadiouth !

Deux ans après ce grand événement, grâce aux visites fréquentes et réciproques, cette heureuse coïncidence fut découverte et appréciée à sa juste valeur !

Depuis lors, les couples Sarr et Diène s'appelaient affectueusement « couples jumeaux » !

Les relations entre nos deux familles se sont élargies et renforcées encore et toujours !

Aujourd'hui, elles englobent les personnes importantes que sont son Éminence le cardinal Sarr et son Excellence Monseigneur Benjamin Ndiaye qui vient de lui succéder comme archevêque de Dakar ! Que Dieu lui accorde la force et la clairvoyance pour assumer une si belle et lourde charge !

Vivre avec Dominique Sarr, au visage toujours souriant est un perpétuel apprentissage au dépassement, voire au surpassement ! L'imiter c'est aussi accepter comme un sacerdoce d'avancer avec les autres dans la loyauté et la fraternité !

On a coutume de dire qu'à côté de chaque grand homme demeure toujours une grande dame !

En effet, le soutien agissant et participatif de la « Grande Royale », Madame Madeleine Sarr, n'a jamais fait défaut à la réussite de Monsieur Dominique Sarr, sur les plans professionnel et relationnel. (Note : La Grande Royale, personnage du roman de « *L'aventure ambiguë* », de l'écrivain sénégalais Cheikh Hamidou Kane.)

Certes, Dominique Sarr est parti trop tôt, mais vous avez inlassablement continué, sans tergiverser, la noble vocation d'éducatrice dans votre foyer comme à l'école, et de médiatrice pour la bonne cause de manière générale.

Merci pour votre fidélité constante à l'égard des familles qui vous admirent sans cesse et qui vous entourent.

Le semeur a abondamment moissonné ! À chacun(e) de maintenir avec conviction et très haut, en tout lieu, le flambeau ardent légué aux générations futures par Monsieur Dominique Sarr !

Le Sénégal tout entier et Fadiouth son village natal, en particulier, l'Ile aux coquillages, vénéreront sa mémoire ! Paix et bonheur à nous tous !

(À la salle Daniel Brottier, pour le Mémorial : Dominique Sarr – 25 ans !)

Témoignage de Jean-Paul DIAS, responsable politique, ancien ministre

Les bons meurent jeunes.

Le vendredi 11 novembre 1988 a été vraiment triste avec la disparition de Dominique Sarr, membre du Comité central du PS, juriste, agrégé d'histoire du droit, enseignant à l'Université de Dakar, assesseur du doyen de la faculté des sciences juridiques et économiques.

La première réaction après la stupeur, frise le blasphème. C'est injuste : un homme si jeune. Dieu n'a pas le droit… Mais quand l'on se souvient que les hommes n'ont adopté leurs proverbes qu'après des siècles d'observation, l'on se rend à l'évidence : « les bons meurent jeunes ». En effet, Dominique Sarr était un homme bon : bon fils, bon époux, bon père, bon chrétien, bon professeur, bon collègue, bon camarade. Sa mort est une incommensurable perte pour Fadiouth, berceau d'une myriade de cadres supérieurs sénégalais laïcs et religieux, pour la communauté et les intellectuels chrétiens, pour sa famille.

Notre amitié déjà ancienne, s'était renforcée au cours de DES de droit. Tandis que je continuais dans la vie professionnelle, Dominique Sarr poursuivait brillamment vers le doctorat d'État et l'agrégation.

Allez, Do, personne n'a chanté « *In Paradisum* », et je ne te dis pas adieu, car je ne peux pas imaginer que tu sois ailleurs qu'auprès de Dieu qui a décidé de te garder en son sein ; je ne te dis pas « *requiescas…* » Repose en paix, car tu étais loin d'être fatigué, tant tu te souciais de ton pays, de Mado, des enfants, du succès de tes étudiants ; je te demande plutôt d'intercéder auprès du Seigneur pour qu'il se souvienne de ton Sénégal. La terre te sera légère car tu es croyant.

Pour le reste, nous demeurons stoïques dans le *credo* de notre baptême, à l'exemple de ton père François, de ton oncle Monseigneur Adrien Sarr, en attendant l'Alléluia, ta résurrection comme celle de tous les morts.

« *Lux tua in eo sit, Domine* … Répands sur lui ta lumière, Seigneur ! »

Jean-Paul Dias, *Sopi* n° *35*, vendredi 18 novembre 1988.

Témoignage du professeur A.-I. Asiwaju

Université de Lagos, Nigeria

Dear Madam Sarr,

CONDOLENCES

It was with rude shock that I learnt yesterday of the death of your husband Dr. Dominique Sarr, who was a cherished friend and colleague.

We both worked in the National Archives in Dakar in the mid-1970's.

Last march, we both met at the seminar on Law in Colonial Africa at Standford.

He was hail and hearty. It was in fact, through a letter or Dr. Roberts at Stanford, that I learn of Dominique's death.

Please, accept my heart-felt sympathy. May his guide soul rest in perfect peace.

Kindly extend to the children and Dominique's aged parents my condolences.

It is my prayer that God may give you all the grace to bear the loss.

With warmest regards.

Yours sincerely,

A.I. Asiwaju, professeur d'histoire du droit.

Témoignage de Monsieur René Sonko

ancien responsables des Équipes enseignantes

De feu Dominique Sarr, paix à son âme, nous retenons qu'il était avant tout, un personnage courtois, humble, modeste, discret, réservé.

D'autres personnes sont sans doute plus habilitées que moi pour relater son cursus scolaire et universitaire qui sort de l'ordinaire. Il est arrivé comme professeur agrégé en histoire du droit en un temps record !

Un tel statut ne se reflétait pas dans sa personne, dans son langage, dans son comportement.

On ne pouvait l'enfermer, je crois, dans la perception que les gens ont actuellement, dans notre culture du concept qui renvoie, certes, à une réussite professionnelle et sociale, mais peut-être aussi à une certaine ostentation dans la conduite de ces personnes qui se constituent souvent en caste.

Vu sous cet angle, Dominique n'aurait certainement pas aimé être appelé cadre. On ne notait pas en lui ce comportement quelque peu arriviste, caractéristique des cadres d'aujourd'hui.

Et il semble qu'il n'ait pas tellement subi l'influence tyrannique du groupe.

Il ne versait pas non plus dans l'activisme démagogique.

Nous voudrions évoquer quelques anecdotes révélatrices du personnage.

Réservé, disons-nous, très avare en paroles, parfois très sarcastique (?)

Il racontait la mésaventure qui était arrivée un jour au cardinal Hyacinthe Thiandoum que les habitants de Kignambour n'avaient pas attendu pour inhumer son frère, gardien de la mosquée, parce que, semble-t-il, on ne le voyait pas beaucoup du vivant de ce dernier.

Je l'ai connu alors qu'il était assistant à la faculté et sympathisant des Équipes enseignantes.

Peu d'enseignants, à ce niveau, fréquentaient ce mouvement constitué principalement d'enseignants du primaire et du secondaire. À l'issue d'une session nationale, il avait apprécié l'ambiance des travaux et la pertinence des résolutions.

J'avais, par contre, un sentiment mitigé quant aux visites inopportunes qu'il m'était arrivé de lui rendre. Il savait aimablement comprendre celles qui n'étaient pas bienvenues.

Enfin, j'ai noté sa disponibilité à raffermir les relations d'estime et d'amitié.

Un jour son oncle, le cardinal Théodore Adrien Sarr, alors évêque de Kaolack, était venu célébrer des confirmations à la paroisse Saint-Pierre des Baobabs, il avait tenu à l'amener rendre visite à la maison qu'il avait fréquentée lorsqu'il était directeur du petit séminaire de Ngazobil.

Témoignage de Théodore NDIAYE (Extraits)
Un cadre laïc engagé dans l'Église et dans le monde

Le pape Pie le disait déjà : « Les fidèles et plus précisément les laïcs, se trouvent sur la ligne la plus avancée de la vie de l'Église ; par eux l'Église est le principe vital de la société humaine.

Celui que nous honorons, le professeur agrégé, feu Dominique Sarr, s'est toujours trouvé sur cette ligne la plus avancée dont parle Pie XII.

Né dans le village très catholique de Fadiouth, troisième composante de la commune de Joal, où vit aussi le jour, cet autre professeur agrégé, le plus grand entre tous, poète, académicien et premier Président de la République du Sénégal, Léopold Sédar Senghor, Dominique Sarr fut dans sa vie si brève, un chrétien laïc engagé.

À ouvrir en effet quelques pages du livre de sa vie, on est frappé par la façon dont il s'est efforcé de mettre en pratique l'enseignement de l'Église, en vivant pleinement sa mission et sa vocation de laïc, en investissant tous les aspects du monde et tous les milieux, pour être « le sel et la lumière dans l'Église, le monde de la famille, le monde de l'éducation et de la culture, le monde de la politique, le dialogue avec les musulmans.

1. Dans l'Église

Le chrétien laïc doit être un acteur, un militant actif au sein de l'Église où il se voit invité à prendre une place première, comme au sein de sa famille.

« C'est pourquoi, eux surtout doivent avoir une conscience toujours plus claire, non seulement d'appartenir à l'Église, mais d'être l'Église. » Mieux, leur place dans cette Église est d'être eux aussi comme des veilleurs, des « guetteurs » qui doivent sentir les moindres frémissements de l'Esprit présent dans le monde pour se rendre disponible et se faire présence avec lui : « Fils d'homme, je fais de toi un guetteur au milieu de mon peuple » (Ézéchiel 33). Le chrétien a aussi pour vocation propre, « à partir de son statut, de son caractère séculier propre, de chercher le règne de Dieu à travers la gérance des choses temporelles. » (Synode des Évêques).

Veilleur, guetteur en première ligne, Dominique l'a été au sein de l'Église. Il s'est engagé sans réserve : avec les Équipes enseignantes du Sénégal, au sein du Groupe de réflexion et d'action des cadres chrétiens du Sénégal, du Mouvement international des intellectuels catholiques, dans le cadre de l'association du Foyer de Charité du cap des Biches, et au sein de la Commission du dialogue islamo-chrétien.

2. Dans le monde de la famille

Le synode des évêques d'Afrique nous dit : « Parmi les nombreuses routes, la famille est la première et la plus importante : c'est une route commune, tout en étant particulière, absolument unique, comme tout homme est unique ; une route dont l'être humain ne peut s'écarter ».

Cette famille est menacée. Il faut donc intervenir et la sauver.

« Il est urgent de déployer une activité vaste, profonde et systématique soutenue non seulement par la culture, mais encore par des moyens économiques et des institutions législatives dans le but d'assurer à la famille sa place de lieu premier d'humanisation de la personne et de la société. » (Jean-Paul II : *Vocation et mission des laïcs*)

Le professeur Dominique Sarr avait une haute idée de la famille, de la famille africaine en particulier. Il l'a défendue et cherché à la promouvoir par la recherche et la réflexion, par le témoignage de sa vie. Il fut un fils modèle, un époux modèle, un père modèle, un aîné de famille modèle, un parent modèle !

3. Dans le monde de l'éducation et de la culture

Le laïc chrétien, l'intellectuel est vivement invité à la compétence, à la recherche sans relâche de la vérité dans le vaste domaine de l'éducation et de la culture. Les évêques d'Afrique insistent et proclament : « Dans le cadre mondial en évolution constante et qui s'accélère, les universités sont les hauts lieux où nos sociétés doivent s'ajuster au contexte international et rester ouvertes sur l'avenir, grâce à l'éducation et à la formation de la jeunesse, ainsi qu'à la recherche. La grande tâche, difficile mais exaltante, que le synode leur confie, est celle de définir avec rigueur et de transmettre efficacement nos cultures en ce qu'elles ont de transmissible, tout en veillant à trouver des points de jonction possibles avec les autres cultures. »

Le pape Paul VI s'adressait ainsi aux universitaires et chercheurs du monde : « … continuez à chercher sans vous lasser, comme le disait saint Augustin : « Cherchons avec le désir de trouver et trouvons avec le désir de chercher » … mais ne l'oubliez pas : si penser est une grande chose, penser est d'abord un devoir, une grande responsabilité… »

Le professeur Dominique Sarr avait une haute mission de sa vocation d'enseignant et de chercheur. Travailleur infatigable et méticuleux, Dominique a été un maître exemplaire, aimé de ses étudiants, un condisciple et un confrère affable, attachant respecté et aimé de ses pairs.

Les « Mélanges » et autres dédicaces significatives en son honneur seront le signe le plus manifeste de leur amitié confraternelle.

II - CONTRIBUTIONS

En mémoire des premiers pas...

Bernard Durand

Premier Africain agrégé au concours d'histoire des institutions par un jury du CAMES (Conseil africain et malgache pour l'enseignement supérieur), Dominique Sarr nous a quittés trop tôt pour donner la pleine mesure de ses qualités. Sans aucun doute ses succès en quatrième année de licence en droit (il était sorti major de sa promotion en droit public) auraient pu le conduire à embrasser une autre voie (et à coup sûr plus rémunératrice à l'époque) ou à poursuivre en droit public comme le lui conseillaient ses professeurs. Il en avait décidé autrement, poussé par je ne sais quelle force qui lui faisait dire qu'il ne pouvait comprendre « son » droit qu'en se tournant vers le passé ! Si ce sentiment était partagé par beaucoup d'étudiants, il restait largement étouffé par une approche qui, jusqu'en 1970, se cantonnait largement dans l'étude d'une histoire du droit inspirée par les programmes de droit français. Du moins cette première démarche était-elle propice à découvrir les méthodes de cette discipline et découvrir combien, parfois, les comparaisons pouvaient être riches de surprises entre l'ancien droit français et les coutumes africaines. Et je me souviens d'un étudiant suivant le cours d'histoire du droit, lors de la dernière année de validité de plein droit de la licence française, qui avait été fasciné par ce que je disais de la dot, dire en plein cours : « On est des germains qui s'ignorent » ! Mais Dominique avait en lui plus que des curiosités intellectuelles, désireux qu'il était d'enseigner à Dakar et d'emprunter une voie qui l'obligeait à faire le grand écart entre Sénégal et France.

D'où sa venue à Montpellier pour y suivre les enseignements d'un diplôme d'études supérieures en histoire du droit de 1974 à 1975 et y poursuivre ses premières interrogations liées à l'étude du pluralisme juridique, un concept toujours approché et toujours aussi débattu. C'est que, de Carbonnier qui n'y voit qu'une « illusion » (qu'il ramène « à une multiplicité des appréciations et des interprétations judiciaires d'une même règle de droit »), à Vanderlinden qui en fait un « futur » (« un accord librement consenti entre parties considérées comme égales »...) [1], on revenait toujours à un constat : celui de Santi Romano évoquant la « relevance », c'est-à-dire que tout ordre juridique sera directement ou indirectement subordonné à l'ordre de l'État ! Et cela même si l'État est relativisé au bénéfice de la société où s'agite une

1. J. VANDERLINDEN, « Vers une nouvelle conception du pluralisme juridique », *Revue de la recherche juridique*, 1993-2, p. 573-583.

multiplicité de droits « quand bien même l'État en contrôlerait le contenu et la valeur » [2]. Et bien sûr, il ne pouvait que constater sur quelques territoires – l'Afrique surtout – colonisés par la France, cette rencontre – de fait – entre un droit écrit et des « coutumes » orales. D'où, finalement, sa volonté de passer d'un sujet sur « le fait colonial dans la jurisprudence de la Cour de cassation de 1810 à 1870 » à celui sur « La Cour d'appel de l'AOF », thèse de doctorat soutenue le 1er octobre 1980.

Dominique Sarr avait également abordé dans ces travaux l'étude des justices coutumières et de la « francisation » et il avait observé combien « Robinson » peinait à convaincre « Vendredi » à la fin du XIXe siècle. C'est le stade souvent labouré du droit colonial confronté au droit traditionnel, vision portée par le mythe déformé de l'assimilation, pensée pour les « confettis de l'Empire colonial », plaquée sur l'Algérie avec toutes ses contradictions et ses ambiguïtés, et finalement démentie, du moins édulcorée, sur le territoire africain des colonies nouvelles. Mais en passant à la dimension métaphysique, la lecture du mythe dévoile ses facettes multiples et le foisonnement des interrogations qu'il pose : on passe alors à un autre stade de lecture, celui de Michel Tournier [3] qui fait de Vendredi le personnage qui, peu à peu, s'impose à Robinson, brutalement privé des ressources qu'il tirait de son navire et contraint désormais de se mettre à l'école de Vendredi. Or, retravaillé ainsi, le mythe de Robinson, fournit une autre lecture, utile à la compréhension des relations entre l'homme occidental et le territoire qu'il appréhende, qui comprend que la maîtrise de la « nature » passe par l'association, opposée à la « chimère assimilationniste » et par une nouvelle conception des relations entre droit « moderne » et « droit coutumier ».

Mais bien au-delà de ses débuts prometteurs, Dominique Sarr avait cette dimension qui lui permettait de comprendre que la discipline qui le passionnait méritait de prospérer en Afrique bien au-delà de ces premiers pas. Il s'en était emparée à l'image de ces pionniers – je dirais même de ces aventuriers – qui découvrant l'Afrique s'investissaient d'une véritable mission, au sens le plus général mais aussi le plus précis du terme. Il avait en lui non seulement du « missionnaire », à l'image d'un Livingstone, faisant ses premiers pas dans une Afrique qu'il découvre et à laquelle il entend faire partager sa foi, mais aussi un mélange de Robinson et de Vendredi, lorsqu'ils se rencontrent

2. Pour un résumé de la question et une bibliographie élémentaire, voir Hugues MOUTOUH, « Pluralisme juridique », *in* Denis ALLAND et Stéphane RIALS (dir.), *Dictionnaire de la culture juridique* Paris, PUF, Quadrige, 2003, p. 1159-1162. On peut aussi aborder ces questions en se penchant sur le nouveau statut de Mayotte. Voir par exemple, André CARBONEILL, « Le pluralisme juridique : hypothèse de conflits et de leurs solutions », in *Mayotte dans la République*, actes du colloque de Mamoudzou, septembre 2002, Paris, Montchrestien, 2004, p. 543-566.

3. Voir *Vendredi ou la vie sauvage*, Folio-plus, 2005.

et s'allient pour occuper un nouvel espace, en peser les avantages et les défis. L'histoire du droit fut pour Dominique une découverte lui permettant non seulement d'harmoniser les droits du présent et du passé, mais aussi de concilier la complexité culturelle de son pays et d'une Afrique nourrie de droits puisant à de multiples sources. Il fut en effet parmi les premières générations à suivre un enseignement définitivement éloigné des « équivalences avec la France » et, en histoire du droit, à affronter des cours prenant un peu de distance avec « nos ancêtres les Gaulois ».

Le défi à relever était important, car il fallait faire leur place à des études mariant plus qu'ailleurs formation et prise en compte des transformations ou des choix en cours voulus par l'indépendance, en embrassant une richesse de sources considérables, tout en prenant acte que, plus que pour toute autre discipline, la dimension historique est congénitale à la matière elle-même. En France, un étudiant « fait » son droit, expression qu'on ne retrouve pas ailleurs... on fait son droit comme on faisait autrefois ses humanités. Mais on ne fait pas ses lettres, ses mathématiques, etc. Il y a là tout un symbole, celui d'une discipline dont la force instituante, le rôle structurant, oblige celui qui s'y consacre à « bâtir » sa formation. Or, jusqu'à il y a une quarantaine d'années, cette vision signifiait que l'enseignement du droit visait à disposer d'un instrument prodigieux d'analyse de la société en même temps que d'un viatique pour la vie professionnelle. Dans le même temps, depuis la fin du XIXe siècle, l'histoire du droit avait envahi les amphithéâtres dans le but de donner aux étudiants un regard approfondi sur le droit romain, l'histoire des institutions françaises. Enfin, une vision nouvelle est venue s'y ajouter : l'université, tout en continuant à remplir sa mission, a modifié ses diplômes pour les adapter aux évolutions des métiers du droit, tandis que se développaient, en relation avec l'université, des formations en « écoles » spécialisées. De sorte que la formation juridique en France se partage entre « la maison commune » (où l'étudiant reçoit une formation générale) enrichie de « pièces latérales » (où il reçoit une formation professionnelle générale ou semi-générale) et une formation reçue dans des maisons secondaires (les écoles de formation professionnelle spécialisée), chacun étant l'architecte de sa formation.

Mais outre ce respect de la tradition et du souci de modernisation comme d'une tendance « modernisante » à l'interdisciplinarité, cette osmose entre disciplines répond à une philosophie tout à fait particulière des sciences et de la place que peut y tenir le droit. Or, parmi les enseignements juridiques, il est une matière souvent mal comprise parce que perçue comme la suite des enseignements d'histoire du secondaire ou comme une simple greffe venue s'ajouter aux enseignements juridiques alors qu'elle est avant tout, surtout pour des étudiants de première année, celle qui doit les persuader que le droit est avant tout un phénomène historique qui s'adapte, se transforme, se coule dans une société et un monde en formation permanente. Si l'histoire des institutions est l'histoire de ce qui « dure » comme le veut le latin *instituere*, elle est aussi celle d'un outil de réflexion qui transforme une vision technicienne du droit en une vision artistique et scientifique. Ce sont des enseignements qui doivent faire la démonstration que le droit est, en même temps qu'une technique, un art combinatoire, une science, que les siècles passés ont utilisée pour organiser, réagir, construire des fictions en partant de réalités concrètes ! L'histoire du droit est un instrument irremplaçable pour donner vie à des définitions, à des fictions, souvent apprises sans être comprises et dévoiler aux étudiants que certaines fictions qui leur sont assénées – le contrat, l'obligation – ont mis des siècles à être élaborées. Et aussi pour affirmer que s'il n'y a pas des leçons de l'histoire à appliquer au monde moderne, il y a à puiser des réflexions pour montrer comment une société – étudiée dans toutes ses dimensions – a trouvé dans le droit l'espoir d'un équilibre entre toutes les données disponibles, que cet espoir ait été déçu ou non.

Pour avoir fait une partie de ses études supérieures à Montpellier, Dominique Sarr savait combien l'histoire du droit ne doit pas être enseigné comme l'histoire d'une technique, mais comme celle d'un art combinatoire qui prend acte de toutes les dimensions des vies individuelles et des trajectoires collectives, qu'il n'est pas possible d'enseigner l'histoire de la démocratie, ou du droit international, ou du droit des obligations, ou l'histoire administrative, ou de la colonisation sans s'ouvrir à toutes les disciplines et à leur histoire, que ce soit celles qui peuvent paraître les plus éloignées, telles celle de la sculpture, des mathématiques, de la philosophie, de la géographie… dans leurs apports réciproques. En outre, l'histoire du droit ne peut faire une fixation sur un temps T, mais doit démontrer dans sa continuité les transformations successives du droit et toujours en relation avec ce qui les justifient et les accompagnent.

Parfois même faut-il accepter de souligner combien nos voisins universitaires ont des rapports étroits avec ces enseignements. Déjà au Moyen Âge, Montpellier se caractérisait par un enseignement médical fortement influencé par la présence des juristes, au point que certains expliquaient généralement l'orientation plus professionnelle de Montpellier, que l'on opposait à celle plus intellectuelle de Paris, par la place importante qu'y tenait la faculté de droit, constatation que l'on peut faire également à Bologne avec laquelle Montpellier entretenait – par la circulation des manuscrits et des hommes – des liens étroits. Si la chose est discutée, à coup sûr cependant l'enseignement et la recherche – dans les deux disciplines – usaient d'une même démarche. Attestée des 1220 dans les statuts de la faculté de médecine, la *disputatio* permettait en effet à nos deux facultés de relever les contradictions contenues dans les ouvrages antérieurs et de se constituer de façon dialectique, une pensée qui leur était propre. Ces premiers liens entre médecine et droit étaient encore renforcées par les approches pratiques (médecins est juristes ne dédaignaient pas d'user d'un vocabulaire commun, d'affronter des situations pathologiques communes, de s'unir par le souci du diagnostic) et judiciaires : les médecins, à titre d'experts, étaient souvent présents dans les archives judiciaires, que ce soit pour déceler un « lunatique », examiner un cadavre ou procéder à la surveillance d'une procédure voulant l'usage des « tourments » et d'une « douleur ».

Renforcée au XVIe siècle par l'humanisme, cette tendance à l'universalité a continué à dominer la vie universitaire au point que l'ensemble du droit se vit frappé de cette ambition – parfois déçue – d'emprunter aux autres sciences les fruits de leurs découvertes ou – plus sûrement – leurs méthodes. La lecture des ouvrages de droit pénal démontre de manière éclatante cette tendance à emprunter aux chimistes leurs classifications en tableaux, aux médecins encore leur vocabulaire, aux mathématiciens leur logique (le droit civil étant « arithmétique », il faut que le droit criminel soit « géométrique »), etc. Partout se propage cette ambition démesurée d'embrasser l'ensemble de connaissances, d'en maîtriser toutes les facettes, au point d'en subir en retour les conséquences immédiates : à l'image des hommes trop stressés du XXe siècle, nos savants courent d'une connaissance à l'autre, leurs élèves sautent d'une faculté à l'autre, deviennent irascibles, s'insultent copieusement et s'épuisent à cette tache prométhéenne. Sans doute, ces emprunts du droit à d'autres savoirs sont-ils à utiliser avec prudence. Au cours des siècles, les tentations seront grandes, par exemple avec le développement de la science mathématique au XVIIe siècle, celui de la chimie, celui des probabilités, de répercuter sur la science juridique, sur le droit pénal ou le droit civil, les instruments et les règles découvertes dans les sciences dures, parfois au prix d'illusions parfaitement arbitraires (mettre en formule le système des preuves, par exemple). Mais au-delà des métaphores (après tout, il est bien d'usage de comparer la récidive à le rechute d'un malade et de lier ainsi médecine et droit) et en deçà des impostures intellectuelles (on avait proposé au XVIe siècle de remplacer le droit romain en tant qu'ordonnateur des relations sociales par l'arithmétique) qui consisteraient à faire une véritable physique des relations sociales, la faculté de droit de Montpellier pensait – et pense toujours – que les regards vers d'autres disciplines pouvait enrichir la recherche en droit ; et, pour venir à notre époque, qu'aux interrogations des automaticiens sur la relaxation de l'eau, la fracture des berges, ou l'observation chiffrée du désordre comme organisateur de l'ordre peuvent répondre les interrogations parallèles des juristes sur l'institutionnalisation du désordre comme moyen d'instaurer l'ordre dans une société ou sur la fracture, la dissension ou la querelle en droit.

Revenus avec le temps à de plus modestes ambitions, les juristes montpelliérains ont gardé de ce passé, les traces qui leur semblent les plus prometteuses. D'une part, dans le domaine de l'enseignement, non seulement les médecins viennent y enseigner dans les filières qui dispensent un savoir criminologique (comme les juristes se retrouvent enseigner chez les médecins et les pharmaciens) mais depuis longtemps juristes et économistes recoupent leurs cursus d'enseignements réciproques, au point d'avoir fait prospérer une filière d'AES, reprenant à égalité les enseignements des deux facultés. C'est qu'il y a, du point de vue du juriste, cette idée bien ancrée que le droit est non seulement capable de s'instrumentaliser au service des autres disciplines, mais encore que sa force structurante, qui leur est indispensable, le conduit à les englober dans sa réflexion. De telle sorte que leur présence à ses côtés lui est tout aussi normale que les autres sciences humaines et sociales aux sources desquelles il puise directement dans le cadre de ses enseignements d'histoire, de sociologie ou d'anthropologie juridique. Là encore, dès l'origine, notre dette, à nous juristes, est immense, à l'égard des autres savoirs, tant par exemple à l'égard des architectes à qui nous devons le mot même de *nomos*, de lois, qu'à celui des musiciens, dont Pythagore disait que « l'harmonie » (mot par lequel encore au XVIe siècle les humanistes désignait nos lois), qui régnait en musique étant justifiée par la plus ou moins grande force avec laquelle on frappait les cordes des instruments, pouvait être chiffrée et donc transposée dans tous les domaines du droit et de la politique.

C'est cette invitation qui est faite aux étudiants de Dakar et que Dominique Sarr aurait voulu développer : que chaque année quelques heures viennent accompagner les enseignements les plus modernes et faire comprendre que la recherche en droit peut se nourrir de quelques richesses nouvelles apprises de l'histoire ancienne ou récente. Car les historiens du droit doivent comprendre que l'histoire des institutions ne doit pas se limiter à l'ancienne Afrique ou à l'ancienne Europe ou à l'ancienne Arabie mais intégrer dans ses comparaisons les ruptures les plus récentes, les échecs les plus sévères ou les succès les plus apparents. Et c'est en se livrant à cette réflexion que les historiens du droit pourront participer aux tâches de recherches qui sont attendues des juristes universitaires. Pour ce faire, ils ont besoin de s'ouvrir aux évolutions que la société impose, d'imaginer des réponses ou refuser d'intervenir (Après tout le droit n'est pas, de manière systématique, le parapluie qu'il faut ouvrir lorsqu'une société ne sait pas encore quelles seront ses approches éthiques). Ils le font aussi de manière diffuse, en remplissant, par le canal de tous ceux qui publient, une fonction instituante, acceptant par la doctrine de jouer un rôle essentiel dans la fabrication des identités individuelles et collectives pour bâtir des systèmes qu'ils présentent comme un idéal dont ils savent parfois l'inapplicabilité. Dans tous les cas ils puisent à toutes les disciplines, à celle de l'histoire, de la sociologie ou de l'anthropologie juridique, au droit comparé et ... aux autres disciplines du droit et à toutes les disciplines qu'ils sont conduits à côtoyer.

La recherche en droit ne saurait donc se concevoir, comme toutes les autres recherches, sans une astucieuse irradiation des connaissances et sans une capacité à se valoriser. Sans doute, n'avons-nous pas au même titre que nos voisins, gourmands en équipements la même visibilité : pas de paillasses dévoreuses d'espaces, de produits sophistiqués ou dangereux ou de matériel dont le seul prix suffirait à faire vivre pendant plusieurs années des « hordes » de chercheurs en droit. Tout un chacun, semble-t-il, est disposé à comprendre ce qu'est la recherche en biologie, en chimie ou en automatique alors que cela semble plus difficile lorsqu'il s'agit du droit. C'est que les chercheurs des sciences dures – même si l'image est dans la réalité dépassée – sont identifiables dans la mémoire commune par la blouse et le matériel qu'ils utilisent tandis que les juristes ne sont perçus, par le grand public, qu'avec la robe du juge et les codes du droit. En outre, la recherche en sciences sociales, et donc en droit, s'appuie sur des méthodes qui ne sont pas celles qui ont fait leur preuve dans les sciences de la nature : le test en laboratoire permettant la réfutabilité qui est l'une des conditions de la scientificité selon certains, y est pratiquement impossible (encore que l'expérimentation n'est pas absente de la sociologie juridique et l'histoire du droit colonial en a fait une démonstration édifiante !) de même que la neutralité de l'observateur n'y est jamais garantie, étant à la fois sujet et objet de son étude. Les débats n'y ont donc pas de fin. On sait combien toutes les universités ont depuis quelques temps déjà considérablement développé leur fonction de production et se sont transformées, comme le disait un auteur, en « gares de marchandises » au sein desquelles les trains du savoir débarquent et chargent. Mais, pour charger, encore faut-il que les universités produisent. La recherche en est l'instrument privilégié. Elle l'est pour le droit comme pour d'autres disciplines.

Disons rapidement ce que doit être, pour un juriste, la recherche en droit. On peut être frappé tout d'abord par la place qu'occupe le droit dans notre monde actuel au point que l'on a pu parler de l'empire du droit. Non seulement il est un enjeu majeur de nos sociétés (quelle approche des droits de l'homme en rapport avec les différentes civilisations ?) mais encore il pénètre les domaines de la politique (voir le rôle du conseil constitutionnel), du social et de l'économique (où la régulation s'effectue grâce à des formes codifiées). Partout les mots du droit prennent toute leur valeur symbolique et si le droit reste identifiable à un ensemble de règles obligatoires et sanctionnées par les autorités publiques, personne dans un « État de droit » n'imagine plus qu'elles puissent être liées à la seule décision de l'autorité politique : les évolutions rapides des sociétés imposent une réflexion juridique croissante et les principes traditionnels ne suffisent pas à régler certaines questions. Le droit a donc une place et un rôle à jouer dans ces lieux où l'évolution est rapide, où les éléments dont il dispose sont insuffisants à répondre aux besoins de la société et où la recherche doit être particulièrement active. C'est le cas en droit constitutionnel où la déclaration des droits de l'homme a acquis pleine valeur juridique positive et où les techniques mises en œuvre par le conseil constitutionnel ont eu pour résultat de « constitutionnaliser » l'ensemble des dispositions législatives dans de nombreux domaines ; c'est le cas en droit pénal, où les figures du crime se déplacent et où il faut imaginer des réponses nouvelles sur le harcèlement sexuel, la pédophilie, la morale politique, la délinquance des mineurs, la cybercriminalité ; c'est le cas pour toutes les questions juridiques posées par les nouvelles technologies : comment protéger les logiciels ? Comment protéger la vie privée au regard du traitement de l'information ou des découvertes sur les télécommunications ? Mais c'est le cas, d'une manière générale, dans le besoin de droit qui inonde notre société, qui semble demander au juge de trouver les réponses et cherche de nouvelles formes de droit : droit d'ingérence, droits de l'homme et de la femme, futur droit de l'humanité (qui se dessine dans la présence des tribunaux internationaux ou les projets de codes utilisant l'analyse comparative des systèmes issus de toutes les grandes traditions). Il va de soi que ce que je viens de dire du droit concerne les grands secteurs du droit public et des sciences politiques. On s'épuiserait à énumérer les approches nouvelles : d'une part les réflexions nouvelles sur l'État à travers le prisme de la « crise » dans les sociétés postindustrielles (crise de la représentation, des finalités de l'action gouvernementale, de la citoyenneté), celui de la dissolution des formes de lien social, ou de la « gouvernabilité » des sociétés contemporaines ; et, d'autre part, les réflexions sur les partis, le personnel politique ou les comportements politiques ou électoraux ou la communication politique. L'analyse des politiques publiques, c'est-à-dire une manière différente de penser l'État et l'action publique, mettant en avant les contraintes qui affectent la liberté des acteurs, le concept de politique « d'efficacité », « d'espaces flous » et de « territoires virtuels » ; enfin toutes les questions relatives à la politique comparée ou la théorie politique.

Mais cette recherche en droit ne peut évidemment s'enfermer sur elle-même : elle doit rester proche des réflexions sociologiques, anthropologiques, historiques, philosophiques et morales de sorte que les autres disciplines humaines ou sociales lui sont étroitement reliées sous risque de démarche « suicidaire ». C'est cette approche qui permet au droit de s'interroger sur ses fondements, sur ses méthodes, de se tourner vers le droit comparé ou vers les rapports entre les systèmes juridiques. Certains avancent même que cette approche, une fois levé le handicap des techniques de type mathématico-logique, permettra de mettre en place une philosophie du droit qui ne soit plus seulement politique fortement ancrée dans la tradition du droit naturel mais qui s'appuiera sur la théorie analytique.

Consacrer quelques lignes à la recherche en histoire du droit pour en déceler les grandes tendances demanderait une enquête plus « fine ». À défaut, de simples repères peuvent être signalés, leur lecture devant tenir compte d'un décalage entre la transmission des connaissances et l'approfondissement de ces dernières. En effet, après avoir été partiellement sacrifiée comme matière enseignée (quelles qu'en soient les raisons : « positivisme pratique », excès liés à l'historiographie juridique, crainte d'un lien trop étroit avec la démarche critique inspirée par le matérialisme historique, incapacité à se dégager d'une démarche trop savante, etc.), l'histoire du droit, dans sa recherche, a été marquée par un engouement pour les approches sociologiques, philosophiques et anthropologiques du droit, ainsi que par le désir de s'étendre à l'étude des faits économiques et sociaux ou à l'étude des idées politiques. D'une certaine manière même, le risque que l'approche historique soit privilégiée sur l'approche juridique, est toujours embusqué ou que la passion pour telle ou telle période l'emporte. Ainsi de l'étude des droits très anciens, tels ceux sur l'Égypte ancienne ou les royaumes de la haute antiquité, même si les travaux de recherches portant sur l'Égypte ancienne ou les royaumes de la Haute Antiquité sont de facture remarquable, bien que parfois en délicatesse avec une bonne connaissance... du droit. Et, dans le même temps, certains historiens du droit redécouvrent l'importance d'une histoire « très juridique », au risque de rejeter l'apport des autres disciplines à l'histoire du droit.

Nul doute que les recherches traditionnelles sur la naissance et le développement de l'État « autour d'une royauté centralisatrice avec le développement d'une administration puissante » ne soient toujours d'actualité (l'idée d'État, qui s'est un temps « délitée » est à nouveau « à la mode » ; elle a fait l'objet de recherches récentes et fort bien reçues). Il en va de même pour les recherches sur le droit privé (droit civil, le droit familial notamment au travers de coutumes revisitées qui montrent que le statut juridique de la femme, présenté comme défavorable, était l'objet de soucis constants de la part des maris eux-mêmes) et public (histoire du droit administratif et histoire du droit pénal), destinées à comprendre la formation du droit et les éléments particuliers de ses fondements. Ainsi également de l'histoire du droit des obligations ou l'histoire de l'administration, pour lesquels de fortes lacunes persistent encore. Ainsi aussi pour le droit pénal, domaine pour lequel une approche fortement juridique reste irremplaçable, quels qu'aient pu être, en « droit pénal », les apports des historiens de la criminalité et malgré une tendance à multiplier, en thèse, des approches trop souvent descriptives ou se focalisant sur un temps trop court. Ainsi également pour l'histoire de la justice ou des métiers de justice, aires qui restent encore pourtant à découvrir ou à approfondir.

Mais le chantier est désormais ouvert aux historiens du droit qui ne peuvent plus considérer comme seuls « nobles », les siècles antérieurs, chantier qui leur ouvrira en outre un champ nouveau de réflexion sur la projection du droit et des institutions sur les continents ou les parties de continents. Ces terrains, jusqu'ici abandonnés aux approches idéologiques, sont en situation de redécouverte, les entreprises coloniales faisant l'objet d'une étude de la jurisprudence, de l'administration et de la justice des territoires conquis, d'où la participation soutenue des historiens du droit africain aux sept volumes sur *Le juge et l'Outre-mer*. Enfin, pour ce qui concerne de nouveaux champs à investir, il est certain que ces dernières années ont vu quelques chercheurs courageux orienter leurs recherches dans le sens de la spécialisation du droit, apportant leur contribution historique à l'étude d'une branche particulière du droit. Bien loin d'y voir une sorte de « mode » de « concession au modernisme », voire de « prostitution du chercheur », il faut au contraire inviter les historiens du droit à reprendre systématiquement ces approches et venir couvrir des champs où l'absence d'une approche historique est déplorée par les positivistes eux-mêmes, comme l'attestent des thèses déjà anciennes ou plus récentes d'historiens du droit en Afrique : droit musulman, droit de la propriété intellectuelle, droit du travail, droit de la terre, histoire des avocats, etc., ou encore l'idée d'un master professionnel sur les activités maritimes, portée par un historien du droit à la demande de l'université Senghor et reçue et mise en œuvre avec enthousiasme par les « positivistes » de la faculté et les professionnels de ces activités à Dakar.

C'est dire que la graine semée par Dominique, minutieusement entretenue par ceux qui lui ont succédé, a su produire des fruits capables d'en faire naître de nouvelles.

Le statut des magistrats d'outre-mer : entre "libertés" coloniales et principes républicains

Mamadou BADJI

Le nom de Dominique Sarr reste intimement attaché à celui d'un enseignant talentueux [1] et d'un homme de science dont les travaux ont largement contribué à la connaissance de l'histoire des institutions judiciaires [2]. Avide de savoir, il a su défricher durant sa carrière universitaire [3] bien des sentiers, et nous transmettre sa passion pour l'histoire des institutions et du droit des colonies. Comment ne pas exploiter l'écrin privilégié que constituent les *Mélanges* à lui dédiés pour exprimer notre reconnaissance et notre fidélité à la mémoire de cet ancien maître qui a, par sa quête, donné un second souffle à l'École d'histoire du droit de Dakar. L'auteur de ces lignes entend s'acquitter de cette dette en axant sa réflexion sur un sujet, reflétant un des domaines de fréquentations du dédicataire, et choisi dans le répertoire judiciaire : la magistrature.

Acteur important de la justice, la magistrature a fait l'objet de nombreuses et longues études. Ce modeste propos ne prétend en rien bouleverser les excellentes conclusions auxquelles ces travaux sont parvenus : ces trouvailles ont en effet largement contribué à faire sortir de l'ombre la physionomie de nombreux individus ayant servi dans ce corps. Toutefois, il n'est pas vain de noter que ce dernier présente la singularité d'être ouvert à de multiples profils dont un nous intéresse particulièrement, celui de la magistrature coloniale [4]. Dotée d'un statut dérogatoire à celle de son homologue métropolitaine, cette dernière n'en a pas moins fait l'objet de réformes importantes.

Avant de pousser plus loin, il n'est pas vain de préciser que les magistrats sont des juges, des figures d'autorité investies du pouvoir de dire le droit, de créer la jurisprudence et d'appliquer la loi. Mais tous les juges n'étaient pas

1. Ce fut un homme d'une parole portée avec chaleur dans les salles de cours et amphithéâtres de la faculté de droit de Dakar.
2. *Cf.* entre autres D. SARR, *La Cour d'appel de l'AOF*, thèse de droit, Montpellier, 1980.
3. Une brillante carrière qui a du reste été brutalement interrompue par la mort en 1988.
4. Pour une étude d'ensemble, voir Y. JOUHAUD, « À propos du statut de la magistrature d'outre-mer », *Rec. Penant*, n° 661, août-septembre 1958, p. 129-160 ; B. DURAND, *Les justices en monde colonial XVIe-XXe siècle*, Publications Université de Montpellier, 2016, et plus particulièrement, p. 437 et s.

des magistrats. On observe, suivant une distinction classique, deux catégories de magistrats, ceux du siège qui jugent et ceux du parquet qui ne jugent pas : le magistrat du siège jouissait d'une plus grande indépendance dans la mesure où il était inamovible et ne recevait aucune instruction sur la décision à prendre, alors que le magistrat du parquet, placé sous la direction et le contrôle de ses supérieurs hiérarchiques et sous l'autorité du ministre de la justice, était tenu de poursuivre l'instruction et de requérir par écrit dans le sens déterminé par ses chefs (même si, à l'audience, il retrouve sa liberté de parole). En outre, il pouvait être déplacé librement dans l'intérêt du service. Mais on pouvait passer du siège au parquet et vice-versa. Ainsi tous les magistrats étaient appelés à juger. Ils étaient au surplus soumis au même statut dont les premiers principes avaient été fixés par la loi du 20 avril 1810.

Pour la justice coloniale, ces règles n'étaient pas rigoureusement respectées. Certes le personnel judiciaire y était organisé en cadres ou en corps sélectionnés et dotés de statuts. Il comptait en son sein des magistrats dont le rôle était de déterminer les « méthodes du droit », c'est-à-dire les grands principes auxquels la justice doit répondre. Mais un fait saute aux yeux de l'historien des institutions : l'installation des juridictions françaises et des diverses catégories de personnel judiciaire dans les contrées ultra-marines s'est opérée sous réserve de différenciations [5]. Par exemple, il n'a pas été jugé utile, voire judicieux d'y introduire la dualité des magistratures administrative et judiciaire, le système de la patrimonialité des offices ministériels, et la séparation, en matière civile, de la postulation et de la plaidoirie [6].

C'est qu'ici, l'institution de justice était confrontée à la dure réalité des « localités », les règles statutaires applicables au cadre de la magistrature étant éloignées de celles de la métropole. Par exemple, en vertu d'une jurisprudence constante, tant de la part du Conseil d'État que de la Cour de cassation, l'article 15 de la loi du 30 août 1883 était considéré comme inapplicable à l'Algérie [7]. La loi de 1919 passa sans trancher le problème et les magistrats du

5. J.-L. DE LANESSAN, *Principes de colonisation*, Paris, 1897 : « Dominés par l'esprit juridique romain, qui est au fond de toutes nos institutions métropolitaines, nous n'avons pas de souci plus grand que celui de transplanter dans nos établissements coloniaux tout l'appareil administratif et judiciaire de la Mère Patrie (…) ».

6. *Cf.* A.-A. DIOP, La profession d'avocat au Sénégal. De l'ère des Conseils commissionnés à l'Ordre des avocats, thèse de droit, multigr., université Cheikh Anta Diop de Dakar, 2013, p. 239 et s.

7. Le refus de l'inamovibilité fut décidé en 1833 ; il fut renouvelé après la loi du 30 août 1883, dont certaines personnalités algériennes (M. Letellier député d'Alger et le Procureur général Pompéi) avaient prétendu qu'elle avait aboli les textes antérieurs sur ce point, d'une part par la Cour de cassation, d'autre part par le Conseil d'État. Consultée, la Cour de cassation émit le 30 avril 1885 un avis par lequel elle considérait que la loi de 1883 n'avait pas eu pour effet d'introduire l'inamovibilité, étant impossible de tirer du silence de la loi une

ressort de la Cour d'appel d'Alger durent attendre le 26 décembre 1921 pour que parût une loi leur étendant « les règles applicables aux magistrats de la métropole en ce qui concerne la discipline, le déplacement et la mise à la retraite d'office ».

Ces restrictions aux principes applicables à la France européenne dérogeaient donc à la politique d'assimilation. Certes, elles étaient considérées comme provisoires, mais elles pouvaient être analysées comme une stratégie [8] dont la finalité bien précise est d'aboutir, au-delà des différents régimes politiques, à une évolution contrôlée des règles fixant les conditions et le régime juridique de la magistrature d'outre-mer. Ainsi, « les magistrats coloniaux peinèrent sous la Troisième République à se voir reconnaître un véritable statut, soumis qu'ils étaient à des règles aussi éloignées des dispositions favorables prévues dans les textes relatifs à la magistrature des anciennes colonies (Martinique, Guadeloupe, Réunion) que des dispositions concernant la magistrature métropolitaine, vers laquelle les efforts, ou du moins les velléités des ministères successifs, tendaient à les rapprocher » [9]. Les intuitions du dédicataire de cette étude en apportent une preuve éclatante.

Pour autant, devait-on se résoudre au maintien du statu quo ? Les pouvoirs publics de l'époque ne tardèrent pas à ressentir la nécessité d'opérer, par des dispositions ponctuelles, par des aménagements statutaires, des réformes pouvant apparaître dans l'esprit de ce temps comme un progrès visant à améliorer la situation juridique des magistrats coloniaux. Dès 1905, les deux tiers des magistrats d'outre-mer étaient recrutés par la voie du concours de l'École coloniale dans la section préparatoire à la magistrature ; ils subissaient à la sortie un examen professionnel dont le programme et les épreuves étaient les mêmes que dans la métropole [10]. Une certaine proportion était encore pourvue, comme l'avaient été les magistrats de la métropole avant 1906, sans qu'aucun examen autre que la licence en droit fût exigé.

Par ailleurs, l'idée de leur offrir des conditions favorables d'avancement s'imposa. Ce fut l'objet du décret du 5 septembre 1923, instituant un tableau

---

conséquence aussi importante. Portée devant le Conseil d'État, par un magistrat transféré d'Oran à Alger, la question fut retenue dans le même sens par arrêt du 23 juin 1893 (Cass., Affaire Bariat, *D.P.* 1893.3.65). Le Conseil d'État y fit observer que la situation particulière à l'Algérie avait jusqu'ici fait rejeter l'inamovibilité et que rendre les magistrats de l'Algérie inamovibles était « une grave question d'organisation judiciaire qui ne peut être résolue que par l'accord des pouvoirs publics… que par le texte précis d'une loi nouvelle ».

8. La stratégie postule un vaste dessein, une volonté systématique, consciente et délibérée, impliquant une logique capable de faire état de doctrines arrêtées en la matière.

9. B. DURAND, « Les magistraux coloniaux et les Lotophages sous la Troisième République », in *Figures de justice. Études en l'honneur de Jean-Pierre Royer*, Lille, Centre d'histoire judiciaire, 2004, p. 41-62.

10. Décret du 27 juillet 1907, art. 3.

d'avancement dans la magistrature d'outre-mer [11]. L'ordre de mérite était adopté pour la présentation du tableau ; une commission de classement était mise en place, elle comportait outre un président de chambre et trois conseillers à la cour de cassation, trois magistrats ou anciens magistrats ayant servi dans les colonies. Le directeur du personnel du ministère de la justice venait y siéger aux côtés de celui du ministère des colonies ; en outre, s'y introduisait un représentant direct du ministre, son chef de cabinet.

Peu de temps après, le 3 août 1924, paraissait un nouveau décret apportant une importante innovation : tout en maintenant l'examen professionnel pour les élèves issus de l'École coloniale, il soumettait également à cette épreuve les autres candidats de la magistrature. Comme leurs camarades de l'École, ceux-ci devaient satisfaire aux conditions d'obtention du diplôme de licence en droit et justifier de deux ans de stage au barreau. Toutefois, il était admis en ce qui les concernait, s'ils n'avaient pas suivi le stage du barreau ou ne l'avaient pas suivi pendant deux ans, que cette condition fût remplacée par un stage rémunéré, d'une durée équivalente, effectué postérieurement à l'examen professionnel au parquet général d'une cour d'appel d'outre-mer.

Des possibilités de recrutement direct étaient cependant maintenues : elles concernaient les anciens magistrats et juges de paix, les avoués, les notaires, etc. Enfin, étaient aussi admis au bénéfice d'une nomination sur titres les fonctionnaires des colonies, licenciés en droit s'ils avaient exercé pendant un an l'intérim de fonctions judiciaires.

Toutes ces dispositions préludaient au décret du 22 août 1928, portant statut de la magistrature coloniale qui codifia les règles existantes. Ce texte juridique – véritable charte fondamentale de la magistrature d'outre-mer [12] – ne se bornait pas à définir les règles statutaires applicables aux magistrats en service dans les colonies : il comportait, en outre, des dispositions d'application territoriale relatives notamment à la composition des juridictions, aux suppléances et aux intérims.

Certes ce décret a permis aux magistrats coloniaux de faire face à l'extension de compétences qui résulta pour eux de la rareté et de la mobilité du personnel judiciaire. Mais il ne leur conféra pas l'inamovibilité [13] : en vérité, l'inamovibilité fut longtemps refusée à tous les magistrats qui servaient en dehors du territoire métropolitain.

Ce système présentait, jusqu'en 1946, des caractères d'une remarquable précision. À compter de cette date, il se trouve condamné à disparaître en même temps que le régime colonial. Les profonds bouleversements de structures et

---

11. Les dispositions de ce texte ne furent du reste confirmées qu'en 1928.
12. B. DURAND, « Les magistraux coloniaux et les Lotophages sous la Troisième République », *op. cit.*, p. 43.
13. Sur les origines historiques de l'inamovibilité, *cf.* O. PLUEN, L'inamovibilité des magistrats : un modèle ? thèse de droit, université Panthéon-Assas, 2011, p. 17 et s.

d'idées qui agitent l'Empire français impriment à la justice une direction particulière. Elle allait connaître sa propre révolution, modifier les modalités de son organisation, reconsidérer le système mis en place, certaines dispositions du décret du 22 août 1928 étant devenues obsolètes.

En vérité, à Paris, l'idée d'une remise à plat des institutions ultra-marines fait débat dans les cercles du pouvoir. Le Conseil supérieur de la magistrature s'en mêle. Estimant le « ...rôle essentiel et très profond que joue la justice dans la vie des populations de la France d'outre-mer extrêmement sensibles, quel que soit leur degré d'évolution » [14], il préconise aux pouvoirs publics de s'attaquer au plus vite « à la façon dont la justice leur est distribuée » [15], par des réformes propres à soumettre la magistrature coloniale aux mêmes règles, aux mêmes conditions qu'en métropole, étant estimé que « l'administration de la justice est intimement liée non seulement à la vie même des territoires, mais encore à la présence français » [16]. Il s'agirait, du point de vue de l'organisation des cadres, de simplifier la situation juridique des magistrats, de mettre fin à la complexité des règles fixant leur statut, certaines remontant à la Première République et, pour tout dire, d'harmoniser d'anciennes dispositions avec les principes définis et tracés par la loi du 19 octobre 1946, portant statut général des fonctionnaires, par la suppression de toute discrimination entre les magistrats du siège et ceux du parquet. Nous y reviendrons.

Pour l'heure, il n'est pas vain de préciser que les magistrats échappaient à l'application de cette loi [17]. Mais l'organisation des carrières dans l'ensemble de la fonction publique et les avantages qu'elle instituait, n'étaient pas sans poser des problèmes. Le risque était, en effet, évident d'assister à une désertion des fonctions judiciaires de la part des candidats trouvant plus d'avantages ailleurs. Dans la métropole, la loi du 20 mars 1951 et les décrets des 16 octobre 1953 et 27 mai 1955 visaient à y pourvoir.

Pour la justice coloniale, bien que le succès n'en fût pas total, il était indispensable de procéder à une réorganisation de la carrière inspirée des mêmes principes, de mettre un terme aux disparités existant entre les différents cadres de la justice. Dans cette vue, le Conseil supérieur de la magistrature proposa que « de justes garanties auxquelles leur donne droit la grandeur de leur mission, aussi bien que la conscience professionnelle avec laquelle ils l'accomplissent » soient accordées aux magistrats coloniaux.

Trois principes allaient régir cette réorganisation du service de la justice : concentration des effectifs dans de grands tribunaux, séparation des fonctions d'enquête et de jugement, généralisation et développement du système de l'itinérance. C'est une réforme qui, articulant divers aménagements statutaires,

14. Rapport du Conseil supérieur de la Magistrature à Président de la République, contenant un projet de statut de la magistrature coloniale, article 16.
15. *Ibid.*
16. *Id.*
17. Art.1.

place les magistrats coloniaux dans une situation à peu près équivalente à celle des magistrats de la métropole [18] : réduction des grades qui passent de 14 à 5, effacement de la notion de chef du service judiciaire, indépendance des magistrats du siège et simplification du recrutement.

Commandés par des contingences politiques, les divers aménagements statutaires apportés à la condition des magistrats coloniaux ne sauraient être séparés du contexte historique dans lequel ils s'insèrent (**I**). Pour en mesurer la portée, il n'est pas inutile de prendre en compte, outre les textes juridiques, l'environnement politique, social et économique dans lequel baigne le juge d'outre-mer. À ces éléments, il n'est pas inutile d'ajouter un autre, l'intégration des magistrats dans un corps unique au lendemain du conflit planétaire (**II**). Notre étude tentera de montrer comment les pouvoirs publics de l'époque y ont répondu.

I. Un statut en trompe l'œil : les fortunes du régime prévu par le décret du 22 août 1928

Le statut de la magistrature de l'outre-mer est textuellement prévu par le décret du 22 août 1928 qui codifia les règles existantes. Plusieurs fois modifié [19], il régit le statut au sens strict c'est-à-dire les droits et les obligations mais aussi l'organisation de la carrière des magistrats ; il s'inspire d'une double préoccupation : d'une part, élaborer un système de recrutement et de nomination de la magistrature permettant de vérifier chez les candidats l'existence de connaissances et de qualités techniques requises ; d'autre part, instituer un ensemble de garanties professionnelles assurant le maintien et la défense de qualités morales nécessaires. Véritable charte fondamentale de la magistrature coloniale [20], ce texte juridique ne se bornait pas à définir les règles statutaires applicables aux magistrats en service dans les colonies : il comportait, en

18. Le décret du 19 décembre 1957, n'a cependant pas complètement assimilé la hiérarchie des magistrats coloniaux à celle de la métropole, car il réduit à cinq et non à quatre, le nombre des grades de la magistrature coloniale, ce qui rend plus difficile l'avancement dans ce corps ; en outre, si les magistraux coloniaux reçoivent la même classification que dans la métropole, les cours d'appel sont toutes ramenées à la seconde classe comme dans les départements. Le chef du service judiciaire, personnage inconnu de la magistrature métropolitaine n'a pas été supprimé, même s'il est privé de toutes ses prérogatives au profit du premier président de la cour d'appel, chef de la compagnie judiciaire, et magistrat pleinement indépendant.

19. Notamment par le décret n° 45-248 du 15 février 1945 modifiant le statut de la magistrature coloniale, *JORF*. du 16 février 1945, p. 816.

20. B. DURAND, « Les magistraux coloniaux et les Lotophages sous la Troisième République », *op. cit.*, p. 43.

outre, des dispositions d'application territoriale relatives notamment à la composition des juridictions, aux suppléances et aux intérims.

Toutefois, il est permis de déplorer la limite absolue dans laquelle le décret du 22 août 1928 place ce statut, les évolutions souhaitées par les intéressés ne se réalisant qu'au « gré des vents » politiques. Nous y reviendrons. Pour l'heure, il n'est pas sans intérêt de préciser que la fonction de magistrat, au sens large de la « puissance de juger », est complexe.

Outre-mer, il existe deux types de magistrats, ceux qui ont suivi une formation (les magistrats « professionnels » ou de carrière) et ceux qui font office de magistrats en raison de leurs attributions (administrateurs des colonies, chefs de circonscriptions). Cette étude concerne plus particulièrement la première catégorie : les magistrats professionnels. Choisis et formés pour aller rendre la justice dans des contrées très éloignées tant géographiquement que culturellement de la métropole, ils se sentent investis d'une mission dont ils mesurent les contraintes : leur « puissance » est ambiguë ; le magistrat d'outre-mer appartient à la fonction publique, à l'État dont il remplit une des missions régaliennes consistant à rendre la justice ; en même temps qu'il dépend de lui pour sa nomination [21], il est soumis à contrôle [22] et il est noté.

Cette puissance demeurerait théorique sans l'indépendance, une des vertus sans lesquelles il n'est point de justice. Mais que recouvre cette notion d'indépendance ? Celle-ci n'est pas en elle-même définie de manière précise par les textes [23]. Mais il n'est pas exagéré de l'appréhender comme « ...la liberté que doit avoir tout magistrat vis-à-vis de qui que ce soit, quand il dit le droit. Sa décision doit intervenir avec une liberté totale dans l'appréciation des faits qui lui sont soumis et dans l'application de la loi. Il devrait pouvoir se dégager de tout ce qui risquerait d'influer sur cette décision : pouvoir politique, exécutif et législatif, puissances économiques et financières, opinion publique, écoles philosophiques, pouvoirs spirituels, classes sociales, idées et sentiments personnels et même raison d'État » [24].

Au centre du statut du juge, il y a donc l'indépendance, symbole de l'ambiguïté de la magistrature. En effet, le pouvoir politique est toujours tenté d'affirmer son emprise sur l'autorité judiciaire qui essaie tant bien que mal d'y échapper. Mais l'indépendance est-elle garantie par l'existence d'un statut ?

---

21. Ainsi, de 1800 à 1889, les juges tant en métropole qu'outre-mer, sont nommés de manière discrétionnaire par le pouvoir politique.
22. Le vocable « contrôle » est susceptible de plusieurs sens. Ici, il n'est pas entendu dans son acception anglaise, où il équivaut à « direction », mais dans son acception française, où il est synonyme de « surveillance ».
23. Voir dans le même sens, G. BURDEAU, *Droit constitutionnel*, Paris, LGDJ, 26e édition, 1999, p. 90 ; J. ROBERT, J. DUFFAR, *Droits de l'homme et libertés fondamentales*, Paris, Montchrestien, 7e édition, 1999, p. 288-289.
24. G. MANGIN, « La magistrature coloniale française », *in* A. ALLOT, J.-P. ROYER *et al., Magistrat au temps des colonies*, Centre d'histoire judiciaire, Lille, coll. L'espace juridique, 1988, p. 117.

Ne dépend-elle pas d'autres facteurs liés au juge [25] lui-même ?

En vérité, l'indépendance est une « question de caractère qui dépend plus du magistrat que des lois édictées pour le protéger : les qualités de cœur et d'esprit, la volonté et la clairvoyance, en un mot la valeur de l'homme, est le principal » [26]. C'est pourquoi, il n'est pas sans intérêt de réfléchir sur le recrutement et la nomination du juge d'outre-mer, d'une part et, d'autre part, sur les garanties statutaires à lui accordées par le législateur.

A. Le recrutement et la nomination

Les magistrats coloniaux étaient régis par des textes spéciaux. Ils étaient nommés discrétionnairement jusqu'en 1924. Bien que n'étant pas « fonctionnaires » stricto sensu, les magistrats appartiennent à la fonction publique ; ils étaient donc nommés et recrutés par l'État ; aussi semblait-il normal que les règles qui régissent la fonction publique et qui n'étaient pas incompatibles avec leur rôle particulier leur fussent étendues. Ils font une carrière avec la perspective d'un avancement ou la menace de sanctions. Ils disposent de certaines garanties de carrière.

Outre les conditions classiques d'âge, de moralité, etc., les candidats à l'exercice de fonctions judiciaires dans les juridictions installées outre-mer sont recrutés, en principe, soit par la voie du concours, soit sur titres. Mise à part l'exigence du « certificat d'aptitudes aux fonctions judiciaires coloniales », institué avant 1905, à titre transitoire, l'accès à la magistrature coloniale était subordonné à la satisfaction des conditions posées par le décret du 22 août 1928 cristallisant les règles en la matière : concours d'entrée à l'École coloniale [27], stage au barreau de deux ans, stage au parquet, examen professionnel de sortie.

Le décret du 22 août 1928 fait de l'examen professionnel le mode de recrutement principal. L'examen s'adresse aux licenciés en droit ayant suivi le stage du barreau pendant deux ans. Il était possible toutefois d'éluder ce stage du barreau en effectuant un stage en qualité « d'attaché à un parquet général des colonies », d'une durée équivalente. Ce stage rémunéré [28] constituait une période d'épreuve à l'issue de laquelle le candidat pouvait être, soit titularisé en qualité de juge suppléant, soit invité à prolonger d'une année son stage, soit

25. Pour aller plus loin, C. GRELLOIS, « Le juge, quelle indépendance ? », *in* N.D. NGUYEN (dir.), *Rendre la justice au XXIe siècle. Perspectives francophones*, Presses de l'université Toulouse 1 Capitole, 2016, p. 47-78.
26. *Ibid.*
27. Fondée en 1885 pour accueillir des jeunes cambodgiens, elle devient en 1889 une école de formation des administrateurs. En 1905 par un décret du 7 avril, est créée une section magistrature dont le régime sera modifié par les décrets des 27 juillet 1905, 30 octobre 1950, 14 mai 1956, 19 décembre 1957.
28. Art. 115, décret du 22 août 1928.

licencié après avis de la commission de classement [29]. C'était en somme le régime prévu pour la métropole par l'ordonnance du 2 novembre 1945 instituant des « attachés à la chancellerie » et qui ne put être maintenu longtemps parce que n'étant combiné avec aucun autre mode de recrutement à la base, il privait les juridictions de juges suppléants pour toute la durée du premier cycle de scolarité.

Traditionnel dans la magistrature, le recrutement latéral n'en devait pas moins être tenu dans des limites étroites. Aussi la proportion du sixième a-t-elle été maintenue et le grade auquel peut accéder chaque catégorie de candidat déterminé. Les juges de paix ne peuvent prétendre qu'aux fonctions de juges suppléants (solution plus rigoureuse que dans la métropole) ; les avocats, notaires, avoués, greffiers en chef, avocats au Conseil d'État n'ont pas la possibilité d'accéder à un emploi supérieur au quatrième grade. Toutes ces dispositions ont pour but de soustraire la carrière de tout favoritisme politique. Elles avaient depuis longtemps paru nécessaires.

Le recrutement latéral intervient après avis d'une commission de classement parmi les membres du Conseil d'État, les professeurs de droit, les juges de paix, les avocats, les greffiers titulaires du diplôme de la licence en droit. Prévue par de vieux textes, la voie du recrutement latéral était maintenue par le décret de 1928 [30]. Elle visait toutes les personnes qui auraient pu bénéficier d'un recrutement semblable dans la métropole. Il s'y ajoutait cependant les praticiens d'outre-mer (notaires, avoués, avocats-défenseurs, greffiers licenciés en droit), ainsi que les fonctionnaires titulaires du diplôme de licence en droit et ayant exercé l'intérim de fonctions judiciaires. La durée de cet intérim était portée par le décret de 1928 à deux ans au moins, le régime du décret de 1924 qui le limitait à un an détournant les candidats de l'examen professionnel, lequel exigeait, lui, deux années de stage préalable en qualité d'avocat ou postérieur au concours comme attaché de parquet.

Des dispositions bienveillantes, et de courtes durées, permirent aux licenciés en droit, anciens combattants ou officiers de toutes armes ayant exercé des intérims de fonctions judiciaires d'entrer sans examen dans la magistrature. Il y a une certaine analogie entre ces diverses sources de recrutement et la possibilité donnée aux juges de paix d'Algérie recrutés sur titres d'accéder à la magistrature des cours et tribunaux de la métropole [31].

Ainsi défini, le recrutement latéral était contenu dans les proportions numériques du sixième des vacances annuellement ouvertes dans chaque grade [32]. Encore s'en faut-il de beaucoup que cette proportion, qui constituait un maximum, ait été atteinte dans les faits. C'est également au sixième des vacances

29. Art. 116, décret du 22 août 1928.
30. Art. 16.
31. Art. 7, décret du 21 juillet 1927, modifié par les décrets du 16 octobre 1953 et du 27 mai 1955.
32. Art. 17 al. 17, al. dernier, décret du 22 août 1928.

annuelles que le décret du 21 juillet 1927 avait limité le recrutement latéral du cadre métropolitain [33].

Si l'on s'en tient aux principes posés par la loi du 19 octobre 1946, le recrutement de la fonction publique par une voie différente du concours ne peut être qu'exceptionnelle. Il a fallu pourtant y déroger, notamment en ce qui concerne l'accès à la magistrature où le recrutement latéral était institué.

Une différence, certes mineure, subsiste toutefois : la loi du 28 avril 1919 exige de tous les candidats sans examen aux fonctions judiciaires à l'exception des juges de paix, qu'ils « remplissent les conditions de la loi du 20 avril 1810 », c'est-à-dire en clair, essentiellement qu'ils aient effectué un stage au barreau de deux ans. Cette disposition, qui traduit surtout le respect de vieux textes marque un recul quand on sait qu'elle met à la charge d'un membre du Conseil d'État ou d'un agrégé des facultés de droit par exemple, l'obligation d'accomplir deux années de stage au barreau, effectuées en général il y a fort longtemps. Elle est par ailleurs obsolète : elle met à la charge d'avoués ou de greffiers en chef ayant dix ans de pratique judiciaire, une obligation similaire. Aussi bien les dispositions de la loi du 2 août 1957 [34] dispensent-elles du stage au barreau les interprètes judiciaires d'Afrique du Nord, candidats à l'intégration.

En tout état de cause, tous les candidats au recrutement latéral sont comme par le passé soumis au crible de la commission de classement.

Découlant du principe de l'unité de corps de la magistrature, une conséquence apparaît : ces magistrats métropolitains désirant passer dans le cadre d'outre-mer ne se trouvent plus limités par la proportion du sixième, réservée au recrutement latéral [35]. Leur admission est de plein droit au grade et à l'échelon correspondant à leur traitement métropolitain. Sans doute la commission de classement intervient-elle, mais pour examiner si l'intéressé remplissant dans son cadre d'origine les conditions d'ancienneté pour accéder au grade supérieur, serait en droit d'y prétendre dans le cadre d'outre-mer. C'est une sorte d'inscription au tableau de ce cadre a posteriori qui donne droit au grade supérieur et qui doit faire l'objet de sa part d'une « proposition spécialement motivée ». Cette procédure paraît être utilisée même lorsque le magistrat métropolitain figure au tableau d'avancement de son cadre d'origine. Dans cette hypothèse le décret de 1928 prévoyait une nomination de plein droit au grade supérieur. Celui de 1957 invite la commission à vérifier s'il l'aurait obtenue dans la magistrature d'outre-mer.

33. Art. 22, décret du 21 juillet 1927.
34. Art. 9.
35. Art. 17, al. 11, loi du 2 août 1957.

B. Les garanties statutaires accordées aux magistrats

Elles tiennent non seulement à l'adoption de la règle de l'inamovibilité, mais également à la règlementation de l'avancement et à l'encadrement du régime disciplinaire des magistrats.

1. La règle de l'inamovibilité

En droit français, l'inamovibilité est traditionnellement conçue comme une garantie d'indépendance statutaire attribuée au magistrat du siège de l'ordre judiciaire, afin de le protéger contre le risque d'éviction arbitraire par le pouvoir politique [36]. Elle est ainsi supposée faire bénéficier le magistrat d'une protection exorbitante par rapport au droit commun de la fonction publique. Déjà considérée comme un « *antique et tutélaire principe* » au milieu du XIXe siècle, cette garantie a traversé le temps et les régimes politiques, depuis l'époque médiévale jusqu'à aujourd'hui. En métropole, elle a été érigée en loi fondamentale du royaume à la veille de la Révolution, avant d'être reprise et consacrée par la presque totalité des constitutions qui se sont succédées depuis 1791.

Bien qu'ayant longtemps refusé aux magistrats coloniaux le bénéfice de l'inamovibilité, le législateur avait senti à quel point il était choquant qu'aucune garantie disciplinaire ne leur fût accordée.

Par « décision du 19 avril 1898 » intervenue avec l'accord des ministres de la justice et des colonies, le président de la République avait institué une « commission administrative » chargée de « donner son avis » sur les mesures de discipline, à prendre à l'égard « des membres de l'ordre judiciaire aux colonies ». Elle se composait de deux conseillers à la Cour de cassation, de deux conseillers à la Cour d'appel de Paris et d'un avocat général près cette Cour. Si l'intention exprimée était louable, on était loin cependant de l'inamovibilité. La compétence de la commission s'étendait à l'ensemble des magistrats sans que rien ne distinguât ceux du siège. Son avis ne liait pas les ministres. En outre, la forme assez inhabituelle utilisée pour la création de la commission (« décision présidentielle » et non décret modifiant celui du 1er décembre 1858) laissait toute latitude à l'administration de ne pas se soumettre aux formes qu'elle s'était elle-même imposée.

Or l'inamovibilité est une garantie d'éviction, dont la particularité est d'être étroitement liée à la mission régalienne consistant à rendre la justice. Du point de vue de sa portée, elle comporte deux conséquences. D'une part, le magistrat du siège est, dans le cadre de ses fonctions, protégé contre toute tentative tendant à son éviction, sa destitution, ou sa suspension arbitraire. Cela sous-entend qu'il ne faut pas que, sous couvert de l'intérêt du service,

---

36. B. DURAND, *Les justices en monde colonial XVIe-XXe siècle*, Publications de l'université de Montpellier, 2016, p. 551-570.

puissent être infligées sous forme de déplacement des sanctions déguisées. D'autre part, il en résulte [37] qu'à moins de procédure disciplinaire, un magistrat du siège ne peut être muté de poste sans son propre consentement.

Il ressort de ces deux conséquences que, s'agissant du magistrat du siège, le principe de l'inamovibilité lui confère une pérennité des fonctions au sein de la juridiction où il est en service ; il offre au justiciable l'assurance qu'une juridiction ne sera pas délibérément composée aux seules fins de statuer sur une affaire déterminée, notamment en déplaçant, à cet effet, des juges spécialement choisis dans diverses juridictions.

Qu'en est-il de la question de l'avancement des magistrats ?

2. La règle de l'avancement

Elle peut être considérée comme une garantie d'impartialité nécessaire à une bonne administration de la justice : il est évident que si le déroulement de la carrière des juges est laissé à l'entière discrétion du gouvernement, ceux-ci risquent de perdre leur indépendance dans certaines circonstances.

C'est le décret du 5 septembre 1923 qui institue un tableau d'avancement dans la magistrature coloniale. Il était dressé pour le siège comme pour le parquet par une commission de classement dont la composition a été maintenue par le décret du 22 août 1928 [38], à savoir un président de chambre et trois conseillers à la Cour de cassation désignés annuellement, trois magistrats ou anciens magistrats ayant servi outre-mer, le directeur du personnel du ministère de la justice et celui du ministère de la France d'outre-mer et le chef de cabinet du ministre de la France d'outre-mer.

Cependant, la loi du 19 octobre 1946 distingue deux catégories d'avancement, celui d'échelon et celui de grade. L'avancement de grade a lieu au choix, en fonction d'un tableau d'avancement sur lequel sont portés les seuls fonctionnaires ayant une certaine ancienneté ; quant à l'avancement d'échelon, il est en principe automatique mais la durée nécessaire pour accéder d'un échelon à un autre peut être augmentée ou réduite d'après les notes obtenues.

Si la magistrature a toujours connu l'avancement de grade, elle a ignoré longtemps ou peu s'en faut, celui d'échelon. Le décret du 21 juillet 1927 distinguait douze degrés dans la magistrature métropolitaine, chacun de ces degrés étant désigné par un chiffre d'autant plus élevé que les fonctions étaient plus hautes [39]. La magistrature d'outre-mer possédait une hiérarchie calquée sur celle de la métropole. Mais elle comportait 14 degrés énumérés dans l'ordre inverse [40]. Il en résultait, par une curieuse différence de terminologie,

37. Art. 2, al. 2, décret de 1928, modifié.
38. La composition de la commission n'a pas été non plus modifiée par le décret du 19 décembre 1957.
39. Art. 1er, décret du 21 juillet 1927.
40. Tableau B annexé au décret du 22 août 1928, 2e section.

que l'expression « magistrat du 1er degré » désignait outre-mer un premier président ou un procureur général et dans la métropole un juge suppléant. Pour bénéficier de l'avancement de grade, il était nécessaire, tant dans la magistrature d'outre-mer que dans celle de la métropole d'être inscrit au tableau d'avancement, ce qui supposait une ancienneté d'au moins deux ans dans le grade inférieur [41].

L'avancement d'échelon était presque totalement ignoré du décret du 22 août 1928. Tout au plus existait-il à cette époque dans chaque degré deux majorations successives de 1 000 francs après 5 et 10 ans de service : il s'agissait moins d'une forme d'avancement que d'une manière de consolidation. De fait, l'avancement d'échelon à espérer était minime : c'était particulièrement le cas outre-mer où l'embouteillement de la carrière, passé le flux des créations de postes consécutifs à la suppression de la justice pénale indigène par le décret du 19 avril 1946 laissait fort peu d'espoir en ce qui concernait l'avancement de grade.

Il est en effet une notion, déterminante pour les cadres de la fonction publique, à laquelle l'attention qui s'impose n'est pas toujours donnée : c'est celle de pyramide hiérarchique. À la veille du décret du 19 décembre 1957, la pyramide hiérarchique de la magistrature d'outre-mer était extrêmement défavorable ; 485 magistrats sur un effectif total de 647 étaient à un indice inférieur à 470 (soit 75,5 %) ; encore faut-il constater que sur ces 485 magistrats, 254 (soit près de 40 % de l'effectif total) se trouvaient à un indice inférieur à 335. 45 magistrats seulement (soit 6,95 % de l'effectif) étaient placés à un indice compris entre 500 et 525, d'où à cette phase un étranglement extrême de la pyramide ; nouvel évasement à l'indice 630 (78 postes, 12 % de l'effectif), enfin 39 postes comportaient des indices de traitement de 650 à 750 correspondant aux degrés les plus élevés de la hiérarchie.

Cette pyramide, au dessein bizarre, traduisait le souci d'économie qui a guidé l'implantation des juridictions outre-mer au lendemain de la réforme de 1946 : une infinité de petites juridictions (justices de paix à compétence étendue et tribunaux de 3e classe) ont permis à peu près partout une distribution de la justice. Un très petit nombre par contre de juridictions de moyenne importance (tribunaux de 2e classe) étaient placées sauf quelques exceptions, dans les chefs-lieux des territoires groupés. Enfin la création de cours d'appel, appartenant à la « première classe » permettait un assez grand nombre de postes élevés.

Ce dessein n'était pas sans répercussion sur la carrière des magistrats. Il était extrêmement difficile de sortir des deux premiers degrés (14e et 13e). Cette situation était encore aggravée par l'existence au 13e degré de la hiérarchie d'un « bouchon », dû aux conditions faites aux élèves de l'ENFOM. Ceux-ci, à la différence de leurs collègues issus de l'examen professionnel, sortaient, dans le dernier état des textes, en qualité de juges ou substituts de 3e

41. Art. 4, décret du 27 juillet 1927 ; 35, décret du 22 août 1928.

classe. D'après le décret du 22 août 1928 modifié par celui du 11 mai 1934, la moitié des postes leur était réservée. De même, pouvaient être nommés comme juges ou substituts de 3e classe au lieu de l'être comme juges suppléants, les candidats reçus à l'examen professionnel particulièrement distingués par le jury [42].

Si ces solutions étaient satisfaisantes en équité comme accordant aux candidats ayant effectué des études ou plus longues ou plus brillantes un avantage justifié, elles apparaissaient désastreuses pour l'organisation de la carrière. Elles créaient en effet un étranglement juste au-dessus du grade de début et ne permettaient pas un écoulement normal de ceux qui appartenaient à ce grade.

Ayant éprouvé les plus grandes difficultés pour sortir des deux premiers degrés, le magistrat d'outre-mer était appelé à rencontrer, après avoir franchi d'une façon sans doute plus normale les degrés intermédiaires, un obstacle difficilement franchissable pour parvenir aux fonctions de président ou procureur de deuxième classe (6e degré) qui correspondaient au second et sans doute au plus sérieux resserrement de la pyramide. Par contre, pour les heureux élus, le nombre presque double de postes existant au 5e degré laissait espérer d'une façon certaine et rapide une ascension à ce grade, correspondant à un bond indiciaire de plus de cent points.

À la veille du décret du 19 décembre 1957, étaient relevées de nombreuses insuffisances de garanties statutaires des magistrats d'outre-mer : absence d'échelons substantiels d'ancienneté, pyramide peu cohérente et moins favorable que celle de la magistrature métropolitaine (pour cette dernière, 50,5 % à un indice inférieur à 500 au lieu de 75,05 % à un indice inférieur à 470).

À dire vrai, le décret du 19 décembre 1957 n'améliore qu'à peine la situation. L'ordonnance du 2 novembre 1945 alors en vigueur [43] déléguait au pouvoir exécutif, la possibilité de régler par décrets en Conseil d'État le statut des magistrats et l'organisation judiciaire des territoires d'outre-mer. Toutefois, depuis la Constitution du 19 octobre 1946, la procédure utilisée pour modifier le tableau des juridictions avait été celle du décret du président de la République après avis de l'Assemblée de l'Union française.

Appréciant le problème, le Conseil supérieur de la magistrature estima que les règles d'avancement sont capitales pour la sauvegarde de l'indépendance des magistrats ; il revendiqua alors l'établissement du tableau. Le 22 janvier 1954, le Conseil d'État, dans un arrêt rendu précisément à propos d'un magistrat d'outre-mer [44], confirmait la validité de ce point de vue. Tirant les conclusions de ce débat, le décret du 19 décembre 1957 constate la caducité de la commission de classement en ce qui concerne les magistrats du siège [45]. Dressé par le Conseil supérieur de la magistrature pour les fonctions du siège, par la

42. Art. 14, 2e al., décret du 22 août 1928, modifié par le décret du 11 mai 1934.
43. C.E., *Sinoir*, 10 février 1954.
44. C.E., *Ralzel*, 22 janvier 1954.
45. Art. 3, décret du 19 décembre 1957.

commission de classement pour celles du parquet, le tableau d'avancement est annuel. Comme par le passé, il doit être établi avant le 1er janvier de l'année qu'il concerne. Ce délai, en cas de nécessité, peut être prorogé jusqu'au 31 du même mois [46].

Le décret du 19 décembre 1957 apporte de profondes modifications dans la représentation du tableau. Les unes sont de pure forme : les magistrats qui y figurent sont désormais réunis sous la rubrique du grade auquel ils appartiennent et de la catégorie dans le grade [47] ; c'est l'usage suivi dans la métropole et codifié par l'article 2 du décret du 21 juillet 1927, modifié par celui du 27 mai 1955 ; le régime du décret du 22 août 1928, au contraire, leur ouvrait une nouvelle vocation : jadis, l'inscription se faisait « pour » tel degré ; elle se fait maintenant « dans » tel grade.

Plus grave est l'innovation qui consiste à présenter le tableau, non plus par ordre de mérite, mais par ordre alphabétique. L'origine de la règle est métropolitaine [48]. Il y a là, toutefois, l'abandon d'une des plus sérieuses garanties instituées en 1928 en faveur des magistrats coloniaux, d'autant que l'article 33 du décret faisait une obligation en ce qui concerne tout au moins les magistrats du siège de n'effectuer les promotions qu'en suivant l'ordre du tableau. En fait, il était bien rare, même au parquet, que cet ordre ne fût pas suivi.

On peut donc estimer l'innovation fâcheuse. Pourtant, même encore, le texte d'outre-mer est préférable à celui de la métropole. Il dispose, en effet, pour les nominations autres que celles du premier grade, que la moitié au moins chaque année sera effectuée au profit des magistrats les plus anciennement réinscrits [49]. C'est une certitude que le tableau ne pourra devenir une liste de satisfecit moraux parce que non suivis d'effet pour qui ne bénéficierait pas de préférences occultes.

Il est, par contre, une nouveauté heureuse. Sous l'empire du décret du 22 août 1928, il n'était pas dressé de tableau pour les fonctions de premier président et de procureur général. Les seules conditions exigées pour y accéder étaient, puisqu'il s'agissait d'une promotion [50], une ancienneté de deux ans dans le grade précédent, dont une année de service accompli outre-mer.

Le décret du 19 décembre 1957 prévoit l'inscription au tableau, en vue du premier grade des magistrats du deuxième grade. Sans doute, l'article 27 du même décret permet dans ce cas les promotions en dehors du tableau, si les conditions d'ancienneté sont remplies. Des procédés différents seraient particulièrement difficiles à admettre en ce qui concerne les magistrats du siège pour lesquels l'autorité de nomination se confond avec celle qui institue le tableau.

---

46. Art. 32, décret du 22 août 1928, modifié.
47. Art. 31, décret du 22 août 1928, modifié.
48. Art. 13, décret du 21 juillet 1927, modifié par le décret du 27 mai 1955.
49. Art. 33, décret du 22 août 1928, modifié.
50. Art. 35, 1er al. décret du 22 août 1928, modifié par le décret du 16 juillet 1939.

Des dispositions à peu près semblables existent dans le décret du 21 juillet 1927 portant statut de la magistrature métropolitaine. Le tableau d'avancement comporte une section où sont inscrits les magistrats du deuxième grade en vue des fonctions du premier [51] ; mais les nominations aux postes de premiers présidents et procureurs généraux peuvent être légalement effectués en dehors. Il n'est même pas exigé une ancienneté quelconque dans le grade inférieur [52] écartant pour ces nominations « les dispositions relatives à l'avancement ».

Pour le surplus, le décret du 22 août 1928 n'a pas fait l'objet d'innovations importantes. L'article 28-1 nouveau crée l'obligation de notes annuelles conformément à la pratique suivie jusque-là. L'article 288-11 modifie légèrement le calendrier des présentations au tableau d'avancement. C'est désormais dès le 15 juillet et non plus le 1er août qu'elles doivent parvenir au ministère de la France d'outre-mer. Elles sont établies par ordre de mérite. L'avis du Haut-commissaire ou du chef du territoire est joint aux présentations des magistrats du parquet. Il s'agit de la reproduction d'une disposition d'ordre plus général puisqu'elle concernait tous les magistrats qui figuraient dans l'article 28-1 du décret de 1928. La constitution de 1946 avait entraîné sa caducité, en ce qui concerne les magistrats du siège. Pour ceux du parquet, la pratique était variable selon les territoires et en Afrique occidentale française tout au moins, il avait été pratiquement renoncé par l'administration à l'exercice de cette prérogative ; aussi bien ne voit-on pas dans la métropole le préfet émettre un avis sur l'opportunité des avancements à donner aux membres du parquet local.

Les titres à l'avancement des présidents et procureurs des tribunaux supérieurs d'appel sont examinés d'office sans qu'il soit besoin, comme par le passé, d'une présentation effectuée par le chef du territoire.

Le nombre des inscriptions était déterminé par arrêté du ministre. Cette solution est désormais exceptionnelle ; elle n'est plus en vigueur que pour les tableaux supplémentaires, ouverts au cas d'épuisement d'une section du tableau en cours d'année. Pour les tableaux normaux, le nombre des inscriptions est fixé par l'article 32, § 3 du décret de 1957 en fonction du nombre de magistrats existant dans chaque catégorie. C'est le système consacré dans la métropole [53]. Comme par le passé, il est procédé à la réinscription d'office des magistrats inscrits précédemment. Cette réinscription est effectuée par année d'ancienneté et dans l'année par ordre alphabétique. Le nombre des réinscriptions vient en déduction de celui que permet la loi pour les inscriptions nouvelles. En cas de refus d'une promotion offerte, il est procédé à la radiation du tableau, sauf décision contraire de la commission de classement, qui peut estimer justifiés les motifs de ce refus.

Enfin, s'il est dressé un tableau d'avancement supplémentaire en cours d'année, par suite de l'épuisement d'une section du tableau normal et de

51. Art. 2, décret du 21 juillet 1927, modifié par le décret du 27 mai 1955.
52. Art. 21, décret du 21 juillet 1927.
53. Décret du 21 juillet 1927, modifié par le décret du 27 mai 1955.

l'impossibilité de ce fait de pourvoir les postes vacants, il n'y a pas lieu à de nouvelles présentations. Il est établi sur la base de celles qui, faites pour l'année en cours, n'ont pas été suivies d'effet ; sauf possibilité pour les chefs des juridictions d'appel d'annuler telle ou telle d'entre elles. Il n'y a guère à craindre que les présentations effectuées précédemment ne soient pas assez nombreuses pour satisfaire aux besoins toujours limités d'un tableau supplémentaire.

Aux termes de l'article 28-11 du décret de 1928, modifié, les chefs de juridiction sont autorisés à proposer au maximum la moitié des magistrats de chaque catégorie. Le nombre des inscriptions prévues statutairement chaque année étant du quart dans la meilleure hypothèse, il demeure toujours en principe une « réserve » de propositions suffisantes pour établir au besoin un tableau supplémentaire.

Le décret du 19 décembre 1957 a réduit le nombre des grades : cinq au lieu de quatorze. Pourquoi cinq et non pas quatre comme dans la métropole ? Sans s'attarder sur les raisons qui ont décidé les pouvoirs publics [54], il n'est pas inutile de relever que par la force des choses, les nouveaux grades s'étendent sur une longue période de la carrière. Dans la meilleure hypothèse, c'est-à-dire en supposant un magistrat inscrit au tableau d'avancement « au minimum », il faut dans la métropole justifier d'une ancienneté de douze ans dans le 4e grade. Dans la pratique, de bien plus longs délais sont nécessaires. Le grade étant dans la magistrature lié au poste dont on est titulaire, la transposition pure et simple des règles métropolitaines aurait conduit à laisser le même magistrat pendant une période de douze années au minimum dans le même poste, fût-il mauvais. Dès lors, il est aménagé une division du 4e grade en deux grades distincts qui permet de plus fréquentes mutations. Il s'agit là d'un aménagement d'ordre intérieur qui n'affecte en rien le parallélisme absolu réalisé entre les hiérarchies métropolitaines et d'outre-mer, l'exposé des motifs étant très clair sur ce point ; le 5e grade n'établit pas de différence fondamentale entre les deux hiérarchies : il s'identifie exactement avec les cinq premiers échelons, du 4e grade métropolitain.

En France métropolitaine, l'ancienneté nécessaire pour accéder au 3e grade est de douze ans dans le 4e, dont huit dans des fonctions autres que celles de juge suppléant [55]. Outre-mer, il faut pour sortir du 5e grade six années dont quatre ans dans des fonctions autres que celles de juge suppléant [56]. À ces six années viennent s'ajouter cinq ans dans le 4e grade. L'addition de ces deux chiffres donne un total de onze années ; il serait faux d'en conclure que la carrière moyenne sera plus rapide d'un an outre-mer. En effet, les six ans

54. Ces raisons sont exposées dans le rapport de présentation du décret du 19 décembre 1957. *Cf.* Rapport de présentation du décret du 19 décembre 1957, *Recueil Penant*, janvier-février 1958, « Législation », p. 19.

55. Art. 4, décret du 21 juillet modifié.

56. Art. 35, décret du 19 décembre 1957.

exigés dans le 5e grade, qui constituent un délai minimum permettent tout au plus d'accéder au tableau d'avancement, il est rare que la nomination soit concomitante au tableau ; sans doute est-ce pour tenir compte de cette circonstance qu'il a été prévu pour l'ensemble des 5e et 4e grades un délai minimum de onze ans.

Au surplus, aucune différence ne sépare les autres grades des grades homologues de la métropole. Six ans d'ancienneté sont nécessaires dans le 3e grade pour être en mesure de postuler le second [57], quatre ans dans le 2e pour postuler le 1er. C'est la reproduction intégrale des règles de l'article 4 du décret du 21 juillet 1927, modifié par décrets des 16 octobre 1953 et 27 mai 1955. Cependant une condition est ajoutée, celle relative aux séjours outre-mer : trois ans au minimum dans le 5e grade, trois ans dans le 4e, quatre ans dans le 3e, deux ans dans le second [58]. La position régulière de détachement est assimilée aux séjours outre-mer [59].

Il est un point sur lequel le statut des magistrats s'écarte de celui des fonctionnaires ; aucune augmentation ou diminution du temps nécessaire pour franchir les échelons n'est possible : ils sont rigoureusement automatiques à l'ancienneté.

Les décrets métropolitains des 16 octobre 1953 et 27 mai 1955 ont eu pour but de mettre les magistrats à l'abri du perpétuel souci d'avancement et de leur procurer par là-même une sérénité d'esprit qui leur avait, dans le passé, souvent fait défaut. L'extension de cette disposition était également souhaitable outre-mer où elle est désormais en vigueur.

Le décret du 16 octobre 1953 réglait des difficultés analogues [60], en établissant une distinction selon que le grade nouveau correspondait à un seul degré de l'ancienne hiérarchie, ou au contraire à plusieurs. Dans le premier cas, était conservée dans le nouveau grade toute l'ancienneté de l'ancien degré. Dans la seconde hypothèse, il établissait des distinctions entre les magistrats ayant appartenu au degré le plus élevé correspondant au nouveau grade et ceux qui appartenaient au degré le moins élevé. Les premiers conservaient toute leur ancienneté, les autres étaient seulement intégrés à la date d'entrée en vigueur du décret.

Ainsi organisée, la carrière n'est pas sans susciter des critiques. Certaines sont communes à la magistrature métropolitaine : c'est le faible écart indiciaire des échelons de début (indices 300, 310 ; 325, 340, 375) tous franchis, à l'exception du second, après deux ans, alors que les administrateurs de la France d'outre-mer, par exemple, bénéficient d'échelons indiciaires plus avantageux (300, 335, 410) et de la possibilité, s'ils sont bien notés, de les voir réduits à dix-huit mois ; une autre comparaison plus désavantageuse encore a

57. Art. 35, décret du 22 août 1928, modifié par le décret du 19 décembre 1957.
58. Art. 35, décret du 22 août 1928, modifié.
59. Art. 64, décret du 22 août 1928, modifié par le décret du 21 septembre 1950.
60. Art. 6.

été effectuée fréquemment entre le statut des magistrats de l'ordre judiciaire et ceux des tribunaux administratifs de la métropole.

D'autres critiques sont particulières à la magistrature d'outre-mer : elles ont trait à l'absence d'un deuxième groupe (indice 675, 700) dans le 1er grade et à la fragmentation en deux grades du 5e grade métropolitain, d'où un tableau d'avancement complémentaire à franchir dans la carrière. Sur ce dernier point toutefois, un élément est de nature à atténuer la critique : l'amélioration de la pyramide fonctionnelle des magistrats. Si l'on fait la ventilation du nombre de postes, tel qu'il résulte des projets soumis à l'Union française et publiés au *Journal des débats* de cette Assemblée, la pyramide fonctionnelle de la magistrature coloniale s'établirait ainsi qu'il suit : 75 postes de juges suppléants, 172 postes du 5e grade autres que de juges suppléants, 183 postes du 4e grade, 136 du 3e grade, 65 du 2e et 16 du 1er.

La pyramide revêtait désormais un aspect plus normal ; sans doute serait-elle encore inférieure à celle de la métropole (33,46 % des postes à un indice supérieur à 500, contre 49,5 %), mais son dessin permettait d'espérer une titularisation des juges suppléants dans des délais normaux, et un écoulement sans à coup du 5e grade dans le 4e. Il est à noter à ce sujet que tout candidat étant désormais astreint à passer par l'École de la France d'outre-mer, il n'y a plus de discrimination d'origine entre magistrats, chacun débutant au même grade. Il n'y aura pas de « bouchon » au départ de la carrière.

Il est naturellement toujours délicat de réaliser dans un cadre de bouleversements de structure. La contraction de quatorze degrés en peu de grades était d'autant plus difficile qu'elle devait s'effectuer de la même façon que dans la métropole sans que les hiérarchies servant de point de départ à cette contraction fussent absolument identiques. Les articles 4 et suivants du décret du 19 décembre 1957 s'efforcent de résoudre ce problème. Ils sont directement inspirés des articles 5 et 6 du décret du 16 octobre 1953 et distinguent comme eux l'intégration d'échelon et l'intégration d'ancienneté dans le grade.

L'intégration d'échelon est déterminée par l'article 4 : il recopie purement et simplement l'article 5 du décret du 16 octobre 1953 : les magistrats sont intégrés dans la nouvelle hiérarchie à l'indice de traitement qui était le leur à la date d'application du décret, à défaut à l'indice immédiatement supérieur et prennent rang dans l'échelon correspondant à cet indice.

Appliquée brutalement cette règle aurait eu pour effet de consacrer certaines injustices en faisant abstraction de cas particuliers ; aussi a-t-elle reçu des tempéraments.

1°) Le premier d'entre eux a trait aux juges suppléants et aux juges et substituts de 3e classe [61] pour lesquels il est tenu compte jusqu'à concurrence de cinq ans de toute leur ancienneté dans le corps. Il en résulte que tous les magistrats de ces degrés nommés postérieurement au 1er janvier 1950 se trouvent placés

61. Art. 4, al. 9, décret du 19 décembre 1957.

au 1er janvier 1955, date d'application du décret indiciaire, dans la même situation que s'ils étaient entrés dans la carrière sous l'empire de la nouvelle hiérarchie.

2°) La deuxième exception est de portée plus générale. Elle vise tous les magistrats qui, au 1er janvier 1955, se trouvaient en quelque sorte à mi-chemin d'un échelon de l'ancienne hiérarchie. Celle-ci a-t-on dit, en comportait peu et ceux qui existaient ne représentaient en général qu'un faible écart de rémunération. Il n'en demeure pas moins que le magistrat qui aurait pu atteindre à brève échéance un tel échelon aurait été frustré par la simple application de la règle générale. Reclassé d'indice à indice, au 1er janvier 1955 il lui aurait fallu attendre deux ans pour obtenir l'échelon supérieur que, dans l'ancienne hiérarchie, il détenait presque déjà. Désormais la règle inscrite au paragraphe 4 de l'article 1 du décret du 19 décembre 1957 leur est applicable, comme elle l'avait été dans la métropole à l'article 5 du décret du 16 octobre 1953, selon laquelle « si le nouvel indice est inférieur à celui que leur aurait valu un avancement d'échelon dans leur ancien degré, les magistrats conserveront, dans l'échelon nouveau, l'ancienneté acquise dans le précédent ».

3°) Une troisième exception provient elle aussi du texte métropolitain : elle a pour but de procurer un avantage aux magistrats très anciens dans leur degré qui avaient atteint de ce fait l'échelon maximum attribué à ce degré dans la précédente hiérarchie. Il ne pouvait être question de leur maintenir toute cette ancienneté ; c'eût été pour chacun faire rétroagir le statut à une date différente, celle de la nomination au degré où il se trouvait ; mais d'un autre côté, il n'aurait pas été équitable de faire abstraction totalement de services précédemment fournis. D'où la disposition qui leur en tient compte pour les échelons nouveaux jusqu'à concurrence de deux ans et qui aboutit en fait, pour tous ceux qui avaient atteint l'échelon le plus élevé de l'ancienne hiérarchie depuis deux ans ou plus, à les reclasser à l'échelon immédiatement supérieur dans la nouvelle.

4°) La quatrième exception est spéciale à la magistrature d'outre-mer ; elle bénéfice au magistrat qui avait atteint un indice supérieur à l'échelon le plus élevé du nouveau grade où il se trouve intégré ; cette disposition vise deux cas pratiques ; celui des magistrats du 3e degré qui avaient obtenu par suite des anciennes assimilations l'indice 700 après cinq ans, celui des magistrats du 11e degré qui, après quatre ans, avaient reçu l'indice 380. Les premiers sont reclassés en l'absence de 2e groupe dans le 1er grade au 2e échelon du 2e grade et conservent leur indice ; les seconds au dernier échelon du 5e grade et conservent également le leur.

Ces solutions aboutissent à ce résultat qu'aucun magistrat ne peut se trouver dans une situation pécuniaire plus défavorisée que par le passé. Il faut noter cependant que si personne ne se trouve privé de ce qu'il avait obtenu et si dans l'ensemble l'application de ces règles a amélioré profondément le sort des magistrats, il est une catégorie qui a perdu, sinon un acquis, au moins des perspectives ; il s'agit des anciens magistrats du 3e degré qui n'ayant pas encore atteint l'indice 700 supprimé voient disparaître l'espoir de l'acquérir.

Si pour l'application normale du statut, passée la période transitoire, les anciennetés de grade sont appelées à correspondre aux échelons, il n'en est pas de même lors de l'intégration. Ce sont des règles distinctes qui prévoient quelles anciennetés seront conservées dans chaque nouveau grade pour le cas de chaque ancien degré.

Dans la nouvelle hiérarchie d'outre-mer, le 3e grade est seul à ne recouvrir qu'un degré (le 6e) ; il était normal que la règle métropolitaine fût adoptée [62], l'ancienneté antérieure au 1er janvier 1955 étant conservée dans le nouveau grade. Les 2e, 4e et 5e grades par contre correspondent chacun à de nombreux degrés séparés par des tableaux d'avancement ; il ne pouvait être question de faire le même sort à tous : la solution adoptée pour les 2e et 4e grades [63] conserve l'ancienneté antérieure au 1er janvier 1955 à tous les magistrats qui ne se trouvaient pas à cette date au degré inférieur inclus dans ce nouveau grade. Ainsi tout magistrat ayant atteint au moins le 4e degré ou le 9e se voit maintenir son ancienneté à compter de sa nomination à ces degrés. L'intégration des autres étant envisagée « au jour de la mise en vigueur du décret ».

Notons également que pour atténuer les distorsions d'un texte qui fait concourir au même tableau d'avancement des magistrats appartenant à des degrés différents de l'ancienne hiérarchie, l'article 5 du décret du 19 décembre 1957 prévoit pendant trois ans la réduction des conditions d'ancienneté nécessaires pour le postuler en faveur des magistrats du 3e degré de l'ancienne hiérarchie, ainsi que de ceux du 4e s'ils étaient inscrits pour le 3e. Par une curieuse lacune du texte, aucun bénéfice analogue n'est prévu en faveur des magistrats des 7e, 8e et 9e degrés. Il en résulte que, bien qu'ayant franchi un tableau d'avancement de plus que son collègue, un magistrat du 9e degré nommé le 1er janvier 1955 se retrouve exactement sur le même plan que celui du 10e nommé le même jour !

En ce qui concerne le 5e grade, une consultation rapide de l'article 8 du décret du 19 décembre 1957 laisserait entendre que, bien qu'appartenant à des degrés différents autrefois séparés par des tableaux d'avancement et des actes de nomination, les magistrats des 11e, 13e et 14e degrés, conservent chacun dans le nouveau grade leur ancienneté acquise dans le degré. Cette interprétation aberrante qui aboutirait à considérer le magistrat du 13e degré, nommé à ces fonctions depuis quatre ans, comme plus ancien que celui du 11e nommé aux siennes depuis quatre ans, n'est certainement pas conforme à l'esprit du texte. En fait, c'est toute l'ancienneté qui est conservée dans le grade depuis la nomination au 14e degré ; puisque les magistrats de ce degré, le moins élevé de

62. Art. 6, décret du 19 décembre 1957.
63. Art. 3 et 7, décret du 19 décembre 1957.

l'ancienne hiérarchie, conservent la leur, il n'est pas concevable que les autres magistrats du 5e grade ne bénéficient pas du même régime.

L'expression « conservent chacun l'ancienneté acquise dans leur degré », utilisée à l'article 8, alinéa 1er, du décret de 1957, paraît avoir pour but, en réalité, de déterminer, pour chaque magistrat le point de départ des réductions de la durée requise pour être inscrit au tableau, prévus en faveur des 11e et 13e degrés par l'article 8, alinéa 3, du décret, réductions, dont, il faut le noter, le bénéfice n'est pas limité, comme dans le cas de l'article 3, à une durée de trois ans.

Enfin, distinct à la fois de l'intégration d'échelon et de la conservation des anciennetés dans le grade, se pose un dernier problème né des mesures transitoires. C'est celui de la prise de rang entre magistrats de degrés et d'anciennetés différents dans le degré, classés désormais au même grade. Le texte métropolitain l'a réglé par des dispositions de valeur générale [64] : les magistrats qui étaient intégrés à la date « d'entrée en vigueur du décret » et ne conservaient de ce fait aucune ancienneté dans le grade, prenaient rang entre eux, s'ils étaient inscrits au tableau d'après la date de leur inscription et s'ils ne s'y trouvaient pas inscrits d'après leur date de nomination à l'ancien degré.

Le décret du 19 décembre 1957 reprend exactement cette solution pour les magistrats d'outre-mer, mais par une curieuse particularité de rédaction elle semble spéciale au 2e grade [65], alors que la question peut se poser dans le 4e ; qui d'un magistrat du 10e degré et d'un magistrat du 9e, nommés l'un et l'autre par hypothèse à leur degré le 1er janvier 1955 et intégrés chacun dans le 4e grade à cette date est en droit de prendre le pas sur l'autre. Bien qu'en équité et en logique la solution paraisse s'imposer, il faut reconnaître que le texte ne la fournit pas expressément. Il peut se trouver des cas où des incidents en découlent.

Pourtant, si l'on considère la pyramide hiérarchique de la magistrature métropolitaine on constate qu'elle n'est pas exagérément défavorable (49,5 % des emplois est un indice supérieur à 500) et qu'elle comporte un certain nombre de postes classés parmi les hauts emplois de l'État.

C'est donc ailleurs sans doute qu'il faut chercher la cause du malaise et de la désaffection des candidats. Il semble qu'elle tienne essentiellement au trop grand nombre d'échelons de début et à leur faible écart, ainsi qu'à l'embouteillement provoqué par une limite d'âge particulièrement élevée.

Ce qui provoque l'afflux vers une carrière c'est, en effet, davantage peut-être que les perspectives lointaines qu'elle peut offrir, aussi brillantes soient-elles, l'avenir immédiat qu'elle permet. Cette considération est encore plus vraie sans doute, avec l'allongement des cycles d'études, et le service militaire prolongé. Il est vain d'espérer des candidats, si à niveau d'études sensiblement

64. Art. 6-11-1°, 20, décret du 16 octobre 1953.
65. Art. 5, al. 2 et 3, décret du 19 décembre 1957.

égal, les postes de début ou de la carrière moyenne sont plus avantageux ailleurs.

Lorsque le décret du 10 juillet 1948 vint opérer le classement indiciaire des grades et emplois de l'État, aucun échelon d'ancienneté n'était prévu, que ce soit pour les magistrats de la métropole ou ceux d'outre-mer. Ils apparurent timidement avec le décret du 14 avril 1949 et l'arrêté du 8 juin 1950. Il était créé dans la plupart des grades des échelons d'ancienneté franchis tous les deux ans ; mais la fragmentation de la hiérarchie ne permettait qu'un nombre limité d'échelons dans chaque degré ; en outre, chacun d'entre eux correspondait à un avantage pécuniaire de très faible importance.

Une telle organisation qui s'est perpétuée jusqu'au 16 octobre 1953 pour la magistrature métropolitaine et jusqu'au 19 décembre 1957 pour celle d'outre-mer rendait le sort des magistrats assez précaire.

Quoi qu'il en soit, le Conseil d'État [66], statuant le 17 janvier 1958 sur le recours d'un retraité, a rappelé que le principe n'avait pas cessé d'être en vigueur et qu'il était applicable même dans le cas où les nouveaux traitements étaient la conséquence de modifications apportées à la hiérarchie non encore introduites outre-mer. Cet arrêt établit d'une façon formelle que les magistrats coloniaux doivent, quoiqu'il arrive, se voir étendre ces réformes du moment qu'elles aboutissent à une modification de traitement et que le point de départ doit en être le même que dans la métropole.

Le régime disciplinaire auquel sont soumis les magistrats est lui aussi encadré.

3. L'encadrement du régime disciplinaire

Il semble être aménagé à la fois pour réprimer les fautes professionnelles que peuvent commettre les juges et pour protéger ceux-ci des actions disciplinaires arbitraires que pourrait éventuellement leur attirer l'indépendance de leur caractère.

Rappelons que pour la justice coloniale, rien de nouveau n'intervint en ce domaine avant le décret du 22 août 1928. En effet, au début du XIXe siècle, les textes organisant la justice dans les colonies avaient pour la plupart délégué aux juridictions d'appel une large part du pouvoir disciplinaire. À ces textes, vinrent se superposer l'ordonnance de 1841, puis le décret de 1858, qui conférèrent ce même pouvoir aux ministres de la justice et des colonies.

Le régime des magistrats du siège présente dans ce domaine les mêmes garanties qu'en métropole. Pour ceux du parquet, le texte d'outre-mer fait figure de précurseur.

Dans la métropole, les officiers du ministère public ignorent les commissions administratives paritaires créées pour les fonctionnaires par la loi du 19

66. C.E., *Labouré*, 17 janvier 1958.

octobre 1946 et qui jouent également le rôle de conseils de discipline [67]. Ils sont soumis à une commission composée certes en majeure partie de très hauts magistrats, mais dont l'avis ne lie jamais le ministre [68]. Cette circonstance jointe à la jurisprudence du Conseil d'État [69], aux termes de laquelle la juridiction administrative n'est pas compétente pour apprécier la légalité d'une sanction motivée par des actes accomplis dans le cadre d'attributions strictement judiciaires, malgré leur qualité de magistrat, des garanties bien moindres qu'aux autres agents de l'État. Il est heureux de constater que, sur ce point, le texte en vigueur outre-mer offre davantage de sécurité. Reste l'examen d'un problème dont dépend le bon déroulement de la carrière des magistrats, celui des positions et de la cessation de fonctions.

C. Les positions et la cessation de fonction

Parmi les dispositions contenues dans la loi du 19 octobre 1946 portant statut général des fonctionnaires, certaines qui n'étaient pas incompatibles avec les règles propres de la profession judiciaire se proposaient de conférer plus de sécurité et de souplesse à la fonction publique. Telles étaient notamment celles qui avaient trait aux congés de maladie [70] et de longue durée [71], ainsi qu'aux diverses positions (sous les drapeaux, détachement, disponibilité, etc.).

La loi du 20 mars 1951 étendit par simple référence aux articles de la loi de 1946 la plupart de ces dispositions aux magistrats de la métropole. En outre, dans son souci de ne pas dissocier les deux cadres de magistrats, le législateur disposait que les mêmes avantages seraient attribués à ceux d'outre-mer. Toutefois, estimant que les conditions particulières d'exercice de la profession in situ exigeaient des adaptations, il déléguait au président de la République le soin de les introduire par un décret pris en la forme de l'article 72 de la constitution.

Dans la métropole, les « autorisation d'absence sans congé » sont l'objet d'un vieux texte, la loi du 20 avril 1810. Elles comportent une tolérance qui est de trois jours pour les chefs de cour et d'un jour pour les autres magistrats au-delà de laquelle une autorisation hiérarchique est nécessaire pour s'absenter. Elle est délivrée selon la longueur de l'absence par des autorités différentes.

En ce qui concerne l'âge de la retraite, il est fixé à 70 ans pour les magistrats de la métropole, d'Algérie et des départements d'outre-mer et à 60 ans pour les magistrats du cadre d'outre-mer. Une ordonnance du 29 octobre 1958

---

67. Art. 63, loi du 19 octobre 1946.
68. Décret du 5 juin 1934.
69. C.E., *Dorly*, 26 juin 1953.
70. Art. 89 à 92.
71. Art. 93 à 95.

relative à la situation de certains personnels relevant du ministère de la France d'outre-mer mettait fin à tout recrutement de ces personnels et prévoyait des mesures d'intégration dans les cadres métropolitains, voire des mises à la retraite.

Par ailleurs, le statut des magistrats coloniaux est enserré dans un cadre comportant pour eux des droits et des obligations, en matière de rémunération notamment. Certains emplois du siège, dans les 5e, 4e et 3e grades sont pourvus d'une échelle indiciaire plus favorable ; c'est le cas des emplois de juge d'instruction près un tribunal de 2e classe (5e grade), juge d'instruction ou juge des enfants près un tribunal de 1ère classe (4e grade), vice-président d'un tribunal de 1ère classe (3e grade). Il s'agit d'avantages pécuniaires encourageant à faire carrière dans des fonctions considérées comme particulièrement ingrates. Pour les mêmes raisons, une prime indiciaire allant de dix à trente points, selon les échelons, est accordée aux juges suppléants pendant les périodes où ils sont chargés de fonctions d'instruction [72].

Il est permis de déplorer « cependant un certain illogisme apparent du texte dont les causes sont évidemment budgétaires » ; bien que les articles 66 et 67 du décret du 22 août 1928 garantissent aux magistrats de la France d'outre-mer des traitements identiques à ceux de leurs collègues de la métropole pour compter de la date où ils sont accordés à ces derniers, c'est au 1er janvier 1955 seulement que la réforme prend effet outre-mer [73]. Avant cette date, le Parlement dont l'attention n'avait pas encore été attirée sur le problème, n'avait pu inscrire au budget les crédits nécessaires à sa réalisation. C'est dire qu'il a fallu beaucoup de temps pour que le législateur, instruit par les réformes constitutionnelles engagées en 1946, inscrive dans le marbre du droit les changements attendus et dote la magistrature d'un statut consolidé.

II. Un statut consolidé : les fortunes du régime instauré par la constitution de 1946

Au lendemain du second conflit planétaire, la nécessité de résorber le fossé qui sépare les cadres de la justice, telle qu'elle est rendue en métropole et dans les colonies, s'impose aux autorités. Le droit apparaît à cet égard comme une figure du politique, porté vers le progrès : la constitution du 27 octobre 1946, complétée sur la question du statut par le décret du 19 décembre 1957, crée un Conseil supérieur de la magistrature et reconfigure le statut de la magistrature [74], renforçant en même temps l'application du principe de la séparation des auto-

72. Arrêté du 24 décembre 1957, *JORF*, 25 décembre 1957.
73. Décret du 19 décembre 1957.
74. F. De Monterra, « Les répercussions de la constitution sur le statut de la magistrature d'Outre-mer », *R.J.*, PUF., n° 4, 1947, p. 526-529.

rités administratives et judiciaires. De la sorte, la règle de l'inamovibilité [75] est applicable aux magistrats coloniaux.

Désormais, trois principes régissent la magistrature : concentration des effectifs dans de grands tribunaux, séparation des fonctions d'enquête et de jugement, généralisation et développement du système de l'itinérance.

Cette réorganisation du service de la justice est accompagnée de divers aménagements statutaires qui placent les magistrats coloniaux dans une situation à peu près équivalente à celle des magistrats de la métropole [76] : réduction des grades qui passent de 14 à 5, disparition des prérogatives du chef du service judiciaire, indépendance des magistrats du siège et simplification du recrutement. Par ailleurs, la combinaison des articles 60, 83 et 84 de la constitution du 27 octobre 1946, et de la loi du 1er février 1947, relative à l'élection des représentants des magistrats au Conseil Supérieur de la magistrature, confèrent aux magistrats coloniaux du siège l'indépendance dont bénéficiaient déjà, sous l'empire de la législation antérieure, leurs homologues métropolitains, « cette indépendance totale sans laquelle il n'est pas de justice » [77].

En vérité, il ne fallait rien moins que le lendemain de la grande guerre pour octroyer aux magistrats coloniaux des garanties qui, plus qu'à tous autres, peut-être leur auraient été dès longtemps nécessaires ; on y a pourvu mais en enfermant les garanties statutaires dans une restriction conforme à la tradition française : l'indépendance concerne les seuls magistrats du siège. Les membres du parquet, au contraire, sont hiérarchisés et soumis à l'autorité du garde des sceaux.

Toutefois, si l'objectif recherché par les pouvoirs publics est d'asseoir les bases d'une organisation judiciaire plus équilibrée et de tendre vers une uniformisation des statuts, on peut regretter qu'il y ait, par rapport à la question de l'inamovibilité et à d'autres, survivance du passé.

A. La survivance des règles du passé

Outre-mer, malgré le vent du changement apporté par la décolonisation, il n'a pas été possible, ni jugé opportun de reconstruire intégralement l'architecture de l'organisation judiciaire. En effet, si en métropole l'aménagement d'un corps de règles fixant les conditions et le régime juridique de la magistrature est perçu comme un moyen de renforcer l'État de droit, il en est autrement dans les colonies.

---

75. Const., art. 84.
76. Le décret du 19 décembre 1957, n'a cependant pas complètement assimilé la hiérarchie des magistraux coloniaux à celle de la métropole, car il réduit à quatre et non à trois, le nombre des grades de la magistrature coloniale, ce qui rend plus difficile l'avancement dans ce corps.
77. Extrait discours prononcé par le Président de la République, séance du Conseil supérieur de la magistrature, 28 mars 1944.

1) La nomination et le recrutement sur titres, prévus par le décret de 1928 sont maintenus en 1957. Cependant, les modalités d'application du principe de l'indépendance, socle du statut du juge, allaient y connaître des difficultés. En outre, des différences notables pouvaient être relevées autrement au plan des positions que de la cessation de fonctions des magistrats.

2) Ainsi, jusqu'en 1946, il est intéressant de prendre note des points sur lesquels le maintien de règles originales s'est imposé, soit que le passé colonial se soit montré incontournable, soit que les conditions géographiques l'aient rendu nécessaire, parfois d'ailleurs les deux. Ainsi de la règle de l'inamovibilité. Elle fait malheureusement l'objet, dans la pratique coloniale, de contournements massifs qui la réduisent à un simple tempérament de la dépendance des magistrats coloniaux.

D'une part, elle n'est pas applicable aux juges suppléants qui, outre-mer, sont toujours affectés selon les besoins du service par le chef du service judiciaire. Et d'autre part, elle est mise en échec par les dispositions relatives aux intérims. C'est que le magistrat du siège ne peut valablement se prévaloir du principe de l'inamovibilité que dans la mesure où il est affecté dans un emploi où il a été titularisé. Or, dans la pratique, il n'est généralement pas titularisé. Par ce fait, l'intérim fut la réponse la plus courante à des situations changeantes et souvent imprévues [78] : « Si les magistrats étaient titulaires d'un poste, bien souvent ils ne le connurent pas ou le connurent très peu. Le magistrat était nommé à des postes intérimaires, en fonction des absences à combler. Il lui arrivait quelquefois de changer trois à cinq fois de fonction ou de lieu de fonction pendant un même séjour de deux ans et il eût été mal venu de se prévaloir du principe de l'inamovibilité face aux demandes formulées par l'autorité judiciaire » [79]. Cette autorité, en l'occurrence le Procureur général, « chef du service judiciaire », assistait le gouverneur dans son conseil privé. Il était le responsable de l'administration de la justice. C'était donc lui qui, ès qualités, était chargé de l'organisation des intérims.

Gilbert Mangin [80] explique : « Par l'effet des congés périodiques de six mois au minimum, souvent plus par le jeu des prolongations médicales, et des mutations de magistrats en cours de séjour d'un territoire ou même d'un continent à l'autre, les juridictions d'outre-mer étaient très fréquemment et pour un temps assez long privées d'une partie de leur personnel. Pour ne pas laisser assurer ces intérims par des juges suppléants, des magistrats de grade inférieur ou des fonctionnaires extérieurs à la magistrature, la coutume était de confier

78. Pour aller dans le même sens, voir B. DURAND, « Les magistraux coloniaux et les Lotophages sous la Troisième République », *op. cit.*, p. 43 et s.

79. A. BACCARD, « La justice en Afrique noire et à Djibouti », *in* J. CLAUZEL (dir.), *La France d'outre-mer (1930-1960)*, Paris, Karthala, 2003, p. 664-665.

80. Cité par A. BACCARD, « La justice en Afrique noire et à Djibouti », *op. cit.*

les postes de responsabilité laissés vacants à des magistrats de degré inférieur certes mais suffisamment élevé ».

Il aurait été plus judicieux et plus conforme aux principes d'instituer un congé annuel avec retour en France qui, correspondant avec la période des vacations déterminée conformément à l'article 5 du décret du 11 juillet 1957, n'entraînerait aucune perturbation du service. Durant cette période de congé annuel (deux mois), les juridictions dont l'activité est en veilleuse pourraient être privées sans inconvénient d'une partie de leur personnel, et corrélativement les congés de durée plus longues se trouveraient très espacés.

Le problème des intérims ne se poserait, dès lors, que rarement et perdrait de son acuité. C'est une solution de cet ordre qui prévaut pour les fonctionnaires de l'enseignement ou, dans certains territoires, pour les administrateurs de la France d'outre-mer, dont le service ne souffre cependant aucune discontinuité et ne connaît pas l'équivalent des vacations judiciaires. Cette solution n'est pas suivie par le législateur qui, tout au plus, s'est efforcé, par le décret du 19 décembre 1957, de donner plus de rigidité aux règles de substitution des magistrats.

Or, le décret du 22 août 1928 prévoyait deux catégories de suppléance ; certaines étaient de plein droit et d'autres à la désignation du chef de la colonie sur proposition, selon les cas, de la juridiction d'appel ou du chef du service judiciaire.

Étaient suppléés de plein droit : le procureur général par l'avocat général le plus ancien ; le président de la cour d'appel par le vice-président ou, à défaut, le conseiller le plus ancien et le vice-président par le conseiller le plus ancien ; dans les tribunaux supérieurs d'appel, c'était le juge le plus ancien ou, à défaut, le magistrat de la colonie le plus élevé en grade qui substituait le président. Enfin, le chef du service judiciaire était remplacé par le magistrat, soit du siège, soit du parquet, le plus ancien dans le grade le plus élevé. Cette dernière disposition avait pour effet, dans la plupart des cas, lors du départ du procureur général, de scinder ses fonctions habituelles, celles de chef du parquet d'appel allant au plus ancien des avocats généraux et celles de chef du service judiciaire au premier président. Ainsi, à l'exception des procureurs de la République près les tribunaux supérieurs d'appel pour lesquels rien de spécial n'était prévu, la règle de la suppléance de plein droit s'appliquait aux chefs des juridictions d'appel ainsi qu'aux vice-présidents (ou en Indochine, présidents de chambre) des cours d'appel. En dépit du caractère automatique de ces remplacements, un arrêté du Haut-commissaire ou du chef de territoire était nécessaire pour désigner les intérimaires.

Les titulaires des autres emplois étaient substitués pendant leur absence, soit par des juges suppléants ou des attachés aux parquets généraux, soit par des personnes licenciées en droit choisies sur une liste d'aptitude aux fonctions judiciaires intérimaires dressée sur proposition de la juridiction d'appel par le chef de territoire [81]. Les désignations étaient effectuées, lors de chaque vacance, sur proposition du chef du service judiciaire, par la cour d'appel pour les fonctions du siège, par le gouvernement pour celles du parquet.

En fait, le souci chez les chefs de Cour de ne pas placer n'importe où, n'importe qui et particulièrement de ne pas laisser assurer par des débutants ou des personnes étrangères à la carrière les postes de responsabilité, a conduit dans bien des cas à pourvoir aux intérims, non en vertu des articles 55 et 56 du décret du 22 août 1928, spéciaux à la matière, mais par application de l'article 2. Cet article mettait à la charge du chef du service judiciaire le pouvoir de déplacer un magistrat à l'intérieur du groupe de territoires : dans la pratique, le procureur d'un tribunal important était suppléé par celui d'un tribunal de moindre activité, lequel était à son tour remplacé par un substitut ; les magistrats des grades moins élevés étant substitués à leur tour en conformité de l'article 55 par des attachés de parquet ou des personnes choisies sur la liste d'aptitude.

La conséquence inéluctable de cette situation était la suivante : titulaire d'un poste par décret, il était bien rare qu'un magistrat s'y trouvât. Elle illustre l'intérêt que présenterait un congé annuel, ces intérims en cascade étant particulièrement difficiles à concilier avec le concept de l'inamovibilité des magistrats du siège.

Cet état de fait, inconnu dans la métropole, avait ému le Conseil supérieur de la magistrature. Dans une note du 3 octobre 1950, celui-ci recommanda aux présidents de cour d'appel, héritiers en ce qui concerne les magistrats du siège des attributions reconnues au chef du service judiciaire, de ne procéder qu'exceptionnellement à l'affectation d'un magistrat du siège en dehors du poste dont il était titulaire. Si cette mesure paraissait inévitable, elle devait être subordonnée à l'avis de l'assemblée générale de la cour et à l'assentiment du Conseil supérieur de la magistrature. En outre, l'accord écrit du magistrat était nécessaire s'il s'agissait de le déléguer dans les fonctions du parquet.

Le décret du 19 décembre 1957 tient compte de ces principes. Certes, il ne prévoit pas l'accord du Conseil supérieur de la magistrature pour les remplacements dans les fonctions du siège ; il est, en général, nécessaire de les pourvoir d'urgence et difficile d'attendre une décision venue d'en haut. Mais la liste des suppléances de plein droit prévue par le décret de 1928 est étendue et toute intervention du parquet dans le choix des intérimaires pour les fonctions du siège se trouve éliminée.

Désormais, sont suppléés de plein droit, non seulement les chefs des juridictions d'appel, mais aussi les présidents et les procureurs des tribunaux, remplacés désormais par les plus anciens vice-présidents ou substituts. Point n'est besoin d'un arrêté pour constater la chose ; il ne devient nécessaire que si la suppléance doit durer plus de trois mois.

81. Art. 55 et 56, décret du 22 août 1928.

Pour les autres emplois, s'ils sont du siège, c'est la juridiction d'appel sur proposition de son président qui désigne les intérimaires, le chef du parquet d'appel n'étant en aucune manière consulté. C'est au contraire lui, et lui seul qui choisit les intérimaires du parquet parmi les magistrats du ministère public ou les juges suppléants ayant déjà reçu une affectation dans les parquets.

Aucun arrêté du Haut-commissaire n'intervient pour constater ces délégations de fonctions.

Au cas d'insuffisance du nombre des magistrats, il peut être fait appel à la liste d'aptitude aux fonctions judiciaires intérimaires, qui a été maintenue par le texte. Mais elle est désormais arrêtée par la juridiction d'appel elle-même, sur proposition du chef du parquet près cette juridiction, le haut-commissaire n'intervenant plus [82]. C'est aux personnes désignées de la sorte que le décret du 19 décembre 1957 réserve la dénomination de « magistrats » intérimaires ». Dans les autres cas, il ne s'agit plus « d'intérims », mais de suppléances comme dans la métropole. La différence de terminologie recouvre une différence de conception.

S'il y a absolue nécessité, enfin, des magistrats du siège peuvent être délégués dans des fonctions du parquet. C'est alors le chef du parquet d'appel qui prend cette décision, mais il lui faut préalablement obtenir l'avis de l'assemblée générale de la juridiction d'appel au refus de laquelle il ne peut passer outre.

Notons que le décret du 19 décembre 1957 n'envisage pas l'hypothèse inverse de magistrats du parquet remplissant des fonctions du siège. Une telle solution apparaîtrait donc illégale. Une autre remarque s'impose. À la différence du décret du 22 août 1928, celui du 19 décembre 1957 ne réglemente pas l'intérim des fonctions de chef du service judiciaire. Cette expression, au surplus, ne se retrouve nulle part dans le décret. N'y a-t-il pas lieu, dès lors, d'en inférer une abolition de cette institution ?

En vérité, il n'en est rien ; le chef du service judiciaire survit d'une manière insidieuse à la réforme, sans qu'il en soit parlé. Certes, l'article 2 du décret du 19 décembre 1957 abroge et remplace les 1ère et 2ème sections du tableau B annexé au décret du 22 août 1928. Mais, il n'est pas question de la 3e section qui, de ce fait, demeure. Or, elle détermine précisément, dans chaque territoire, le magistrat ayant qualité de chef du service judiciaire.

L'institution subsiste donc, même si la réforme l'a bien démantelée. Dès le 22 novembre 1950, une circulaire du Conseil supérieur de la magistrature précisait que la constitution avait implicitement supprimé les attributions du chef du service judiciaire, en ce qui concerne les magistrats du siège. Quant aux magistrats du parquet, ils dépendent désormais des procureurs généraux ou procureurs près les tribunaux supérieurs d'appel pris ès qualité. Point n'est alors besoin de faire appel à la notion de chef du service judiciaire pour justifier les pouvoirs de ces derniers. Reste cependant le domaine purement admi-

---

82. Art. 56.

nistratif, encore reconnu à la fonction, soit par les articles restés en vigueur des vielles ordonnances constitutives des colonies, soit par les textes d'organisation judiciaire propre à chaque territoire : ainsi en est-il de la répartition du personnel subalterne, de la préparation du budget dans le territoire, du rôle de conseiller juridique à l'égard de la haute administration locale, etc. Sur tous ces points, le chef du service judiciaire conserve ses raisons d'être.

Toutefois, le silence du décret du 19 décembre 1957 semble comporter une autre conséquence relative à la suppléance de ces diverses fonctions. D'après la troisième section du tableau B, toujours en vigueur, c'est dans tous les territoires, sauf à Saint-Pierre-et-Miquelon, au chef du parquet d'appel que revient la direction des services judiciaires.

En l'absence de dispositions spéciales qui ne figurent plus dans le texte, ce sera donc en cas d'empêchement des procureurs généraux et procureurs près les tribunaux supérieurs d'appel le magistrat appelé à les remplacer comme chef de parquet qui se trouvera du même coup « chef du service judiciaire ». Cette situation paraît logique : dépouillé de tous pouvoirs relativement aux magistrats, le chef du service judiciaire n'est plus dans ses attributions qu'un fonctionnaire du Haut-commissariat, position dans laquelle ne saurait être placé le premier président. En dépit du libellé de l'article 83 qui n'a pas été expressément modifié, on est en face d'un chef du service judiciaire diminué ; sa préséance est donc écornée, la disposition relative à la matière étant implicitement abrogée.

3) Les garanties prévues par le décret de 1928 pour mettre les magistrats coloniaux à l'abri d'omissions dans les présentations ont été maintenues. Elles étaient directement inspirées de l'article 8 du décret du 21 juillet 1927 qui régit les magistraux métropolitains. La liste des présentations fait l'objet d'une publicité : établie par ordre alphabétique, elle est tenue à la disposition de tout intéressé, soit dans les parquets, soit dans les locaux du ministère de la France d'outre-mer du 1er au 15 août. Tout magistrat omis peut adresser une demande aux fins d'inscriptions qu'il soumet à l'avis de ses chefs hiérarchiques. La date limite pour effectuer une telle demande est celle du 1er septembre substituée à celle du 15 prévue en 1928.

4) En matière disciplinaire, les magistrats du parquet bénéficient d'une double procédure disciplinaire inscrite dans le décret de 1928, mais toujours en vigueur en 1958.

D'une part, ils peuvent être déférés à la juridiction d'appel par le chef du parquet d'appel ou le chef du territoire et être sanctionnés de peines qui n'impliquent pas déplacement (censure, suspension temporaire) mais d'autre part ils peuvent, aussi (et éventuellement *après*), être soumis à des sanctions disciplinaires de la part du ministre qui, après les avoir écoutés et après avis d'une « commission permanente de la discipline », peut prononcer des peines identiques ou plus graves (déplacement, révocation), double étape qui veut que la décision du ministre efface la décision de la Cour d'appel s'il y en a une [83].

Le décret du 22 août 1928 institua de fortes garanties disciplinaires dans ses articles 37 à 50 que le décret du 19 décembre 1957 n'a pas modifiées. Il laisse à la juridiction d'appel la possibilité de prononcer les peines les plus simples (censure simple, censure avec réprimande, suspension temporaire), qui n'impliquent pas déplacement [84]. Le magistrat fautif peut être déféré devant cette juridiction, soit par le chef de parquet d'appel [85], soit par le chef de territoire ou de groupe de territoires [86] auquel a été maintenu le droit (survivance des vieux textes), de demander auprès de lui le magistrat et de provoquer ses explications [87].

L'article 45 du décret de 1928 crée même à la charge des tribunaux et des juridictions d'appel une sorte de dénonciation obligatoire au chef de territoire des officiers du ministère public qui compromettent la dignité de leur fonction. Le chef de territoire, en particulier, n'est plus en mesure d'inviter un magistrat du siège à regagner la métropole, non plus que de prononcer la « suspension provisoire » [88] (ce qui serait une menace pour l'inamovibilité) à caractère non disciplinaire, mais mettait un terme à l'exercice des fonctions dans l'attente d'une sanction possible.

À ce pouvoir disciplinaire de la juridiction d'appel se superpose celui des ministres. Mais il n'est plus discrétionnaire. Ils sont contraints de prendre l'avis d'une « commission permanente de discipline », dont la composition confère les plus sérieuses garanties et de se conformer à cet avis. Seuls de très hauts magistrats (quatre conseillers à la Cour de cassation dont le plus ancien préside et un avocat général près cette même cour) en font partie. Les instances disciplinaires qui se déroulent devant elle sont précédées de la communication de son dossier à l'intéressé qui peut comparaître ou se faire représenter par un avocat. Les peines prévues sont toutes celles que peut prononcer la juridiction d'appel. Viennent s'y ajouter les sanctions plus graves, telles que le déplacement et la révocation.

Cet encadrement disciplinaire des magistrats est assez particulier, en ce qu'il semble autoriser à l'encontre d'une même personne et pour les mêmes faits une double procédure.

En effet, l'article 46 du décret du 22 août 1928 permet expressément au chef de territoire d'inviter un magistrat, précédemment déféré à la juridiction d'appel, à rejoindre la métropole, pour s'expliquer sur sa conduite ; ce qui implique la possibilité pour les ministres de le faire comparaître devant la

83. C.E., ville d'Alger, 11 décembre 1942.
84. Art.39.
85. *Id.*
86. Art.44.
87. *Id.*
88. Art. 46.

commission de discipline, en vue de sanctions plus graves. Il faut alors admettre pour concilier le texte avec la jurisprudence du Conseil d'État [89] aux termes de laquelle la règle *non bis in idem* est très strictement applicable au droit disciplinaire, que la sanction prononcée par la commission de discipline, fût-elle légère que celle de la Cour d'appel, a pour effet de l'effacer.

5) En matière d'autorisations d'absence, certaines dispositions du texte de 1928 restent valables, notamment les dispositions relatives à la procédure, comparution, possibilité de se faire assister ou représenter d'un avocat, communication préalable du dossier [90] et celles qui permettent au président de la juridiction d'appel (art. 39) de donner des avertissements.

Au demeurant, l'évolution qui se dessine est l'annonce d'un progrès : on s'achemine vers l'unicité du corps de la magistrature, l'uniformisation des statuts.

B. Vers l'harmonisation des statuts de la magistrature ?

Les bouleversements importants qui accompagnent l'adoption de la constitution du 27 octobre 1946, complétée sur la question du statut par le décret du 19 décembre 1957, impriment à la « gouvernance judiciaire » [91] une direction particulière.

Les pouvoirs publics s'attaquent au fossé qui sépare les cadres de la justice et, par l'aménagement des garanties fondamentales d'indépendance apportées à la magistrature, ils créent les conditions propres à briser la pyramide hiérarchique de la magistrature d'outre-mer extrêmement défavorable et à faire observer les mêmes règles égales pour tous, tant en ce qui concerne l'inamovibilité, l'avancement que la discipline des magistrats.

L'objectif visé par les autorités est plus généralement la mise de l'avant d'un statut consolidé, assurant l'égalité de traitement entre tous les membres du corps de la magistrature. C'est l'objet de nos développements dans les lignes qui suivent.

1. L'adoption de la règle de l'inamovibilité

La doctrine juridique considère qu'en principe, s'agissant de la magistrature, « l'indépendance est garantie par un principe : l'inamovibilité [92], et

---

89. C.E., *Ville d'Alger*, 11 décembre 1942.

90. *Cf.* pour la magistrature métropolitaine, C.E, *Diompétrini*, 18 mai 1956. Lebon, 1956, p. 214.

91. Sur le sens du syntagme de gouvernance judiciaire, voir J. FICET, « Les ambiguïtés de la gouvernance judiciaire », *Revue gouvernance, printemps*, 2008, p. 1 et s. Il renvoie ici aux conditions d'un bon fonctionnement de l'institution judiciaire au regard des exigences de l'État de droit.

92. Sur la signification et la définition de ce concept, T. RENOUX, « Inamovibilité », *in* O. DUHAMEL et Y. MENY (dir.), *Dictionnaire constitutionnel*, Paris, PUF, 1992, p. 490-493.

une institution : le Conseil supérieur de la magistrature »[93]. C'est pourquoi, tenant compte de cette philosophie et « pour tempérer l'intervention du gouvernement dans la carrière des magistrats »[94], le constituant de 1946 a créé un Conseil supérieur de la magistrature, maintenu du reste par les articles 64 et 65 de la constitution de 1958. Cette institution était chargée de la gestion indépendante de la carrière des magistrats.

Suivant une distinction classique, le Conseil supérieur de la magistrature n'intervient pas dans la désignation des magistrats du parquet. Son rôle se limite aux magistrats du siège dont il est chargé d'assurer conformément à la loi[95] l'indépendance et la discipline. Compétent, en ce qui concerne les fonctions du siège, pour l'ensemble des magistrats français, cet organisme imprime à la magistrature coloniale une image plus attrayante. C'est lui qui les propose directement à la nomination du président de la République. Ainsi, selon le système adopté en 1946, la liberté du pouvoir exécutif en matière de nomination est encadrée par l'intervention de cet organisme. Avec sa mise en place, bien des règles du décret de 1928 devenaient caduques.

Il en était ainsi de l'article premier de ce texte, selon lequel les magistrats en service dans les juridictions d'outre-mer étaient « considérés comme détachés du ministère de la justice pour un service public et placés sous l'autorité du ministre des colonies ». Cette formule a subi dans le décret du 19 décembre 1957, point d'orgue à une magistrature coloniale destinée à s'effacer, une modification profonde : seuls sont placés sous l'autorité du ministre de la France d'outre-mer les magistrats du parquet. Quant à ceux du siège, ils lui échappent désormais totalement. Il en résulte que, si ce n'est pas le contreseing du ministre de la France d'outre-mer dont le rôle n'est plus désormais que budgétaire, rien dans la forme ne distingue, tout au moins en ce qui concerne le siège, l'acte de nomination d'un magistrat de la France d'outre-mer et celui d'un magistrat métropolitain : dans les deux cas, il s'agit d'un décret du président de la République sur présentation du Conseil supérieur de la magistrature.

L'inamovibilité sera donc étendue pour la première fois à la magistrature assise coloniale. Posé dans le dernier alinéa de l'article 64 de la constitution, le principe de l'inamovibilité s'oppose à ce qu'un magistrat du siège soit chargé, contre son gré, de l'intérim d'un emploi du parquet. Il s'oppose également à ce que ce soit le chef du service judiciaire, lorsque ces fonctions sont remplies par le procureur général, qui confie les fonctions de l'instruction à des juges titulaires ou suppléants ; dans ce dernier cas, la désignation faite par le chef du service judiciaire ne peut intervenir qu'avec l'accord du président de la juridiction d'appel. Il est alors facile d'avancer que malgré l'existence de deux cadres

93. J. ROBERT et J. DUFFAR, *Droits de l'homme et libertés fondamentales, op. cit.*, p. 287. Voir également, sur ce point, P. PACTET, *Institutions politiques et droit constitutionnel*, Paris, A. Colin, 18e édition, 1999, p. 126.
94. P. PACTET, *Institutions politiques et droit constitutionnel, op. cit.*, p. 126.
95. Art. 84, Const. 27 octobre 1946.

de magistrats, de deux groupes dont les carrières sont semblables, sans être identiques c'est-à-dire se déroulent parallèlement, l'unité fondamentale du corps de la magistrature prédomine quel que soit du reste le lieu où s'exerce son action. Ces règles, qui résultent directement de la constitution de 1946, ont été introduites dans l'article 2 du décret du 19 décembre 1957.

2. Les garanties consenties aux magistrats

Au surplus, tant en matière de recrutement, d'avancement qu'en matière de discipline, les garanties progressivement consenties aux magistrats d'outre-mer, aboutirent parfois à des améliorations inconnues même pour les magistrats métropolitains.

a. La question du recrutement

Les changements introduits dans les colonies au lendemain de la Seconde Guerre mondiale, modifient le régime antérieur : désormais le concours est la voie normale d'accès à la magistrature [96]. Il semble que cela ait permis une sélection satisfaisante ; ce que corroborent les statistiques donnant une proportion d'élèves reçus au concours de l'École de la France d'outre-mer de 14 % en 1953, de 11 % en 1954, de plus de 16 % en 1955, 1956 et 1957.

Reste l'examen professionnel, pour lequel les résultats des années 1953, 1954, 1955, 1956 et 1957, s'établissent respectivement ainsi qu'il suit : 21 reçus sur 103 inscrits ; 18 sur 151 ; 16 sur 128 ; 8 sur 58 ; 4 sur 29. On pouvait donc inférer, malgré son nom, l'existence d'un véritable concours au sens de l'article 28 de la loi du 19 octobre 1946. En vérité, « si à partir de 1956 le nombre des candidats a fléchi, il s'agit d'un phénomène général à toute la fonction publique outre-mer, consécutif au caractère purement verbal des garanties contenues dans la « loi-cadre » à l'égard des fonctionnaires d'origine européenne ».

Le décret du 19 décembre 1957 maintient le recrutement par voie de concours et réserve la place du recrutement et de la nomination sur titres au sixième des postes vacants. Le texte apporte ici, à l'instar du recrutement par voie de concours, de profondes innovations.

La liste des personnes admises à y prétendre s'est contractée. Elle n'est pas plus longue désormais que celle de la métropole. Elle est même plus courte si l'on songe que la loi du 2 août 1957 permet aux interprètes judiciaires de Tunisie et du Maroc licenciés en droit d'accéder par cette voie à la magistrature de la métropole, après dix ans d'exercice de leur profession, sans que cette modification ait été introduite outre-mer.

L'exercice d'intérims de fonctions judiciaires ne permet plus en aucun cas de postuler une intégration. Les services accomplis comme avocats-

96. Loi du 19 octobre 1946, art. 28 : « Les candidats aux fonctions des catégories A et B sont recrutés par concours ».

défenseurs, notaires, greffiers en chef outre-mer sont, plus complètement que par le passé, assimilés à ceux effectués dans la métropole : la même durée (dix ans) est exigée quel que soit le lieu où ils aient été accomplis. Sous le régime antérieur il était réclamé pour une même profession une pratique moins longue des postulants l'ayant exercée en France européenne.

Les candidats au recrutement normal sont tous formés désormais par l'École nationale de la France d'outre-mer (ENFOM), soit qu'ils aient subi après concours d'entrée le cycle normal de scolarité, à l'issue duquel ils sont astreints à l'examen professionnel de la magistrature métropolitaine [97], soit qu'ayant d'abord passé cet examen ils soient admis de plein droit à l'École pour y effectuer en qualité de juges suppléants un stage d'un an. Cette dernière solution constitue la généralisation d'un procédé de recrutement déjà prévu par le décret du 27 mai 1956 modifiant le régime de l'ENFOM.

L'examen professionnel de la magistrature coloniale, qui était en tout point semblable à celui de la métropole, quant au programme et aux épreuves mais qui se déroulait en une session distincte devant un jury différent, a donc cessé d'exister. Désormais, tous les magistrats coloniaux auront à subir devant le même jury les mêmes épreuves que leurs collègues métropolitains. Comme par ailleurs les conditions de la loi du 20 avril 1810 et du décret du 13 février 1908 (stage au barreau et au parquet) sont exigées de tous les candidats, on peut avancer que de la sorte, l'unité de recrutement est réalisée et que, s'il subsiste une différence, elle est en faveur de la magistrature d'outre-mer, par l'obligation faite à tous d'effectuer un stage à l'École coloniale.

Mais la question de l'égalité va faire se confronter dispositions de droit public et innovations coloniales : « Non pas sur le recrutement proprement dit puisque, et bien que les postes pour la justice coloniale demandent une spécialisation particulière, on avait voulu que les candidats qui recevaient leur formation à l'École nationale de la France d'outre-mer se présentent au même examen que les candidats aux fonctions métropolitaines ». De même, il n'y avait pas lieu de s'étonner que l'exposé des motifs du décret du 19 décembre 1957 soulignât qu'on avait maintenu « le recrutement latéral ou sur titres » pour ne pas se priver d'hommes dont les connaissances « ont été acquises dans l'exercice d'une profession juridique antérieure ». En revanche, et de manière plus contestable, ce sont les refus d'accès à la magistrature ou, en sens contraire, la volonté de « compenser les inégalités en violant l'égalité » qui ont posé aux juristes les problèmes les plus délicats.

« Tout Français de l'un ou de l'autre sexe répondant aux conditions légales peut accéder aux fonctions de la magistrature », tels sont les termes de l'article unique de la loi du 11 avril 1946. La disposition, prise pour la métropole et l'Algérie, s'appliquait-elle à la magistrature coloniale, placée sous les dispositions du décret du 22 août 1928, article 10 ? Le ministre de la France d'outre-mer, par deux décisions du 1er et 18 octobre 1946, avait jugé que non et refusé

97. Art. 9 et 10, décret du 19 décembre 1957.

à une Dame Louys, requérante, le droit de se présenter à l'examen professionnel de la magistrature coloniale. Le Conseil d'État, le 3 décembre 1948, en juge différemment et les annule, estimant que « l'existence d'un statut particulier de la magistrature coloniale ne peut aller à l'encontre des termes généraux de cette disposition législative » [98]. La décision écartait donc la solution, retenue par la jurisprudence du Conseil d'État et par un arrêt du 28 février 1934, réservant ces fonctions aux personnes du sexe masculin [99]. La raison invoquée fut ici « la généralité des termes » utilisés par la loi. Or l'arrêt ne fait allusion ni à « l'intention du législateur », ni « aux circonstances ayant entouré le vote ». Et, il apparaît alors qu'est en train de l'emporter la tendance à considérer que l'extension automatique des lois est de principe, même pour les territoires d'outre-mer, ce qui va, selon une partie de la doctrine, au-delà du contenu de la constitution dans son article 72. En vérité, de la consultation de divers textes [100], combinée à celle du décret du 19 décembre 1957, il résulte une révocation de la carrière judiciaire d'outre-mer. De plus en plus étroitement liée à celle de la métropole, elle ne peut faire l'objet d'un jugement distinct.

Cela dit, il semble que le ministère ait persisté dans son attitude et avancé quelques raisons.

Pour l'outre-mer, une des raisons en était que, quelles que soient leurs qualités, les femmes « risqueraient de voir leur action stérilisée du fait de l'état des mœurs » et en particulier dans les territoires d'outre-mer les plus peuplés où domine la religion islamique, d'où la fermeture du contrôle civil aux femmes au Maroc et en Tunisie ; d'où également la réticence du ministère des Affaires étrangères à les employer. Par ailleurs, une note élaborée au ministère de la justice en 1950 réagissait à ces demandes en avançant divers arguments. Outre les réactions des populations autochtones, étaient soulignées les « conditions matérielles dans lesquelles se déroulent la vie des magistrats et le fonctionnement des services judiciaires dans ces pays ». Ils étaient jugés « de nature à placer une femme dans des situations regrettables et à l'exposer à des difficultés et à des fatigues qu'elle ne peut être en mesure de surmonter quotidiennement » [101].

Les nominations sont faites, pour les magistrats du siège, dans les mêmes conditions que la magistrature coloniale (art. 84 de la constitution) ; pour les magistrats du parquet, elles sont faites par le président du Conseil sur proposition du ministre de la France d'outre-mer et du garde des sceaux. Les notations des magistrats sont réservées au président de la juridiction d'appel pour ceux du siège, et au chef du parquet près la juridiction d'appel pour ceux du parquet. C'est dire que le décret du 19 décembre 1957 supprime la prééminence du procureur général, chef du service général sur les autres magistrats.

98. *D.* 1949, J. 553.
99. *Recueil Conseil d'État,* 1934, p. 278 : « La femme dans la fonction publique ».
100. Décret du 11 juillet 1957, étendant outre-mer certaines dispositions de la loi du 19 octobre 1946.
101. Min. Justice, C. 5842.

Nommés, comme leurs collègues métropolitains, par le Conseil supérieur de la magistrature, les magistrats du siège reçoivent de lui leur affectation. Il s'agit d'une règle commandée par le principe d'inamovibilité.

Certes ces règles mettent fin aux inconvénients qui résultaient de la rédaction du décret de 1928, ce texte n'étant plus observé sur ce point en ce qui concernait tout au moins les magistrats du siège. Mais, à le suivre à la lettre, il aurait permis au chef du service judiciaire de les déplacer à l'intérieur du groupe de territoires en dehors de leur poste d'affectation, mesure qui lui est désormais interdite. En outre, l'autorité de nomination, sous la seule réserve d'obtenir l'avis conforme de la commission de classement, aurait eu le pouvoir d'effectuer les mutations d'un groupe de territoires à un autre, sans se préoccuper du consentement de l'intéressé. Sur ces deux points, le nouveau texte enregistre un progrès certain. La première modification consista à ne plus placer sous l'autorité du ministre de la France d'outre-mer les magistrats du siège, ceux du parquet seuls continuant à relever de lui. On a pu en déduire, non sans hésitation, que l'unité du corps de la magistrature était réalisée même si par ailleurs les carrières de ceux qui la menaient d'outre-mer n'étaient pas entièrement identiques. Cette première modification a, de manière indirecte, contribué à « l'effacement » du « chef du service judiciaire ».

Quant aux magistrats du parquet, c'est par décrets du chef du gouvernement [102], contresignés (solution traditionnelle depuis 1941), par le garde des sceaux et le ministre de la France d'outre-mer, qu'ils sont investis de leur emploi. À un moindre degré que les magistrats du siège, ils gagnent en stabilité : « hormis l'hypothèse des intérims, ils ne seront plus déplacés à l'intérieur du groupe de territoires par simple décision du chef du service judiciaire. Ils sont encore susceptibles d'être mutés sans leur consentement par l'autorité de nomination ; mais celle-ci ne peut agir de la sorte qu'après avis conforme de la commission de classement et seulement dans l'intérêt du service ». Cette dernière mention, qui ne figurait pas dans le décret de 1928, a son importance ; elle est de nature à justifier un recours contentieux dans le cas où le déplacement d'office serait détourné de ses fins.

b. La règle de l'avancement

Le but de celle-ci était, en même temps que de mettre le statut des magistrats d'outre-mer en harmonie avec les textes métropolitains, d'assurer à ces magistrats le développement normal de leur carrière par la diminution du nombre des grades « et la garantie d'une plus grande stabilité de leurs fonctions ». Aux 14 grades prévus dans le texte de 1928, étaient substitués les cinq grades, la métropole en conservant seulement quatre. La raison ? « L'assimi-

102. Situation résultant de la dévolution au président du Conseil du pouvoir réglementaire, appartenant sous la Troisième République au chef de l'État, d'où la modification des formes de leur nomination.

lation » des juridictions d'outre-mer aux juridictions de la métropole, soulignée par le décret lui-même jusque dans son titre, un décret terminé par un tableau présentant face-à-face les catégories d'outre-mer, les cinq grades et les « emplois de la métropole auxquels les emplois d'outre-mer sont assimilés ».

Depuis la constitution de 1946, la compétence du ministre de la France d'outre-mer en matière de tableau d'avancement est limitée aux magistrats du parquet. Pour autant, il a pu y avoir débat sur ce point : le problème était en effet de savoir si la création du Conseil supérieur de la magistrature avait pour effet de dépouiller de ses attributions (en ce qui concerne les magistrats du siège) la commission d'avancement prévue par l'article 11 du décret du 21 juillet 1927 ? Un courant s'y était prononcé négativement. Il reposait sur l'interprétation littérale de l'article 84 de la constitution.

Il est remarquable de noter une identité absolue avec la magistrature métropolitaine en ce qui concerne l'avancement d'échelons. Les huit échelons du 4e grade métropolitain ont été répartis dans les 5e et 4e grades (cinq échelons dans le 5e, trois dans le 4e). L'échelle indiciaire est aussi la même ; notons toutefois que le premier grade ne comporte pas de 2e groupe, ce qui contribue à diminuer sensiblement l'intérêt de la carrière, par la disparition pour tous autres que les premiers présidents et procureurs généraux des indices supérieurs à 650.

Le délai statutairement prévu pour le franchissement des échelons est de deux ans (comme dans la métropole) [103]. Toutefois, il est d'un an pour accéder au 2e échelon du 5e grade, lequel comporte une augmentation de traitement de dix points d'indice seulement. C'est là encore l'extension d'une règle métropolitaine.

Sous le régime du décret du 19 décembre 1957, la hiérarchie est la même que dans la métropole ; les magistraux coloniaux sont donc exposés aux mêmes contraintes que leurs collègues de la métropole. La création d'un cinquième grade ne pourra qu'aggraver ce défaut à moins que le passage au 4e grade ne s'accomplisse avec une parfaite régularité. Enfin l'inexistence d'un deuxième groupe dans le 1er grade et la suppression pour tous autres que les procureurs généraux et les premiers présidents d'indices supérieurs à 650 dégarnissent la magistrature d'outre-mer de quelques-uns de ses postes les plus enviables.

Au demeurant, il n'est pas vain de souligner que ce décret a considérablement amélioré le sort de nombre de magistrats. Il a dissipé un grave malaise provoqué par l'arrêt de tout avancement dans un corps composé pour les 4/10 de son effectif, à la veille de cette réforme, de juges suppléants et de juges de 3e grade. Il était en outre commandé par les textes constitutionnels, en supprimant les dernières différences qui pouvaient encore exister entre la magistrature de la métropole et celle des territoires d'outre-mer, dualité, jalousement conservée, mais dont on attend depuis toujours la justification théorique. À ce titre, et considéré comme une étape, le décret du 19 décembre 1957 présente un bilan positif.

---

103. Art. 65, décret du 22 août 1928, modifié ; décret du 21 juillet 1927, modifié.

Enfin, « le décret de 1957 a cherché à résoudre la question lancinante et jamais résolue de l'intérim, bien que par des suppléances de plein droit pour certains emplois et de suppléances au coup par coup, on ait pensé pourvoir à des vacances trop nombreuses sans parvenir à faire qu'un magistrat soit vraiment là où son poste le supposait être ». Dans une circulaire du 3 octobre 1950, le Conseil supérieur de la magistrature avait demandé aux présidents de cours d'appel, de ne procéder qu'exceptionnellement à l'affectation d'un magistrat en dehors du poste dont il était titulaire. Mais il est vrai que la procédure prévue (il fallait en cas contraire l'avis de l'assemblée générale de la Cour et l'assentiment du Conseil supérieur !) était mal adaptée aux urgences de terrain. Le décret de 1957 a donc accru la liste des suppléances de plein droit et confié aux juridictions d'appel le soin de désigner les intérimaires, du siège comme du parquet, supprimant par-là même toute intervention du chef du parquet.

c. La question disciplinaire

Un régime différent fut mis en place selon que le magistrat était « du siège » ou du « parquet ». Les magistrats du siège ne relèvent que des avertissements donnés par le président de la juridiction d'appel ou de la procédure applicable aux magistrats métropolitains. Les magistrats du parquet bénéficient de la double procédure disciplinaire inscrite dans le décret de 1928, mais toujours en vigueur en 1958, telle que nous l'avons décrite (*cf.* plus haut). Par ses termes très généraux, attribuant au Conseil supérieur de la magistrature compétence en matière de discipline, la constitution de 1946 proscrit (art. 84) l'intervention de la commission de discipline et efface les pouvoirs appartenant localement à la Cour d'appel

Cela étant, point n'est besoin d'ajouter que le prestige de la magistrature coloniale s'est accru, ce qu'illustrent les garanties d'indépendance et d'impartialité de ses membres.

3. Les garanties d'indépendance et d'impartialité

La plupart des grands principes du droit judiciaire français avaient été transplantés outre-mer, au lendemain de la Deuxième Guerre mondiale, soit « par manque d'imagination », soit « vraisemblablement en raison d'une politique d'assimilation selon laquelle les pays d'outre-mer devaient être dotés tôt ou tard des institutions métropolitaines, dont les Français croient facilement qu'elles ont une valeur intemporelle et universelle » [104].

Il est admis que la justice a besoin, pour être rendue, de juges indépendants – des puissances de l'argent, de leurs passions et du pouvoir politique. Certes les magistrats ne peuvent trouver cette indépendance que dans la force

104. M. JEOL, *La réforme de la justice en Afrique Noire*, Paris, LGDJ, 1963, p. 12.

de leur caractère, mais il est souhaitable que les institutions elles-mêmes viennent la soutenir afin que le justiciable puisse être assuré de trouver un juge impartial dans les circonstances les plus graves.

Cette thèse trouve appui non seulement dans la constitution de 1946, mais également dans divers textes ultérieurs dont la loi du 1er février 1947, relative à l'élection des représentants des magistrats au Conseil supérieur de la magistrature [105]. Déterminant les « quatre catégories de magistrats » prévus par la constitution, la loi du 1er février 1947 distingue, ceux de la Cour de cassation, ceux des cours d'appel et des tribunaux supérieurs d'appel, ceux des tribunaux de première instance et des justices de paix à compétence étendue à l'outre-mer et ceux, enfin, des juges de paix et des juges de paix à compétence étendue d'Algérie. Les expressions même employées par ce texte, n'établissent aucune distinction entre cours d'appel et tribunaux de la métropole et d'outre-mer et les magistrats qui les composent.

Elle trouve un second souffle dans la jurisprudence [106] et la doctrine développées par le Conseil d'État. C'est ainsi qu'il était jugé le 13 janvier 1956 que la loi du 11 avril 1956 ouvrant aux femmes les fonctions de la magistrature était applicable à la magistrature coloniale au même titre qu'à celle de la métropole [107], alors même que le contreseing du ministre de la France d'outremer faisait défaut. De même, par deux arrêts [108] du 18 octobre 1957, il était décidé que les magistrats coloniaux devaient suivre, pour la limite d'âge, les règles des magistrats de métropole et non celles des « fonctionnaires d'outremer ». Enfin, le 17 mars 1958, au sujet des pensions de retraites, le Conseil d'État [109] accordait à ceux-ci les mêmes droits relatifs aux modifications de traitement que ceux restés en métropole.

D'autres règles dont celles relatives aux autorisations d'absence sont étendues à l'outre-mer. Ce fut l'objet du décret du 11 juillet 1957, rendant applicables aux magistrats coloniaux les articles de la loi de 1946 étendus à leurs collègues métropolitains. Ce fut également l'objet du décret du 27 octobre 1950 dont de nombreuses dispositions adaptent la loi de 1946 aux fonctionnaires d'outre-mer, notamment celles qui ont trait au congé administratif [110], au

---

105. Déterminant les « quatre catégories de magistrats » prévus par la Constitution, la loi distingue, ceux de la Cour de cassation, ceux des cours d'appel et des tribunaux supérieurs d'appel, ceux des tribunaux de première instance et des justices de paix à compétence étendue d'Algérie. Elle n'établit aucune distinction entre les cours d'appel et tribunaux de la métropole et d'outre-mer et les magistrats qui les composent.

106. C.E., 13 janvier 1956, Defix ; 18 octobre 1957, Laborde et Baumgartner ; 17 mars 1958, Labouré.

107. C.E., *Defix*, 13 janvier 1956.

108. C.E., *Laborde et Baumgartner*, 18 octobre 1957.

109. C.E., *Labouré*, 17 mars 1958.

110. Art. 27 à 29, décret du 27 octobre 1950.

maintien par ordre et à la position d'expectative de retraite [111], aux congés de convalescence [112]…, toutes situations connues seulement du personnel exerçant ses fonctions outre-mer. Ces diverses dispositions sont communes aux fonctionnaires.

L'autorisation est accordée par le Conseil supérieur de la magistrature après avis du ministre de la France d'outre-mer pour les premiers présidents et présidents de tribunaux supérieurs d'appel et par le ministre de la France d'outre-mer pour les procureurs généraux et procureurs près les tribunaux supérieurs d'appel.

Pour les autres magistrats, l'autorisation est donnée par les premiers présidents et les présidents des tribunaux supérieurs d'appel s'ils sont du siège, les procureurs généraux ou procureurs près les tribunaux supérieurs d'appel s'ils sont du parquet. Il faut en outre l'avis du haut-commissaire ou du chef du territoire si l'absence se prolonge plus de quinze jours.

Les autorisations d'absence comportent le droit à la solde entière de présence [113] jusqu'au trentième jour ; au-delà elles ne sont assorties d'aucune rémunération.

L'article 5 du décret du 11 juillet 1957 réglemente les vacations en permettant aux hauts commissaires et chefs de territoire de fixer par arrêté « le début » de la période à laquelle elles auront lieu. Ces vacations emportent néanmoins obligation de résidence et c'est seulement lorsqu'il bénéficie d'une autorisation d'absence que le magistrat, même pendant cette période, peut quitter le territoire.

Cependant, il est certain que l'expression « considérés comme détachés du ministère de la justice », appliquée aux magistrats coloniaux comme elle l'avait été à ceux de l'Algérie, apparaît comme chargée de signification. Si « les magistrats de l'Algérie ont toujours fait partie du corps judiciaire de la métropole », c'est parce que cette même expression avait été utilisée pour caractériser leur position dès le premier texte d'organisation judiciaire de l'Algérie [114]. C'est donc à très juste raison que le Conseil d'État en tire des conséquences pratiques. Il semble que toutes celles qu'elle comporte ne lui aient pas été déférées. Tel est le cas assez fréquent, bien que n'ayant jamais été soumis à la Haute assemblée du passage d'un magistrat du cadre d'outre-mer dans celui de la métropole ; toute l'ancienneté acquise dans l'un devrait être restituée dans l'autre ; cette conséquence paraît découler purement et simplement de la définition du détachement par l'article 97 de la loi du 19 octobre 1946, étendu à la magistrature par la loi du 20 mars 1951.

Au total, la situation juridique des magistrats d'outre-mer se trouva réglée par l'ordonnance du 22 décembre 1958, portant statut de la magistrature,

---

111. Art. 35 et 36, décret du 27 octobre 1950.
112. Art. 33.
113. Art. 4, al. 2, décret du 11 juillet 1957.
114. Art.25, Ordonnance du 26 septembre 1842.

notamment en son article 81, aux termes duquel : « Les magistrats de la France d'outre-mer font partie du corps judiciaire auquel s'applique le présent statut ».

Lors des décolonisations, deux problèmes s'étaient posés : « comment régler le présent » et « comment maîtriser l'avenir » ? Les réponses, variables, ont épousé soit la forme de conventions judiciaires [115], soit celle de la suppression des juridictions créées par la France.

De nombreux pays ont opté pour la première solution. Le système judiciaire colonial ne peut se trouver brusquement dessaisi des affaires en cours ; les pays concernés estiment alors que la maîtrise de la justice étant une des composantes essentielles de la souveraineté, il leur faut la partager encore avec l'ancien colonisateur.

Mais cette solution n'est pas forcément celle de tout le monde. Certains magistrats sont poussés à rentrer au bercail. De retour en France, les qualités humaines et professionnelles de bon nombre d'entre eux ont été reconnues, de hautes fonctions leur ont été confiées dans les juridictions métropolitaines. Les quelques indications chiffrées ci-dessous montrent la réalité du problème ; il s'agit de chiffres qui concernent les magistrats de l'ancien cadre de l'outre-mer, passés par l'École Nationale de la France d'outre-mer [116] :

Cour de cassation : 38, à savoir : 3 présidents de chambre ; 27 conseillers ; 1 premier avocat général ; 7 avocats généraux. *Cours d'appel* (*à l'exception des cours d'appel de Paris et de Versailles*) : 17 chefs de cour, dont : 9 premiers présidents de cour d'appel ; 8 procureurs généraux. *Cours de Paris et de Versailles* : 24 présidents de chambre et avocats généraux.

115. Pour aller dans le même sens, M. FABRE, « Les conventions judiciaires : de la colonisation à l'indépendance », *in* M. FABRE et D. MOURET (dir.), *Le juge et l'outre-mer,* tome 8, *Décolonisations : le repli de l'État. La mort d'Eurydice*, Publications Université Montpellier 1, p. 153-178.

116. *Cf.* J. CLAUZEL, (dir.), *La France d'outre-mer (1930-1960)*, *op. cit.*, p. 785.

Regards sur les lacunes notées en matière contractuelle dans l'Acte uniforme sur le droit commercial général

Patrice Samuel Aristide ***Badji***

1. Le droit OHADA est en marche [1] et certains auteurs ont même préconisé des idées pour le rendre plus efficace [2]. Cependant, avant son avènement, les États membres avaient soit une législation qui leur était propre, soit avaient conservé la législation du colon. Pour prendre l'exemple du Sénégal [3], il faut noter que très tôt, le législateur s'est intéressé à l'œuvre de codification. Comme le disait un auteur, c'est peut-être le père des codes africains qui s'avance aujourd'hui, précédent de peu tout un cortège d'autres codes [4]. En effet, c'est à l'unification de son droit que vise avant tout le législateur sénégalais [5]. Il considère que l'unité du droit est indispensable pour la nation, car aucun État ne saurait aujourd'hui accéder au rang de grande puissance moderne en prétendant conserver un régime juridique aussi chaotique que celui que constituent les régimes coutumiers africains quels qu'ils soient. Un tel régime

---

1. F. Anoukaha, « L'OHADA en marche », OHADATA-D-04-36.
2. G. Douajni, « Suggestions en vue d'accroître l'efficacité de l'OHADA », *Revue camerounaise de l'arbitrage*, *24*, janvier-février-mars, p. 3. Selon cet auteur, l'accroissement passe par l'augmentation du nombre de langues utilisées dans le cadre de l'OHADA, ce qui a été fait avec la révision du Traité en 2008 à Québec, la banalisation de l'arbitrage et une meilleure application du droit OHADA.
3. Au-delà du Sénégal (loi du 10 juillet 1967 relative à la partie générale du code des obligations civiles et commerciales), il y a le Mali (loi du 29 août 1987 portant code des obligations civiles et commerciales) et Madagascar (loi du 2 juillet 1966 sur la théorie générale des obligations) et la Guinée Conakry (code civil de 1983). V. F.O. Etoundi, « Les principes d'Unidroit et la sécurité juridique des transactions commerciales dans l'avant-projet d'Acte uniforme OHADA sur le droit des contrats », *Revue de droit uniforme*, 2005/4, p. 692, note 28.
4. R. Decottignies, « Réflexions sur le projet de code sénégalais des obligations », *Annales africaines*, 1962, p. 171.
5. J. Chabas, « Réflexions sur l'évolution du droit sénégalais », *Études juridiques offertes à Léon Julliot de la Morandière par ses élèves et amis*, Paris, Dalloz, 1964, p. 141.

par son imprécision et son inconstance paralyse tout développement commercial ou industriel [6]

2. Pour faire face à la mondialisation, notamment à ses effets pervers, il fallait que les États s'unissent [7]. Ce besoin, rappelons-le n'est pas récent. Il a été préconisé par l'un des pères fondateurs du droit OHADA [8] et le professeur René David qui soutenait que l'unification du droit en Afrique, au moins dans des disciplines telles que le droit des obligations, était nécessaire du fait de la multiplicité des échanges et des rapports commerciaux [9].

3. L'avènement de l'OHADA a renouvelé les sources du droit commercial [10] ; sources que l'on cherche par moment à simplifier [11] ; ce dont témoignent les nombreuses réformes du droit OHADA. C'est donner raison à Montesquieu qui soutenait que : « les affaires du commerce sont très peu susceptibles de formalités. Ce sont des actions de chaque jour, que d'autres de même nature doivent suivre chaque jour. Il faut donc qu'elles puissent être décidées chaque jour » [12].

4. Le législateur OHADA s'est intéressé à la matière contractuelle par la réglementation des contrats commerciaux d'abord, par la tentative de consécration d'autres formes de relation contractuelle ensuite. Nous pensons aux avant-projets d'Acte uniformes [13]. Il s'agit de l'avant-projet d'Acte uniforme sur le droit du travail, sur le droit de la consommation et sur le droit des contrats.

Considéré comme le parent pauvre du droit OHADA [14], le droit du travail figure pourtant en bonne place de l'article 2 du Traité OHADA [15] et dans cer-

6. J. CHABAS, *ibid.*
7. V. J. ISSA-SAYEGH, J. LOUHOUES-OBLE, *OHADA, Harmonisation du droit des affaires*, Bruxelles, Bruylant, 2002, 245 p.
8. V. K. MBAYE, « L'unification du droit », *Revue sénégalaise de droit*, 1971, p. 65 et s.
9. R. DAVID, cité par X. BLANC-JOUVAN, « La résistance du droit africain à la modernisation », Actes du Colloque de Dakar 5-9 juillet 1977, *Revue sénégalaise de droit*, 1977, p. 33.
10. E NSIE, « Le renouvellement des sources du droit commercial contemporain en Afrique francophone », *Mélanges Goubeaux*, p. 397 et s.
11. La couleur avait déjà été annoncée dès le Préambule du Traité OHADA et à l'article 1er dudit instrument.
12. Montesquieu, *De l'esprit des lois*, 1748, livre vingtième, chapitre XVIII.
13. Le constat qui est fait c'est l'utilisation indifféremment des notions d'avant-projets d'Acte uniforme et de projet d'Acte uniforme dans l'Encyclopédie OHADA. Voir P.G. POUGOUE *et al.*, « Actes uniformes », in *Encyclopédie OHADA*, Paris, Lamy, 2011, p. 117.
14. P. REIS, *Le droit du travail dans le droit de l'OHADA*, www.ibrarian.net/.../concern_s_par_l_unification_du_droit_des_affaires..., Consulté le 28/08/2015.
15. Aux termes de cette disposition : « Pour l'application du présent Traité, entrent

tains Actes uniformes tels que l'Acte uniforme sur les sûretés [16], l'Acte uniforme portant procédures simplifiées de recouvrement et voies d'exécution [17], l'Acte uniforme portant procédures collectives d'apurement du passif [18]. Vu qu'il tarde à entrer dans les bonnes grâces du législateur, certains auteurs ont démontré qu'il est préférable que ce droit fasse l'objet d'une harmonisation plutôt que d'une uniformisation [19], d'autres ont tenté d'apporter un éclairage sur ce projet d'Acte uniforme [20].

L'avant-projet d'Acte uniforme sur le contrat de consommation tarde à être effectif pour deux raisons au moins : un problème conceptuel [21] et un problème de conflits de normes [22]. Le problème conceptuel renvoie à la nature du droit OHADA : droit des affaires ? Droit économique ? Droit des activités économiques ? Quant au problème du conflit de normes, il met en évidence les rapports qu'entretient le droit OHADA et les autres organisations régionales. Comme le rappelle avec pertinence le professeur Filiga M. Sawadogo, l'un des phénomènes majeurs des temps actuels, particulièrement en Afrique, est la multiplicité, dans un même espace, d'organisations d'intégration dont les compétences se chevauchent avec une tendance à la juridictionnalisation desdits processus d'intégration susceptible de déboucher sur des conflits de compétence [23].

5. Relativement à l'avant-projet d'Acte uniforme relatif au droit des contrats, il a été plombé par les critiques acerbes de certains auteurs qui prétendent qu'il

dans le domaine du droit des affaires l'ensemble des règles relatives (…) au droit du travail ».

16. *JO OHADA* n°22, 15/02/11.
17. *JO OHADA* n°6, 01/06/98, p. 1 et s.
18. *JO OHADA* n°7, 01/07/98, p. 1 et s.
19. P.G. POUGOUE et *al.*, « Actes uniformes », in *Encyclopédie OHADA*, Paris, Lamy, 2011, p. 172.
20. J.-L. CORRÉA, « L'éclairage sur un acte uniforme toujours attendu : l'Acte uniforme relatif au droit du travail », *Nouvelles annales africaines*, 2013, p. 201.
21. Voir H. TEMPLE, « Quel droit de la consommation pour l'Afrique ? Une analyse critique du projet d'Acte uniforme sur le droit de la consommation (juin 2003) », *Revue burkinabé de droit*, n° *43-44*, 1er et 2e semestres 2003, OHADATA D-05-26. L'auteur se pose la question de savoir s'il est concevable que le droit OHADA qui a pour objet d'attirer les investisseurs peut par la même occasion protéger les consommateurs. De notre point de vue, ces différents intérêts peuvent bien aller de pair.
22. Voir R. NJEUFACK TEMGWA, « Regards sur la protection juridique du consommateur africain : lecture comparée », *Penant*, n° *868*, 2009, p. 293.
23. F.M. SAWADOGO, « Les conflits entre normes communautaires : aspects positifs et prospectifs », *in* Matthieu FAU-NOUGARET (dir.), *La concurrence des organisations régionales en Afrique*, Paris, L'Harmattan, 2012, p. 283.

manque de cohérence et de référence [24]. Pourtant dans sa démarche, le professeur Marcel Fontaine, expert chargé par l'OHADA de la rédaction de l'avant-projet d'Acte uniforme sur le droit des contrats OHADA a voulu prendre en compte les spécificités africaines à travers les usages [25] et quelques années auparavant, il a rédigé une note explicative à l'avant-projet d'Acte uniforme comme à l'accoutumée [26]. Les auteurs « hostiles [27] » à l'avant-projet d'Acte uniforme OHADA sur le droit des contrats ont considéré que les spécificités locales n'ont pas été assez prises en compte dans ledit document et pourtant, ce n'est pas faute d'existence d'un droit traditionnel des contrats avant l'époque coloniale, à défaut d'une théorie générale traditionnelle des obligations [28]. Une autre critique tient au fait que l'Avant-projet s'inspire des Principes UNIDROIT relatifs aux contrats du commerce international qui ne sont adossés à aucun système juridique en vigueur dans l'espace OHADA. Cette théorie générale a pourtant des défenseurs [29]

6. Défini à l'article 40 du code des obligations civiles et commerciales (COCC) comme un accord de volontés générateur d'obligations, le contrat est un instrument au service de l'entreprise. Il n'est rien d'autre que la formalisation d'une relation économique et financière sur le plan juridique. Lors des indépendances, deux tendances se sont dégagées : des pays qui continuaient à être régis par le droit des contrats français et ceux qui, bien que s'inspirant du droit français, ont voulu avoir une certaine autonomie sur le plan du droit. On peut citer l'exemple du Sénégal. Avec l'avènement de l'OHADA, la partie générale du COCC est soumise à la loi nationale, tandis que la seconde partie

24. P.G. POUGOUE, « L'avant-projet d'Acte uniforme OHADA sur le droit des contrats : les tribulations d'un universitaire », OHADATA-D-07-41.
25. M. FONTAINE, « L'Avant-projet d'Acte uniforme OHADA sur le droit des contrats », OHADATA, D-11-23.
26. M. FONTAINE, « Note explicative à l'Avant-projet d'Acte uniforme OHADA sur le droit des contrats », *Revue de droit uniforme*, 2008, p. 561 et s.
27. Les guillemets se justifient par le fait que ces auteurs appellent à une réflexion sur une convergence d'idées en vue d'instaurer en Afrique un droit des contrats formant « un tout » tant dans ses considérations théoriques que dans ses applications pratiques (voir p. 163, n° 539).
28. P.G. POUGOUE *et al.*, « Les actes juridiques », in *Encyclopédie OHADA*, Paris, Lamy, 2011, p. 155. Les auteurs se sont appuyés sur les propos du Doyen Stanislas Melone (« Les résistances du droit traditionnel au droit moderne des obligations », Actes du Colloque de Dakar, 5-9 juillet 1977, *Revue sénégalaise de droit,* 1977, p. 47).
29. F.O. ETOUNDI, « Les linéaments d'une théorie générale des obligations nées des contrats commerciaux du droit OHADA », dans *L'obligation. Études offertes à P.-G. POUGOUE*, Paris, L'Harmattan, 2015, p. 749. Voir aussi D. C. SOSSA, « Le champ d'application de l'Avant-projet d'Acte uniforme OHADA sur le droit des contrats : contrats en général, contrats commerciaux, contrat de consommation », *Revue de droit uniforme*, 2008, p. 339-353.

est abrogée en partie par les dispositions de l'OHADA. C'est dire que pour ce qui concerne les contrats commerciaux, ils relèvent de la compétence du législateur « communautaire ». Nous mettons ici l'accent sur les contrats commerciaux [30].

7. Deux conceptions de la notion de lacunes sont à relever : une conception large et une conception restrictive. Dans la première, on dit qu'il y a lacune du droit lorsque manque dans un ordonnancement juridique une norme dont le juge puisse faire usage pour résoudre un cas déterminé [31]. Dans la seconde, la lacune du droit existe lorsque la règle figurant dans l'ordonnancement juridique pour résoudre un cas déterminé n'apparaît pas opportune, satisfaisante ou juste [32]. Nous optons pour les deux conceptions.

8. L'intérêt du sujet réside dans la réalité des lacunes. En effet, les lacunes de droit n'existent pas selon les tenants de la plénitude logiquement nécessaire de la législation écrite [33]. Ce sont plutôt les lacunes de la loi écrite. En outre, il existe plusieurs sortes de lacunes : véritables, non véritables, intentionnelles, non intentionnelles [34]. Un autre intérêt tient à l'instauration d'une théorie générale des contrats commerciaux en droit OHADA.

L'un des intérêts de ce sujet est de démontrer, pour reprendre l'expression de L. Josserand, un accroissement du dynamisme contractuel [35].

En droit français, on s'est posé la question de savoir si la théorie générale des contrats est un mythe ou une réalité [36] ou si le droit peut être réduit en théorie générale [37].

---

30. Pour un recensement des différents contrats commerciaux, voir F.O. ETOUNDI, *op.cit.*, p. 749 et s.
31. P. FORIERS, *Les lacunes du droit*, communication présentée au Centre national de recherches de logique, le 7 novembre 1964.
32. W. BURCKHARDT, *Die Lücken des Gesetzes und die Gesetzesauslegung*, Berne, Stampfli, 1925, p. 25.
33. F. GÉNY cité par C. HUBERLANT, « Les mécanismes institués pour combler les lacunes de la loi », dans C. PERELMAN (dir.), *Le problème des lacunes en droit*, Bruxelles, Bruylant, p. 32. Selon les tenants de cette vision, soit un cas est réglé par une disposition légale et dans ce cas il n'y a aucun problème, soit il n'est prévu par aucune disposition et dans ce cas le sujet dispose d'une autonomie.
34. Voir U. KLUG, « Observations sur le problème des lacunes en droit », dans dans C. PERELMAN (dir.), *Le problème des lacunes en droit*, p. 85 et s.
35. L. JOSSERAND, « Aperçu général des tendances actuelles de la théorie des contrats », *RTD Civ*, 1937, p. 1 et not. p. 12. Voir aussi J.-P. CHAZAL, « Les nouveaux devoirs des contractants : est-on allé trop loin ? », *in* D. MAZEAUD & Christophe JAMIN (dir.), *La nouvelle crise du contrat* : actes du colloque du 14 mai 2001, organisé par le centre René Demogue, Université Lille II, Paris, Dalloz.
36. E. SAVAUX, *La théorie générale du contrat, mythe ou réalité* ?, Paris, LGDJ, tome 264. Pour cet auteur, il faut distinguer la théorie générale du contrat du droit commun du contrat (n° 8).
37. S. PIMON, « Peut-on réduire le droit en théories générales ? L'exemple en droit du contrat », *RTD Civ*, 2009, p. 417.

Malgré l'intérêt porté à la matière contractuelle, le législateur de l'OHADA a par moment une position loin d'être cohérente (II). Mais avant de résoudre cette équation, il doit améliorer la qualité rédactionnelle des textes (I).

I. Une qualité rédactionnelle perfectible

9. Les maux de la loi sont connus, trop souvent dénoncés et leurs causes exposées. Si d'aucuns parlent d'inflation normative [38], d'autres mettent l'accent sur la densification normative [39]. Toujours est-il qu'une partie de la doctrine demeure convaincue que l'inflation normative peut aboutir à une dégradation de la qualité de la loi [40]. Le législateur de l'OHADA s'efforce d'avoir, au nom de l'attractivité économique, un droit de qualité. Seulement des efforts méritent d'être faits. Ainsi, deux sortes d'amélioration doivent être examinées ici : celles afférentes à la qualité formelle (A) et celles relatives à la qualité substantielle (B).

A. L'amélioration de la qualité formelle

10. Selon certains auteurs, le législateur OHADA a du mérite, car il encourage le recours à la bonne foi et protège la sécurité juridique [41].

La bonne foi est consacrée à l'article 1134 du code civil. Dans des États-parties où le code civil n'est pas de vigueur, tels le Sénégal, la bonne foi est citée en matière de preuve [42], de modalités du consentement telles que le terme et la condition, d'interprétation du contrat, de paiement, etc. L'impression qui se dégage de l'absence d'invocation de la bonne foi dans la phase d'exécution du contrat, c'est le défaut de considération par le législateur sénégalais des tendances protectrices de la partie faible ou de l'obligation de coopération des parties en droit des obligations.

---

38. V. P. MBONGO, « De "l'inflation normative" comme discours doctrinal », *D.* 2005, 1300. L'auteur tente de justifier et non de critiquer le trop plein de lois en France.
39. C. THIBIERGE, « La densification normative », *D.* 2014, p. 834. Pour cet auteur, la densification est au-delà de l'inflation normative. Elle consiste en un processus de montée en puissance de la normativité, par lequel les normes juridiques prennent forme et force, gagnent en extension et en volume, enserrant conduites et pratiques dans un maillage de plus en plus dense. Elle traduit l'idée de normes de toute nature qui, par moment, ont vocation à concurrencer le droit
40. J.-C. ZARKA, « À propos de l'inflation législative », *D.* 2005, p. 660.
41. V. L. YONDO BLACK, « Les enjeux de la réforme : une volonté de favoriser la création d'entreprises, les échanges commerciaux et la confiance dans la zone OHADA », *Droit et Patrimoine*, n° *201*, mars 2011, p. 46.
42. Article 10 du COCC. Pour le législateur sénégalais, la bonne foi est toujours présumée. Ce principe est en vigueur dans presque toutes les anciennes colonies de la France.

Le législateur de l'OHADA n'a pas opté pour pareille démarche puisque le nouveau droit OHADA de la vente commerciale n'échappe pas à ce rayonnement international de la bonne foi [43].

En effet, aux termes de l'article 237 AUDCG, alinéa 2, les parties sont tenues de se conformer aux exigences de bonne foi. Elles ne peuvent exclure cette obligation, ni en limiter la portée. Vu que cette disposition se trouve sous le chapitre II du Livre VIII de l'AUDCG intitulé « ***Dispositions générales*** », on peut affirmer que l'exigence de bonne foi existe tant au moment de la formation qu'à celui de l'exécution du contrat. Pour ce qui est de la conclusion, le législateur affirme certes le principe de la liberté de rupture des négociations, mais sans pour autant tolérer toute mauvaise foi de la part de l'auteur de la rupture. Est de mauvaise foi, selon le législateur OHADA, la partie qui entame ou poursuit des négociations sans intention de parvenir à un accord.

L'utilisation de la part du législateur de l'adverbe « *notamment* », laisse penser que la définition proposée est loin d'être unique. En tout état de cause, il appartiendra au juge saisi d'apprécier, au cas par cas, la bonne ou la mauvaise foi de l'auteur de la rupture des négociations.

11. Le législateur protège la sécurité juridique et la prévisibilité en leur donnant la valeur d'interprétation [44]. La sécurité juridique est une exigence [45], une valeur. Au-delà, il faut examiner la question de sa valeur juridique. Le droit communautaire et européen s'accordent à dire que c'est un principe, des auteurs s'interrogent [46], le Conseil d'État français n'arrive pas à choisir entre le principe et les motifs de sécurité juridique [47], le Conseil constitutionnel français quant à lui, même s'il y fait référence, ne considère pas que ce principe a une valeur constitutionnelle. Qu'en est-il de la Cour de cassation française ? Elle paraît hostile à la reconnaissance d'un véritable principe de sécurité juri-

43. G.-N. ANOU, « L'obligation de bonne foi dans le droit OHADA : analyse à partir de la vente commerciale », dans *L'obligation. Études offertes à P.-G. POUGOUE*, Paris, L'Harmattan, 2015, p. 615.
44. L. YONDO BLACK, « Les enjeux de la réforme : une volonté de favoriser la création d'entreprises, les échanges commerciaux et la confiance dans la zone OHADA »,*op. cit.*, p.46.
45. A. CRISTAU, « L'exigence de sécurité juridique », *D.* 2002, p. 2815.
46. J.-B. RACINE, F. SIIRIAINEN. « Propos introductifs », in L. BOY & F. SIRAINEN (éds.), *Sécurité juridique et droit économique*, Paris, Larcier, 2008, p. 7. Ces auteurs se demandent si l'on ne devrait pas parler de droit de l'homme à la place de la sécurité juridique.
47. En 1992, dans sa décision de justice Dame Cachet (CE, 3 nov. 1992, n° 74010, *Recueil du Conseil d'État*, 1992, p. 790), le Conseil d'État français a appliqué les conséquences d'un principe de sécurité juridique. En revanche, dans son arrêt du 24 mars 2006, il a visé des motifs de sécurité juridique (CE, ass., 24 mars 2006, n°288460, Sté KMPG, Sté Ernst and Young Audit et a., Sté Deloitte et associés et Sté Grand Thorton, Sté Pricewaterhousecoopers Audit, *JCP* éd. G, II, 10113, note J.M. BELORGEY.

dique que les sujets de droit pourraient s'opposer et lui opposer [48]. Dans l'ordre juridique de l'OHADA, le principe de sécurité juridique n'apparaît pas expressément dans les décisions étudiées par un auteur certes [49] ; mais les décisions se rapportant à la sécurité juridique ne sont pas inexistantes, notamment en ce qui concerne l'exigence d'une base légale et la non-rétroactivité de la loi nouvelle.

12. Dix ans après leur adoption, plusieurs textes de l'OHADA avaient besoin d'être adaptés à l'évolution des relations contractuelles. En effet, dans le préambule du Traité OHADA, on peut déceler que parmi les objectifs du droit OHADA, il y a la mise en place d'un droit simple, harmonisé, adapté. Être adapté, pour le droit OHADA, disait le professeur Abdoullah Cissé, c'est alors relever le défi de l'amélioration continue [50]. C'est la raison pour laquelle l'OHADA s'est inscrite dans une démarche d'harmonisation pour faire de son droit un droit dynamique, évolutif et innovateur [51]. Et d'ailleurs comment pouvait-il en être autrement, vu que le législateur OHADA s'inscrit dans la logique du mouvement « *mieux légiférer* ». L'une des principales raisons de ce mouvement, c'est d'avoir un bon classement dans les rapports *Doing Business* et par conséquent, d'attirer les investisseurs.

13. En matière d'investissement, un auteur a étudié la place de l'investissement en droit OHADA [52]. Cet auteur constate donc l'absence par le législateur OHADA de la notion d'investissement [53] contrairement aux traités bilatéraux d'investissement et préconise un Acte uniforme relatif à l'investissement direct étranger. Lui emboîtant le pas, Christian Gamaleu Kameni soutient que la réglementation de l'investissement privé étranger dans l'espace juridique de l'OHADA n'est pas parfaite [54].

---

48. J.-B. RACINE, F. SIRIAINEN, « Sécurité juridique et droit économique, Propos introductifs », *in* L. BOY & F. SIRIAINEN (dir.), *Sécurité juridique et droit économique*, *op. cit.*, p. 9.
49. Il s'agit de M.J.V. KODO, *L'application des actes uniformes de l'OHADA*, 2010, Bruxelles – Rennes, Academia-Bruylant - Presses universitaires de Rennes, n° 5, p. 59.
50. A. CISSÉ, « Le nouvel élan du droit OHADA », *Droit et patrimoine*, n° *201*, mars 2011, p. 47.
51. A. CISSÉ, *ibid.*
52. S. MENETREY, « La place de l'investissement dans l'OHADA, *in* E. BALATE & S. MENETREY (dir.), *Questions de droit économique : les défis des États africains*, Paris, Larcier, 2011.
53. Une définition de l'investisseur qualifié est cependant donnée à l'article 81-2 AUSCGIE.
54. C. GAMALEU KAMENI, « Réflexions sur la réglementation de l'investissement privé étranger dans l'espace de l'OHADA », *Journal du droit international* (Clunet) n° *4*, octobre 2014, var. 4.

Relativement à l'AUDCG, bien qu'il y ait des experts chargés de la rédaction des textes, ceux en *légistique* étaient tenus de les accompagner et de veiller à la qualité rédactionnelle des amendements. Justement, à ce propos, il y a beaucoup à dire. Et pourtant, à en croire Karine Gilberg, légiste, il existe un travail minutieux sur la cohérence interne et la qualité formelle [55]. Il semble cependant que certaines erreurs aient échappé à la vigilance des législateurs.

14. Comment comprendre en effet, que le chapitre III soit intitulé *« inexécution des obligations de l'acheteur »* et que le législateur mette l'accent sur l'impossibilité pour l'acheteur d'obtenir des dommages et intérêts ou d'invoquer la rupture du contrat lorsqu'il accepte de prendre une livraison partielle ou une partie seule des marchandises conformes ? À ce que l'on sache, le fait de prendre une livraison partielle ne constitue pas un manquement à une obligation par l'acheteur. Pour disculper le législateur, on a l'impression qu'il traite des deux facettes de la situation de l'acheteur à savoir en quoi consiste le non-respect par celui-ci de ses obligations et quelles sont ses prérogatives. Seulement, la pilule est parfois difficile à avaler surtout lorsqu'à l'article 288 AUDCG, le législateur permet à l'acheteur ayant payé le prix d'obtenir la réfaction du contrat. Encore une fois, on ne voit pas en quoi il y a faute de la part de l'acheteur. Le commentateur de l'Acte uniforme révisé l'a d'ailleurs relevé : « ces trois derniers correctifs figurant aux articles 288 à 290 se sont malencontreusement glissés dans le chapitre III où ils n'ont pas leur place [56] ».

En fait, trois choses demeurent liées : la qualité de la loi, la qualité de la justice et la sécurité juridique. On peut même dire que sans loi et justice de qualité, il n'y a pas de sécurité juridique. C'est pourquoi, au-delà de la forme, le législateur doit veiller au contenu des textes.

B. L'amélioration de la qualité substantielle

15. La qualité substantielle renvoie au contenu des différents articles de l'AUDCG. L'examen des règles permet de constater un effort de définition. À titre d'exemple, celle des grosses réparations. Selon le législateur, les grosses réparations sont celles des gros murs, des voûtes, des poutres, des toitures, des murs de soutènement, des murs de clôture, des fosses sceptiques et des puisards. C'est ce langage technique, connu des seuls initiés, que le législateur de l'OHADA utilise et présente à ceux qui s'intéressent au droit commercial général. Cet effort de définition ne doit pas occulter la possible interrogation relativement à l'adverbe « *notamment* » dont fait usage le législateur.

55. K. GILBERT, « "Mieux légiférer" au cœur de la révision de l'Acte uniforme relatif au droit commercial général », *Droit et patrimoine*, n° *201*, mars 2011, p. 53.
56. Acte uniforme du 15 décembre 2010 portant sur le droit commercial général, commenté par Akuété Pedro Santos, in *OHADA, Traité et Actes uniformes commentés et annotés*, 4e édition, Juriscope, 2012, p. 357.

Nous estimons qu'une réécriture de l'article 103 AUDCG s'impose. Au regard de cette disposition, la conclusion du contrat de bail à usage professionnel met en relation, au sens de l'article 103 AUDCG, une personne investie par la loi ou une convention et une autre, physique ou morale.

Si nous partons du point de vue du commentateur de l'AUDCG dans le code vert, nous pouvons dire qu'on envisage l'hypothèse où soit la personne est illettrée, non initiée au droit, soit celle où elle souhaite simplement se faire représenter. Le législateur français, en définissant le contrat de louage, utilise l'expression « parties ». Cette expression n'est pas pour exclure le débat qui a lieu dans le droit OHADA. En droit sénégalais, lorsque la partie est illettrée, elle doit se faire assister par deux témoins certificateurs qui eux, sont lettrés [57].

16. Après ce souhait, on perçoit l'existence d'un goût d'inachevé. En effet, l'article 105 AUDCG pose une présomption de respect par le bailleur de son obligation de délivrance. Il s'agit de l'hypothèse où le bail est verbal ou de celle où le preneur a signé le bail sans formuler de réserves quant à l'état des locaux. Cette disposition constitue une faveur faite au bailleur en ce sens que le preneur n'a pas toujours les compétences techniques pour savoir si les locaux ont été délivrés en bon état. En effet, si dans certaines circonstances la violation par le bailleur de son obligation est visible, tel n'est pas le cas dans d'autres.

Encore une fois, le bail à usage professionnel n'est pas l'apanage exclusif des sachant ; c'est l'affaire de tout professionnel.

17. Quant à l'article 113 AUDCG, il traite de la déspécialisation. Celle-ci peut être partielle ou totale. Dans le premier cas, le bailleur peut s'opposer à la déspécialisation en excipant de motifs graves, tandis que dans le second, il faut prouver l'existence de motifs sérieux.

En la matière, le législateur n'a réglementé – de façon partielle – que le formalisme (aviser le bailleur de façon expresse, accord préalable et exprès du bailleur. Et puisque rien n'est précisé, cet avis ou accord peut se faire librement ; par conséquent, l'acte extrajudiciaire n'est pas exigé). Mais qu'en est-il des difficultés d'interprétation du motif grave ou sérieux ? D'ailleurs quelle différence le législateur opère entre ces deux notions ? En employant deux termes différents, le législateur OHADA a-t-il voulu éviter simplement la répétition ? De quel délai dispose le bailleur pour répondre à la sollicitation du preneur dans les deux cas ? Le défaut de réponse au bout d'un certain temps équivaut-il à une acceptation ?

Ces questions demeurent sans réponse.

18. Y a-t-il une consécration des contrats d'affaires ou leurs méthodes, notamment la concession en droit OHADA ? Aux termes de l'article 221 AUDCG, l'agent commercial à qui est attribué l'exclusivité dans un secteur géographique, ou un groupe de clients déterminés, a droit à une commission. Qu'est-ce

---

57. Article 20 COCC.

qu'un contrat d'affaires ? Le professeur J. Paillusseau [58] lie l'impossibilité détermination de la notion de contrat d'affaires à celle de la notion d'affaires. La compréhension des contrats d'affaires suppose, toujours selon l'auteur la connaissance des affaires. En tout cas, les contrats d'affaires constituent un dépassement de la distinction contrats civils et contrats commerciaux.

L'article 221 AUDCG traite de deux sortes d'exclusivité : territoriale et de clientèle. En effet, le législateur burkinabé a suppléé la carence du législateur OHADA dans la définition de la clientèle. C'est ainsi que la cour d'appel de Bobo Dioulasso [59], se référant à une jurisprudence française [60] a défini la clientèle comme étant l'ensemble des personnes qui sont disposées à entretenir des relations contractuelles avec un commerçant à condition que cette clientèle soit propre au commerçant et qu'elle lui soit personnellement attachée.

Cette exclusivité s'exerce le plus souvent dans le cadre d'un réseau.

Il existe deux catégories de réseaux : les réseaux de revendeurs et d'intermédiaires. Nous pensons que le législateur OHADA utilise les méthodes de la première catégorie de réseau certes, mais ne la consacre pas. L'une des raisons de cette affirmation c'est le recours à l'expression « intermédiaires de commerce ». Mais, il faut faire remarquer que cette consécration ne saurait tarder pour plusieurs raisons : la langue de travail qui n'est pas exclusivement le français [61] et les États membres de l'OHADA bilingues tels que le Cameroun [62]. En attendant, référence est faite aux différentes lois nationales. Pour le cas du Sénégal, nous pouvons citer le décret n° 70-1335 du 7 décembre 1970 réglementant les contrats d'exclusivité de vente ou d'achat [63].

19. La fusion vices cachés et conformité est-elle pertinente ? Avant de répondre à cette question, faisons d'abord référence à l'état de la question en droit français avant de voir la position du législateur de l'OHADA.

Concernant le droit français, commençons par ce point de vue d'un auteur : imaginons un instant l'acheteur, qui vient de perdre son procès et entend les explications de l'avocat : « Oui bien sûr...la chose était viciée et inutilisable... mais elle était conforme... et c'est pour cette raison que vous avez perdu »... Le

---

58. J. PAILLUSSEAU, *Les contrats d'affaires*, La Semaine Juridique Entreprise et Affaires n° 11, 12 mars 1987, 14893.
59. CA Bobo-Dioulasso, n° 068, 6-12-2004, Sté E c/ Sté S, www.juriburkina.org/doc/
60. Civ. 22 octobre 1974, *Bull III*, p. 279.
61. Voir l'article 42 du Traité OHADA révisé à Québec en 2008 qui dispose que les langues de travail sont : le français, l'anglais, l'espagnol et le portugais. Voir pour une tentative d'explication de la portée de l'article 42 du Traité de 1993, T.M. LAURIOL, « La langue de l'OHADA », *Revue camerounaise de l'arbitrage*, numéro spécial, octobre, 2001, p. 36 et s.
62. De plus en plus, l'idée se fait jour d'étendre le droit de l'OHADA à des pays anglophones tels que le Ghana et le Nigeria. Voir R. MASSAMBA & P.G. POUGOUE, « Attractivité économique du droit OHADA », in *Encyclopédie OHADA*, Lamy 2011, p. 378, n° 5.
63. *JORS* du 3 janvier 1971.

client (supposé non violent) restera probablement au moins interloqué, exprimant ouvertement ou en lui-même tout le bien qu'il pense du droit et des gens de justice [64]…

Le défaut de conformité s'entend aujourd'hui d'une absence de « conformité de la chose aux spécifications convenues par les parties », tandis que le vice caché sanctionne l'absence de « conformité de la chose à sa destination normale [65] ».

La garantie des vices cachés est en effet « l'unique fondement de l'action exercée pour défaut de la chose vendue la rendant impropre à sa destination normale [66] ». Cette décision a été confirmée par la troisième chambre civile de la Cour de cassation [67].

Bien des auteurs s'accordent aujourd'hui à ne voir dans la garantie des vices qu'une manifestation du devoir d'informer le cocontractant des défauts cachés de la chose [68].

En droit français, il y a des auteurs qui sont pour cette fusion et ce, depuis longtemps [69]. En effet, si dans le code civil, il y a toujours la distinction garanties des vices cachés et non-conformité, l'unicité de régime juridique découlant de la transposition de la directive européenne se constate dans le code de la consommation [70]. Toujours est-il que la distinction entre vices cachés et obligation de conformité est toujours poreuse [71]. Certains dénoncent le défaut de clarté dans la distinction défaut de conformité et vice caché [72].

---

64. C. CASAUX-LABRUNEE, « Vice caché et défaut de conformité : propos non conformistes sur une distinction viciée (à propos d'un arrêt de la cour d'appel de Paris du 16 septembre 1997) », *Recueil Dalloz* 1999, chron, p. 4.
65. V. A. BENABENT, *Les contrats spéciaux civils et commerciaux*, Paris, Montchrestien, 2011, 9e éd., spéc. n° 311.
66. Cass. 1re civ., 27 octobre 1993, n° 91-21416 : *Bull. civ.* I, n° 305 – Cass. 3e civ., 30 mars 2011, n° 10-15309 : *LEDC* mai 2011, n° 5, p. 2, obs. O. DESHAYES.
67. Cass. 3e civ., 30 mars 2011, n° 10-15309, M. X c/ Époux Y, note Mathias Latina, Droit des contrats, 01 mai 2012 n° 5, p. 2.
68. P. JOURDAIN, « Le devoir de "se" renseigner, (contribution à l'étude de l'obligation de renseignement) », *D.* 1983, chron, p. 141, n° 2.
69. C. WITZ, « La Convention de Vienne sur la vente internationale de marchandises à l'épreuve de la jurisprudence naissance », *Recueil Dalloz*, Sirey, 1995, chron, p. 145-146. Selon cet auteur, à la différence de nombreux droits internes, il n'y a plus lieu de distinguer entre l'obligation de délivrance et la garantie des vices cachés.
70. Voir pour une critique de cette situation, J. CALAIS-AULOY, « Une nouvelle garantie pour l'acheteur : la garantie de conformité », *RTD civ.* 2005, 701. Selon l'auteur, si l'acheteur consommateur peut profiter aussi bien des règles du droit civil que du droit de la consommation, on peut douter de l'efficacité de ce choix.
71. M. LATINA, 1er mai 2012, *op. cit.*
72. CASAUX-LABRUNEE, « Vice caché et défaut de conformité : propos non conformistes sur une distinction viciée (à propos d'un arrêt de la Cour d'appel de Paris du 16 septembre 1997) », *Recueil Dalloz* 1999, chron, p. 1 et s. Pour

20. Qu'en est-il du législateur de l'OHADA ?

Ce dernier a fait le choix de ne pas distinguer vice cachés et obligation de non-conformité. Il y a fusion de l'obligation de conformité et de la garantie des vices cachés [73]. Ce choix est-il judicieux ? C'est pour suivre l'évolution du droit des contrats et pour des raisons de simplicité [74].

Le législateur de l'OHADA a prévu deux sortes de défaut de conformité : celui qui est apparent et celui qui est caché. En effet, le caractère apparent s'apprécie au jour de la livraison, même si le défaut apparaît ultérieurement. Le délai d'action est d'un mois après la livraison. En revanche, en présence d'un défaut de conformité caché, le délai de prescription est d'un an à compter du jour de la découverte du défaut.

Ainsi, vice caché équivaut à défaut de conformité. Ce faisant, le législateur OHADA suit une jurisprudence française [75].

La cohérence est une valeur ou une attitude à avoir ou rechercher par le « faiseur de loi ». Elle participe de la protection des usagers du droit contre l'insécurité juridique et s'apprécie au regard des grands principes ou de l'objectif visé par le législateur.

II. Une position du législateur par moment incohérente

21. La cohérence suppose un rapport étroit entre divers éléments qui s'accordent entre eux. Un système en droit est cohérent lorsqu'il ne contient pas de contradictions, c'est-à-dire lorsque l'on n'y trouve pas à la fois une norme A et une norme non-A [76]. Ramenée au droit OHADA, elle s'appréciera à l'aune des objectifs que s'est fixés le législateur dans le Traité. Il s'agit autant que se peut faire, de l'évitement du recours au juge étatique par l'encouragement du recours à l'arbitrage. Pourtant, plusieurs situations rendent incontournable ce recours au juge étatique [77] (A). De même, en opérant une distinction

---

cet auteur, il y a des défauts qui ne se rangent ni dans le défaut de conformité, ni dans les vices cachés.

73. G. Jiogue, « Vente commerciale en droit OHADA », *in* P.-G. Pougoué (dir.), *Encyclopédie OHADA*, Lamy, 2011, p. 2119.

74. M.B. Owono, p. 127, cité par S.P. Levoa Awona, « Défaut de conformité et défaut caché dans la vente commerciale OHADA : retour à la case départ ? », *Recueil d'Études sur l'OHADA et les normes juridiques africaines*, vol. VI, PUAM, 2013, p. 317 et s.

75. Cass.1e civ., 27 octobre et 8 décembre 1993, *D.* 1994, Jurisprudence, p. 211-212.

76. P. Foriers, « Les lacunes du droit », *in* C. Perelman (dir.), *Le problème des lacunes en droit*, Travaux du centre national de recherches de logique, Bruxelles, Bruylant, 1968, p. 10.

77. La juridicisation des droits subjectifs est évoquée depuis 1968 par François Terré, *in* C. Perelman (dir.), *Le problème des lacunes en droit*, p. 143.

injustifiée entre les différents professionnels, le législateur pose des obstacles à l'unification de ce statut (B).

A. Un risque de judiciarisation à outrance de la relation contractuelle

22. Lors d'une session de formation dispensée à l'École nationale, Thierry Renoux affirmait, en réponse à Guy Carcassonne, que si le XIXe siècle avait été celui du législatif, le XXe celui de l'exécutif, le XXIe serait celui de la justice [78]. Cette opinion pertinente doit être bien comprise. Il ne s'agit pas de faire du juge l'unique recours en cas de conflit car comme le dit un auteur : « le juge étatique n'est qu'une pièce dans des systèmes complexes de règlement des différends [79] ». Un auteur a soutenu que parmi les nouveaux risques auxquels est confrontée l'entreprise, il y a celui créé par la « *judiciarisation* [80] » croissante de la vie des affaires avec le développement de concepts de responsabilité sans faute, des *Class Actions* et de la *Soft Law* [81].

23. C'est certainement conscient de ces risques inhérents à la *judiciarisation* que le législateur OHADA a décidé de promouvoir l'arbitrage comme mode de règlement des litiges [82]. Mais l'arbitrage a ses inconvénients. Cette situation a été constatée par la doctrine [83]. Elle est constatable également, eu égard à la décision n° 004/99/CCJA du 3 février 1999 relative aux frais d'arbitrage [84]. On remarque à l'examen de cette décision que l'arbitrage est cher, au-delà d'autres inconvénients précités ou pas [85].

Faisons remarquer que le risque de *judiciarisation* est dû aussi à la « juridicisation » de l'économie, c'est-à-dire un droit de plus en plus présent

78. T.S. RENOUX, « Le pari de la justice », *Pouvoirs*, 2001/4 n° *99*, p. 87-100.
79. M.-C. RIVIER, « Le procès judiciaire », *RIDE*, 1997, p. 265. Cette idée de justice plurielle a été développée par L. CADIET dans « Pour une théorie générale du droit », *RLR*, 2011, p. 141 et s., et dans un ouvrage.
80. Certains parlent de « juridictionnalisation » (M.A. FRISON-ROCHE, *Vers un gouvernement économique des juges,* Commentaires, n° *111*, automne 2005, p. 631).
81. P. HERBEL, « La justice est-elle un nouveau risque ?, dans *La gouvernance des nouveaux risques Droit et patrimoine*, n° *124*, mars 2004, p. 81.
82. Voir préambule du Traité de l'OHADA « Désireux de promouvoir l'arbitrage comme instrument de règlement des différents contractuels ».
83. Voir L. CADIET, « Clauses relatives aux litiges », *J.-C. Contrats-Distribution*, fasc. *190*, n° 9. Pour cet auteur, les inconvénients de l'arbitrage sont dus d'une part à sa nature contractuelle et processuelle, à l'extension de son domaine, et d'autre part au fait qu'il est victime de son succès.
84. *JO OHADA*, 15/05/99, p. 21.
85. Voir M.A. FRISON-ROCHE, « Vers un gouvernement économique des juges », *Commentaire*, n° *111*, automne 2005, p. 635.

dans l'économie [86]. En effet, le développement des règles substantielles crée de nouveaux droits subjectifs et partant implique une intervention du juge.

Si la présence de la *Soft Law* est douteuse dans l'AUDCG, il n'en demeure pas moins que l'on constate l'existence de notion à contenu variable.

24. L'accent sera mis sur trois éléments : l'existence de notion à contenu variable, la remise en cause de la stabilité de la relation contractuelle, et la saisine du juge fondée sur l'apparence.

Les différentes notions à contenu variable sont le délai raisonnable, délai bref, gravité du comportement. La fonction première des notions à contenu variable est d'enserrer dans leurs termes une matière qu'il serait impossible d'appréhender intégralement par le procédé de la définition précise et rigide : « le contenu d'une notion n'est variable qu'en raison et dans la mesure de l'imprécision, de la généralité, de son contenant, de sa définition [87] ». Il y aurait une identité, une correspondance du contenant et du contenu [88]: si des facteurs ne sont pas précisés dans le contenant, le contenu devient évidemment variable [89].

Ces notions à contenu variable renvoient au droit souple. Pour Catherine Thibierge, l'ampleur du phénomène « *droit souple* » est telle que l'on ne peut l'ignorer aussi bien dans les cours d'introduction à l'étude du droit que dans les cours de théorie générale [90]. Le droit souple a plusieurs aspects : droit mou [91], c'est-à-dire sans sanctions (directives, avis, chartes), le droit doux (sans obligations) et le droit flou. Il suscite aussi des interrogations tenant à son efficacité, sa légitimité et à sa normativité [92].

Dans le cadre de notre réflexion, c'est le droit flou qui nous intéresse. En effet, les notions à contenu variable, à défaut pour les parties de les préciser dans leur contrat, donneront lieu à un recours au juge fréquent ; lequel recours fréquent n'était pas la position favorite du législateur de l'OHADA. Cette incohérence s'apprécie également par la remise en cause de la stabilité de la relation contractuelle.

---

86. M.A. FRISON-ROCHE, *op.cit.*, p. 631.
87. R. LEGROS, « Les notions à contenu variable en droit pénal », *in* C. PERELMAN et R. VANDER ELST (dir.), *Les notions à contenu variable en droit*, Travaux du Centre National de Recherches de Logique, Bruxelles, Bruylant, 1984, p. 21, spéc. p. 27.
88. R. LEGROS, *ibid.*
89. C. NADEGE, La variabilité du droit du travail, Université d'Angers, thèse, 2010, p. 14.
90. C. THIBIERGE, « Le droit souple », *RTD Civ*, 2003, p. 599.
91. Voir C. VIGOUROUX, « Du droit "mou" au droit "souple" », *AJDA*, 2013, p. 1825.
92. J. RICHARD, L. CYTERMANN, « Le droit souple : quelle efficacité, quelle légitimité, quelle normativité ? », *AJDA* 2013, p. 1884.

25. Le législateur OHADA cherche à assurer la stabilité de la relation contractuelle. Il n'est d'ailleurs pas le seul [93].

Ainsi, nous pouvons citer l'article 133 AUDCG en matière de résiliation du bail à usage professionnel, la réfaction du contrat (article 288 AUDCG), faculté de remplacement (article 282 AUDCG). Mais c'est la notion de gravité du comportement qui vient tout bouleverser. Au sens de l'article 281 AUDCG, il peut y avoir résiliation unilatérale en cas de gravité du comportement de l'une des parties. Un tel moyen de justice privée apparaît certes contraire à l'adage selon lequel nul ne peut se faire justice à soi-même, mais il n'en est pas moins tolérable [94]. C'est dans un arrêt de la cour d'appel de Colmar que le juge a précisé qu' « une des parties est en droit de rompre le contrat, sans l'intervention d'une décision judiciaire, lorsque l'autre partie a rendu cette rupture nécessaire par un manquement grave aux obligations qui lui incombaient, justifiant une résolution immédiate que le juge aurait prononcée sans délai, s'il avait été saisi le jour où elle a eu lieu [95]. En 1998, la première chambre civile de la Cour de cassation a pour la première fois, reconnu un droit de résiliation unilatérale [96]. Cette décision a été confirmée par les jurisprudences ultérieures certes, mais diversement appréciée par la doctrine [97].

Aucune distinction n'est faite selon qu'il s'agit d'un contrat successif à durée déterminée ou indéterminée. Dans le premier type de contrat, la résiliation ne peut s'envisager avant la fin de celui, contrairement à ce qui prévaut dans le contrat successif à durée indéterminée. La raison d'être de cette règle c'est la prohibition des engagements perpétuels [98]. Mais cette règle bien établie est de plus en plus remise en cause. En effet, lorsque le législateur OHADA permet la résiliation unilatérale du contrat de vente commerciale, qui se trouve d'ailleurs être un contrat à exécution successive, il ne fait pas de distinction entre le contrat à durée déterminée ou le contrat de vente commerciale qui peut

93. Voir article 95 COCC, nullité partielle, confirmation, nullité due à une faute d'une partie au contrat.
94. Lamy *Droit du contrat*, septembre, 2004, Étude 462, Collection Lamy *Droit civil*.
95. Cour d'appel de Colmar, 7 février, 1975, *D.* 1978, *Jur.*, *P.* 169, note P. Ortscheidt.
96. Arrêt de rejet, Cass. 1e civ., 13 octobre 1998, n° 96-21.485, *Bull.civ.* I, n° 300, *D.* 1999, *Jur.*, *P.*197.
97. Voir C. JAMIN, « Les sanctions unilatérales de l'inexécution du contrat : trois idéologies en concurrence », *in* C. JAMIN et D. MAZEAUD (dir.), *L'unilatéralisme et le droit des obligations*, Economica, 1999, p. 71). Les auteurs favorables à la jurisprudence citée sont : L. AYNES, P. DELEBECQUE et P. STOFFEL-MUNCK, in *Rupture unilatérale du contrat : vers un nouveau pouvoir*, Droit et Patrimoine, 2004, n° 126, p. 35.
98. V. P.H. SIMLER, « L'article 1134 du code civil et la résiliation unilatérale anticipée des contrats à durée déterminée (À propos de trois espèces jurisprudentielles récentes) », *JCP*, 1971, Doctrine, 2413.

être rompu de façon unilatérale. C'est peut-être indéterminée. Par conséquent, tout parce que la résiliation unilatérale est distincte de la gravité du comportement [99].

26. Pour tenter d'atténuer les rigueurs de la gravité du comportement, le législateur a imposé le respect d'un préavis avant toute rupture unilatérale. Et c'est le défaut de préavis « suffisant » qui seul engage la responsabilité de l'auteur de la rupture. Mais il faut rappeler que l'auteur de la rupture le fait à ses risques et périls et que le juge apprécie la gravité du motif de rupture. On pourrait peut-être permettre aux parties de définir d'un commun accord les comportements graves de même que les solutions utilisables pour y remédier.

L'apparence est très importante en droit des affaires. Elle est invoquée le plus souvent dans la protection des tiers. Mais dans l'AUDCG, elle peut servir de motifs à la suspension des obligations contractuelles des parties au contrat.

Elles peuvent donc saisir le juge en se basant sur l'apparence. Ainsi, selon l'article 282 AUDCG, si le vendeur ne paraît pas en mesure d'exécuter dans les délais convenus l'intégralité de son obligation de livraison des marchandises, le juge statuant à bref délai peut autoriser l'acheteur à suspendre son obligation de payer. Cette disposition a un pendant, à savoir l'article 285 AUDCG, mais dans ce dernier cas, c'est l'acheteur qui est concerné. Les raisons données sont respectivement le défaut total de livraison dans les délais convenus due à l'insuffisance des capacités de fabrication, ou une inadaptation des moyens de production du vendeur et l'insolvabilité, la cessation des paiements ou les retards dans les échéances convenues [100]. Une question nous taraude l'esprit : au-delà de quel seuil un retard peut-il être sanctionné ? Comment l'acheteur est-il informé de l'insuffisance des capacités de fabrication ou de l'inadaptation des moyens de fabrication du vendeur ? Par l'espionnage industriel, par la rumeur, par les médias ? Relativement à la cessation des paiements de l'acheteur, le problème d'information ne se posera pas puisque celle-ci doit être publiée au RCCM. D'ailleurs pourquoi la cessation des paiements du vendeur ne constitue-t-elle pas un motif de suspension du contrat par l'acheteur ?

La *judiciarisation* à outrance de la relation contractuelle n'est pas la seule marque d'incohérence de la part du législateur de l'OHADA : nous avons aussi l'obstacle à l'unification du statut de professionnel.

B. Les obstacles à l'unification du statut de professionnel

27. La législation commerciale est entièrement différente de la législation civile [101] et ce, sur trois points de vue : la rapidité, la sûreté et la promotion de

99. Lamy, *Droit du contrat*, Étude 462, 5.
100. L'article 245 ancien AUDCG utilisait l'expression « partie essentielle des obligations ».
101. V. V. Roux, *De l'influence du gouvernement sur la prospérité du commerce*, Paris, Dentu, 1800, p. 365.

la bonne foi dans l'exécution des conventions. Quel que puisse être sa relativité, cette assertion a le mérite d'exister et d'informer sur une différence de logique, d'approche, qui, même si elle tend à s'estomper, demeure toujours. Il est vrai qu'un auteur s'est même demandé s'il était encore pertinent de s'interroger sur la distinction du droit civil et du droit commercial tant les écrits sont nombreux [102], l'accent est mis sur la distinction droit privé-droit public, sur la reconnaissance de nouvelles disciplines telles que le droit économique et le droit des affaires [103]. Répondant à sa propre question, l'auteur soutient que le code civil et le code de commerce sont toujours d'actualité : non seulement, mais également, la distinction du droit civil et du droit commercial demeure une des bases du droit privé et la structure d'accueil de ceux qui veulent entreprendre son étude [104]. Nous souscrivons entièrement à cette opinion et cela au moins pour la simple raison que des travaux dirigés dans ces deux disciplines se déroulent toujours dans les facultés de droit et il arrive même que des candidats au concours d'agrégation présentent en leçon ces deux disciplines, au-delà du choix obligatoire entre celles-ci.

28. Le droit OHADA ignore-t-il cette distinction ? Pour le professeur Henri Désiré Modi Koko Bebey, le droit OHADA dépasse cette distinction et constitue un droit privé des affaires [105].

Depuis les nombreuses réformes du droit OHADA, on constate avec un auteur un rapprochement entre le non-commerçant et le commerçant [106].

Mais le droit OHADA est-il un droit des affaires ou un droit professionnel ?

La notion de droit professionnel a été préconisée par G. Ripert qui part du postulat que les activités professionnelles, qu'elles soient civiles ou commerciales, présentent des caractéristiques similaires [107]. En effet, on assiste à un dépassement du droit commercial. Cette situation a été rappelée par un auteur préconisant l'institution d'une théorie générale des contrats commerciaux. À titre de rappel, faisons savoir que le droit romain ne connaissait pas cette distinction. De même, d'éminents auteurs français l'ont même nié [108].

---

102. Voir par exemple S. FREDERICQ, « L'unification du droit civil et du droit commercial », *RTD Com,* 1962, p. 203 et s.
103. Voir J.-P. MARTY, « La distinction du droit civil et du droit commercial dans la législation contemporaine », *RTD com*, 1981, p. 681.
104. J.-P. MARTY, *ibid.*
105. H.D. MODI KOKO BEBEY, « L'harmonisation du droit des affaires en Afrique, Regards sous l'angle de la théorie générale du droit », *Revue d'actualité juridique* www. Juriscope.org consulté le 10/06/2018 à 11h 08 mn.
106. F.O. ETOUNDI, « Les linéaments d'une théorie générale des obligations nées des contrats commerciaux, dans *L'obligation. Études offertes à P.-G. POUGOUE, op. cit.*, p. 770 et s.
107. G. RIPERT, « Ébauche d'un droit civil professionnel », *Études Henry Capitant*, Paris, Dalloz, 1939, p. 677.
108. Voir C. AUBRY et C. RAU, *Cours de droit civil français*, d'après la méthode Zachariae, 4e édition, 1869, t. 20 et 25) qui classent le droit commercial dans le

Pour prendre en compte les entrepreneurs du secteur informel, le législateur OHADA a créé le statut de l'entreprenant. Il est défini comme un entrepreneur individuel, personne physique qui, sur simple déclaration prévue dans le présent Acte uniforme, exerce une activité professionnelle civile, commerciale, artisanale ou agricole. Tout professionnel du secteur informel est concerné par ce statut. Dans le cadre de son activité, le professionnel loue un local qui ne peut être qu'à usage commercial. D'où l'adoption de l'appellation bail à usage professionnel en remplacement de celle de bail commercial.

Les avantages du statut de l'entreprenant sont connus : permettre aux petits entrepreneurs d'avoir accès aux financements et aux services minimum sociaux [109].

29. Pourtant l'entreprenant se voit privé de droits. En effet, l'article 65 AUDCG traite des droits de l'entreprenant, mais de façon trompeuse. Aux termes de cette disposition, l'entreprenant peut jouir de la liberté de preuve, de la prescription courte, profiter des articles 101 à 134 relatifs au bail à usage professionnel. Mais il n'y a pas de quoi se réjouir puisque l'entreprenant ne bénéficie pas du droit au renouvellement du bail à usage professionnel. Il est vrai que cette situation déplorable peut être exclue par les parties. Pour être précis et vrai, cette disposition qui n'est pas d'ordre public profite plus au bailleur qu'au preneur. Il faut juste veiller à ce qu'elle ne soit pas une arme de chantage contre ce dernier. Comme on peut le constater avec un auteur, le législateur OHADA a présenté à l'article 65 AUDCG des privilèges sans beaucoup de conviction [110].

En effet, s'il est vrai qu'un commerçant entreprenant peut exploiter directement un fonds de commerce, il ne peut cependant pas être partie à un contrat de location-gérance. Cette exclusion laisse songeur quand on sait qu'aussi bien l'exploitation directe qu'indirecte constitue une activité à risques. D'ailleurs, l'expression à ses risques et périls est mentionnée dans la définition de la location-gérance.

Faut-il donc permettre uniquement à l'entreprenant commerçant d'être locataire-gérant ? Même si cette solution peut être envisageable, elle demeure restrictive. Cette exclusion suppose ceci : un entreprenant a un fonds de commerce, il ne peut l'exploiter ni directement, ni indirectement. L'impossibilité

droit civil spécial et soulignent qu'en cas de silence du code de commerce, il faut recourir notamment au droit civil général, c'est-à-dire au code civil.

109. L.Y. Black, « Les enjeux de la réforme : une volonté de favoriser la création d'entreprises, les échanges commerciaux et la confiance dans la zone OHADA », *op.cit.*, p. 45.

110. A. Foko, « La consécration d'un nouveau statut professionnel dans l'espace OHADA : le cas de l'entreprenant », *Recueil d'études sur l'OHADA et les normes juridiques africaines*, PUAM, collection « Horizons juridiques africains », p. 160, n° 44 ; voir aussi A. Ayewouadan, « L'entreprenant en droit uniforme OHADA », *Revue de la recherche juridique*, Presses universitaires d'Aix-Marseille, 2013-1, p. 299 et s.

d'exploiter directement concerne l'entreprenant non commerçant, tandis que dans le second pas, c'est tout entreprenant qui est concerné.

Pourquoi ne pas permettre à un entreprenant commerçant qui a respecté les conditions prévues à l'article 141 de donner un fonds de commerce en location-gérance ?

30. Le législateur OHADA n'est d'ailleurs pas seul dans cette dynamique. Nous pouvons citer son homologue français. À titre d'exemple d'évolution de la distinction droit civil et droit commercial, on peut citer la patrimonialisation de la clientèle. Il convient de rappeler en effet que toute étude de la clientèle a longtemps nécessité une distinction incontournable entre clientèle commerciale et civile [111]. La question essentielle posée aux juristes et sur laquelle ils s'opposaient était de savoir si la clientèle pouvait être considérée comme une chose et si cette chose était ou non dans le commerce juridique et pouvait, en conséquence, faire l'objet d'une appropriation [112]. Si les clientèles commerciales, artisanales [113] étaient cessibles, tel n'était pas le cas des clientèles libérales. Il a fallu attendre un revirement jurisprudentiel en 2000 pour voir la clientèle civile faire l'objet de cession. La condition posée c'est que l'on soit en présence d'un fonds libéral et que la liberté de choix des patients soit préservée [114].

Conclusion

Il est connu de tous qu'aucun législateur ne peut tout prévoir surtout lorsqu'il s'inspire de systèmes juridiques différents. Il se doit de marcher au rythme et à la cadence desdits systèmes, à défaut de faire preuve d'originalité.

Mais, même si le législateur est confronté à la complexité, il doit instituer des règles claires, simples et prévisibles. En outre, un minimum de cohérence à sa philosophie d'origine est attendu de lui.

En droit OHADA, il y a des maîtres-mots : sécurité juridique, sécurité judiciaire, règles simples, adaptées. Ces notions deviennent par moment lettre morte. C'est dire que le législateur a des efforts à faire. Espérons qu'il puisse relever le défi !

---

111. F. VIALLA, « Clientèle », *Répertoire de droit civil*, octobre 2003 (Actualité : janvier 2013), n° 2.
112. F. VIALLA, *op. cit.*, n° 37.
113. Loi n° 96-603 du 5 juillet 1996, relative au développement et à la promotion du commerce et de l'artisanat, *JO* du 6 juillet 1996.
114. Civ. 1e, *Bull. civ.* I ; n°2 83 ; *R.* p. 366; *D.* 2001, *P.* 2400, note AUGUET.

Le droit africain constitue-t-il une famille ?

Propos du juge Kéba Mbaye

André CABANIS

Lors des indépendances africaines, alors que beaucoup s'interrogent sur l'identité du continent qui est en train de récupérer le contrôle de son destin, une question revient de façon entêtée, portant sur l'éventuelle existence d'un authentique droit africain. On comprend que l'interrogation ne soit pas apparue plus tôt : à l'époque des dominations coloniales, la tendance n'est pas à chercher l'unité d'un espace que les pays européens se sont partagés et où chacun cherche à affirmer les spécificités du territoire qu'il contrôle. Chacun également tend à imposer son système juridique, considéré à la fois comme un lien avec la métropole et comme un élément du progrès politique, économique et social. Si certains administrateurs territoriaux, si quelques chercheurs spécialisés en ethnologie s'intéressent aux coutumes traditionnelles, c'est plutôt dans un but scientifique, en insistant sur les diversités tribales, dans une perspective d'anthropologie juridique et en mettant chaque spécificité en rapport avec les caractéristiques de la population. Parfois aussi et dans la mesure où l'on n'ose pas imposer un droit moderne, inadapté notamment aux habitants des zones rurales, le processus de rédaction des coutumes poursuit un objectif de régularisation des modes de règlement des conflits : il s'agit de fournir aux autorités un *corpus* de règles stables, connues de tous, y compris de ceux qui viennent d'au-delà des océans, en respectant les habitudes de chaque peuple mais en les débarrassant des aspects qui paraissent les plus cruels ou simplement incompatibles avec les valeurs occidentales.

En tous cas, l'objectif n'est pas de trouver le dénominateur commun à toutes ces populations, ni à rechercher les principes qu'elles respectent toutes, plus ou moins, quitte à ce qu'elles en tirent des conséquences variées. Dans son principe comme dans ses modalités, la colonisation nie l'unité du continent. Au surplus, ceux qui scrutent un territoire ou une ethnie ont déjà assez de peine à pénétrer la logique interne, les originalités, parfois les contradictions des coutumes locales qu'ils tentent de reconstituer sans chercher à faire des rapprochements avec d'autres pratiques qu'ils ne connaissent guère. Tout au plus tentent-ils parfois des comparaisons avec quelques populations voisines, là encore en insistant sur les spécificités d'une région, mais en tout cas pas d'un continent dont ils n'ont pas une vision assez large pour en mesurer les éléments d'unité [1]. C'est donc un monde très morcelé, notamment sur le plan juridique, que les indépendances font apparaître, au fur et à mesure que le colonisateur se retire.

C'est dans cette ambiance fondatrice, dans les années 1960, alors que les nouveaux maîtres s'interrogent sur la possibilité de promouvoir des regroupements qui rompent avec le fractionnement dont les Européens se sont rendus coupables, que les caractéristiques d'un éventuel droit africain sont recherchées. Il faut aller au-delà des spécificités ethniques héritées des temps anciens et des systèmes juridiques de type romano-germanique ou anglo-saxon imposés par les conquérants du XIXe siècle. L'université joue un rôle important dans cette recherche et d'abord le maître auquel ces lignes sont dédiées, le professeur Dominique Sarr. Parmi les juristes, au sein de la magistrature, certaines personnalités conduisent leur propre réflexion. Le juge Kéba Mbaye a été l'un de ceux qui, dans cette période charnière, s'est voulu le promoteur de ce droit africain, tant dans une perspective scientifique, consistant à en retrouver les constantes, qu'avec un objectif pratique, celui d'atténuer un pluralisme qui gêne le développement économique. Il publie dans l'*Encyclopédie internationale de droit comparé*, une étude en forme de manifeste, sur « La conception africaine du droit ». On a la chance d'avoir le *tapuscrit* de cet article, conservé dans ses archives personnelles, avec ses corrections manuscrites [2]. C'est ce qui donne son titre à notre article. Un développement intitulé « La famille africaine de (sic) droit » devient, sous sa plume : « Le droit africain constitue-t-il une famille » [3]. La modification est heureuse. Sans doute ne faut-il pas voir dans la forme interrogative qui est finalement préférée le signe d'un doute sur l'existence d'un droit africain, mais plutôt la volonté de rechercher dans quelle mesure les diverses règles applicables sont assez proches les unes

1. L'un des premiers à avoir mis en valeur les éléments d'unité du droit africain – en l'occurrence dans le domaine foncier – est le professeur Guy Adjété Kouassigan dont la faculté de droit de Toulouse s'honore qu'il y ait fait sa formation juridique et soutenu sa thèse en 1962, publiée en 1966 sous le titre *L'homme et la terre*, mettant en évidence des institutions présentes dans de très nombreuses ethnies comme celle des chefs de terre.
2. Ces archives ont été heureusement déposées et sont consultables à la Fondation qui porte son nom et qui s'est vouée à perpétuer et honorer sa mémoire, à consolider et développer l'œuvre de sa vie qui a été le règne de l'éthique, enfin à encourager l'entraide, la solidarité et la tolérance entre les hommes. Nous avons eu accès à cette riche documentation (présentée dans les notes qui suivent sous le nom : Fondation) grâce à l'accueil et à la complaisance de Mmes Sokhna Mously-Mbodji et Coumba Gningue. Qu'elles trouvent ici l'expression de notre reconnaissance !
3. Fondation, « Droit africain. Conception africaine du droit 1960-1969 », 7K boite n° 1, 7K6, « La conception africaine du droit », 46 pages dactyl., p. 1.

des autres pour que l'on puisse parler de famille [4]. Au surplus, on sait l'importance de la famille en Afrique.

Au cours de la décennie qui suit les indépendances et d'abord celle de son pays, il paraît convaincu de la possibilité de faire adopter nombre de règles communes. Il s'émerveille de ces temps nouveaux : « depuis bientôt dix ans, l'Afrique est devenue un chantier juridique où s'élaborent de grands projets » [5]. Il ne s'agit pas de ressusciter les vieilles coutumes, même s'il faut en tenir compte : « au fur et à mesure des travaux de réforme, une vérité s'est imposée : le respect que l'on croyait dû à la coutume, donc aux traditions, s'est révélé bien mince et parfois inexistant. C'est à peine si le droit de la famille en tient compte » [6]. Il rêve alors de dépasser la vieille opposition entre pays de colonisation latine et ceux qui ont subi une domination anglo-saxonne, ce qui implique de s'inspirer tant du mode de raisonnement romano-germanique que de la *Case Method.* Il organise la Cour suprême sénégalaise dont il préside le destin avec la conviction qu'étant *l'aînée*, elle peut jouer le rôle de *modèle* pour les « Cours suprêmes qui se sont créées un peu partout en Afrique noire » [7]. Il ne s'agit pas seulement de réussir un schéma adapté aux pays francophones, mais de réaliser un « mélange harmonieux du système français et du système anglo-saxon » [8]. L'ambition est donc grande.

I. Les caractéristiques du droit africain traditionnel

Dans ce continent dont il faut être fort ignorant pour ne pas savoir qu'il est entré dans l'histoire depuis longtemps, le droit traditionnel est le résultat d'apports successifs puisqu'au fond coutumier (***A***) se sont ajoutées un certain nombre d'influences extérieures parfois fort anciennes (***B***).

---

4. Léopold Sédar Senghor qui était orfèvre en la matière faisait un éloge vibrant des qualités d'écriture de Kéba Mbaye : « Dommage que tu ais choisi de n'être que juge. Tu aurais pu écrire de grands livres. Ton option est une perte pour la littérature » (Cheikh Yérim SECK, *Kéba Mbaye. Parcours et combats d'un grand juge*, Paris, Karthala, 2009, p. 64).
5. Il est vrai qu'il ajoute que là « aussi, malheureusement, s'exercent quelques juristes, trop heureux de trouver un terrain vierge pour expérimenter leur vieille marotte » (Fondation, « Droit africain. Encyclopédie internationale de droit comparé 1966-1970. Encyclopédie universelle 1967 1966-1970 », « L'expérience sénégalaise de la réforme du droit » (conférence faite à Paris à la Société de législation comparée le 14 décembre 1967), p. 3-4.
6. *Id.*, p. 9.
7. Fondation, « Droit africain. Conception africaine du droit 1960-1969 » 7K, boite n° 2, 7K9, « L'organisation judiciaire au Sénégal » 49 pages, s.d., p. 33.
8. *Encyclopédie juridique de l'Afrique*, t. IV *Organisation judiciaire, procédures et voies d'exécution*, Abidjan-Dakar-Lomé, Nouvelles éditions africaines, 1982, p. 51.

A. La définition d'un authentique droit africain coutumier

Le juge Kéba Mbaye ne se fait pas une image théorique du droit africain tel qu'il se présente dans son authenticité historique. Sa conception est fondée sur une solide culture juridique qui, malheureusement, manque de nos jours à nombre de ceux qui réclament à juste titre un droit débarrassé de tout mimétisme, original, spécifique, adapté au génie de ce continent. L'image qu'ils se font des particularismes juridiques africains se résume trop souvent à de vagues références à la solidarité familiale comme mode de résolution des tensions sociales et à la palabre comme technique de prise des décisions collectives. Les analyses de Kéba Mbaye sont d'une tout autre profondeur et beaucoup plus argumentées. Elles sont d'abord fondées sur une délimitation précise de ce qu'il considère comme l'authentique droit africain, celui qui l'intéresse, celui qu'il entend promouvoir. Il y revient à plusieurs reprises avec des formules qui se retrouvent d'un texte à l'autre, fondées sur une conception réaliste des diverses familles juridiques dans le monde, sur une connaissance fine des influences diverses et des zones susceptibles de constituer un ensemble homogène. Il refuse l'idée d'un système commun dans un espace allant « d'Alger à Cape Town » [9]. Il exclue l'extrême nord et l'extrême sud : d'une part l'Afrique du nord, l'Egypte et la Lybie (sic) qui sont tournées vers le monde musulman, d'autre part l'Afrique du Sud qu'il considère comme trop soumise à l'influence occidentale [10]. En revanche, il y adjoint Madagascar qui « a suivi une évolution politique, économique, sociale et culturelle [11] en tout point semblable à celle de l'Afrique noire » [12]. Il s'agit donc de l'Afrique subsaharienne. Il résume sa position sans s'embarrasser de circonlocution : « Le droit africain c'est comme on l'aurait dit avec crudité (sic), le droit de l'Afrique dont les habitants ont la peau noire » [13].

Dans l'espace ainsi délimité, il entend définir ce qu'est le droit africain tel qu'il le conçoit. Un premier mouvement le conduit à une affirmation péremptoire : « il faut admettre qu'il y a un droit africain au-delà des règles apparem-

---

9. Fondation, « Droit africain. Conception africaine du droit 1960-1969 », 7K boite n° 1, 7K6, « La conception africaine du droit », p. 5 ; « Le projet sénégalais de Code de la famille, un instrument d'unification réaliste et de modération prudente du droit africain » conférence faite aux élèves de l'ENA, de l'ENS et du CFPA le 9 février 1970, 27 pages dactyl., 7K droit africain, boite 2, 7K6, p. 3.
10. Ce jugement est formulé avant la fin de l'apartheid qu'il combattit (*cf.* chap. 10 « Le militant de la lutte anti-apartheid », dans Cheikh Yérim SECK, *op. cit.*, p. 131-142).
11. Dans la version primitive du texte, c'est d'évolution *juridique* qu'il était question. En remplaçant cet adjectif par *culturelle*, Kéba Mbaye donne à son analyse une plus large dimension.
12. Fondation, « Droit africain. Conception africaine du droit 1960-1969 », 7K boite n° 1, 7K6, « La conception africaine du droit », p. 5.
13. *Ibid.*, p. 3.

ment éparses qui régissent les groupes humains isolés d'Afrique ». Puis il raye cette formule trop peu nuancée et lui substitue, à la main, une présentation plus prudente : « l'examen attentive (sic) de la société africaine, sans arrêts excessifs sur les systèmes apparemment différents qui régissent les groupes humains isolés, révèle un « droit africain » avec ses frontières, ses techniques, ses caractéristiques et ses règles de création propre ». Le lecteur apprécie les différences entre les deux versions et les atténuations introduites : il ne s'agit plus d'une vérité qui s'impose (*il faut admettre*) mais d'une analyse fondée sur un *examen attentif*, donc révélant une vérité qui n'apparaît pas à première vue ; il faut accepter de ne pas trop s'attarder sur les variétés qui existent d'un territoire à l'autre en s'interdisant de faire là-dessus des *arrêts excessifs* ; enfin l'affirmation de l'existence d'un « droit africain » passe désormais par l'adjonction de guillemets [14].

Sa position sur l'existence d'une unité juridique caractéristique de la partie centrale du continent se renforce avec la dénonciation des principaux adversaires de cette analyse. Il les répartit entre trois catégories : les marxistes qui considèrent que les sociétés africaines seraient dans une période de pré-droit, ceux qui prétendent que les institutions africaines ne méritent pas le nom de droit, enfin ceux qui disent qu'il n'y a que *des* droits africains. Il les conteste toutes trois, persuadé pour sa part qu'il y a un droit africain lié à « la manière négro-africaine d'être et de percevoir » [15]. Il en est assuré et entend en convaincre les autres, multipliant les interventions orales devant toutes sortes d'auditoires (étudiants de l'École nationale d'administration et de l'École normale supérieure, spécialistes appartenant à la Société de législation comparée…), publiant dans des ouvrages de grande diffusion (*Encyclopedia universalis, Encyclopédie internationale de droit comparé, Encyclopédie juridique de l'Afrique*…). Il mobilise les arguments les plus adaptés à chaque auditoire. Il s'efforce d'exalter les plus jeunes en leur proposant un ambitieux programme de réformes juridiques : la modernisation du droit africain, qu'ils doivent réaliser, s'impose « comme une fatalité ».

B. Le dépassement des influences subies dans le passé

Il constate qu'un certain nombre d'influences se sont accumulées, comme par un phénomène de sédimentation. Il s'agit d'un droit composite, à l'origine « essentiellement animiste » [16], puis empreint d'influences islamiques et chré-

14. *Ibid.*, p. 4.
15. *Ibid.*, p. 2.
16. Dans un document d'archive présenté comme une « Étude faite pour le club français du livre – *Encyclopedia universalis* », il traite du droit antérieur à l'islamisation et à la christianisation comme un « droit païen traditionnel » (Fondation, « Le droit africain », 7K, boite n° 2, 7K12, p. 4), formule sans doute choisie pour être comprise par un public européen.

tiennes, également européennes. La dimension musulmane est variable, marquée par des différences parfois au sein d'une même ethnie, avec, par exemple, une coutume peulh « islamisée », caractérisée par un fond animiste et quelques règles de droit musulman, et une coutume peulh « musulmane » avec du droit musulman et quelques règles adaptées aux conditions locales [17]. D'une façon générale, cette religion s'est appuyée sur le rôle des cadis avec comme conséquence « de raffiner le droit africain et d'adoucir certaines de ses règles », ce qui s'explique par le fait que les musulmans libres sont frères [18]. Il y a eu ensuite l'influence du christianisme fondé sur une séparation de la métaphysique et du droit, pour reprendre les analyses de Jean-Marc Mousseron, entraînant le remplacement de la « famille maison » par la « famille appartement » (citant Léopold Sédar Senghor et Michèle Gobert) [19].

Kéba Mbaye énumère les sujets privilégiés du droit africain : les dieux, les génies et les morts : « les dieux et les hommes vivent ensemble sous la direction des premiers » [20] ; les Génies « sont des esprits qui peuplent l'univers africain » ; enfin, pour ce qui est des morts, la mort « continue à vivre parmi les hommes » et parmi les groupements. Sur ce dernier point, une brève description de la diversité des groupes, du rôle du lignage, de la tribu, de l'ethnie, du clan ou de la famille avec évocation des fonctions du patriarche, est barrée dans le *tapuscrit* et laisse place à un long développement manuscrit qui développe le thème de la diversité et qui propose comme terme commun celui de parenté, qu'elle soit réelle – fondée sur le sang ou l'alliance – ou fictive – s'appuyant sur un ancêtre *commun* imaginaire – mais qui implique toujours la solidarité [21].

Il appelle de ses vœux une décolonisation du droit. Cette exhortation à se libérer d'un passé récent est d'autant plus remarquable qu'il porte un jugement nuancé sur les conséquences de la colonisation en matière juridique, dénonçant ses défauts sur le ton de l'ironie plus que de l'indignation, lui reconnaissant parfois un rôle de modèle : « ce sont les erreurs, les maladresses et aussi les réussites de ce régime [colonial] qui ont fructueusement servi de leçon au législateur sénégalais » [22]. Soucieux de se montrer pédagogue, il explique que ce processus de décolonisation passe par trois exigences. La première suppose de modifier la terminologie qui n'est pas adaptée aux institutions issues de

---

17. Fondation, « Droit africain. Conception africaine du droit 1960-1969 » 7K, boite n° 2, 7K5 « Indemnisation de dommages corporels et de dommages mortels », 13 pages dactyl., s.d., p. 2.
18. Fondation, « Droit africain. Conception africaine du droit 1960-1969 », 7K boite n° 1, 7K6, « La conception africaine du droit », p. 36.
19. *Ibid.*, p. 34.
20. *Ibid.*, p. 11.
21. *Ibid.*, p. 13.
22. Fondation, « Droit africain. Conception africaine du droit 1960-1969 » 7K, boite n° 2, 7K9 « L'organisation judiciaire au Sénégal », 2e page introductive non foliée (*cf.* « L'organisation judiciaire au Sénégal », *Penant* 1965, *705*, p. 27).

l'indépendance : ce n'est pas seulement une question de fierté, c'est pour supprimer les incertitudes [23]. Cette nécessité de se doter d'un vocabulaire authentiquement africain pour désigner des notions et des catégories juridiques africaines vise à rompre avec la tradition en vigueur à l'époque de la colonisation tendant à rapprocher les pratiques traditionnelles et les règles en honneur dans la métropole, leur imposant des noms correspondant à ceux utilisés dans les codes européens, ce qui peut aboutir à une véritable dénaturation des normes prises à contresens [24].

Une seconde exigence doit aboutir à « regrouper, dans un document unique, d'une consultation aisée, l'ensemble des dispositions régissant tout un secteur du droit » [25]. Ici l'on peut s'étonner qu'il ne se réfère pas explicitement au processus de rédaction de codes dans lequel se sont lancés nombre de pays nouvellement indépendants, au premier chef le Sénégal. Il se contente d'évoquer, de façon un peu allusive, un *document unique de consultation aisée*. De fait, il va jouer un rôle important dans l'élaboration du code des obligations et du code de la famille. Enfin, troisième exigence : il faut « créer un nouveau droit africain résultant de la fécondation des coutumes ancestrales par les conceptions juridiques les plus modernes. Elles ont eu lieu par imitations, par adaptations, plus rarement par inventions » [26]. L'on conviendra qu'il y a là un programme ambitieux et qu'il fallait rien moins qu'un juriste de haute volée comme lui pour s'engager dans une telle entreprise.

De ce point de vue, celui de l'appel à une indépendance juridique comme conséquence logique de l'indépendance politique récemment arrachée, il ne faut pas commettre de contresens. Il ne souhaite pas le retour aux règles traditionnelles. Il rappelle que la rédaction des codes a été précédée par un effort de recensement des coutumes, fondé sur plus de quatre cents questions envoyées dans tout le Sénégal, ce qui a abouti à repérer un grand nombre de coutumes, qu'il évalue selon les passages de son œuvre entre une centaine ou une soixantaine [27]. De toute façon, il considère qu'à la suite de cette recherche, la « moisson [a été] fructueuse, trop fructueuse » [28]. La mise en cause du droit

---

23. Fondation, « Droit africain. Conception africaine du droit 1960-1969 », 7K boite n° 1, 7K6, « La conception africaine du droit », p. 39.
24. De tels contresens apparaissent de façon éclatante dans les questionnaires adressés aux administrateurs coloniaux chargé de recueillir les coutumes en honneur dans leur circonscription en leur suggérant l'utilisation de notions tirées du code Napoléon : nue-propriété, usufruit... *Cf.* Mamadou BADJI, « Dire le droit en AOF aux XIXe et XXe siècles », *Droit sénégalais*, n° *11*, 2013, p. 11-49.
25. *Ibid.*, p. 39.
26. *Ibid.*
27. Pétrifié exactement au nombre de 68 selon l'arrêté n° 25 /MJACS du 28 février 1961, *JO Sénégal*, 1961, p. 359.
28. Fondation, « Droit africain. Conception africaine du droit 1960-1969 », 7K boite n° 2, 7K6, « Le projet sénégalais de Code de la famille, un instrument d'unification réaliste et de modération prudente du droit africain », p. 8.

colonial ne consiste pas à revenir à des traditions plus anciennes. Ce qu'il reproche au droit français et, plus généralement, européen, c'est moins son inadaptation à l'Afrique que son caractère archaïque : « Voilà peut-être ce qui explique que les magnifiques édifices juridiques du vieux monde, merveilles des temps passés, aient aujourd'hui, malgré la vénération qu'ils imposent, une allure un peu veillotte, et à certains égards se révèlent inaptes à servir de cadre aux rapports d'affaires et aux rapports humains qui s'établissent dans cette deuxième moitié du XXème siècle » [29]. S'il refuse ce que l'on désigne actuellement sous le nom de mimétisme, c'est au nom de la modernité et non de la tradition : le droit de la jeune Afrique doit être plus moderne que celui de la vieille Europe.

II. La construction d'un droit africain moderne

Que ce soit au ministère de la Justice sénégalais puis à la Cour suprême, par la suite à la Cour internationale de justice, le juge Kéba Mbaye joue un rôle important dans la construction d'un droit africain moderne, d'abord dans le cadre du Sénégal, mais avec la vocation à jouer le rôle d'un modèle par sa participation à l'élaboration de plusieurs codes (***A***), puis au niveau du continent avec la Charte africaine des droits de l'homme et des peuples et avec la mise en place de l'OHADA et de ses Actes uniformes (***B***).

A. Au Sénégal, la rédaction des grands codes de l'indépendance

À l'occasion de sa participation à la rédaction du code des obligations, il s'appuie sur une fine analyse des « caractères du droit africain », sans pour autant tomber dans la tentation d'en surestimer les originalités. Ainsi souligne-t-il qu'il y a des éléments non spécifiques, malgré ce que beaucoup soutiennent. Ainsi en va-t-il de la place des pratiques traditionnelles. En fait, toutes les sociétés ont d'abord été soumises à un droit coutumier. En revanche, il faut tenir compte du fait que c'est un « droit du groupe », un « droit paysan » un « droit oral », finalement un « droit conservateur », appliqué à des sociétés *auto-limitatrices, closes, conservatrices* [30]. Ainsi le droit des obligations doit-il tendre d'une part à assurer la conservation du groupe par le respect de l'ordre divin et par le maintien de la société en l'état, d'autre part à garantir le maintien de la paix qui implique notamment d'éviter d'offenser les forces surnaturelles [31]. La réparation est fondée sur un principe de remise des choses en l'état : « la faute crée une situation anormale qu'il faut faire disparaître en

29. *Ibid.*, p. 3.
30. Fondation, « Droit africain. Conception africaine du droit 1960-1969 », 7K boite n° 1, 7K6, « La conception africaine du droit », p. 22 et s.
31. *Ibid.*, p. 10.

laissant le moins de trace possible » [32]. Le sujet de droit n'est pas l'individu mais le groupe. La réparation varie donc en fonction du statut des protagonistes. Kéba Mbaye en présente des conséquences de façon très systématique : si le préjudice a été causé par quelqu'un d'une classe supérieure, « la douleur réclame une consolation », donc une réparation matérielle ; si le préjudice est imputable à quelqu'un d'égal, il faut venger la victime en punissant le coupable ; enfin si c'est un inférieur qui est responsable, la punition est laissée à l'appréciation de la victime ou de ses ayants-droits. Une refonte du droit des obligations s'impose, sans respect excessif à l'égard des institutions locales : « Malgré la beauté de telles institutions et le désir de les conserver de certains « anthropologues » [on apprécie les guillemets], l'Afrique refuse de rester un musée et tente de devenir un chantier » [33].

Il ne suffit pas de moderniser le droit des obligations. Il doit être mis au service du développement, particulièrement dans le domaine du droit des obligations. Sans état d'âme, le juge Kéba Mbaye préconise l'instauration d'un cadre juridique qui rassure les entreprises. Il consacre des développements importants aux codes susceptibles d'encourager les investissements. Il faut assurer « l'attrait des capitaux » [34]. Il a des formules qui annoncent certaines préconisations actuelles sur la sécurité juridique à garantir aux acteurs dans l'économie, ce qui ne veut pas dire qu'il aurait approuvé les classements internationaux. Le code « doit tracer les cadres dans lesquels les rapports d'affaires doivent désormais se mouler sans aucune gêne » [35]. Ce dont l'Afrique a besoin, c'est d'un « droit de promotion » [36]. Sur ce continent, il revient à la législation de jouer le rôle de « moteur de la politique de développement ». Puisque « la loi doit assurer la sécurité et la rapidité des transactions » [37], un certain nombre de réformes s'imposent avec une « commercialisation du droit civil », avec la suppression de la lésion comme cause d'annulabilité des contrats [38], avec la mise en place d'un droit du travail protecteur des salariés...

Le juge Kéba Mbaye participe aussi à la rédaction du code de la famille et lui applique la même volonté de modernisation du droit. Dans une conférence prononcée devant des étudiants, il explique longuement la procédure suivie pour l'élaboration de ce texte auquel on a refusé à dessein le titre de code du

---

32. Fondation, « Droit africain. Conception africaine du droit 1960-1969 » 7K, boite n° 2, 7K5 p. 2.
33. Fondation, « Droit africain. Conception africaine du droit 1960-1969 », 7K boite n° 1, 7K6, « La conception africaine du droit », p. 40.
34. Fondation, « Droit africain. Conception africaine du droit 1960-1969 », 7K boite n° 2, 7K12 p. 27-28.
35. Fondation, « Droit africain. Conception africaine du droit 1960-1969 », 7K boite n° 1, 7K6, « La conception africaine du droit », p. 42.
36. Fondation, « Droit africain. Conception africaine du droit 1960-1969 », 7K boite n° 2, 7K12, p. 30.
37. *Ibid.*
38. *Ibid.*, p. 31.

statut personnel, afin de manifester l'importance de la famille au Sénégal. Le juge Kéba Mbaye rappelle l'opinion du professeur Savatier, selon lequel, si la famille est méconnue dans la société occidentale (sic), elle joue un rôle capital dans la communauté négro-africaine [39]. Il évoque les *garde-fous* placés par les pouvoirs publics à l'élaboration d'un code de la famille : « l'unification, la modernisation, le respect de la laïcité de l'État et aussi la sauvegarde de notre philosophie et les croyances religieuses des citoyens » [40]. Il raconte les modalités de mise en place d'un « comité des options » comprenant des représentants des communautés religieuses, des juges, des auxiliaires de justice et des universitaires [41]. Il constate l'absence de femmes et s'en explique : le gouvernement a craint que la présence de femmes dans le comité des options pût influencer celui-ci, et l'amener à prendre des « positions qui pourraient peut-être paraître révolutionnaires mais risqueraient, parce que non conformes à l'état actuel des mœurs, de rester lettre morte » [42]. Il rappelle les échecs relatifs des décrets Mandel et Jacquinot qui, pour avoir trop voulu réformer, sont restés largement inappliqués. Il y a donc des limites à ses audaces.

Le comité a proposé une solution pour chaque problème. Il justifie certains choix, tel le maintien de la polygamie : « En vérité, il y a là une stratégie des auteurs du projet qui, faute d'avoir su attaquer la polygamie de front, lui ont livré une guerre d'escarmouche. Ils espèrent que les futures épouses, usant d'une forme de chantage, pourront ainsi amener petit à petit les hommes à une option de monogamie » [43]. Pour une fois mauvais prophète, il est convaincu d'un mouvement irrésistible vers la disparition de la famille traditionnelle. Évoquant un article publié dans les *Annales africaines* de 1965, il constate que c'est ce déclin « qui a amené le doyen Decottignies à lui chanter un *Requiem* d'une lecture agréable » [44]. Son diagnostic est sans ambiguïté sur l'abandon

39. Fondation, « Droit africain. Conception africaine du droit 1960-1969 », 7K boite n° 1, 7K6, « La conception africaine du droit », p. 8.
40. *Ibid.*, p. 9.
41. Décret du 23 décembre 1965 modifié par un décret du 12 avril 1961 : 8 députés de religion catholique et musulmane, 6 magistrats des cours et tribunaux (dont 2 de l'assistance technique et 4 choisis dans les ethnies dominantes), 1 juge de paix, 6 cadi, 2 assesseurs des anciens tribunaux coutumiers (les uns et les autres appartenant à des coutumes différentes), 2 avocats, 1 greffier en chef, un notaire, un huissier, un agent municipal. S'y sont ajouté le doyen de la faculté de droit, un ethnologue et un professeur.
42. Fondation, « Droit africain. Conception africaine du droit 1960-1969 », 7K boite n° 1, 7K6, « La conception africaine du droit », p. 11. *Cf.* Amsatou SOW SIDIBÉ : « La codification du droit de la famille dans les États d'Afrique francophone au sud du Sahara : exemple du Sénégal », *Droit sénégalais* 7, 2008, note. p. 197-200.
43. *Ibid.*, p. 19.
44. Fondation, « Droit africain. Conception africaine du droit 1960-1969 », 7K boite n° 2, 7K6, « Le projet sénégalais de Code de la famille, un instrument d'unification réaliste et de modération prudente du droit africain », p. 7.

des pratiques traditionnelles : « La famille africaine du type lignage se meurt ; le clan se disloque ; les totems passent dans les anecdotes. Une à une les vieilles branches des croyances africaines tombent comme les ruines des autels qui abritaient les fétiches. Les nouvelles autorités africaines qui ont pris la place des anciens chefs de famille, s'allient aux jeunes pour combattre vigoureusement les vestiges d'un passé qu'ils considèrent comme incompatibles avec le progrès économique et social ». Avec un optimisme un peu exagéré, il énumère tous les progrès effectués : âge du mariage relevé ; dot monétisée, fixée à un niveau convenable, parfois supprimée ; polygamie combattue ; dissolution du lien conjugal dans des conditions qui garantissent l'intérêt de la femme et des enfants [45].

B. Au niveau du continent africain, la défense des droits de l'homme et la promotion du droit des affaires

Même lorsqu'il est chargé de rédiger les grands codes sénégalais, le juge Kéba Mbaye reste fidèle à son appel pour l'élaboration d'un droit africain. Aux lendemains des indépendances, nombre d'auteurs et quelques hommes politiques déplorent le phénomène de balkanisation qui affecte l'Afrique, surtout dans sa partie francophone. Ce fut longtemps un élément du procès intenté à la colonisation que d'avoir débouché sur la création de micro-États, phénomène dans lequel on soupçonne le résultat d'une volonté de maintenir ces nouveaux acteurs internationaux dans une situation de dépendance à l'égard de l'ancienne métropole. L'opposition d'Houphouët-Boigny, puis l'éclatement de la Fédération du Mali ne font pas disparaître le regret d'une unité hypothétique et les initiatives de Kéba Mbaye en faveur d'un droit unique, quoiqu'elles paraissent un peu utopiques de nos jours, se situent dans l'état d'esprit de l'époque.

En 1960, nommé directeur de cabinet du ministre sénégalais de la Justice, Boubacar Guèye, il prépare les textes sur l'organisation judiciaire de la jeune Fédération, textes qui s'appliqueront finalement au seul Sénégal [46]. Il adresse un rapport au Garde des Sceaux en vue de créer une structure à même de travailler à l'harmonisation des textes juridiques au niveau africain. Devenu ensuite magistrat à la Cour suprême, il parvient, en 1962, à convaincre Senghor et les autres membres de l'Union africaine et malgache [47] ce qui se traduit par

45. Fondation, « Droit africain. Conception africaine du droit 1960-1969 », 7K boite n° 1, 7K6, « La conception africaine du droit », p. 44.
46. Kéba MBAYE, *Propos d'un juge*, Dakar, Nouvelles éditions africaines du Sénégal, 2007, p. 27.
47. Le destin compliqué de l'Union africaine et malgache, créée en 1961, révèle les difficultés de cette coopération internationale qui regroupe en majorité des pays issus de l'ancien Empire colonial français : elle devient par la suite Union africaine et malgache de coopération économique, puis Organisation commune

la mise en place, au sein de cette dernière, du Bureau africain et malgache de recherches et d'études législatives (le BAMAREL). L'ambition du projet ne survit pas aux tensions qui se font rapidement jour entre des leaders qu'unifiait leur lutte pour l'indépendance. Faute de volonté politique et de moyens financiers, le BAMAREL disparaît sans que le juge Kéba Mbaye renonce à ses idéaux [48].

C'est avec la Charte africaine des droits de l'homme et des peuples qu'il va pouvoir réaliser une partie de ses vœux, consistant à doter l'Afrique d'un certain nombre de normes communes. Les années 1970 et 1980, période d'élaboration et d'adoption de ce projet généreux et même exaltant, ne sont pas politiquement les plus favorables à une telle entreprise. Il y faut une grande détermination. Les régimes autoritaires dominent, maqués par la généralisation du système parti unique, avec des références socialistes qui, dans certains pays, se veulent respectueuses des libertés classiques, avec des analyses marxistes qui, ailleurs, se réclament de la notion de droits réels, notamment dans le cadre des prétorianismes progressistes. En simplifiant, il va falloir deux impulsions décisives données par la Commission internationale des juristes au cours de deux réunions successives, à près de vingt ans d'intervalles, en 1961 à Lagos, en 1978 à Dakar. Kéba Mbaye est présent partout : il approuve à Lagos le projet de création d'une Commission africaine des droits de l'homme [49]. À Dakar, il est désigné pour participer au comité de suivi chargé de convaincre les chefs d'État africains qu'il faut reprendre le projet de déclaration des droits.

Il va lui falloir rédiger rien moins que trois textes successifs pour aboutir à la Charte : une résolution proposée à la réunion tenue en 1979 à Monrovia par l'Organisation de l'unité africaine et qui est adoptée sous le titre « décision 115-XVI » ; un avant-projet présenté la même année à Dakar à une commission d'une vingtaine d'experts africains en provenance de seize pays qui lui demandent un certain nombre de modifications ; enfin un projet soumis à la conférence des plénipotentiaires africains prévue à Addis-Abeba en 1980. En fait, le quorum nécessaire pour adopter le texte n'est pas atteint ce que Kéba Mbaye attribue à un abstentionnisme délibéré par crainte des conséquences de l'adoption d'un tel document. Finalement, la volonté conjuguée du secrétaire

---

africaine et malgache, puis Organisation commune africaine, malgache et mauricienne, de nouveau OCAM après le départ de Madagascar, jusqu'à sa disparition en 1985.

48. Cheikh Yérim SECK, *op. cit.*, p. 155-156. Le juge Kéba Mbaye raconte cette expérience dans une interview accordée en 2001 dans *L'autre Afrique*, récit qu'il conclut par une formule un peu désabusée sur cette institution éphémère : « comme j'avais assisté à sa naissance – j'y avais même beaucoup contribué en toute modestie – et que j'avais assisté à sa disparition, je ressentais un certain dépit ».

49. Kéba MBAYE, « Les réalités du monde noir et les droits de l'homme », *Revue des droits de l'homme*, *II*, 1969-3, p. 386. Il y évoque *l'enthousiasme débordant* qui règne à cette réunion.

général de l'OUA et du chef de l'État gambien aboutit à deux réunions successives à Nairobi en 1980 et 1981 ce qui permet l'adoption d'une Charte qui entre en vigueur en 1986 après ratification par vingt-cinq États. Une forte conviction a été nécessaire.

Elle n'a pas manqué au juge Kéba Mbaye. Il a dû composer avec des attentes que d'autres auraient pu juger contradictoires. Il convient d'intégrer les valeurs reconnues au niveau mondial mais aussi d'affirmer la spécificité africaine [50]. Il est nécessaire d'intégrer les libertés individuelles sans négliger les droits économiques et sociaux. S'impose aussi de faire une place aux droits dits de la troisième génération. « Il y a une conception africaine spécifique du droit et plus précisément du droit des droits de l'homme. En Afrique, le droit n'est pas conçu comme étant une sorte d'épée mise entre les mains de l'individu contre le groupe. Il est plutôt considéré comme ensemble de règles protectrices de la communauté dont l'individu fait partie. Cette conception africaine des droits et des devoirs de l'homme ne doit pas être interprétée comme anéantissant les prérogatives de l'individu. Tout au contraire, dans la société traditionnelle africaine, si le sujet privilégié de droit est la communauté, l'individu garde sa liberté et les spécificités de ses droits. Cette double caractéristique est reflétée par la Charte qui prévoit les droits des individus aussi bien que les droits des peuples en liant les uns aux autres et en tirant leur origine de la dignité humaine ». L'idée est exprimée dans un paragraphe du préambule dans lequel les États africains reconnaissent que « d'une part, les droits fondamentaux de l'être humain sont fondés sur les attributs de la personne humaine, ce qui justifie leur protection internationale, et que, d'autre part, la réalité et le respect des droits du peuple doivent nécessairement garantir les droits de l'homme » [51].

Le juge Kéba Mbaye trouve un autre terrain où développer sinon un véritable droit africain, du moins une sorte de droit africain francophone. C'est celui du droit des affaires. Il y a là une dimension qui rappelle son souhait, au tout début de l'indépendance, de mettre à disposition des acteurs de l'économie, des instruments juridiques – catégories de contrats, règles dans le domaine de la responsabilité, garanties en matière fiscales et de change… – qui les rassurent en leur donnant le maximum de visibilité sur leurs droits et

---

50. Les consignes données par le président Senghor convainquent de la difficulté de trouver le bon équilibre : « Mesdames et messieurs les experts, gardez-vous à votre tour d'élaborer une charte des droits de l'homme africain : l'humanité est une et indivisible et les besoins fondamentaux de l'homme sont partout identiques (…) Cela ne veut pas dire qu'il faille renoncer à penser par nous-mêmes et pour nous-mêmes. (…) Vous devrez donc avoir constamment à l'esprit nos valeurs de civilisation et les besoins réels de l'Afrique ».
51. Kéba MBAYE : « La Charte africaine des droits de l'homme et des peuples : de Lagos à Banjul », in *Essays in Honour of Juge Taslim Olawale Elias*, vol. 1 : *Contemporay International Law and Human Rights*, London, 1992, p. 427-446.

leurs obligations. De fait, s'il est un domaine où les Africains ont intérêt à se doter d'un système juridique homogène, c'est bien celui qui régit les rapports commerciaux, financiers, de production et même de travail, afin d'offrir aux donneurs d'ordre, notamment étrangers, et plus particulièrement aux investisseurs, un ensemble de règles qui ne diffèrent pas lors du passage d'un pays à l'autre et qui répondent à leur désir de simplicité et de sécurité. Pour autant, déçu par l'échec du BAMAREL, Kéba Mbaye raconte avoir accueilli avec scepticisme, en 1990, l'initiative de Paul Bayzelon, haut fonctionnaire français [52] qui entend promouvoir une initiative d'unification du droit des affaires en Afrique francophone. En fait, ce dernier est soutenu par les ministères français de la Justice, des Finances et de la Coopération et surtout il correspond à une préoccupation des ministres de l'Économie des pays composant cette région du monde qui, réunis à Ouagadougou en 1991, constatent la diminution des investissements étrangers, notamment imputable à la méfiance qu'ils suscitent chez les grands financiers mondiaux. Est donc décidée la mise en place une mission composée de Français et d'Africains, dont Kéba Mbaye, et chargée de proposer des solutions.

Le juge raconte [53] que, par groupe de deux, ils ont rencontré des chefs d'État, des ministres, des présidents de Conseil économique et social, des syndicalistes, des présidents de Chambre de commerce, des magistrats… La réponse des entrepreneurs est claire : « nous ne voulons pas investir parce que nous ne connaissons pas quel est le droit qui va régir notre patrimoine ». Il conclut par une formule dont il reconnaît, sans fausse modestie, qu'elle « a eu ensuite une certaine fortune » : « en réalité, ce qui empêche les investissements, c'est l'insécurité juridique et judiciaire ». C'est sur la base de ce constat, partagé par la plupart des experts internationaux en la matière, qu'à partir d'un rapport présenté par Abdou Diouf au Sommet franco-africaine de Libreville, en 1992, il est décidé d'engager le processus d'une organisation internationale, dotée d'un directoire de trois membres, deux Français, membres du Conseil d'État et de la Cour de cassation [54], et le juge Kéba Mbaye.

Ils supervisent l'élaboration du traité qui va être adopté au sommet de Port-Louis (île Maurice), créant l'Organisation pour l'harmonisation en Afrique du droit des affaires. Ils travaillent ensuite à « l'ensemble des textes » qui vont déboucher sur une série d'Actes uniformes dont l'un des premiers reprend une question sur laquelle le BAMAREL avait laissé un avant-projet de loi, à propos du statut des sociétés. Il reconnaît : « C'était un travail vraiment passionnant ». Il insiste : « j'ai rarement participé à un travail qui m'a passionné

52. Certains le présentent comme lié au réseau Foccart, mais Kéba Mbaye n'en dit rien.
53. Récit publié dans *L'autre Afrique* en 2001.
54. Il s'agit, indique-t-il, de Monsieur Janto, président de la section du contentieux du Conseil d'État et Martin Kirsch, conseiller à la Cour de cassation et spécialiste de droit du travail.

davantage » [55]. Dans l'interview qu'il donne à *L'autre Afrique* en 2001, il évoque rapidement la part qu'il a prise à l'élaboration de cet immense ensemble de normes constituant un droit des affaires spécifiques. En revanche, il s'étend longuement sur les perspectives d'élargissement à d'autres pays africains : Guinée Bissau, Guinée Conakry, Ghana, Nigeria... Par un détour un peu inattendu, il réalise ici une partie de son vieux rêve de droit africain, avec une Cour commune de justice.

La volonté obstinée de promouvoir un droit africain donne son unité à la pensée du juge Kéba Mbaye dans le domaine juridique, de même que la valeur d'éthique sur le plan moral. Une carrière aussi riche, ponctuée de postes prestigieux et exposés, ne pouvait qu'encourager une certaine évolution dans ses préoccupations et ses priorités. Ayant accédé aux responsabilités au début des années 1960, à un peu plus de trente ans, dans l'enthousiasme et, parfois, les illusions de l'indépendance, il devait se heurter aux déceptions nécessairement liées à l'exercice des responsabilités. Dans le domaine du droit, l'espoir de s'accorder sur une législation commune se heurte très vite à des souverainetés d'autant plus sourcilleuses qu'elles sont plus récentes. S'y ajoute la résistance plus opiniâtre qu'on ne pouvait l'imaginer des coutumes traditionnelles. Alors que les nouvelles élites, formées aux écoles et parfois aux universités de la colonisation ne peuvent imaginer d'autre avenir que dans le sens d'une modernité inspirée des valeurs occidentales, fût-ce pour les dépasser, les autorités traditionnelles, d'abord plus ou moins déconsidérées comme ayant collaboré avec l'occupant européen, conservent leur influence. L'organisation de la famille, le régime des terres, la résolution des conflits, la passation des contrats ... demeurent marqués par la coutume.

Il ne faut pas imaginer que Kéba Mbaye n'avait pas prévu cette résistance. Dès les années 1960, dans un rapport sur « Le droit de la famille en Afrique noire et à Madagascar », il conclut en constatant la difficulté d'imposer le même droit à ceux qui se sont familiarisé avec les lois modernes et ceux qui restent sous l'empire de la coutume. « La sagesse recommande, au nom de l'unité nationale, de créer un droit nouveau formé des coutumes locales fécondées par le droit moderne, et admettant, sur les matières les plus délicates, aux exigences les plus irréductibles, une faculté d'option entre deux règles » [56]. Cette volonté de trouver le bon équilibre entre les attentes des populations s'étend jusqu'aux procédures en matière de rédaction des textes et aux règles qui s'appliquent aux contrats. Il en fait une norme générale, consistant à privilégier la conciliation : « L'Afrique est le pays de la palabre et du dialogue » [57].

55. Cité par Cheikh Yérim SECK, *op. cit.*, p. 161.
56. Fondation, boite « Droit africain. Encyclopédie internationale de droit comparé 1966-1970. Encyclopédie universelle 1967, 1966-1970 », « L'expérience sénégalaise de la réforme du droit » (conférence faite à Paris à la Société de législation comparée le 14 décembre 1967), p. 34.
57. Fondation, « Droit africain. Conception africaine du droit 1960-1969 » 7K,

Il tient compte de l'évolution des doctrines et des références au cours de la seconde moitié du XXe siècle. Au niveau du continent, c'est l'idée de socialisme qui s'impose et Léopold Sédar Senghor s'en veut le défenseur dans le cadre du Sénégal et au-delà [58]. Dans un article destinée à la *Revue sénégalaise* et consacré à « Droit et développement en Afrique de l'ouest », Kéba Mbaye constate cette montée en puissance : « En matière économique, ses options s'intitulent 'socialisme' ou 'voie africaine du socialisme' ». Habilement, il rattache ses propres analyses à ce courant dominant, en plaçant ses efforts en faveur d'un droit unifié comme un élément de l'action engagée par les Africains pour adapter « leur organisation politique et leurs rapports privés aux exigences de la vie moderne et aux impératifs du développement sans pour autant sacrifier leur africanité ». Et de conclure : « Voilà où en est l'Afrique de l'Ouest : ni uniquement musée, ni complètement chantier, mais les deux à la fois » [59].

Dans cette contribution, nous avons volontairement négligé deux aspects de l'action du juge Kéba Mbaye comme créateur de textes juridiques importants. Ce sont deux domaines où son intervention dépasse le cadre africain pour toucher à une dimension mondiale. Il s'agit d'abord de son rôle comme promoteur d'un *droit du développement* conçu comme un élément du droit international, comme un ensemble de règles qui doit favoriser la croissance économique dans les pays en développement, qui vise à compenser l'exploitation dont ces derniers ont été victimes, qui tend à manifester une forme de solidarité des plus riches en faveur des plus pauvres, qui finalement favorise un équilibre porteur de paix, ce dont tout le monde profitera en fin de compte. C'est en somme un droit inégalitaire destiné à compenser les inégalités... Il s'agit ensuite du *droit du sport* auquel il a collaboré comme membre du Comité international olympique. Il va pouvoir y mettre en œuvre non seulement sa connaissance et sa pratique du sport, mais également sa haute conception de l'éthique. C'est lui, en effet qui est chargé par le CIO de définir les conditions dans lesquelles pourra être mise en place une institution d'arbitrage chargée de gérer les conflits survenant à l'occasion de la pratique du sport. Il prépare donc les statuts du Tribunal arbitral du sport qui sont approuvés lors de la réunion de New Delhi de 1983. Jusqu'à sa mort, il préside aux destinées de l'institution qu'il a contribué à créer.

Nul ne peut nier l'ampleur du travail réalisé par le juge Kéba Mbaye. En même temps, il nourrissait de telles ambitions que le résultat n'avait guère de

---

boite n° 2, 7K9, « L'organisation judiciaire au Sénégal », p. 14.

58. *Cf.* notamment Babacar DIOP, « Les fondements théoriques du socialisme africain de L.S. Senghor », *Éthiopiques 89* (en ligne ; consulté le 15 juin 2017).

59. Fondation, « Droit africain. Encyclopédie internationale de droit comparé 1966-1970. Encyclopédie universelle 1967 1966-1970 », « Extrait de la *Revue sénégalaise de droit*, un article « Droit et développement en Afrique de l'Ouest », p. 80.

chance de combler toutes ses attentes. Au vu des premiers résultats obtenus, mais aussi des obstacles encore à surmonter, il affecte, à la fin des années soixante, de faire preuve de réalisme : « Ce qui est important, c'est qu'au lendemain de l'indépendance, le législateur Sénégalais (sic) a entendu « tuer le vieil homme » et faire œuvre originale mais aussi œuvre adaptée. Reprenant dans leur logique la plus acceptable, les principes universellement admis il les a appliqués à la situation d'un pays mal doté » [60]. C'est sur cette base qu'il continue, par la suite, de promouvoir ses idées en accompagnant la création juridique au plus haut niveau, sans se décourager, sans accepter aucune compromission à aucun moment, préférant démissionner que de renoncer à ses convictions, sans chercher non plus à se mettre en avant. Reconstitué à travers des témoignages, des souvenirs, des comptes rendus, son œuvre paraît immense et nous avons tenté d'en donner une idée à travers ce qui continue de lui apparaître comme une grande ambition, le droit africain. On laissera à d'autres le soin de déterminer ce que cette dernière avait de réaliste ou d'utopique. Il suffit de rappeler la remarque douce-amère par laquelle, dans une interview accordée quelques années avant sa mort, il évoque l'évolution de l'Afrique : « Je dois dire que, parfois, je passe des soirées un peu tristes, mais je ne désespère pas pour autant » [61].

60. Fondation, « Droit africain. Conception africaine du droit 1960-1969 » 7K, boite n° 2, 7K9, « L'organisation judiciaire au Sénégal », p. 49.
61. *L'autre Afrique*, 2001.

Le code des personnes et de la famille du Mali de 2011 : un compromis entre la coutume et la modernité

Bakary CAMARA

Selon la définition de l'Encyclopédie Larousse, dans son dossier consacré à l'islam, cette religion est l'une des trois grandes religions monothéistes avec le judaïsme et le christianisme, dont il revendique les héritages. Fondé au VIIe siècle de notre ère par le prophète Mahomet, il repose sur une révélation divine dont la substance a été rassemblée dans le Coran, le livre saint de l'islam. Le dogme fondamental de l'islam est un monothéisme strict. Pratiqué par plus d'un milliard de fidèles, la religion fondée en Arabie, s'est diffusée dans tout le Moyen Orient, avant d'étendre son influence au reste du monde. Bien que la communauté musulmane se soit scindée en plusieurs branches après la mort de son prophète [1], depuis ses origines, elle perpétue dans son ensemble un mode de vie, un code moral, une culture, mais aussi une certaine conception de l'État et du système juridique [2]. Dès le VIIe siècle déjà après sa création, l'islam a fait son apparition au Mali [3] par le canal du commerce caravanier transsaharien. Il s'enracine et se développe entre le IXe et le XIXe siècle dans toutes ses formes politiques, religieuses, culturelles et artistiques du fait de l'action des groupes lettrés au service des communautés marchandes, du grand commerce transsaharien, des pouvoirs politiques et même du djihad. Al Bakri (1068) avait dénombré 12 mosquées dans le seul quartier commerçant de

1 Le sunnisme, le chiisme et le kharidjisme.

2 *Encyclopédie Larousse*, [En ligne] Consulté le 07/09/2017 : http://www.larousse.fr/encyclopedie/divers/islam/62732

3 Le Mali est un vaste pays enclavé dont la superficie est 1 241 238 km^2 situé au cœur de l'Afrique de l'ouest. Il est limité au nord par l'Algérie et la Mauritanie, au sud par la Côte d'Ivoire et le Burkina Faso, à l'est par le Niger, à l'ouest par le Sénégal et au sud-ouest par la Guinée. Il est divisé en huit régions administratives et un district, le district de Bamako. La capitale, Bamako est une ville d'environ un million d'habitants. Le Mali a une population de plus de 14 millions d'habitants, inégalement réparties sur le territoire, entre plus de 15 groupes ethniques, La population malienne est jeune. 46,3 % ont moins de 15 ans. 48,1 % ont entre 15-59 ans. 65 % des adolescents ont moins de 25 ans. L'économie est essentiellement fondée sur l'agriculture et la pêche. Le sous-sol est très riche en ressource naturelles.

Ghana [4]. Les auteurs arabes des XIe et XIIe siècles mentionnaient déjà des conversions et pèlerinages de souverains soudanais [5]. Le célèbre pèlerinage de Kankan Moussa, empereur du Mali, en 1324 accélère le développement des relations commerciales et diplomatiques avec le monde musulman. L'avènement d'Askia Mohamed à la tête de l'empire Songhay en 1493 confirme l'ancrage islamique de l'État et le développement de la classe de lettrés qui joue un rôle de premier plan auprès du pouvoir. Au XIXe siècle, la constitution d'États théocratiques comme la Dîna de Sékou Amadou ou l'empire toucouleur de El Hadj Oumar, témoignent de l'implantation profonde de l'islam dans la région. Aujourd'hui, l'islam est la religion dominante au Mali. Selon certaines estimations, environ 90 % de la population serait musulmane, tandis que 9 % pratiqueraient les religions traditionnelles et 1 % les religions chrétiennes [6].

Après sa pénétration au Mali, il s'est avéré que plusieurs règles islamiques étaient similaires ou identiques aux coutumes locales. C'est pourquoi l'intégration ou le mélange s'est le plus souvent fait sans problèmes pour former un droit traditionnel accepté de tous. C'est ce droit traditionnel qui était en vigueur au Mali avant l'avènement de la colonisation au XIXe siècle. La colonisation a été plus agressive. À cause du fait que le pays vivait depuis des millénaires sous l'empire du droit traditionnel (coutumier et islamique), jugé par elle lacunaire et retardataire, le colonisateur a essayé, à travers des textes législatifs et des tribunaux indigènes, d'apporter des changements profonds. N'ayant pas toutefois pu réussir à changer les mentalités et les pratiques des communautés, c'est le nouveau gouvernement du Mali indépendant [7] qui prit la relève et fut parmi les premiers à faire école en matière de réformes législatives en adoptant en 1962 le code de la famille et de la tutelle [8]. L'objectif était de met-

---

4. Dans l'empire du Ghana, la capitale Koumbi Saleh était constituée de deux quartiers : l'un habité par les musulmans et l'autre par les animistes (païens).
5. Le Soudan, ou la Terre des Noirs est composé de toute l'Afrique occidentale et de l'Est au sud du Sahara. Pendant la colonisation, ce vaste pays au milieu de l'Afrique occidentale qui s'appelle aujourd'hui Mali était appelé par le colonisateur « Soudan français ».
6. Bintou SANANKOUA, Communication au Colloque international « Femme, islam et droit de la famille au Mali », Dakar les 4 et 5 février 2008, [En ligne] Consulté le 24/09/2017 :
   http://www.genreenaction.net/IMG/pdf/Femme_Islam_et_droit_de_la_famille_au_Mali.pdf
   Voir aussi : www.kas.de/wf/doc/kas_13015-1522-3-30.pdf?080318104416
7. L'indépendance du Mali a été proclamée le 22 septembre 1960.
8. La loi n° 62-17-ANRM du 3 février 1962 portant code du mariage et de la tutelle modifiée un an après par la loi n° 63-19-ANRM du 25 janvier 1963. L'objectif de ce code était d'améliorer les conditions de vie de la femme à travers une modification légère de son statut et son rôle dans la société. Ce code a deux caractéristiques majeures : la première est qu'il a été calqué sur les textes

tre fin à l'oralité d'un système juridique et l'hétérogénéité des coutumes qu'il trouve incompatibles avec l'accession à la vie internationale et les obligations du développement économique. Mais à la différence du législateur colonial, tout en restant dans la logique de modernisation, dans le code de 1962, le législateur malien a essayé de prendre en compte certaines réalités du terrain. Cette prise en compte de la réalité du terrain à cette époque est le résultat de l'influence de la coutume et de l'islam profondément ancré dans les communautés maliennes [9]. Si au début de l'indépendance du Mali dans les années 1960, le code de la famille et de la tutelle a été influencé par l'islam et la coutume, qu'en est-t-il du droit positif malien après plus de 50 ans ? Le droit positif est l'ensemble des règles en vigueur au Mali. C'est le droit tel qu'il existe réellement aujourd'hui [10]. Certes, l'influence de la coutume et de l'islam est perceptible à plusieurs niveaux de la vie de tous les jours, surtout en matière d'application de la loi, mais son influence est encore plus grande en droit de la famille. Récemment, un nouveau code intitulé « Code des personnes et de la famille » a été adopté et promulgué le 30 décembre 2011 après plusieurs contestations des associations musulmanes et de la population en général. La question est de savoir comment l'islam et la coutume influencent ce nouveau code ? Pour répondre à cette question, notre analyse va porter dans un premier temps sur les droits de la femme et les fiançailles dans le code des personnes et de la famille et dans un deuxième temps sur le mariage et les successions.

I. Les droits de la femme dans la législation malienne

Les lois fondamentales au Mali, depuis la constitution du Soudan français à celle de la troisième République en passant par la Fédération du Mali, assurent l'égalité de tous et garantissent les droits de la femme. Ainsi, depuis le Soudan français, le Mali est doté d'un arsenal juridique considérable susceptible de garantir et de protéger les droits de la femme (A). Cette garantie et cette protection des droits de la femme sont renforcées par le code des personnes et de la famille à travers son Livre II [11], Titre I sur les fiançailles (B).

---

législatifs français, la deuxième est que le code est beaucoup marqué par l'influence de la religion musulmane.

9. Bakary CAMARA, « Fondements juridiques du mariage dans le pays bamanan malinké : du système coutumier au code du mariage et de la tutelle de 1962 – l'évolution dans la continuité », *Recherche et développement*, n° *21*, juin 2011, *Revue pluridisciplinaire de l'université Gaston Berger de Saint-Louis*, Sénégal. Voir aussi : [en ligne] Consulté le 24/09/2017 : https://www.bakarycamara.ml/fondement.pdf
10. Serge GUINCHARD et Thierry DEBAR (dir.), *Lexique des termes juridiques 2017-2018*, Paris, Dalloz, juin 2016.
11. Du mariage.

A. Un arsenal juridique considérable pour la protection des droits de la femme

Toutes les constitutions du Mali depuis celle de 1960 assurent l'égalité de tous les citoyens, femmes et hommes devant la loi, sans distinction d'origine, de race, de sexe ou de religion. Concernant le respect des droits de la femme, la constitution de 1992 affirme, dans son préambule, que « Le peuple souverain… s'engage solennellement à défendre la forme républicaine et la laïcité de l'État, proclame sa détermination à défendre les droits de la femme et l'enfant ainsi que la diversité culturelle et linguistique de la communauté nationale ». Plus loin, toujours dans le préambule, la loi fondamentale « souscrit à la Déclaration universelle des droits de l'homme du 10 décembre 1948 et à la Charte africaine des droits de l'homme et des peuples du 27 juin 1981 ». Le titre I de la constitution est consacré aux « Droits et devoirs de la personne humaine » (de l'article 1er à l'article 24) : inviolabilité de la personne humaine, l'égalité entre citoyens et de tous les droits fondamentaux de l'homme – libertés d'association, droit à la propriété, à l'éducation, santé, protection sociale, travail, etc.

C'est cet arsenal juridique national et international qui constitue la base légale des revendications d'associations et d'ONG défenseures et des femmes pour l'effectivité des droits et de l'égalité et l'équité du genre. En effet, dans les dispositions finales, l'article 119 de la constitution indique que « La législation en vigueur demeure valable dans la mesure où elle n'est pas contraire à la présente constitution et où elle n'est pas l'objet d'une abrogation expresse ». Ainsi, les lois contraires à la lettre et à l'esprit de la constitution et des instruments internationaux ci-dessus mentionnés dans le préambule de la constitution et qui font partie du bloc de constitutionnalité doivent être déclarées anticonstitutionnelles.

Au Mali, le droit de la famille ne faisait pas l'objet d'un code unique, mais de plusieurs textes dispersés dans différents codes. Le droit de la famille était régi d'abord par la constitution, norme suprême qui prône la laïcité, et les autres lois comme le code du mariage et de la tutelle, le code de la nationalité malienne, le code de la parenté, le code de l'état civil, le code de procédure civile, le code commercial et social, le code pénal et celui de procédure pénale, le code du travail, le code de prévoyance sociale, le code du commerce, le code domanial et foncier et la charte des partis. Quant aux instruments juridiques internationaux de protection des droits des femmes, signés et ratifiés par le Mali, ils ne sont pas toujours harmonisés avec la législation interne qui cohabite avec le droit coutumier.

D'où le projet de code des personnes et de la famille de 2009. Le projet de ce code constituait une opportunité pour le Mali non seulement pour respecter ses engagement internationaux, mais aussi pour élaborer un code unique prenant en compte tous les aspects des droits des personnes et de la famille dans la société malienne sous le nom de « code des personnes et de la famille ». Ainsi, c'est à cause de la laïcité proclamée par la constitution de 1992 et des engagements internationaux que le législateur malien n'avait pas reconnu le mariage religieux et traditionnel dans le projet de code de 2009 contesté par les associations musulmanes et une grande partie de la population [12]. Il a fallu attendre 2011 pour que la loi renvoyée en deuxième lecture par le président Amadou Toumani Touré (ATT) soit votée par l'Assem-blée nationale et promulguée le 30 décembre de la même année.

Or, en notre entendement, une telle reconnaissance ne remettait nullement en cause la laïcité de l'État, du moment où les mariages religieux et traditionnels ne sont pas imposés comme seules formes de mariages.

La laïcité selon Alain Bergounioux, a plusieurs faces : « elle veut dire aussi bien tolérance et respect des croyances, neutralité de l'État, morale humaniste, irréligion, voire contre-religion » [13]. En fait, la laïcité interdit au législateur d'adopter entièrement et exclusivement les règles religieuses comme cela se passait dans un État théocratique. Elle n'interdit pas de consacrer dans le code, sous forme d'option, certaines pratiques d'origine religieuse. D'ailleurs, dans le préambule de la constitution de 1992, comme énoncé plus haut, le peuple malien s'engage solennellement à défendre la forme républicaine et la laïcité de l'État, proclame sa détermination à défendre les droits de la femme et l'enfant ainsi que la diversité culturelle et linguistique de la communauté nationale ». Quand nous nous fondons sur l'esprit de la loi fondamentale, nous dirons que cette disposition constitue le soubassement de la reconnaissance de l'existence du pluralisme juridique [14] au Mali. Dans la mesure où la constitution prône la diversité culturelle, nous ne voyons aucun mal à la prise en compte à travers la codification des règles juridiques qui existent dans d'autres communautés ou champs sociaux de la même population.

Au Sénégal, le législateur a compris ce principe de la laïcité en reconnaissant les mariages religieux et coutumiers. Dès l'indépendance, au Mali, le législateur avait reconnu la polygamie dans le code de la famille et de la tutelle de 1962.

---

12. Maliactu.net, Code des personnes et de la famille : arguments et contre-arguments, [En ligne] Consulté le 25/09/2017 : http://maliactu.net/code-des-personnes-et-de-la-famille-arguments-et-contre-arguments/ Voir aussi : 22 septembre 2011 : Le code des personnes et de la famille adopté à l'unanimité : Nos Honorables députés se rachètent, numéro du 05/12/2011 [En ligne] : http://www.maliweb.net/category.php?NID=84143

13. Alain BERGOUNIOUX, « La laïcité, valeur de la République », in *La laïcité, Pouvoirs*, *75*, novembre 1995, p. 18. Voir aussi Bréhima KAMENA, « Les innovations apportées par le projet de Code des personnes et de la famille au droit malien : quelques exemples à propos du mariage », *Recherche et développement,* n° *21*, juin 2011, *Revue pluridisciplinaire de l'université Gaston Berger de Saint-Louis*, Sénégal.

14. Voir annexe.

Contrairement au précédent projet de code des personnes et de la famille qui comptait 1145 articles, celui voté et promulgué en 2011 en compte 1143. Cette version se révèle comme un compromis entre la religion, la coutume et la modernité. D'un côté, les engagements internationaux sont largement respectés et de l'autre, la réalité du terrain (la religion et la tradition) est prise en compte. Cette prise en compte des religions en général et de celle islamique en particulier, est perceptible à travers les livres et chapitres du code relatifs aux fiançailles qu'il convient d'analyser dans la section suivante.

B. Les fiançailles dans le code des personnes et de la famille

À ce niveau, l'on se pose la question de savoir, quelles sont les conditions de formation des fiançailles et du mariage dans le code malien des personnes et de la famille ? Sont-elles religieuses ou coutumières ? Pour répondre à cette question, nous essayerons d'abord de comprendre les dispositions du code règlementant les fiançailles avant d'aborder celles de la formation du mariage.

Concernant les fiançailles, le code des personnes et de la famille s'est inspiré des valeurs sociales et traditionnelles du Mali. Contrairement au code de la famille et de la tutelle de 1962, le code du 30 décembre 2011 a non seulement pris en compte le stade préliminaire de la formation du mariage, mais aussi les fiançailles et ses conditions de formation. L'article 278 du code dispose que les fiançailles sont une convention par laquelle un homme et une femme, en accord avec leur famille, se promettent mutuellement le mariage. Il en résulte que les fiancés sont liés par un acte juridique, et non par un simple fait juridique. Ce qui permet au législateur d'apporter quelques améliorations législatives aux sanctions de la rupture des fiançailles. La rupture sans motif légitime peut donner droit à réparation, en application des dispositions de la loi portant régime général des obligations » (article 279).

Les cas de rupture ne sont pas rares de nos jours au Mali. Ils peuvent provenir aussi bien de l'homme que de la femme. Et les causes peuvent être aussi bien économiques (espoir non comblé de se marier avec une personne aisée), personnelles (attirance pour une autre personne, mésentente répétée entre les fiancés, etc.) que sociales (pression de la famille ou des amis, etc.).

La rupture sans motif légitime des fiançailles peut causer un dommage indemnisable. On peut considérer comme motifs légitimes, toutes les prohibitions au mariage ainsi que les causes de divorce. Les fiançailles étant considérées comme un contrat, la responsabilité civile contractuelle s'applique alors sur la base des articles 130 et suivants du régime général des obligations au Mali [15]. Trois conditions doivent être réunies : la faute, le préjudice et le lien de causalité entre les deux. Au Mali, les fiancés ne peuvent plus rompre unilatéralement à leur guise. La rupture devrait être une exception. Dans l'esprit du législateur, les fiançailles doivent conduire au mariage. Cette position est

15. Loi n°87-31/AN-RM du 29 août 1987 portant régime général des obligations.

conforme aux mœurs de la plupart des Maliens qui considèrent les fiançailles comme l'engagement de deux familles que les futurs époux ne peuvent rompre sans motif sérieux.

Dans les coutumes maliennes, la rupture des fiançailles est considérée comme un signe de trahison à l'égard non seulement de l'autre partie, mais aussi de sa famille. Le préjudice subi par le fiancé abandonné peut être tant moral (atteinte à son honneur et à celui de la famille, déconsidération) que matériel (dot, dépenses en vue du mariage, frais pour la vie conjugale future, etc.).

La réparation consistera pour l'auteur de la rupture sans motif, qui peut être l'homme ou la femme, au remboursement de toutes les dépenses effectuées par l'autre et sa famille à l'occasion des fiançailles ou en vue de la vie conjugale future, y compris la restitution des cadeaux de fiançailles.

De son côté, l'auteur de la rupture abusive, qu'il s'agisse de l'homme ou de la femme, ne peut obtenir remboursement des dépenses ni restitution des cadeaux dans la mesure où l'autre n'a commis aucune faute.

Les nouvelles dispositions du code de la famille et de la personne relatives à la rupture des fiançailles, outre le fait qu'elles sont conformes aux réalités sociales maliennes, protègent aussi bien l'homme que la femme. En cela elles constituent un bon compromis entre les coutumes et l'évolution actuelle.

Par ailleurs, l'article 278 du code prévoit que les fiançailles sont conclues entre l'homme et la femme « en accord avec leurs familles ». Le législateur a pris en compte ici la volonté de la famille qui est importante dans la société malienne, surtout en matière de mariage qui est, au-delà du consentement des futurs époux, une alliance entre deux familles. Ainsi, tout comme l'article 27 de la *Charte de Kurukan Fuga* de 1236 [16], en prévoyant l'accord des parents ou des familles des futurs époux à l'article 278, le code fait de l'intervention de ces derniers une condition de validité des fiançailles.

Le terme « accord » impose une réponse affirmative. Mais il peut aussi être interprété comme exigeant le consentement des familles des futurs époux. Le désaveu d'une des familles concernées pourrait empêcher un homme et une femme de se fiancer même lorsque tous les deux sont majeurs. Or, même pour la célébration du mariage, excepté le cas des mineurs, le code n'exige pas le consentement des familles respectives des époux, mais exclusivement celui de ces derniers. On pourrait dire que pour le législateur malien, une fois que le consentement des parents des époux est acquis au niveau des fiançailles, il est valable pour le mariage, car les fiançailles doivent conduire automatiquement à ce dernier si elles ne sont pas rompues. Sans fiançailles, le mariage ne saurait être légitime aux yeux de la société parce qu'elles constituent une période et un acte de probation.

16. Article 27 : La jeune fille peut être donnée en mariage dès qu'elle est pubère sans détermination d'âge. Le choix de ses parents doit être suivi quel que soit le nombre de candidats.

C'est au niveau des fiançailles qu'intervient la dot qui constitue le pilier du mariage. Le code des personnes et de la famille dispose à l'article 288 que la dot est obligatoire et a un caractère symbolique. Elle ne peut en aucun cas excéder la somme de 15 000 francs. Elle ne peut donner lieu à restitution qu'en cas de non-consommation du mariage du fait de l'épouse. Alors que la Sourate 2 La Vache, verset 237 du coran, nous dit : « Et si vous divorcez d'avec elles sans les avoir touchées, mais après fixation de leur *mahr*, versez leur alors la moitié de ce que vous avez fixé, à moins qu'elles ne s'en désistent, ou que ne se désiste celui entre les mains de qui est la conclusion du mariage ». Contrairement au coran qui demande de verser la moitié de la dot en cas de divorce et de non-consommation du mariage, le code prévoit sa restitution.

Le caractère symbolique de la dot trouve son origine dans la coutume et dans l'islam. Contrairement à l'idée qui selon laquelle le code, en proclamant le caractère symbolique de la dot et en limitant sa valeur à une somme modique, exclut toute fonction économique ou sociale de celle-ci et méconnait ainsi les motivations profondes des comportements traditionnels ...[17], le code ne fait que se conformer à une vieille tradition malienne car la dot a de tout temps été symbolique avant l'avènement de la colonisation. L'article 29 de la Charte de *Kurukan Fuga* fixait par exemple « la dot à trois bovins. Une pour la fille, deux pour ses pères et mères. »[18] Il est important de noter que malgré l'institutionnalisation de ces règles de fiançailles, certaines dispositions de la Charte de 1236 ont été influencées par l'islam, la colonisation et les différentes interactions internes dans les communautés maliennes. Par ailleurs, à cette époque, tout le monde n'avait pas non plus les moyens de s'offrir trois bovins pour son mariage. Avec l'avènement de l'islam, de la colonisation, du boom de la démographie suivi de la complexification de la société et de la monnaie, la consistance de la dot, sa valeur et les cadeaux de mariage sont devenus très variables. Ils dépendent à la fois de la fortune du futur mari, de sa famille, du statut social de la femme et des coutumes familiales.[19] C'est probablement pour toutes ces raisons que le législateur malien a jugé nécessaire de limiter la dot à 15 000 Frs.

Aujourd'hui, dans les sociétés maliennes, la coutume a beaucoup évolué. Au siècle dernier, le débat sur le sens et le but de la dot a été animé par deux grandes écoles. En Afrique noire, bien que ce débat ait été repris par certains, il n'a pas bouleversé la logique coutumière de la dot. Les deux écoles se fondaient

---

17. Bréhima KAMENA, *ibid.* p. 253.
18. La Charte du nouveau Mandé, [en ligne] le 24/09/2017 : http://mediaafrik.com/wp-content/uploads/2013/05/La-Charte-du-nouveau-Manden.pdf Voir aussi : https://ich unesco.org/fr/RL/la-charte-du-manden-proclamee-a-kouroukan-fouga-00290.
19. Bakary CAMARA, *ibid.*

toutes sur le coran et les hadiths...[20] Ce qu'on peut retenir de ces débats, c'est que, du point de vue de l'islam et de la coutume, la dot est insignifiante relativement à sa valeur patrimoniale.

Ainsi, en considérant la dot comme la condition fondamentale de la formation du mariage, et, à partir de la procédure et de la règlementation des fiançailles, nous pouvons dire que le nouveau code des personnes et de la famille tient effectivement compte des coutumes maliennes. Qu'en est-il de la formation proprement dite du mariage ou la légitimation de l'union par la religion ou la coutume ? Comment le code prévoit les successions ?

II. Le mariage et les successions dans le code des personnes et de la famille

Le législateur malien, pour préserver la paix sociale n'a trouvé d'autres solutions que de reconnaître le mariage célébré devant le ministre du culte (A) et les principes de succession islamique (B).

A. La reconnaissance du mariage devant le ministre du culte et d'autres effets de l'union matrimoniale

Ici, la réalité du terrain s'est imposée, c'est-à-dire les pratiques religieuses et coutumières du mariage dans les sociétés maliennes. La célébration du

20. La première école a pour chef de file Marcel Morand qui postule que le mariage à l'époque préislamique était une vente et est demeuré une vente malgré le Coran et ses réformes. Selon lui, le seul progrès réalisé consiste dans le fait que la femme qui, avant l'islam, était seulement l'objet du contrat, est devenue depuis l'islam, objet et partie en même temps du contrat. Elle constitue à la fois la chose vendue et vendeur. Comme exemple, selon Morand, en Algérie, les actes de mariage qualifiés de *Tamlik* seraient translatifs de propriété et seraient rédigés comme des actes de vente. Ainsi, la dot pour lui n'est partout qu'un prix de vente. Parmi les leaders de la deuxième école, à côté des classiques Sautaya et Zeys, il y avait Roussier-Theaux qui fait partie des chefs de file au Maroc à partir de 1935. Cette école a deux niveaux de raisonnement : le premier niveau est la comparaison entre la dot et le prix de vente ; le deuxième niveau de comparaison se trouve entre le mariage et la vente. Concernant le premier niveau, les tenants de cette école font valoir que les textes ne sont pas déterminants. Ils postulent que ce que l'on donne en dot et ce que l'on donne en vente ne sont pas identiques, car certains objets de la dot ne sont pas acceptés pour la vente. Sur le deuxième niveau de comparaison, ils cherchent les solutions qui peuvent faire qu'un acte sexuel puisse être licite et pensent qu'un musulman en quête de femme n'a à sa disposition que deux moyens légaux de rendre licite ce rapport : acheter une esclave et contracter mariage. Le mariage et la vente sont deux choses différentes.

mariage devant le ministre du culte est reconnue [21]. Le ministre du culte établit quatre originaux de l'imprimé-type dont le deuxième original est transmis à l'officier de l'état civil du lieu de la célébration dans un délai de 15 jours [22]. Dès réception de l'original qui lui est destiné, l'officier de l'état civil enregistre le mariage dans le registre ouvert à cet effet et établit un livret de famille pour les époux [23]. Les droits et devoirs des époux ainsi que la dissolution du mariage célébré devant le ministre du culte sont soumis aux dispositions du titre III et IV du livre II du code.

Dans le processus de formation du mariage, même si la dot a été payée en intégralité, en l'absence du rituel du mariage, juridiquement, le mariage n'existe pas et ne peut être consommé. L'article 280 nous rappelle que le mariage est un acte public, par lequel un homme et une femme consentent à établir entre eux une union légale dont les conditions de formation, les effets et la dissolution sont régis par les dispositions du présent livre. Il est célébré par l'officier d'état civil ou par le ministre du culte. Du coup, les mariages religieux et coutumiers sont reconnus par la loi au Mali. Mais contrairement aux fiançailles, le code n'exige pas le consentement des familles des époux pour le mariage acte public, car dans l'esprit du législateur, les fiançailles conduisent normalement au rituel devant l'officier de l'état civil ou devant le ministre du culte.

Le principe du consentement dans le mariage ne date pas d'aujourd'hui. En 1939, le décret Mandel réglementant les mariages indigènes organisait et imposait un âge légal pour la nuptialité et le consentement en Afrique occidentale française (AOF). Dans certains de ses articles, ce décret Mandel stipulait que désormais, au lieu des parents, ce sont les futurs époux qui devraient consentir librement à leur union. Les parents ne devaient intervenir que subsidiairement pour entériner la décision. Ce qui les plaçait dans le rôle de simples témoins. L'objectif du décret Mandel était de mettre fin à la tutelle matrimoniale trop forte des parents, surtout sur la fille, donc au mariage forcé et au mariage précoce, en vue de promouvoir la volonté individuelle dans le mariage. À la différence des communautés soninkés où les femmes se mariaient à un âge relativement, voire très jeune (12 ans parfois), dans les communautés malinkés, en général, les filles étaient données en mariage au moment où les seins commencent à pousser (environ 14 ans) [24]. Le décret Mandel n'a pas été appliqué ni par les populations indigènes, ni par les tribunaux indigènes, bien qu'il soit arrivé que des jeunes filles aient eu recours à la justice pour éviter un mariage forcé.

---

21. L'article 300 du code stipule que « Le mariage est célébré publiquement par le ministre du culte sous réserve du respect des conditions de fond du mariage et des prohibitions édictées dans le présent livre ».
22. Code des personnes et de la famille du 30 décembre 2011, art. 303.
23. *Ibid.*, art. 304.
24. *Ibid.*

Dans le même esprit que le code du mariage et de la tutelle de 1962 [25], l'article 281 du code des personnes et de la famille fixe l'âge minimum pour contracter mariage à dix-huit ans pour l'homme et seize ans pour la femme. Le chef de la circonscription administrative peut, néanmoins, par décision susceptible de recours, devant le juge civil accorder une dispense d'âge pour des motifs graves. Cette autorisation ne peut être délivrée que pour les futurs conjoints âgés d'au moins quinze ans. Une copie de la décision de dispense est annexée à l'acte de célébration du mariage. Contrairement au code de 1962 qui fixait l'âge du mariage de la femme à la période d' « avant quinze ans accomplis », le code des personnes et de la famille de 2011 fixe l'âge du mariage de la jeune femme à seize ans. Le code laisse toutefois une possibilité pour la dispense d'âge pour des motifs graves comme par exemple en cas de grossesse précoce. Au lieu du ministre de la Justice pour le code 1962, c'est le chef de la circonscription administrative qui est chargé de décider la dispense d'âge avec possibilité de recours auprès du juge civil. Par ailleurs, l'autorisation de dispense d'âge est délivrée aussi bien aux femmes qu'aux hommes de moins de quinze ans.

Nous trouvons que cette disposition constitue non seulement un compromis entre les principes occidentaux modernes et les coutumes, mais aussi l'allègement de la procédure de dispense est une avancée. Au lieu de se borner à l' « à peu près » de « quand la poitrine est pleine », c'est-à-dire la puberté entre 11 et 14 ans, le code tranche et fixe l'âge du mariage à 16 ans pour les femmes. Mais pour la dispense, l'article 282 met en garde et précise que tout officier de l'état civil ou ministre de culte qui célébrera le mariage d'une personne n'ayant pas atteint l'âge requis encourra une peine d'emprisonnement de six mois à un an et une amende de 120 000 francs.

---

25. L'article 4 de la loi n° 62-17-ANRM du 3 février 1962 portant code du mariage et de la tutelle stipule que l'homme avant dix-huit ans révolus et la femme avant quinze ans accomplis ne peuvent contracter mariage. L'alinéa 2 du même article ajoute : « néanmoins, le ministre de la justice pourra accorder, par décision non susceptible de recours, des dispenses d'âge pour motifs graves ». Cette disposition n'est pas contraire à la coutume car dans le passé c'est vers l'âge de 18 ans que le jeune garçon circoncis pouvait rentrer dans le cercle des hommes. Ce qui le prédisposait au mariage. C'est donc à cet âge que les hommes se mariaient dans la tradition malinké. Quant aux jeunes filles, comme nous l'avons dit précédemment, dans le pays malinké, celles-ci rejoignaient en général leurs maris quand « leurs poitrines étaient pleines ». Cependant, chez la plupart des filles, la poitrine est pleine bien avant l'âge de 15 ans. Ici, on peut constater que cette loi avait seulement voulu protéger la fille en interdisant le mariage précoce, en imposant « quinze ans accomplis », ce qui est bien raisonnable, car « une poitrine remplie» d'une jeune fille n'est pas un critère très fiable pour mesurer l'âge d'une fille ; bien que dans la tradition mandingue il soit suffisant pour jauger de l'aptitude de la femme à supporter ses devoirs de cohabitation.

Il n'y a pas de mariage lorsqu'il n'y a point de consentement des deux futurs époux. Le consentement n'est point valable s'il est extorqué par la violence ou s'il n'a été donné que par suite d'une erreur sur la personne… [26] Il faut toutefois noter que le futur époux, en principe, ne peut contracter mariage, en cas de dispense d'âge sans le consentement de ses père et mère. En cas de désaccord, l'avis du père suffit. Cet alinéa de l'article 284 du code est impératif et redonne à l'homme la place traditionnelle dans le foyer. Ici encore, nous pouvons affirmer que les coutumes ont été en partie prises en compte bien que le consentement des père et mère pour le mariage sans dispense ne soit pas demandé. Le même article précise à l'alinéa 2 que « en cas de décès ou d'impossibilité pour le père de manifester sa volonté, le consentement du conseil de famille élargi à la mère suffit. Ici, la mère n'est pas exclue dans la prise de décision, mais sa place n'est pas prépondérante. Contrairement à la seule suffisance de l'avis du père, celui de la mère est impossible sauf au sein d'un conseil de famille élargi à elle.

Pour les sanctions prévues pour le mariage sans consentement, l'article 287 indique que l'officier d'état civil qui procédera à la célébration d'un mariage sans qu'il se soit assuré des consentements encourra un emprisonnement de six mois au moins et d'un an au plus, et d'une amende de 25 000 frs à 120 000 frs, ou à l'une de ces deux peines seulement. Un point d'ombre existe néanmoins, car cette disposition laisse sous silence les peines et les amendes encourues par le ministre du culte en cas de violation des articles 283 ; 284 [27] ; 285 [28] et 286 [29].

Quelle sera la sanction du ministre du culte en cas de violation de ces dispositions ?

Pour revenir à la dispense d'âge, comparé aux autres pays de la sous-région, on se rend compte que la procédure prévue par le code malien est beaucoup plus souple. C'est le cas par exemple du Bénin où la dispense d'âge est accordée « pour motif grave par ordonnance du président du tribunal de première instance sur requête du Ministère public. »

26. *Ibid.*, art. 283.
27. Le futur époux, en principe, ne peut contracter mariage, en cas de dispense d'âge, sans le consentement de ses père et mère. En cas de désaccord, l'avis du père suffit. En cas de décès ou d'impossibilité pour le père de manifester sa volonté, le consentement du conseil de famille élargi à la mère suffit.
28. Le futur époux reconnu par son père ou sa mère ne peut contracter mariage, en cas de dispense d'âge, sans le consentement du parent qui l'a reconnu.
29. Le futur époux non reconnu par ses père et mère, ou de père et mère inconnus, ne peut contracter mariage, en cas de dispense d'âge, qu'avec l'autorisation de son tuteur ou à défaut l'autorisation spéciale du chef de la circonscription administrative de son domicile. L'expédition de cette autorisation est annexée à l'acte de célébration du mariage.

En Côte d'Ivoire, la loi n° 64-375 prévoyait que la dispense est accordée par le président de la République pour motifs graves [30].

Par ailleurs, concernant l'option matrimoniale, selon l'article 307, les futurs époux sont libres de contracter mariage soit sous le régime de la monogamie, soit sous le régime polygamique. Si c'est sous le régime monogamique, les époux ne peuvent contracter un second mariage avant la dissolution du premier. Toutefois, l'homme ayant opté pour la monogamie aura la faculté de réviser son option avec le consentement exprès de l'épouse. Pour le mariage polygamique, il faut que la femme y consente, et l'homme ne peut être tenu simultanément dans les liens du mariage avec plus de quatre femmes. Les régimes matrimoniaux règlent les effets patrimoniaux du mariage dans les rapports des époux entre eux et à l'égard des tiers. Nous voyons que le code est resté flexible, il donne la liberté de choix matrimonial dépendant non seulement des futurs époux, mais aussi de leurs religions ou de leurs coutumes respectives. L'option de monogamie est révisable. En prévoyant la polygamie, le code des personnes et de la famille respecte les prescriptions du coran en la matière. Selon le coran : « ... Il est permis d'épouser deux, trois ou quatre parmi les femmes qui vous plaisent, mais, si vous craignez de n'être pas justes avec celles-ci, alors une seule… » sourate 4, Les Femmes, verset 3 [31]. Le code organise les régimes suivants : la séparation des bien ; la communauté universelle ; la communauté réduite aux acquêts ; et les autres communautés convenues entre époux [32].

L'article 289 prévoit seize cas de mariages prohibés. Parmi ces seize cas, il y a « le mariage entre personnes de même sexe ». La religion musulmane interdit aussi cette catégorie de mariage car dans une optique religieuse et coutumière, le mariage est fait pour se procréer.

L'article 314 dispose que le mariage qui n'a pas été célébré conformément aux conditions de forme prescrites par le présent code ou qui n'a point été célébré devant l'officier public compétent ou le ministre du culte, peut être attaqué à tout moment par tous ceux qui y ont intérêt ainsi que par le ministère public, dès lors qu'ils n'en ont pas été informés et qu'aucun enfant n'en est issu. Les prétendants sont donc obligés de célébrer leur mariage devant l'officier de l'état civil ou devant le ministre du culte à la mosquée ou à l'église. La même procédure est valable pour les athées qui n'ont d'autre choix que de célébrer leur mariage devant l'officier de l'état civil.

---

30. Bréhima KAMENA, « Les innovations apportées par le projet de code des personnes et de la famille au droit malien : quelques exemples à propos du mariage », *Recherche et développement*, n° *21*, juin 2011, *Revue pluridisciplinaire de l'université Gaston Berger de Saint-Louis*, Sénégal.
31. Le Saint Coran et la traduction en langue française du sens de ses versets, Révisé et édité par la Présidence générale des directions des recherches scientifiques islamiques, de l'*Ifta*, de la prédication et de l'orientation religieuse, Royaume d'Arabie Saoudite, 1410 (1988).
32. *Ibid.*, art. 385.

Des droits et obligations des époux : le maintien de l'inégalité en matière extrapatrimoniale

Tout comme les articles 32 et 34 du code de la famille et de la tutelle de 1962, le code des personnes et de la famille de 2011 réaffirme dans son article 316 que dans la limite des droits et devoirs respectifs des époux consacrés par le présent code, la femme doit obéissance à son mari, et le mari, protection à sa femme. Les époux se doivent mutuellement fidélité, protection, secours et assistance. Ils s'obligent à la communauté de vie sur la base de l'affection et du respect. Le mari est le chef de famille… Le choix de la résidence de la famille appartient au mari. La femme est tenue d'habiter avec lui et il est tenu de la recevoir. Ce choix doit se faire dans l'intérêt du ménage. Les charges du ménage pèsent sur le mari. La femme mariée qui dispose de revenu peut contribuer aux charges du ménage [33].

Traditionnellement, au Mali, la femme doit obéir à son mari. Dans la réalité des couples maliens, l'obéissance de la femme à son mari se fonde aussi bien sur l'islam que sur les coutumes non islamiques. Selon la Sourate 4 verset 34 du coran, « Les hommes ont autorité sur les femmes en raison des faveurs qu'Allah accorde à ceux-ci sur celles-là et aussi à cause des dépenses qu'ils font de leurs biens. Les femmes vertueuses sont obéissantes (à leurs maris) et protègent ce qui doit être protégé pendant l'absence de leur époux avec la protection d'Allah. Et quant à celles dont vous craignez la désobéissance, exhortez-les, éloignez-vous d'elles dans leurs lits et frappez-les. Si elles arrivent à vous obéir alors ne cherchez plus de voies contre elles, car Allah est certes Haut et Grand ! » [34] Ces dispositions du code influencées par le coran rompent avec la question de l'égalité entre l'homme et la femme.

De la dissolution du mariage

Concernant le divorce, le code dispose qu'il peut être prononcé soit par consentement mutuel, soit pour rupture de la vie commune, soit pour faute [35] :
- Les deux époux, lorsqu'ils demandent conjointement le divorce n'ont pas à en faire connaître la cause ; ils doivent seulement soumettre à l'approbation du juge un projet de convention qui en règle les conséquences [36].
- Un époux peut aussi demander le divorce en raison d'une rupture prolongée de la vie comme lorsqu'ils vivent séparés de fait, depuis trois ans ou en cas d'impossibilité de l'un de satisfaire à ses obligations conjugales. Ou encore,

---

33. *Ibid.*, art. 319.
34. Le Saint Coran et la traduction en langue française du sens de ses versets, Révisé et édité par la Présidence générale des directions des recherches scientifiques islamiques, de l'*Ifta*, de la prédication et de l'orientation religieuse, Royaume d'Arabie Saoudite, 1410 (1988), p. 84.
35. *Ibid.*, article 326.
36. *Ibid.*, article 337.

lorsque les facultés mentales du conjoint se trouvent depuis trois ans gravement altérées [37].
- Enfin, un époux peut demander le divorce pour faute en cas d'adultère de l'autre ; d'excès, sévices et d'injures graves de l'autre rendant la vie conjugale impossible ; de condamnation de l'autre à une peine afflictive et infamante ; d'alcoolisme invétéré ou toxicomanie ; et enfin, de manquement à un engagement substantiel. Dans ce cas précis, le législateur a mis l'accent sur la réconciliation : une tentative de conciliation est prévue par la loi. Dans cette section, le mot conciliation apparaît plusieurs fois aux articles 354 ; 355 ; 357 et 358. La conciliation est une des valeurs traditionnelles dans les sociétés maliennes. Même pour les cas de divorce, l'article 371 indique que l'action en divorce s'éteint par la conciliation des époux sans préjudice de la possibilité d'une nouvelle demande pour une cause survenue depuis la conciliation…

L'épouse peut aussi demander le divorce lorsque le mari refuse de subvenir à ses besoins essentiels : nourriture, logement, habillement et soins médicaux. Le code interdit à la femme de se remarier avant trois mois après le divorce : « la femme divorcée ne peut contracter un nouveau mariage avant un délai de trois mois à compter du divorce » [38]. Cette interdiction est présente dans le coran à la sourate 2, La Vache, verset 228 : « Et les femmes divorcées devront observer un délai d'attente de trois menstrues » [39].

Un délai de quatre mois avant le remariage est également imposé à la femme dont le mari est décédé comme le prévoit le coran, sourate 2 verset 234 : « Ceux des vôtres que la mort frappe et qui laissent des épouses : celles-ci doivent observer une période d'attente de quatre mois et dix jours ».[40] L'influence de l'islam sur le code se trouve aussi au niveau des cas de dissolution du mariage par décès. L'article 373 dispose que « la veuve ne peut contracter un nouveau mariage avant un délai de quatre mois et dix jours à compter du décès de son mari. La veuve enceinte ne peut contracter mariage qu'après l'accouchement. Si l'accouchement intervient pendant ce temps, elle n'est plus tenue d'achever la durée prescrite à l'alinéa précédent ».

La coutume islamique permet en la matière la restitution de la moitié de la dot *(mahr)* en cas de divorce sans consommation du mariage *cf.* sourate 2, La Vache, verset 237 : « Et si vous divorcez d'avec elles sans les avoir touchées, mais après fixation de leur *mahr*, versez leur alors la moitié de ce que vous avez fixé, à moins qu'elles ne s'en désistent, ou que ne se désiste celui entre les mains de qui est la conclusion du mariage » [41].

37. *Ibid.*, articles 348 et 349.
38. *Ibid.*, article 366.
39. *Ibid.* Le Saint Coran et la traduction en langue française du sens de ses versets, p. 36.
40. *Ibid.*, p. 38.
41. *Ibid*, p. 38.

Concernant les effets du divorce, l'article 368 dispose que l'épouse placée dans le besoin du fait du divorce prononcé au tort du mari a droit à une pension alimentaire sans préjudice des dommages-intérêts. La pension alimentaire ne peut excéder le quart du montant du revenu du mari. Dans le cas de mariage polygamique, cette fraction ne peut être supérieure à : 1/8 pour deux épouses ; 1/12 pour trois épouses et 1/15 pour quatre épouses. Nous voyons que le législateur malien a le souci de compromis dans le texte.

La filiation dans le code des personnes et de la famille

L'article 447 du code dispose que la filiation est légitime, naturelle ou adoptive. Du conflit de lois relatif à l'établissement de la filiation, le code précise que la filiation est régie par la loi personnelle de la mère au jour de la naissance de l'enfant ; si la mère n'est pas connue, par la loi personnelle de l'enfant[42]. Toutefois, si l'enfant légitime et ses père et mère ont au Mali leur résidence habituelle, commune ou séparée, la possession d'état produit toutes les conséquences qui en découlent selon la loi malienne, alors même que les autres éléments de la filiation auraient pu dépendre d'une loi étrangère.[43] L'article 465 nous informe que le mariage emporte légitimation lorsque, au jour où l'union a été célébrée, cette conséquence est admise, soit par la loi régissant les effets de mariage, soit par la loi personnelle de l'un des époux, soit par la loi personnelle de l'enfant. La légitimation par autorité de justice est régie aux choix du requérant, soit par la loi personnelle de celui-ci, soit par la loi personnelle de l'enfant. La reconnaissance volontaire de paternité ou de maternité est valable si elle a été faite en conformité, soit avec la loi personnelle de son auteur, soit avec la loi personnelle de l'enfant. L'action à fin de subsides est régie, au choix de l'enfant, soit par la loi de sa résidence habituelle, soit par la loi de la résidence habituelle du débiteur [44]. La légitimation n'a lieu que par mariage des parents ou par autorité de justice [45].

Le code a résolu le problème de la reconnaissance de l'enfant naturel dans les articles 495 et suivants [46]. Quand il est reconnu, l'enfant naturel a les mêmes droits que l'enfant légitime. La filiation naturelle est légalement établie par reconnaissance volontaire. Elle peut aussi se trouvée légalement établie par la possession d'état ou par l'effet d'un jugement.

En ce qui concerne l'adoption, l'article 522 autorise l'adoption d'un ou de plusieurs enfants, soit pour assurer à ceux-ci l'entretien, l'éducation, la protection matérielle ou morale dont ils ont besoin, soit pour se procurer une postérité. Dans le premier cas, a lieu « l'adoption-protection » qui renforce ou crée entre l'adoptant et l'adopté des droits et des obligations tels que prévus par le code

---

42. Art. 463.
43. Art. 464.
44. Art. 466.
45. Art. 484.
46. De l'article 495 à l'article 511.

des personnes et de la famille ; dans le second cas, a lieu « l'adoption-filiation » qui institue des liens analogues à ceux résultant de la filiation légitime. En aucun cas, un homosexuel n'est admis à adopter un enfant sous quelque régime que ce soit. Des innovations ont été aussi apportées au niveau des successions qu'il convient de mettre en exergue.

B. Des successions profondément influencées par les principes de l'islam

Au niveau des successions, le code des personnes et de la famille a essayé de faire un compromis avec la religion et les coutumes. L'article 751 dispose que :
- l'héritage est dévolu selon les règles du droit religieux, coutumier ou selon les dispositions du présent livre.

Les dispositions du présent livre s'appliquent à toute personne :
- dont la religion ou la coutume n'est pas établie par écrit, par témoignage, par le vécu ou la commune renommée ;
- qui, de son vivant, n'a pas manifesté par écrit ou par devant témoins sa volonté de voir son héritage dévolu autrement ;
- et enfin, qui, de son vivant n'a pas disposé par testament de tout ou partie de ses biens, sauf la mesure compatible avec la réserve héréditaire et les droits du conjoint survivant. Nul ne peut déroger aux règles de mode de dévolution successorale retenu.

Il est important de noter que dans le chapitre des droits des parents en l'absence de conjoints successibles, l'article 771 dispose que la loi ne distingue pas entre la filiation légitime et la filiation naturelle pour déterminer les parents appelés à succéder. Les droits successoraux résultant de la filiation adoptive sont réglés au titre de l'adoption [47].

Quand la religion est établie et que le défunt était musulman, la succession se fait sur la base des prescriptions du coran. Plusieurs versets (au nombre de cinq) de la quatrième sourate *Les Femmes* du Coran règlementent la succession en droit musulman. Il s'agit notamment de :
- la sourate 4 verset 7 : « Aux hommes revient une part de ce qu'ont laissé les père et mère ainsi que les proches ; et aux femmes une part de ce qu'ont laissé les père et mère ainsi que les proches, que ce soit peu ou beaucoup : une part fixée » [48] ;
- la sourate 4 verset 11 : « au fils, une part équivalente à celle de deux filles. S'il n'y a que des filles, même plus de deux, à elles alors deux tiers de ce le défunt laisse. Et s'il n'y en a qu'une, à elle alors la moitié. Quant aux père et mère du défunt, à chacun d'eux le sixième de ce qu'il laisse, s'il a un enfant.

47. Loi n°2011-087 du 30 décembre 2011 portant code des personnes et de la famille.
48. Le Saint Coran et la traduction en langue française du sens de ses versets, p. 78.

S'il n'a pas d'enfant et que ses père et mère héritent de lui, à sa mère alors le tiers »[49] ;
- la sourate 4 verset 12 : « Et à vous la moitié de ce que laissent vos épouses, si elles n'ont pas d'enfant. Si elles ont un enfant, alors à vous le quart de ce qu'elles laissent… Et à elles un quart de ce que vous laissez, si vous n'avez pas d'enfant. Mais si vous avez un enfant, à elles alors le huitième de ce que vous laissez »[50] ;
- la sourate 4 verset 19 : « Ô les croyants ! Il ne vous est pas licite d'hériter des femmes contre leur gré. Ne les empêchez pas de se remarier… »[51] ;
- et de la sourate 4 verset 176 : « … si quelqu'un meurt sans enfant, mais a une sœur, à celle-ci la moitié de ce qu'il laisse. Et lui, il héritera d'elle en totalité si elle n'a pas d'enfant »[52].

49. *Ibid.*
50. *Ibid.*, p. 79.
51. *Ibid.*
52. *Ibid.*

Annexe. *La théorie du pluralisme juridique*

La théorie du pluralisme juridique est généralement connue à travers trois auteurs : Léopold J. POSPISIL (1956 ; 1971), S. FALK MOORE (1973) et J. GRIFFITHS (1986) .

Léopold J. Pospisil postule que toute société est constituée d'un ensemble de sous-groupes hiérarchiquement ordonnés, chaque sous-groupe possédant son propre système juridique. L'originalité de sa thèse se trouve dans la notion de « niveau juridique » qui exprime la nature hiérarchique de sa vision de la société. Pour lui, un niveau juridique est formé par la somme des systèmes juridiques des sous-groupes de même type et possédant le même degré d'intégration.

Cette théorie démontre que l'individu appartient à plusieurs niveaux à la fois et donc doit obéir à plusieurs systèmes juridiques. Le droit étatique conserve une prééminence hiérarchique car étant au sommet de la pyramide, mais qualitativement, il ne se distingue pas des autres niveaux.

La deuxième théorie est celle de S. Falk Moore appelée « théorie des champs sociaux semi autonomes ». Cette théorie, tout comme celle de Pospisil, s'applique aussi bien aux sociétés traditionnelles que modernes. Falk Moore substitue au concept habituel de « sous-groupe » celui de « champ social » qui peut ou non se confondre avec un sous-groupe.

Un champ social est l'espace dans lequel un sous-groupe ou plusieurs sous-groupes sont en relation les uns avec les autres. Chaque champ social produit des normes sanctionnées par la contrainte ou l'incitation. Ces champs sociaux sont en général semi autonomes : d'une part, ils subissent la pression, d'autres champs sociaux parmi lesquels peut, ou non, prendre place l'espace occupé par le droit étatique ; d'autre part, ils conservent toujours une marge d'autonomie (même dans l'armée et dans les prisons, il y a des foyers d'autonomie des règles et modèles de comportement par rapport aux normes édictée par les autorités militaires ou carcérales). Ainsi, l'État ou ses institutions peuvent-ils instituer en loi étatique des règles propres à un champ social (droit canonique devant être repris par les ordonnances royales pour être applicables en France) et à l'inverse, un champ social peut faire d'une loi étatique sa coutume s'il l'intègre pleinement dans son propre espace au lieu de lui résister. Dans ce système, le droit étatique n'est plus dominant puisque l'ordonnancement des champs sociaux est horizontal plus que vertical ; d'autre part, le vide habituel entre le législateur et l'individu est rempli par les règles issues des champs sociaux semi-autonomes distincts de l'État.

La troisième théorie est celle de J. Griffiths qui constitue une théorie hypercritique des deux premières. Pour Griffiths, il existe deux types de pluralismes dont seul le second est authentique : celui autorisé par l'État et celui qui échappe à son contrôle.

Par nature unitaire, l'État est opposé au pluralisme. Pour le combattre, il peut adopter deux attitudes. Soit tenter de l'éliminer totalement (par exemple en faisant rédiger les coutumes orales). Soit, assez fréquemment, en reconnaissant certaines manifestations : statuts spécifiques octroyés aux minorités ethniques, aux églises, aux colonies, etc. Il ne s'agit là que d'un « pseudo-pluralisme » car l'unité n'est pas synonyme d'uniformité et l'État reste maître du jeu : c'est lui qui fixe le partage entre lui-même et les entités auxquelles il octroie une autonomie.

Il n'y a véritablement pluralisme que lorsque l'État ne peut exercer de contrôle sur certains domaines de la vie juridique (par exemple en France, dans certaines familles d'immigrés musulmans, la répudiation de la femme se fait en violation de l'ordre public), car pour Griffiths, le droit n'a absolument pas besoin de l'État pour exister puisque « ...le droit est l'autorégulation d'un champ social semi autonome.

Voir aussi : N. ROULAND, *Anthropologie juridique*, Paris, PUF, 1988, 496 p ; Bakary CAMARA, « Évolution des systèmes fonciers au Mali : cas du bassin cotonnier de Mali sud – Office du Niger et Zone CMDT », Conseil pour le développement de la recherche en sciences sociales en Afrique (CODESRIA), ISBN : 978-2-86978-643-1, Dakar, 2015, Sénégal.

Le “cadeau” colonial empoisonné : la suprématie masculine dans les institutions politiques

Fatou Kiné CAMARA et Christine F. BLACK

« Pour comprendre les droits originellement africains il ne suffit pas de les penser autres : il faut penser autrement. »

Michel ALLIOT [1]

Introduction

Il convient de noter que de nombreux pays localisés dans le “Tiers-monde” ont des citoyens et citoyennes, des leaders politiques, ainsi qu’une société civile, qui les ont propulsés au premier rang dans la réalisation des droits politiques des femmes.

Selon la liste mondiale de la représentation des femmes dans les parlements nationaux, le Rwanda, Cuba et la Bolivie sont les pays en tête, occupant respectivement les première, deuxième et troisième places du classement [2]. Le Sénégal qui occupait la 6ème place, lors des élections législatives de 2012, a été relégué à la 12ème place à la suite des élections législatives de 2016, le pourcentage des femmes élues à l’Assemblée nationale ayant baissé [3]. Il n’en reste

1. Dernière phrase de l’article de M. ALLIOT, « La coutume dans les droits originellement africains », *Bulletin de liaison du LAJP*, n° *7-8*, 1985, p. 79-100, http ://www.dhdi.free.fr/recherches/theoriedroit/index.htm (consulté le 18 mars 2015).
2. *Women in National Parliaments*, situation au 1er avril 2018, http ://archive.ipu.org/wmn-e/classif.htm (consulté le 24 mai 2018).
3. « [L]e nombre total de femmes siégeant dans la XIIème législature est de 64 sur un total de 150, soit plus de 42,66 % des députés sont des femmes » F. BOUTIGNY et I. LABEAU-CABERIA, *Rapport bilan an II parité hommes-femmes à l’Assemblée nationale du Sénégal : au-delà des chiffres*, Dakar, République du Sénégal, ONUFemmes, OSIWA, UE, AECID, 2015, p. 4 ; « Sur un total de 165 députés, les femmes sont au nombre de 69 [41,8 %] » Observatoire national de la Parité (ONP), *Mise en œuvre de la loi sur la parité au Sénégal – Rapport de suivi et d’analyse de la participation des femmes aux élections législatives de 2017*, République du Sénégal, décembre 2017, p. 29.

pas moins qu'aucun des États membres du Conseil de sécurté des Nations Unies, y compris ceux qui se proclament les défenseurs universels des droits de l'homme, ne figurent aux dix premières places. La France a fait un bond en avant considérable de sa précédente élection législative à la présente (11 juin 2017), passant de la 45ème à la 16ème place. Le Royaume-Uni a progressé de la 59ème place à la 41ème. Tandis que la Chine occupe la 70ème place de ce classement, les États-Unis sont à la 102ème et la Fédération de Russie à la 129ème [4]. Ce classement indique clairement qu'en matière de respect des droits politiques de l'autre moitié du genre humain, les pays africains n'ont rien à apprendre, ni à attendre, des "grandes démocraties" occidentales, et encore moins des puissances militaires et industrielles actuelles.

Le classement du Sénégal est le fruit d'une lutte acharnée des associations nationales de défense des droits des femmes [5]. En 2005, la société civile féminine sénégalaise lance sa campagne pour la parité des sexes dans toutes les assemblées élues de la République. En sus du slogan de la campagne qui était "*Avec la parité consolidons la démocratie*", le plaidoyer porté par les militantes se réfère systématiquement à l'époque précoloniale et à l'affirmation, inscrite dans le premier dépliant de vulgarisation : "*La parité est notre héritage*". La bataille est remportée en 2010, avec l'adoption de la loi instituant la parité absolue homme-femme dans toutes les institutions totalement ou partiellement électives [6]. Toutefois, ainsi que le prouve la perte en pourcentage de femmes élues, de la première élection appliquant la loi sur la parité à la seconde (42,66 % en 2012, 41,80 % en 2016) [7], les militants et militantes de l'égalité femmes-hommes sont toujours aux prises avec le système politique patriarcal hérité de la colonisation.

Confrontant le passé au présent, l'article ici présenté a pour but de mettre en lumière l'origine des outils juridiques et politiques employés pour empêcher l'autonomisation politique des femmes sénégalaises. L'article tend en outre à initier ses lecteurs et lectrices à une autre façon d'enseigner et de documenter le droit en Afrique [8]. Dans ce cadre, il sera fait usage d'un récit mythologique

4. *Women in National Parliaments*, *op.cit.*, *loc.cit.*
5. Conseil sénégalais des femmes (COSEF), *Combats pour la parité – La campagne "Avec la parité consolidons la démocratie"*, Dakar, COSEF, AECID, 2011 ; COSEF, *Actes du séminaire d'élaboration d'un modèle de loi sur la parité*, Dakar, COSEF, AECID, 2011.
6. Loi n° 2010-11 du 28 mai 2010 instituant la parité absolue Homme-Femme. *Journal officiel*, *6544*, 4/9/2010, http ://www.jo.gouv.sn/spip.php?article8213. consulté le 21 novembre 2017
7. Voir *supra* (note 5).
8. *Cf.* F. K. CAMARA, « Pour une méthode scientifique de recherche, d'identification et d'interprétation du droit coutumier africain » Revue *Droit Sénégalais*, n° *5*, novembre 2006, Toulouse, Presses de l'Université des sciences sociales de Toulouse, p. 13-58 et *Revue de l'association sénégalaise de droit pénal*, n° *9*, 2010, p. 107-140.

spécifique, *Jàbu Ndaw* (v. annexe)[9], qui éclairera le pouvoir historique des femmes sénégalaises, tout en permettant de développer une nouvelle approche intellectuelle fondée sur les savoirs traditionnels insérés dans les récits anciens. Ainsi qu'il a été démontré par les auteures de cet article, comme par d'autres juristes[10], les récits mythologiques traditionnels sont en fait des récits juridiques. Ils portent, sous forme littéraire, l'énoncé de règles de droit.

Fatou Kiné Camara, dont maints travaux de recherche portent sur le droit africain ancien et précolonial[11], et Christine F. Black, spécialiste reconnue du droit autochtone australien[12], se sont associées pour faire une lecture juridique de deux récits tirés de l'ancienne tradition africaine. L'intention est de situer les interprétations dans une logique traditionnelle ou autochtone (C. F. Black) ainsi que dans une logique féministe (F. K. Camara).

La première partie de l'article exposera l'importation en Afrique en général, et au Sénégal en particulier, du système politique patriarcal occidental (F. K. Camara). La deuxième partie se penchera sur l'interprétation de deux récits mythologiques africains, en positionnant l'ancien dans le présent et en mettant en avant les enseignements que les femmes et les hommes du monde entier peuvent en tirer (C. F. Black).

I. Le cadeau

Cette section est représentative de la façon dont l'autonomisation politique des femmes sénégalaises a été, et est encore, systématiquement entravée par des manoeuvres politiques, une idéologie et des concepts juridiques émanant de l'époque coloniale (B). Un bref survol de la situation précoloniale des femmes en politique permettra de comprendre l'argumentaire de cette section (A).

9. B. DIOP, *Les nouveaux contes d'Amadou Koumba*, Paris, Présence africaine, 1961, p. 101-108.
10. M. ALLIOT, « Anthropologie et juristique - Sur les conditions de l'élaboration d'une science du droit », *Bulletin de liaison du LAJP*, n° *6*, 1983, p. 83-117, disponible sur http ://www.dhdi.free.fr/recherches/theoriedroit/index.htm (consulté le 18 mars 2015) ; C. F. BLACK, *The Land is the Source of the Law : A Dialogic Encounter with Indigenous Jurisprudence*, London, Routledge, 2011 ; C. F. BLACK, A *Mosaic of Indigenous Legal Thought* : *Legendary Tales and Other Writings*, London, Taylor & Francis, 2016 ; J. BORROWS, *Recovering Canada ; The Resurgence of Indigenous Law*, Toronto, University of Toronto Press, 2002 ; A. DIOUF, « La *gens* et le système de parenté », *Revue sénégalaise de droit et science politique*, n° *13*, 2015-2016, p. 119-124 ; A. DIOUF, *La* gens *de droit maternel ou la famille matriarcale*, Dakar, L'Harmattan-Sénégal, 2016.
11. S. S. M. KAÑJI et F. K. CAMARA, *L'union matrimoniale dans la tradition des peuples noirs*, Paris, L'Harmattan, 2000 ; F. K. CAMARA, *Pouvoir et justice dans la tradition des peuples noirs*, Paris, L'Harmattan, 2004.
12. Voir *supra*, note 2 et note 12.

A. Qui a libéré qui ?

Le fait même que les premières reines de l'histoire soient africaines, des pharaonnes [13] à la reine de Saba, representative des Candaces de Kush et Meroé [14], coupe court à toute contestation sérieuse de la réalité et de la légitimité du pouvoir politique féminin dans l'Afrique impériale (l'Afrique ancienne et précoloniale). Les reines, les reines-mères et les grandes épouses royales sont des personnages politiques incontestables de l'histoire africaine [15]. Les monarchies de la Sénégambie, qui ont tenu tête et plusieurs fois mis en déroute les armées coloniales, ne font nullement execption [16]. Il en va de même des femmes du peuple et des marchés qui figuraient au premier plan des marches, grèves [17] et autres manifestations et mouvements de résistance à la tyrannie coloniale [18].

---

13. Au moins quatre femmes-pharaons ont été documentées : Nitocris (-2180) nom grec de Menka Rê ou Neter Ka Re, Sobeknofrou (vers - 1800), Hatshepsout (- 1479 - 1458), Taouosré / Taousert (- 1188 - 1186). *Cf.* J. YOYOTTE, « L'Égypte pharaonique : société économie et culture », *Histoire générale de l'Afrique*, Paris, Présence Africaine / Edicef / Unesco, tome II, p. 122.
14. A. M. ALI HAKEM, avec le concours de I. HRBEK et J. VERCOUTTER, « La civilisation de Napata et de Méroé », *Histoire générale de l'Afrique,* tome II, *Afrique ancienne,* Paris, UNESCO, p. 317-328 ; B. SALL, « L'avènement des Candaces », *Ankh, revue d'égyptologie et de civilisations africaines*, n° *3*, juin 1994, p. 68-81.
15. I. AMADIUME, *Reinventing Africa, Matriarchy, Religion, Culture,* London & New York, Zed Books, 1997, 2nd édition 2001, p. 97 ; F. K. CAMARA, « Les femmes et le pouvoir politique dans la tradition noire africaine : *Maât* et le matriarcat » *Ankh, revue d'égyptologie et de civilisations africaines*, n° *18, 19, 20*, 2009-2010-2011, p. 143-155 ; C. A. DIOP, *L'unité culturelle de l'Afrique noire – Domaine du patriarcat et du matriarcat dans l'Antiquité classique*, Paris, Présence afrcaine, 1982.
16. Sur la *lingeer* (titre de la souveraine) des monarchies wolof et seereer de la Sénégambie, lire D. BOILAT, *Esquisses sénégalaises*, Paris, Karthala, rééd. 1984, p. 293 ; J. BOULÈGUE, *Le grand Jolof -XIIIe-XVIe siècle,* Paris, éd. Façades, diffusion Karthala, 1987, p. 61-62 ; J. BOULÈGUE, *Les royaumes wolof dans l'espace sénégambien (XIIIe-XVIIIe siècle),* Paris, Karthala, 2013, p. 393, note 7 ; P. DIAGNE, *Pouvoir politique traditionnel en Afrique occidentale*, Paris, Présence africaine, p. 110 ; B. DIENG, *L'épopée du Kajoor*, Paris, ACCT – Dakar, CAEC, éditions Khoudia & IFAN, 1993, p. 15, 381, 451 ; H. GRAVRAND, *La civilisation sereer – Cosaan*, Dakar, Nouvelles Éditions Africaines, 1983, p. 267 ; E. SUTHERLAND-ADY et A. DIAW, *Des femmes écrivent l'Afrique. L'Afrique de l'Ouest et le Sahel*, Paris, Karthala, 2007, p. 86.
17. O. SEMBÈNE, *Les bouts de bois de Dieu*, Paris, Le livre contemporain, 1960.
18. *Cf.* S. EKINE et E. OKON : "Conversation - Building Alliances in the Women's Movement : The Challenges of Feminist Mobilisation in Nigeria," *The Challenges of Change, Building Feminist Political Influence in Africa*,

Au Sénégal, dès la promulgation du décret de février 1945 excluant les citoyennes françaises non originaires de la métropole du droit de vote en AOF, un déluge de lettres de protestation s'abat sur le gouverneur general Cournarie [19]. Leur lecture met en lumière le rôle important des femmes dans la vie politique sénégalaise. Ainsi est-il mentionné, sous la signature d'un nommé Jean Silvandre, la réalité suivante :

> « [L]a femme sénégalaise, bien que non électrice, s'est de tout temps intéressée aux choses de la politique ; dans les communes de plein exercice se formaient, à l'époque des élections, des unions ou groupements de femmes qui manifestaient ouvertement et parfois de façon passionnée leur préférence politique... » [20].

Dans sa missive, Gaspard Ka Aly est encore plus précis :

> « L'évolution politique de nos femmes se révélait déjà en 1871 lors des premières élections législatives de la colonie où elles manifestèrent leur sympathie au député Lafon de Fongaufier qui fut élu, battant des tam-tams et chantant en son honneur chansons qui sont encore légendaires dans le pays. Depuis lors elles ne cessèrent de s'intéresser à la politique, formant des comités, versant des cotisations et exhortant les hommes pour qu'ils ne

---

http ://www.boell.org.za/downloads/Perspectives_2.11_web.pdf (consulté le 16 décembre 2011). Ekine et Okon rendent compte dans leur article du mouvement de résistance des femmes au Nigeria, en 1940, les manifestations des femmes des marchés d'Abéokuta (sud-ouest du Nigeria) et d'Aba (nord-est du Nigeria) en 1929, “Aba Women's War” (la guerre des femmes d'Aba) : « Les femmes – quelque vingt-cinq mille par endroits – ont attaqué le système colonial : les prisons, les tribunaux, les magasins appartenant à des Européens, ainsi que les agents de police eux-mêmes. Elles ont réussi à obliger les autorités coloniales à abroger les taxes et à restreindre les pouvoirs de ses agents ». En Ouganda et en Afrique du Sud, la place prépondérante des femmes dans les luttes de liberation a également été documentée et donnée comme justification du quota qui leur est réservé par la loi électorale en Ouganda, M. Y. YOON, “Explaining Women's Legislative Representation in Sub-Saharan Africa,” *Legislative Studies Quarterly*, 29, 2004-3, p. 447-468, citz par M. VAN WYK, “Take a Seat : Women's Political Representation in Sub-Saharan Africa,” June 01, 2010, http ://www.ngopulse.org/article/take-seat-women%E2%80%99s-political-representation-sub-saharan-africa (consulté le 30 mai 2018). Le poids des femmes dans l'ANC et dans le parlement sud-africain s'est forgé dans leur lutte contre l'appartheid, J. KIMBLE et E. UNTERHALTER, “ ‘We Opened the Road for You, You Must Go Forward' : ANC Women's Struggles, 1912-1982,” *Feminist Review*, *12* (1982), p. 11-35.

19. J.-B. LACROIX et S. MBAYE, « Le vote des femmes au Sénégal », *Éthiopiques* n° *6, Revue socialiste de culture négro-africaine*, 1976, http://ethiopiques.refer.sn/spip.php?article413 (consulté le 1er mars 2015). D. BESSANE, *Les mamans de l'indépendance*, Dakar 2012, film documentaire, 50mn.
20. J.-B. LACROIX et S. MBAYE, *op., cit. loc. cit.*

faillissent pas à leur devoir d'électeurs, raisons pour lesquelles leur maturité politique est certaine à mon avis »[21].

Papa Guèye Fall, illustre ancien combattant dont une des avenues de la capitale du Sénégal porte le nom, souligne de son côté les faits suivants :

« La femme sénégalaise prit de tout temps une large part aux luttes électorales et souventes fois, son influence se fit sentir sur le choix des élus et ce n'était pas souvent celui qui à prix d'or achetait les consciences qui triomphait. Les femmes faisaient partie des comités politiques et haranguaient les hommes les jours d'élection. (...). La mesure d'exception qui prive la femme sénégalaise du droit de vote est donc d'autant plus sensible que son éducation politique est avancée »[22].

Déjà, dans les conditions d'oppression aussi extrêmes que l'esclavage, les femmes africaines s'étaient illustrées par leur capacité d'organisation, une aptitude tirée de la culture africaine de regroupement des femmes en associations sororales ("*mbootaay*" en wolof). Un exemple poignant est offert par Lucy M. J. Garnett dans un ouvrage publié en 1909, où elle décrit la société turque[23]. Traitant des femmes, africaines et européennes, libérées du joug de l'esclavage, elle compare le sort des unes et des autres en ignorant totalement le racisme discriminant. Toutefois, une lecture attentive permet de déceler le courage, la fierté et le sens de l'entraide hors pair des "négresses". Le passage suivant en porte implicitement témoignage :

« Ce ne sont que les nègresses qui restent toujours une classe à part, et tombent souvent dans la misère et le besoin. Mais en règle générale, elles sont elles-mêmes responsables de leurs malheurs. Car, une fois libérées et mariées, il n'est pas rare que leurs tempéraments non gouvernés les poussent à se quereller avec leurs maris et à se séparer de ceux-ci, elles sont

21. J.-B. LACROIX et S. MBAYE, *op. cit., loc. cit.*
22. J.-B. LACROIX et S. MBAYE, *op. cit., loc. cit.* L'implication citoyenne des femmes sénégalaises demeure forte ainsi qu'il a été noté par l'ONP : « [D]ans la grande majorité des centres de vote examinés, (soit 20 sur 25) on a noté à l'ouverture des bureaux, une présence massive des femmes, âgées de 25 à 65 ans, venues souvent en groupes (groupements de femmes, amies de quartier etc.). », ONP, décembre 2017, *op. cit.*, p. 23. Le rapport de l'ONP précise ce qui suit : « Il ressort des données de l'enquête qu'il y a eu plus de femmes (52,2 %) que d'hommes au niveau des électeurs inscrits sur les listes. Elles constituent également la majorité des votants avec 52,8 % des suffrages exprimés. » (*op. cit.* p. 24).
23. L. M. J. GARNETT, *The Turkish People, Their Social Life, Religious Beliefs and Institutions and Domestic Life,* London, Methien & Co, 1909, p. 224, 225 : http ://www.archive.org/stream/turkishpeoplethe00garnrich/turkishpeoplethe0 0garnrich_djvu.txt (consulté le 30 mai 2018).

alors obligées de subvenir à leurs besoins du mieux qu'elles peuvent en vendant des pois chiches et autres broutilles dans les rues » [24].

Après avoir ainsi stigmatisé les valeurs d'autonomie et de respect de soi des femmes africaines, Garnett nous informe de l'existence d'associations de "négresses". La description qu'elle en donne comporte toutes les caractéristiques des associations féminines africaines de la tradition. En effet, Garnett observe que chaque association est dirigée par une femme appelée "*Kolbashi*" (*ndeyu mbootaay* en wolof). Elle spécifie que le rôle de la *Kolbashi* est, non seulement d'accomplir des rituels religieux africains, mais aussi de gérer le patrimoine du groupe. La façon dont ce patrimoine est amassé reflète exactement la pratique appelée "tontine" ou "*teg-teggi*" (en wolof), "*esusu*" (en yoruba). Chaque jour, chaque semaine ou chaque mois (selon ce qui a été décidé par le groupe), chaque membre de la sororité apporte sa contribution. La destination du capital ainsi collecté est préalablement convenue par toutes les membres de l'association. Dans le cas des Africaines en Turquie, Garnett note que la *Kolbashi* est censée utiliser les fonds :

> « pour acheter la liberté des esclaves négresses qui sont en mauvais termes avec leurs propriétaires, ainsi que pour recevoir dans sa maison les femmes libérées qui sont malades ou sans emploi » [25].

Bien que les hommes aient également le droit de recevoir l'aide des sororités, Garnett souligne qu'ils ne participent pas aux cérémonies et aux rites. Le service du culte est sous la responsabilité exclusive de la *Kolbashi* [26]. Ce sont là des faits importants à noter, car ils démontrent que les femmes contrôlent totalement leur institution.

Babacar Sédikh Diouf donne un exemple de la manière dont ces organisations de femmes, avec leur équivalent masculin, ont assuré une société où les femmes avaient les moyens de faire respecter pacifiquement leur droit au respect :

> « À ce titre, l'exemple du couple de Soucka Mboul et de la mère de Coumba Ndofène Diouf n° 2, roi du Sine de 1898 à 1924, est assez illustratif. Pour résoudre, un jour, son problème de ménage, Njem Selbe Naadi se retira au puits du village et toutes les femmes de *"ngulook"* [association des femmes en seereer], par solidarité de genre, l'y rejoignirent. Pendant trois jours et trois nuits, elles se mirent à danser et chanter, désertant totalement les foyers. Alors les hommes du "*kasak*" [association des hommes en seereer], Souka en tête baissèrent pavillon et vinrent leur offrir un bœuf pour la réconciliation avec le *"ngulook"*. La paix revint dans les foyers lorsque, le

24. GARNETT, *op. cit.*, p. 226.
25. GARNETT, *op. cit*,, p. 226.
26. GARNETT, *op. cit.*, *loc. cit.*

bœuf abattu, on consomma ensemble le couscous de la réalliance, dans le respect mutuel et au rythme des tam-tams »[27].

Les sororités et les fraternités sur lesquelles reposaient l'organisation sociale se retrouvaient au niveau politique, de la base au sommet[28]. Cheikh Anta Diop en atteste quand il fait mention de l'assemblée des femmes et de l'assemblée des hommes du royaume du Dahomey[29]. Le fait est que, du Soudan méroïtique à l'Égypte pharaonique, jusqu'aux empires de l'Afrique de l'Ouest[30], du Centre et du Sud, sur le fondement du matriarcat[31], la participa-

---

27. B. S. DIOUF, « La dimension genre dans le "vivre ensemble" africain », *La Citoyenne, Revue de l'association des juristes sénégalaises (AJS),* numéro special *Symposium sur le droit de la famille,* 2009, p. 49-50, http ://femmesjuristes.org/?page_id=469 (consulté le 19 novembre 2017)
28. B. S. DIOUF, *op.cit., loc. cit.*
29. C. A. DIOP, *Les fondements économiques et culturels d'un État fédéral d'Afrique noire*, Paris, Présence africaine, 1974, chapitre 6, Le bicaméralisme.
30. *Charte de Kurukan Fuga* (Empire du Mali 1232), art. 16 : « En plus de leurs occupations quotidiennes, les femmes doivent être associées à tous nos gouvernements." http://www.humiliationstudies.org/documents/KaboreLaCharteDeKurukafuga.pdf (consulté le 28 mai 2018) ; Ibn Battuta a témoigné de la réalité de cette règle : « Il arriva, pendant mon séjour à Mâlli, que le sultan se fâcha contre son épouse principale, la fille de son oncle paternel, qui était appelée *Kâçâ ;* le sens de ce mot, chez les nègres, est reine. Or elle est dans le gouvernement l'associée du souverain, d'après l'usage de ce peuple, et l'on prononce son nom sur la chaire (C'est-à-dire le *khutba*, le sermon du vendredi), conjointement avec celui du roi. » (I. BATTUTA, *Voyages* III. *Inde, Extrême-Orient, Espagne & Soudan,* Traduction de l'arabe de C. Defremery et B.R. Sanguinetti (1858), Paris, François Maspero, 1982, Collection FM/La Découverte, p. 423.
31. Étymologie - du latin *mater* « mère », et du grec *arkhê* « commandement » : le pouvoir de commander appartient à la mère. Toutefois, dans le cadre du matriarcat, il faut penser autrement la relation au pouvoir et les caractères du pouvoir. Ainsi, le matriarcat ne signifie ni l'oppression des hommes, ni la dictature des femmes. Selon Cheikh Anta Diop, le matriarcat est : « Un dualisme harmonieux où les femmes et les hommes s'épanouissent librement » (C. A. DIOP, *L'unité culturelle de l'Afrique noire*, *op. cit*., p. 114). Ifi AMADIUME définit le matriarcat comme étant : « un message de justice économique et sociale et une morale d'amour » (I. AMADIUME, *Reinventing Africa, Matriarchy, Religion, Culture*, London & New York, Zed Books Ltd, 1997, Second Impression 2001, p.101). Pour Ahmeth Diouf, le matriarcat est « un système social qui donne à la femme un rang social plus élevé que celui de l'homme. » (A. DIOUF, *La gens de droit maternel ou la famille matriarcale*, Dakar, L'Harmattan-Sénégal, 2016, p. 14). Russel MEANS (de la nation sioux, Dakota du Sud, États-Unis) décrit le matriarcat dans un très long texte dont une phrase rend compte de l'esprit de ce système : « Le matriarcat est une société équilibrée. » (R. MEANS, « Commentaires sur le Patriarcat relativement au Matriarcat », *Russel Means Blog*, posté le 2 novembre 2006, http://russellmeans.blogspot.sn/ (consulté le 17 janvier 2018).

tion des deux sexes au pouvoir politique et aux instances de prise de décision fut la règle.

L’héritage culturel et politique des femmes africaines soulève alors la question suivante : qui a influencé la libération de l’autre ? Les femmes occidentales, qui se sont rendues dans les colonies, avec les missionnaires ou avec l’autorité coloniale séculière en tant que maîtresses d’école, ont-elles réellement libéré les femmes africaines avec lesquelles elles sont entrées en contact ? Ne serait-ce pas plutôt l’inverse qui s’est produit ?

Amina Mama, analysant les actions collectives organisées par les femmes africaines contre le système d’oppression colonial, apporte sa réponse : « Elles suggèrent que les femmes africaines n’ont pas tiré leurs élans pour la liberté de ces femmes occidentales excentriques et bien intentionnées qui ont voyagé vers le sud pour nous éduquer et nous émanciper. En effet, il pourrait être intéressant d’envisager la possibilité inverse : que les diverses actions des femmes africaines aient bien pu servir d’inspiration aux femmes européennes et nord-américaines, contribuant ainsi à la genèse du féminisme moderne » [32].

Le fait est que le système colonial a partout abaissé le statut des femmes africaines. Quand il n’en faisait pas des “indigènes” [33], il les réduisait au statut juridique des femmes des États colonialistes. Les femmes exclues du droit à la participation politique et soumises à la tutelle de leur époux étaient ainsi présentées aux “indigènes” comme modèle universel de femmes “civilisées”.

Des décennies après que le Sénégal est devenu un État indépendant, le COSEF (Conseil sénégalais des Femmes), aux côtés d’autres associations de la société civile et de mouvements de femmes de partis politiques, s’engage dans un plaidoyer pour l’égale représentation des sexes dans les assemblées élues. Alors que les militantes ressassent les hauts faits, passés et présents, héroïques et quotidiens des femmes, en Afrique en général et au Sénégal en particulier, leurs efforts de sensibilisation se heurtent aux instrumentalisations politiques et parades juridiques importées par la colonisation au bénéfice de l’ancrage de la domination masculine.

B. Les outils occidentaux de la domination masculine

Un projet de loi sur l’introduction de la parité des sexes dans les listes de candidats à la représentation proportionnelle a été adopté le 27 mars 2007 [34]. Immédiatement, les députés de l’opposition déposent un recours auprès du

32. A. MAMA, “Editorial,” *Feminist Africa - Women Mobilised 4*, 2005, http://www.feministafrica.org/ index.php/regional-networking (consulté le 16 décembre 2011)
33. Sur les réalités du statut d’indigène lire O. GUÉYE, « Droits de l’homme et pratique historique : le code de l’indigénat », Revue *Droit sénégalais*, n° *5*, novembre 2006, p. 223-260.
34. Loi n° 23/2007 du 27 mars 2007 portant introduction de la parité sur la liste des candidats au scrutin de représentation proportionnelle.

Conseil constitutionnel, au motif que le fait de rendre obligatoire la parité entre les sexes sur une liste de candidats aux élections législatives est discriminatoire. Le 27 avril 2007, le Conseil constitutionnel déclare la loi inconstitutionnelle, car elle instaure et impose une distinction des citoyens selon leur sexe, dustinction que la constitution rejette. Le Conseil invoque comme fondement de sa décision l'article 1er de la constitution qui pose le principe de l'égalité de tous les citoyens devant la loi. Le Conseil invoque aussi l'article 6 de la Déclaration des droits de l'homme et du citoyen qui affirme l'égalité des citoyens dans l'accès aux places et emplois publics [35]. Comme Renard feignant de respecter l'égalité quand il impose à Cigogne une égalité de plat et de mets qui joue à son avantage [36], l'égalité formelle demeure le bouclier imparable brandi contre l'égalité effective entre les sexes [37].

Cependant, là où une Déclaration des droits de l'homme est mise en avant, l'on aurait pu s'attendre à ce que les conventions sur les droits des femmes figurant dans la constitution le soient également [38]. Il n'en a rien été. La ques-

---

35. Décision n°97/2007, affaire n° 1/c/2007, disponible à http ://ddata.over-blog.com/ xxxyyy/1/35/48/78/S-n-gal/CC-parit--S-n-gal.pdf (consulté le 10 mai 2015)
36. L'hypocrisie de la non-discrimination formelle est le sujet de la "fable juridique" du Renard et de la Cigogne, v. infra, Section II (A).
37. L'hypocrisie de l'égalité formelle a été dénoncée par Olympe de Gouges en 1791, au moyen de sa *Déclaration des droits de la femme et de la citoyenne.* Texte disponible à https ://www.ldh-france.org/1791-declaration-des-droits-de-la/ (consulté le 19 novembre 2017). Olympe de Gouges est décapitée deux ans plus tard. Sa revendication n'en a que plus de force : « *La femme a le droit de monter à l'échafaud ; elle doit avoir également celui de monter à la tribune.* » https ://www.histoire-en-citations.fr/citations/olympe-de-gouges-la-femme-a-le-droit-de-monter-a-l-echafaud (consulté le 19 novembre 2017).
38. Il s'agit de la *Convention des Nations Unies sur l'élimination de toutes les formes de discrimination à l'égard des femmes* (CEDEF), en particulier des articles 4 et 14. Le texte de la CEDEF est disponible sur le site des Nations Unies http ://www.un.org/fr/women/cedaw/convention.shtml (consulté le 19 mai 2018). Il s'agit en outre du *Protocole à la Charte africaine des droits de l'homme et des peuples relatif aux droits des femmes en Afrique* (Protocole de Maputo), dont l'article 9 fait expressément réference à la parité. Le texte du Protocole de Maputo est disponible sur le site de la Commission africaine des droits de l'homme et des peuples, http ://www.achpr.org/fr/instruments/women-protocol/ (consulté le 19 novembre 2017). L'article 9 du Protocole est le sujet de plusieurs articles de F. K. CAMARA, "African Women and the Gender Equality Regime in Africa : From Patriarchy to Parity", in Jeremy I. LEVITT (ed.), *Black Women and International Law : Deliberate Interactions, Movements and Actions, Essays in Honor of Gabrielle Kirk McDonald,* Cambridge, Cambridge University Press, 2015, p. 61-87 ; F. K. CAMARA, « La parité au Sénégal : entre modèle autochtone et modèle importé », *Revue internationale de droit africain EDJA*, n° *80*, janvier-février-mars 2009, p. 63-80 ; F. K. CAMARA, « La parité

tion s’est alors posée de savoir si les juges constitutionnels sénégalais avaient bien lu la constitution du Sénégal [39]. La réponse est simple, la haute juridiction sénégalaise s’est contentée de reprendre les considérants d’une décision antérieure du Conseil constitutionnel français, déclarant inconstitutionnelles les dispositions d’une loi imposant un quota de femmes sur les listes de candidats aux élections législatives [40].

Cependant, l’importation de décisions et de concepts juridiques hostiles à l’effectivité des droits des femmes coïncide cette fois avec le magistère d’un leader politique qui aimait se faire appeler “l’avocat des femmes” et agir en conséquence. En effet, le président Abdoulaye Wade (2000-2012) a été un homme d’État doté de la vision, de la volonté politique et du leadership nécessaires pour faire aboutir les revendications des associations de femmes. C’est ainsi qu’il fait adopter un projet de loi de modification de la constitution, pour y ajouter la disposition suivante [41] : « La loi favorise l’égal accès des hommes et des femmes aux mandats et fonctions » [42].

Sur ce fondement, le parlement va voter en faveur de la loi du 28 mai 2010 établissant la parité absolue homme-femme dans toutes les institutions totalement ou partiellement électives [43]. Le 16 juin 2011, le décret d’application de

---

au Sénégal, une exigence de l’État de droit moderne conforme au droit constitutionnel précolonial », *in* Louise LANGEVIN (dir.), *Rapports sociaux de sexe / genre et droit : repenser le droit,* Paris, Agence universitaire de la Francophonie, Éditions des archives contemporaines, collection «Manuels», 2008, p. 85-104.

39. La question a été posée par le professeur de droit constitutionnel Ismaïla Madior FALL dans son commentaire de la décision du Conseil constitutionnel disponible à ddata.over-blog.com/.../S.../Commentaire-FALL-CC-Parite-Senegal.doc (consulté le 29 avril 2015).

40. Décision n° 82-146 DC du18 novembre 1982, *Journal officiel*, 19 novembre 1982, p. 3475 rectificatif *Journal officiel du 20 novembre 1982* Recueil, p. 66, disponible à http ://www.conseil-constitutionnel.fr/conseil-constitutionnel/ francais/les-decisions/acces-par-date/decisions-depuis-1959/1982/82-146-dc/decision-n-82-146-dc-du-18-novembre-1982.8008.html (consulté le 20 novembre 2017). Le Conseil constitutionnel français a ensuite confirmé cette jurisprudence dans sa décision n° 98-407 DC du 14 janvier 1999 censurant une disposition selon laquelle « chaque liste assure la parité entre candidats hommes et femmes » dans les élections régionales, *Journal officiel*, 20 janvier 1999, p. 1028. Recueil, p. 21, disponible à http ://www.conseil-constitutionnel.fr/ conseil-con..ecision-n-98-407-dc-du-14-janvier-1999.11839.html (consulté le 29 avril 2015).

41. La loi constitutionnelle n° 2008-30 du 7 août 2008 modifiant les articles 7, 63, 68, 71, 82 de la constitution ; disponible à : http://www.wipo.int/wipolex/fr/text.jsp?file_id=318483 (consulté le 19 novembre 2017).

42. Texte complet de la Constitution ainsi modifiée disponible à http://www.wipo.int/wipolex/fr/text.jsp?file_id=318483 (consulté le 19 novembre 2017).

43. Loi n° 2010-11 du 28 mai 2010 instituant la parité absolue Homme-Femme. *Journal officiel*, *6544* 4/9/2010, http ://www.jo.gouv.sn/spip.php?article8213 (consulté le 19 novembre 2017).

la loi est pris [44]. Il énumère toutes les institutions où la parité femmes-hommes est obligatoire. Grâce à la vigilance de l'Association des juristes sénégalaises, il est inscrit à l'article 2 du décret que les commissions et bureaux de toutes les institutions mentionnées (Assemblée nationale, Sénat, Congrès du parlement, Conseil économique et social, conseils ruraux, municipaux et régionaux) doivent être paritaires.

Aux élections législatives de 2012, 64 femmes sont élues, représentant ainsi 42,7 % des membres de l'Assemblée nationale du Sénégal, le double du nombre de femmes élues à la législature précédente [45]. Deux ans après, lors des élections locales, le nombre de femmes dans les conseils municipaux et départementaux est multiplié par trois, passant de 11 % à 47,2 % [46].

La victoire des militants et militantes du respect des droits des femmes est cependant de courte durée.

En 2012, un nouveau président est élu. “L'avocat des femmes” est battu. La dynamique en faveur de l'égalité des sexes s'en va avec lui.

Craignant de s'aliéner l'électorat féminin, le nouveau président et son gouvernement n'osent pas ouvertement initier un projet de loi visant à supprimer la loi sur la parité. N'ignorant rien des tactiques héritées de l'époque coloniale, ils décident d'utiliser la religion musulmane comme alibi au blocage de l'accès des femmes sénégalaises à leurs droits fondamentaux. En effet, les femmes françaises ont obtenu le droit de vote et d'éligibilité en 1944 [47], mais. pour faire échec à l'extension de ce droit aux “citoyennes françaises non originaires de la métropole”, le gouverneur général de l'AOF envoie au commissaire aux colonies le télégramme suivant :

« Sujets français musulmans Sénégal sont émus par nouvelle que vote serait accordé aux femmes pour prochaines élections ; stop. Ils déclarent la loi coranique ne le permet pas et que si réforme était étendue Sénégal ils l'empêcheraient par tous moyens » [48].

---

44. Décret n° 2011-819 du 16 juin 2011 portant application de la loi instituant la parité absolue homme-femme, *Journal officiel du Sénégal*, *6614*, 17/9/2011, http ://www.jo.gouv.sn/spip.php?article9160 (consulté le 19 novembre 2017)
45. *Cf.* Tableau de l'évolution de la présence féminine à l'Assemblée nationale sénégalaise présenté par F. BOUTIGNY et I. LABEAU-CABERIA, *op. cit.*, p. 9. Les femmes sénégalaises sont passées d'une représentation de 0 % dans la première législature à 24 % dans la 11ème législature, celle qui précède l'application de la loi sur la parité.
46. ONP, *Mise en œuvre de la loi sur la parité au Sénégal - rapport au Président de la République*, République du Sénégal, décembre 2016, p. 12.
47. Article 17 de l'Ordonnance du 21 avril 1944, portant organisation des pouvoirs public en France après la Libération, texte disponible à : http://www.ffi33.org/cnr/organisation%20pouvoirs%20publics.pdf (consulté le 23 mai 2018)
48. LACROIX et MBAYE, *op. cit. loc. cit.*

En réponse, le commissaire aux colonies est certainement heureux d’envoyer à Cournarie l’information suivant laquelle : « Vous m’avez fait part émotion soulevée parmi sujets français musulmans du Sénégal par l’éventualité de l’extension du droit de vote aux femmes aux prochaines élections. Je vous prie de rassurer pleinement milieu musulman du Sénégal. Il n’entre pas dans les intentions du gouvernement envisager cette extension » [49].

De 1944 à 2014, 70 ans ont passé mais l’instrumentalisation de la religion musulmane à des fins politiciennes subsiste. Aux élections locales de juin 2014, il découle des révélations de la CENA (Commission électorale nationale autonome), que le ministre des collectivités locales a assuré aux autorités religieuses d’une des plus importantes villes saintes du Sénégal, que la loi sur la parité ne s’imposait pas dans leur localité [50]. La dénégation dudit ministre aurait pu être crue si, quelques semaines après la polémique, un autre ministre, du même gouvernement, n’avait pas lui aussi “discrètement” fait obstacle au respect de la parité, cette fois, sur toute l’étendue du territoire de la République. En effet, dans une circulaire envoyée à tous les gouverneurs, préfets et sous-préfets, le ministre de l’Intérieur, en totale violation de la hiérarchie des normes, affirme à la troisième page de la circulaire, sous l’intitulé “Composition du Bureau” : « Toutefois, il y a lieu de préciser que la loi n’impose pas le respect de la parité homme/femme dans la composition du bureau » [51]. Des recours en annulation de bureaux non paritaires sont intentés [52]. Un bureau

---

49. LACROIX et MBAYE, *op. cit. loc. cit.* En dépit de cette volonté affirmée de ne pas étendre le droit de vote aux citoyennes françaises d’origine africaine, une campagne vigoureuse menée par des leaders politiques locaux et des leaders d’opinion des deux sexes va aboutir au recul des autorités coloniales. Les femmes originaires des Quatre Communes (Dakar, Saint-Louis, Rufisque et Gorée) auront le droit de vote en même temps et au même titre que les Françaises originaires de la métropole.
50. C. DIACK, « Liste non paritaire de Touba - Le Khalife général : “(Oumar Youm) avait déclaré que la liste de Touba n’avait pas à respecter la loi” », *Pressafrik.com*, vendredi 16 mai, 2014, 09 :54, http ://www.sencms.com/news/Politique/liste-non-paritaire-de-touba-le-khalife-_n_126018.html (consulté le 5 avril 2015)
51. La Circulaire n°004547/MINT.SP/DGAT/SP du 10 juillet 2014 adressée au commandement territorial, portant la signature du ministre et l’en-tête et le tampon du ministère de l’intérieur a été scannée et publiée aux pages 100 à 104 du *Rapport sur les élections départementales et municipales du 29 juin 2014* de la Commission nationale électorale autonome (CENA), Sénégal, 2015.
52. Selon l’Observatoire national de la parité, au total, dix-sept recours ont été déposés auprès des cours d’appel de Dakar, Saint-Louis et Kaolack. Voir *La parité à l’épreuve des élections départementales et municipales du 29 juin 2014 – Enseignements tirés des recours devant les juridictions compétentes*, ONP, Sénégal, juillet 2015, p. 41. Parmi les dix-sept recours déposés, huit ont été initiés par des hommes. Trois d’entre eux ont expliqué leurs motivations, *Rapport ONP*, juillet 2015, *op. cit.*, p. 24-25.

emblématique retient toute l'attention. Il s'agit de celui de la commune de Kaolack, car la maire est une ministre du gouvernement, celle-là même qui est en charge de la défense des droits des femmes en sa qualité de *ministre de la Femme*, de l'Enfant et de l'Entrepreunariat féminin. Par son arrêt du 8 janvier 2015 [53]. La Cour suprême annule l'élection des membres du bureau de la commune de Kaolack, à l'exception de celle du maire (une femme) et de son premier adjoint (un homme), la parité alternée étant respectée en ce qui les concerne [54]. Trois ans après, en dépit des protestations et manifestations de la société civile et malgré un courrier officiel de l'Observatoire national de la parité [55], la decision de la Cour suprême n'a toujours pas été exécutée.

Battre le renard à sa propre ruse n'est guère aisé. L'héritage colonial de marginalisation des femmes dans les espaces décisionnels est maintenu vivace, tandis que le comportement licite, relativement à la loi africaine, reste enfoui dans les récits mythologiques et antiques du continent.

II. Deux récits antiques et mythologiques africains

Ce sont deux récits de la tradition africaine qui ont été choisis. Le premier est le récit mythologique wolof *Jàbu Ndaw* (La Dompteuse de Dragon). Le second est la fable intitulée *Le Renard et la Cigogne*, du philosophe africain

53. Cour suprême du Sénégal, arrêt n° 2 du 8 janvier 2015, J/407/RG/14 30/9/14, publié dans, *Rapport bilan an II Parité* ..., ONP, juillet 2015, *op. cit.*, p. 42-43. Dans sa décision, la Cour suprême a justifié l'application de l'article 2 du décret d'application de la loi sur la parité attendu que : « la notion de liste de candidature figure malencontreusement dans le décret d'application pour l'élection des bureaux et commissions et, dès lors s'en servir pour écarter l'application effective de la parité dans les élections à candidatures individuelles, telles que celles du maire et de ses adjoints, c'est méconnaître l'esprit des textes susvisés ».
54. Quelques mois après la décision de la chambre administrative de la Cour suprême sur la parité, il est mis fin aux fonctions de la présidente de cette chambre. Haute magistrate respectée, au parcours impeccable, seule femme membre du bureau de la Cour suprême, mais aussi sa membre la plus ancienne, Madame Fatou Habibatou Diallo est concaincue de faute lourde suite à une procédure disciplinaire qui, dès l'entame, fait polémique. *PressAfrik :* « Malaise à la Cour suprême : Habibatou Diallo fait appel au chef de l'État" https ://www.pressafrik.com/Malaise-a-la-cour-Supreme-Habibatou-Diallo-fait-appel-au-Chef-de-l-Etat_a136417.html (consulté le 19 mai 2018).
55. Courrier n° 001007/PR/SGPR/ONP/PDTE du 30 avril 2015 qui rappelle les termes de la décision et exhorte la commune de Kaolack à l'appliquer. Le courrier a été envoyé avec ampliation au ministre de l'Intérieur, au garde des sceaux, ministre de la justice, au ministre de l'aménagement du territoire et des collectivités locales, au ministre de la femme, de la famille et de l'enfance, au gouverneur de la région de Kaolack, au préfet du département de Kaolack. Voir "annexe", *Rapport Bilan an II de la parité,* ONP 2015, *op. cit.*, p. 39.

Esope (deformation de *Aethiops* – Éthiopien, synonyme d’Africain dans la Grèce antique).

A. *Le renard et la cigogne : un compte-rendu des comportements licites*

Une histoire ancienne :

> « *Du Renard et de la Cigogne* – Un Renard plein de finesse pria à souper une Cigogne à qui il servit de la bouillie sur une assiette. La Cigogne ne fit pas semblant de se fâcher du tour que lui jouait le Renard. Peu de temps après, elle le pria à dîner ; il y vint au jour marqué, ne se souvenant plus de sa supercherie, et ne se doutant point de la vengeance que méditait la Cigogne. Elle lui servit un hachis de viandes qu’elle renferma dans une bouteille. Le Renard n’y pouvait atteindre, et il avait la douleur de voir la Cigogne manger toute seule. Elle lui dit alors avec un rire moqueur : « Tu ne peux pas te plaindre de moi raisonnablement, puisque j’ai suivi ton exemple, et que je t’ai traité comme tu m’as traitée » [56].

Il existe de nombreuses versions de la fable d’Ésope. Toutes inspirent le même appel à la réflexion évoqué par la puissance de la simplicité de la fable. Tout d’abord, la fable renvoie à l’adage contemporain, attribué tantôt au Mahatma Ghandi, tantôt à Nelson Mandela : “Tout ce que vous faites pour moi, sans moi, vous le faites contre moi”. La fable d’Ésope partage en outre des points communs avec l’adage wolof : “*Jigéeen ku ko sôoraaléwul di nga yekk ñamu mbaam*” (“Le plat, à la preparation duquel la femme n’aura pas été associée dès le début, sera juste bon pour les cochons”) [57].

La fable évente aussi la ruse qui consiste à faire croire que l’égalité formelle garantit l’égalité réelle. Ainsi Renard, pour couper court aux protestations éventuelles de Cigogne, prend soin de servir la même soupe dans le même plat. Il se met ainsi en position de proclamer : “Comment peut-on m’accuser de discrimination ? Cigogne et moi avons eu exactement le même plat !” Pour qu’il y ait égalité réelle faudrait-il alors que Renard se fasse greffer un bec de cigogne ? ou serait-ce à la cigogne de rogner son long bec afin de ressembler autant que possible à Renard ? Sans donner de réponse directe, la fable évoque le respect de soi, que porte la Cigogne et aussi, et nécessairement ; le respect de l’autre, qu’enseigne la Cigogne.

Finalement, ce qu’il y a lieu de retenir, c’est que la fable du Renard et de la Cigogne est un énoncé juridique, car elle traite du comportement licite. C’est une histoire simple, mais c’est cette simplicité même qui lui a permis de

56. Ésope (VIIe-VIe siècle av. J.-C) : “Le renard et la cigogne”, Rue des Fables.net, http ://www.ruedesfables.net/du-renard-de-la-cigogne/ (lu le 19 novembre 2017.
57. Ismael LÔ, « *Jiguen* », chanson à succès, en hommage à la femme.

voyager à travers le temps et sur la majeure partie du globe, apportant un message identique, primordial et inchangé, jusque dans les situations les plus complexes. En l'espèce, le message va s'appliquer à l'analyse de l'héritage colonial de domination masculine.

Le comportement licite, selon le droit africain, ne peut être que conforme à l'éthique. En conséquence, l'intention de la fable est aussi d'amener l'auditoire à réfléchir à cette règle de base de la vie : l'escroc se cache toujours derrière la poubelle devant votre porte. En d'autres termes, l'escroc surveille tout le temps pour encourager la personne lésée à se venger du tort subi. Il s'agit d'un précédent dangereux et, bien sûr, la vengeance dans la fable est une façon de montrer à l'auditoire ce que le comportement licite aurait dû être, dès le début.

Le Renard et la Cigogne ont tous deux une forme corporelle et des habitudes alimentaires différentes. La fable démontre que Renard a été un hôte inattentif. Il a considéré qu'il n'avait besoin que de servir de la nourriture sur une assiette du moment que c'était satisfaisant pour lui. Cependant, comme il n'est pas si fûté, Cigogne, qui a un long bec, a dû faire valoir son point de vue en servant la nourriture dans un récipient à long col, démontrant ainsi à quel point Renard avait été négligent.

Ce que le Sénégal et d'autres anciens pays colonisés peuvent apprendre de cette fable, c'est qu'ils doivent se rendre compte qu'ils ne sont pas des renards, mais des cigognes, et qu'ils doivent construire des formes de gouvernance totalement différentes pour être vraiment indépendants.

Avec *Jàbu Ndaw*, le récit mythologique offre une fois de plus un *ethos* adapté à notre époque. Ce récit a également traversé le temps pour arriver maintenant aux portes de l'université Cheikh Anta Diop de Dakar, en hommage au professeur Dominique Sarr (paix à son âme !).

B. Jàbu Ndaw : repenser l'Indépendence

> « La nuit est tombée. Le village est endormi. Personne n'ose entrer dans le village et personne n'ose quitter le village parce que Gharr - le Dragon est revenu. Le Dragon dont les anciens avaient entendu parler par les aînés de leurs aînés est de retour.
>
> Tous les soirs, Gharr-le Dragon faisait le tour du village. Son grondement effrayant et sans fin enfouissait tous les autres sons, rires, conversations, battements de tambours..., dans un silence terrifié » [58].

Seule la petite Jàbu Ndaw [59] ose rester hors de chez elle et défier le Dragon.

58. B. DIOP, « Diabou N'Daw », *Les nouveaux contes d'Amadou Koumba*, Paris, Présence Africaine, 1961, p. 101.

59. Les contes, que lui a racontés en wolof le griot Amadou fils de Koumba, sont traduits en français par Birago Diop. Contrairement au français, la langue wolof n'a pas d'articles définis ni indéfinis désignant le genre (la/le, un/une) ni de pronoms personnels ou adjectifs possessifs du même type (il/elle, son/sa).

Au cours d'une danse rituelle accompagnée de chants incantatoires [60] où elle s'adresse à sa mère et raille la bête féroce, Jàbu dompte ("avale" à plusieurs reprises) le dragon et en fait son prisonnier. Le combat épique ayant pris fin au lever du soleil, Jàbu va se coucher.

Lorsque le soleil est à son zénith, Jàbu se rend à la place du village où elle libère le dragon. Devenu lion, il s'enfuit honteux vers la brousse. Jàbu tient alors à l'assemblée le discours suivant :

Gharr-le-Dragon n'est plus. Voilà Gayndé-le-lion qui s'enfuit là-bas. C'est lui qui sera le Roi de la brousse. Un seul coup de bâton suffira pour vous en débarrasser, car il se souviendra toujours de vos éclats de rire.

Il n'y a que la honte qui tue vraiment, même les plus forts, surtout les plus forts. Car le Lion sera toujours, souvenez-vous-en, le maître dans son domaine ! Une seule arme pour l'éloigner : le bâton !"

Le bâton qui s'abat sur l'échine du lion fuyard est la canne sur laquelle s'appuyer. Il est aussi le sceptre de la loi et la baguette magique des prêtres et prêtresses, guérissurs et guérisseuses. Avec la référence au "bâton", Jàbu établit la loi, définit les territoires, fixe les limites et nomme les valeurs à défendre.

Commençons par la morale abordée par la conclusion : "*Il n'y a que la honte qui tue vraiment, même les plus forts, surtout les plus forts*".

Nous constatons une fois de plus que l'idéologie coloniale est prise à son propre jeu, révélant ses contradictions. Incapables d'être à la hauteur de leurs discours civilisateurs (colonialistes/impérialistes), les "régimes de droits de

---

C'est le contexte, la précision expresse du sexe ou le prénom de la personne qui permettent d'identifier son sexe dans une narration en wolof. Jàbu (Diabou) est un prénom féminin, pourtant Birago Diop l'affuble d'un pronom personnel masculin (il). Il a donc fallu corriger l'erreur de traduction en rétablissant le genre féminin de l'héroïne, indispensable à la compréhension correcte du mythe. Par ailleurs, dans le livre de contes illustré de M. D. WADD, *Léebi wolof, Kuréel giy yaatal mbindi làkki réew mi*, Dakar-Fann, SC/ACI, BP 5210, p. 51, se trouve un dessin de Jabu Ndaw ; c'est une petite fille en tresses et *ndoket* (tenue sénégalaise féminine), parée de bijoux.

60. Sur la place des chants et des danses dans les rituels de la religion africaine et leur utilisation pour imposer le leadership féminin, lire A. SOUMANA, « Le culte de possession par les génies *holley* au Niger : une transgression de l'éthique islamique par le biais thérapeutique », *Éthiopiques, Revue négro-africaine de littérature et de philosophie*, n° *66-67*, 1er et 2ème semestre 2001, http ://ethiopiques.refer.sn/spip.php?article1282 (consulté le 5 mai 2015) ; D. BERLINER, « La féminisation de la coutume - Femmes possédées et transmission religieuse en pays Bulongic (Guinée-Conakry) », *Cahiers d'études africaines XLV*, 1, 177, 2005, p. 15-38 :
http ://www.academia.edu/1787886/La_f%C3%A9mi minisation_de_la_coutume._Femmes_poss%C3%A9d%C3%A9es_et_transmission_religieuse_en_pays_bulongic_Guin%C3%A9e_Conakry_(consulté le 5 mai 2015)

l'homme", comme le Dragon, glissent jusqu'au bas du classement de la représentation des femmes dans les parlements.

Qu'a donc ce récit mythologique à offrir aux femmes sénégalaises dans la situation politique contemporaine ? Le récit nous dit que la jeune héroïne est une réincarnation de l'ancêtre originelle qui avait autrefois combattu le Dragon et l'avait vaincu. Cela peut être considéré comme une métaphore de la lutte du peuple sénégalais pour l'indépendance. Il a vaincu le Dragon du colonialisme. Toutefois, depuis ce temps, les descendants des combattants de l'Indépendance se sont glissés dans le comportement colonisateur du Dragon comme décrit dans la première section.

Une fois de plus, les femmes doivent donc s'affirmer et affronter le Dragon du colonialisme. Mais cette fois, à travers la compréhension féminine que c'est le "processus" plutôt que le fait de tuer un dragon qui compte. Parce que le meurtre d'un Dragon n'arrête pas les Dragons qui peuvent suivre ; en l'espèce, la poursuite du système de domination masculine. Au contraire, de nouvelles idées, sous la forme de l'adolescente, doivent émerger.

En effet, comme le montre l'exemple de Jàbu Ndaw, il s'agit d'un processus. Il s'agit d'être avalé et de digérer le pire du dragon colonial. La première section de l'article a donné un bon aperçu des défis auxquels sont confrontées les femmes sénégalaises. Elles ont englouti le Dragon du colonialisme à travers le système éducatif[61], et elles ont depuis utilisé le féminisme pour affronter le dragon[62]. À présent, elles ont atteint un nouveau degré où elles transforment le Dragon en Lion. En d'autres termes, elles ont triomphé du système colonial en atteignant un taux plus élevé de représentation féminine, ce qui, comme il a été expliqué plus haut, a été le résultat d'un véritable combat. Maintenant, elles peuvent se tenir devant leur peuple et dire, comme Jàbu : "Eh bien, les vieux ! Je viens vous ahurir."

---

61. Pascale BARTHÉLÉMY, « La formation des Africaines à l'École normale d'institutrices de l'AOF de 1938 à 1958 - Instruction ou éducation ? », *Cahiers d'études africaines*, *XLIII*, 169-170, 2003, 1-2, p. 371-388 http ://etudesafricaines.revues.org/205?file=1 (consulté le 28 avril 2015) ; Arlette GAUTIER, « Femmes et colonialisme », *in* M. FERRO (dir.), *Le livre noir du colonialisme*, Paris, Robert Laffont, 2003, p. 569-610.
62. ONP : « À partir des années soixante-dix, une masse importante de femmes instruites, et en majorité formées à l'École normale des jeunes filles de Rufisque va impulser la prise de conscience sur les inégalités dont les femmes sont victimes. Ces femmes instruites ont été à l'origine de la création d'associations féminines d'obédience religieuse ou professionnelle telles que l'Amicale des Anciennes Normaliennes, l'Amicale Germaine Le Goff, l'Amicale des Femmes juristes (devenue en 1974 l'Association des Juristes sénégalaises), le Zonta Club, le Club Soroptimist, à partir desquelles a été mise en place en 1977 la Fédération des Associations féminines du Sénégal (FAFS) par le président Senghor.", *Rapport ONP*, décembre 2016, *op. cit.* p. 21.

Si les femmes gardent dans leur cœur ce conte mythologique, comprenant le pouvoir de leurs ancêtres féminines, elles peuvent transformer le Dragon en Lion. Le Lion dispose de son propre espace, mais en cas de menace d’invasion, les femmes n’auront qu’à brandir le sceptre de leurs connaissances traditionnelles et du comportement conforme à la loi (ancestrale), en gardant à l’esprit la morale du Renard et de la Cigogne.

Les femmes et les hommes indépendants, originaires des anciens territoires colonisés ont besoin d’élaborer de nouvelles formes de gouvernance. Toutefois, ce n’est pas un processus facile. En outre, c’est une entreprise dangereuse car, elle implique de combattre sans répit le Dragon colonial et sa domination écrasante sur les questions mondiales relatives à la place des femmes. Aucun pays occidental n’a accordé l’égalité effective des droits aux femmes. Dans la réalité, l’égalité reste formelle. Cette réalité doit automatiquement informer les femmes africaines quant au fait que l’Occident n’a pas la solution pour les femmes. Dans l’histoire de Jàbu Ndaw, ce sont les femmes, en l’occurrence la fille et sa mère, qui combattent le Dragon. En d’autres termes, c’est aux femmes (de tous les âges) qu’il appartient de trouver une nouvelle forme de gouvernance. Une fois qu’elles auront développé cette nouvelle forme, elles “déboucheront” leurs découvertes et les présenteront aux populations ou à celles et ceux qui ont la volonté d’être vraiment indépendants.

Conclusion

Aujourd’hui, les militants et les militantes des droits des femmes en Afrique devraient mener leurs programmes de plaidoyer avec la connaissance claire de tout ce qui a été accompli au cours de millénaires par les femmes africaines. Bien que le système politique patriarcal hérité de la colonisation s’avère difficile à déraciner, toutes et tous porteront le flambeau d’une main plus ferme avec une telle connaissance du pouvoir des femmes de vaincre le Dragon. Les anciens pays colonisés ont donc besoin d’élaborer de nouvelles formes de gouvernance mais, avec la conscience, illustrée par les récits mythologiques africains, qu’une telle entreprise n’est pas un processus facile. Néanmoins, l’histoire réelle et les récits mythiques nous apprennent que ce sont aux femmes qu’il revient de développer de nouvelles formes de gouvernance. Elles pourront ensuite, comme Jàbu Ndaw, présenter publiquement et fièrement leurs résultats devant leur peuple.

Annexe

Djabou N'Daw

Birago DIOP, *Les nouveaux contes d'Amadou Koumba*,
Paris, Présence africaine, 1961, p. 101-108
(version corrigée par F. K. Camara pour rendre à Djabou le sexe correspondant à son prénom et à la traduction correcte du wolof vers le français)

Le soleil rentré dans sa demeure, tout le pays était endormi sinon mort, et personne n'avait pu sortir du village, et nul n'osait y entrer après les dernières lueurs du jour.

Plus de tam-tam sur la grande–place et plus de luttes de jeunes gens, même aux nuits de clair de lune.

Sauf quelques ronflements sourds de calebasses renversées, et les chants plus assourdis encore, des jeunes filles au fond des cours.

La nuit venue, le village était mort sinon endormi. Car Gharr-le-Dragon, dont les plus vieux avaient entendu parler par les pères de leurs pères, était revenu…

Et chaque nuit, Gharr tournait longtemps autour du village. Et aux nuits sans lune, des lueurs rouges, qui incendiait le ciel noir, indiquait son passage à ceux qui osaient jeter un œil craintif entre les fentes des clôtures en chaume.

Son long et lugubre cri faisait rentrer sous terre tous les bruits traînant encore au village : caquet des femmes et roulements sourds des tam-tams, voix graves des anciens et cris perçant des enfants !

Tout se taisait, tout se terrait quand l'horizon, à l'ouest, rougeoyait à nouveau après le crépuscule, et que s'entendait le long sifflement de Gharr-le-Dragon.

Et voici qu'un jour, au crépuscule, dans la demeure du vieux Bara, l'on chercha dans tous les endroits, au fond de toutes les cases, la dernière-née des enfants, Djabou Ndaw, sans la trouver.

Le père et les frères, tremblants, car l'horizon s'enflammait dans la lueur rouge de Gharr-le- Dragon, allèrent dans les demeures voisines pour quérir Djabou N'Daw ; mais Djabou n'était dans aucune des maisons des voisins. Djabou était sur le tas d'ordures à l'entrée du village. Et sa mère, qui, plus d'une fois au crépuscule, avait été chercher sa fille au pied du tamarinier où personne ne s'arrêtait jamais, et dont personne n'osait toucher les gousses sacrées, sa mère, en pensant que cette enfant ne devait pas être comme les autres enfants, s'inquiétait plus que tout le monde.

Et Djabou N'Daw était juchée sur le tas d'ordures, à l'entrée du village, que commençaient à éclairer, après les derniers rayons du soleil, les lueurs rouges jetées par les naseaux, la gueule et les yeux de Gharr-le-Dragon.

Tout le village trembla au premier hurlement de Gharr :

- Heuh – h h h h !!!

Djabou se redressa sur ses frêles jambes et regarda, de ses gros yeux, Gharr s'approcher dans un tourbillon de feu et de flammes.

Et ceux du village entendirent, tremblants, la voix de Gharr, qui s'approchait toujours.

Et Djabou N'Daw, debout sur le tas d'ordures,

- Qu'y a-t-il ?

Djabou N'Daw
Tokk Tja nèg ba !
Djabou N'Daw !
(Djabou N'Daw
File à la case !
Djabou N'Daw !)

Mais la petite Djabou N'Daw ne répondit au Dragon que par un éclat de rire, un immense éclat de rire parti du gros nombril qui pointait de son gros ventre.

Et Gharr-le-Dragon de lui expliquer :

Djabou N'Daw
Makk sa
Mamou Mamathi là wone !
Djabou N'Daw
(Djabou N'Daw !
Ce fût avec
Ton arrière-arrière-grand-mère !
Djabou N'Daw !)

Et Djabou N'Daw d'affirmer :

Mâye sama mamou mamath !
(Je suis mon arrière-arrière-grand-mère !)

- Assez ! fit Gharr-le-Dragon.

Djabou N'Daw
Tokk tja keur ga !
Djabou N'Daw !
(Djabou N'Daw !
File à la maison !
Djabou N'Daw !)

Alors Djabou N'Daw, sautant sur le tas d'ordures, se tourna vers le village et chanta d'une voix haute et plus forte que la voix de Gharr-le-Dragon, qui terrifiait bêtes et gens au village :

Yâye ô ! Bôye ô !
Dègall li Gharr ghi wakhe !
(Ô ! Mère ! Ô ! Chérie !
Entends ce que dit le Gharr !)

Et Djabou se retourna vers Gharr-le-Dragon :

- Faut-il que je dise à Mère ce que tu m'as dit ?

Gharr-le-Dragon crachant du feu par tout son corps fit un bond vers le tas d'ordures.

Djabou N'Daw !
File à la maison !
Djabou N'Daw !

Djabou N'Daw lui tourna le dos, et plantée sur le tas d'ordures, mains aux hanches lança son chant vers les cases, qu'éclairaient les lueurs de feu de Gharr-le-Dragon et où grands et petits tremblaient de frayeur :

Yâye ô ! Bôye ô !
Dègall li Gharr ghi wakhe !
Gharr ghâ n'ghi khonkhall beuteum
Tegg tji khobou lèm-lèm
Ténâh : Djabou N'Daw
Tokk tja keur gha
Djabou N'Daw !
(Ô Mère ! Ô ! Chérie !
Entends ce que dit le Gharr !
Le Dragon s'est rougi les yeux,
Il a posé des feuilles de piment
Et déclare : Djabou N'Daw
File à la maison !
Djabou N'Daw !)

Et dansant toujours sur le tas d'ordures, elle fit volte-face et affirma à Gharr-le-Dragon :

Djabou lank na
Lang lang ngal
Dou fa demm !
(Djabou refuse
Et te braque !
Elle n'ira pas !)

Et la lune, qui n'avait pas voulu assister longtemps au dialogue de Djabou N'Daw et de Gharr-le-Dragon, était partie se coucher depuis longtemps, toujours aussi peureuse.

Et les étoiles, marquées par toute la lueur rouge que crachait, de ses yeux, de sa gueule, de ses naseaux et de tout son corps, Gharr-le-Dragon, clignaient encore des yeux et tendaient l'oreille pour entendre ce que Gharr-le-Dragon et Djabou N'Daw se disaient.

Gharr-le-Dragon ordonnait toujours :

Djabou N'Daw !
File à la maison !
Djabou N'Daw !

Et Djabou N'Daw se moquait toujours :

Djabou lank na !
Et te braque !
Elle n'ira pas !

Et Gharr-le-Dragon menaçait encore :

Djabou N’Daw !
File à la case !
Djabou N’Daw !

Et Djabou N’Daw, dansant sur le tas d’ordures, chantait plus pour ceux du village que pour le dragon, qu’elle négligeait apparemment :

Djabou refuse
Lang, lang ngal !
Dou fa demm !

Crachant tout son feu, Gharr-le-Dragon bondit sur le tas d’ordures et sur Djabou N’Daw, qu’il avala d’un coup de sa langue fourchue. Il avait le derrière sur la pente du tas d’ordures. Djabou N’Daw suivit la pente du ventre de Gharr et descendit. Et commençant par la queue, elle avala, à son tour, Gharr-le-Dragon. Le Dragon suivit aussi la pente du gros ventre de Djabou N’Daw et tomba aux pieds de celle-ci. Il avait, ce faisant, perdu dans le ventre de Djabou N’Daw ses écailles et l’arête de son dos.

Djabou N’Daw descendit encore de Gharr-le-Dragon et avala de nouveau celui-ci, qui ressortit de nouveau, mais sans flammes aux naseaux ni feu à la gueule, sans cornes, et avala Djabou N’Daw, qui ressortit juste au bas du tas d’ordures et, après avoir avalé Gharr-le-Dragon pour la troisième fois, prit un noyau de jujube et s’en boucha l’anus.

Et Djabou N’Daw revint se coucher avant le deuxième chant du coq.

Elle dormait si bien, ou faisait semblant de si bien dormir, que sa mère ne voulut pas la réveiller, tout heureuse de voir que toutes ses craintes de la veille étaient aussi vaines qu’aux autres soirs, aux autres crépuscules quand Djabou N’Daw s’échappait de la maison et allait au pied du tamarinier défendu.

Le soleil chauffait déjà ferme quand Djabou N’Daw se leva et s’en fut, le ventre un peu plus gros que d’habitude, à l’arbre des palabres, à l’ombre duquel les vieux, les hommes âgés et les jeunes hommes commentaient la terreur semée dans la nuit par Gharr-le-Dragon, qui n’était jamais resté aussi longtemps dans le pays et n’était jamais venu si près du village.

Et chacun des plus vieux cherchait, dans sa mémoire, qui parmi les aïeux avait tant courroucé Gharr-le-Dragon pour qu’il revint, depuis des lunes et si constamment, les terrifier.

Djabou N’Daw s’approcha :

- Que vient-elle faire ici celle-là, qui n’est même pas encore sortie du giron de sa mère ? s’indignèrent les vieux et les hommes mûrs.
- Eh bien, les vieux ! Je viens vous ahurir, fit Djabou N’Daw.
- Nous ahurir ? Ton grand-père et son père et ton père ont-ils jamais dit ou fait quelque chose qui nous étonnât ? chevrota un vieillard en levant le long bâton qui lui servait de troisième jambe.
- Oui, vous ahurir ! affirma Djabou N’Daw.

Et, ce disant, elle se baissa, retira le noyau de jujube qui lui bouchait l’anus et lâcha, au milieu du cercle des vieillards, de gens mûrs et de jeunes gens, à l'ombre de l'arbre à palabres … Gayndé-le-lion, qui reçut, à son premier bond, sur l'échine et dans un immense éclat de rire des vieillards, des hommes mûrs et des jeunes gens, un grand coup de bâton du vieillard…

- Gharr-le-Dragon n'est plus, dit Djabou N'Daw. Voilà Gayndé-le-Lion qui s'enfuit là-bas. C'est lui qui sera le Roi de la brousse. Un seul coup de bâton suffira pour vous en débarrasser, car il se souviendra toujours de vos éclats de rire.

Il n'y a que la honte qui tue vraiment, même les plus forts, surtout les plus forts. Car le Lion sera toujours, souvenez-vous-en, le maître dans son domaine ! Une seule arme pour l'éloigner : le bâton !

Le droit de l'admission d'un nouveau membre : de l'OUA à l'UA

Mamadou DAGRA

L'Organisation de l'Unité Africaine (OUA), relayée aujourd'hui par l'Union Africaine (UA), avait eu ses premiers membres (fondateurs) en 1963 (à l'occasion de sa création le 25 mai). Elle avait admis son dernier membre (l'Afrique du Sud) en juin 1994.

L'Union Africaine a admis en son sein le Soudan du Sud en juin 2011. Elle a réintégré, en janvier 2017, le royaume du Maroc qui s'était retiré de l'OUA en juillet 1984.

Entre 1963 et 1994, la théorie et la pratique de l'admission d'un nouveau membre au sein de l'ancienne organisation panafricaine avait pour ainsi dire « fait l'histoire ». Il convient de la relater pour honorer la mémoire de cet éminent historien du droit que fut notre regretté collègue Dominique Sarr.

L'admission d'un État dans une organisation internationale est généralement perçue comme un élément de consécration de son indépendance et de sa souveraineté. Cette assertion se vérifie surtout dans le cas des États nouveaux (issus du processus de décolonisation) et des États divisés [1].

Sous ce rapport, l'entrée d'un nouveau membre dans une institution intergouvernementale est loin d'être une simple formalité : sorte de « brevet international » pour le nouvel État, elle revêt un aspect éminemment politique ayant les mêmes effets que la conception constitutive de la reconnaissance d'État [2].

Cet aspect politique avait été mis en lumière à la fois dans le cadre de l'ONU (avec l'utilisation du droit de veto) et au niveau de l'OUA (avec les admissions controversées de la République Arabe Sahraouie Démocratique – RASD, en 1982 et, à un moindre degré, de l'Angola en 1976).

---

1. À titre d'exemple, l'admission des deux Allemagnes (RDA et RFA) à l'ONU le 18 septembre 1973.
2. L'adhésion d'un État à une organisation internationale et la reconnaissance d'État ne doivent pas être confondues. C'est en matière de reconnaissance que l'on distingue la reconnaissance constitutive et la reconnaissance déclarative. Sur ce point , V. notamment : Charles ROUSSEAU, *Droit international public*, 11ème édition, Paris, Dalloz, 1987 ; Alain PELLET, Patrick DAILLIER & Mathias FORTEAU, *Droit international public*, 12ème édition , Paris, LGDJ, 2009 ; Jean COMBACAU & Serge SUR, *Droit international public,* 12ème édition, Paris, LGDJ, 2017.

En dépit des admissions quasi-automatiques de la Namibie (1990), de l'Érythrée (1993) et de l'Afrique du Sud (1994), du fait de ces admissions contestées, la question de l'admission d'un nouveau membre à l'OUA [3] s'était trouvée posée dans un autre contexte, dont il convient des tirer les enseignements aux plans politique et juridique.

Pourtant l'admission dans les organisations interafricaines ne soulevait pas dans l'ensemble, de difficultés majeures. M. Kwam Kouassi distinguait ainsi une condition générale à laquelle il rattachait trois situations différentes :

La condition générale, c'était la « légitimité démocratique africaine au nom de laquelle la République sud–africaine était systématiquement écartée de toute organisation africaine ».

Quant aux trois situations, elles étaient les suivantes :

1° « l'entrée automatique sur simple adhésion » ;

2° « l'entrée soumise à des conditions objectives » ;

3° « l'entrée soumise à des conditions objectives et subordonnée à une appréciation discrétionnaire de l'opportunité de l'admission [4] ».

L'auteur, relevait à juste titre que la « procédure d'entrée est plus ou moins compliquée selon que les organisations sont plus ou moins ouvertes [5]».

Qu'en était-il en ce qui concernait l'Organisation de l'Unité Africaine (OUA) ? L'ancienne organisation panafricaine était naturellement et largement ouverte aux États africains, puisqu'aux termes de l'article 1er de sa Charte, elle comprenait les États africains continentaux, Madagascar et les autres îles voisines de l'Afrique. Cependant, cette large ouverture ne lui avait point épargné les crises nées de la situation en Angola et de la question de la RASD

En réalité, le droit de l'admission d'un nouveau membre, conçu dans l'euphorie des lendemains des indépendances, n'était pas suffisamment explicite : l'admission controversée de la RASD en 1982 en avait administré la preuve (I). Cette grave crise, non encoure résolue en 2017 [6], avait, à l'époque,

---

3. Sur l'OUA, *cf.* François BORELLA, « Le régionalisme africain en 1964 », *Annuaire français de droit international*, 1964, *10*, n° 1, p. 621-637 ; Boutros BOUTROS-GHALI, « The Addis-Abéba Charter », Carnegie Endowment for International Peace, *International Conciliation* n° *546*, janvier 1964, 62 p. ; Boutros BOUTROS-GHALI, *L'Organisation de l'Unité Africaine*, Paris, Armand Colin, 1969 ; I. William ZARTMAN & Yassin EL AYOUTI ; *The OAU After Twenty Years*, New York, Praeger, 1984 ; Edmond JOUVE, *L'Organisation de l'Unité Africaine*, Paris, PUF, 1984 ; Maurice KAMTO, Jean-Emmanuel PONDI & Laurent ZANG, *L'OUA : rétrospective et perspectives africaines*, Paris, Economica, 1990 ; P.-F. GONIDEC, *L'OUA, trente ans après*, Paris, Karthala, 1993.
4. Kwam KOUASSI, « Les organisations interafricaines » in *Encyclopédie Juridique de l'Afrique*, Dakar-Abidjan, Nouvelles Éditons Africaines, 1982, vol. 2, p. 86.
5. *Ibid.*
6. À preuve, les tergiversations relatives à la présence de la RASD au sommet Union africaine - Union Européenne à Abidjan (Côte d'Ivoire), les 29 et 30 novembre 2017.

nourri les souhaits d'une évolution de ce droit, qui interviendra ultérieurement, non pas par la révision souhaitée de la Charte de l'OUA, mais avec la création de l'Union africaine (II).

I. Les règles d'admission d'un nouveau membre à l'OUA entre droit et politique

Dans les textes organiques de l'Organisation de l'Unité Africaine, les dispositions relatives à l'admission d'un nouveau membre étaient :

- les articles 4 et 28 de la Charte d'Addis-Abeba ;
- l'article 11 du règlement intérieur du Secrétariat général.

Ces dispositions établissaient les conditions tenant à la qualité de membre et organisaient la procédure d'admission.

Les exigences de fond étaient toutes contenues dans l'article 4, qui stipulait que « tout État africain indépendant et souverain peut devenir membre de l'Organisation ». Cette formulation très vague avait été à l'origine des difficultés en matière d'admission à l'OUA

Quant aux prescriptions formelles, elles découlaient des articles 4 et 11 précités, qui révélaient une prééminence du rôle du Secrétaire général, en contradiction avec son statut administratif (A). L'admission controversée de la République Arabe Sahraouie Démocratique (RASD) avait illustré les difficultés susmentionnées (B).

A. La prééminence du rôle du Secrétariat général en matière d'admission d'un nouveau membre : la contradiction avec son statut administratif

Les membres fondateurs de l'ancienne organisation panafricaine avaient manifestement voulu conférer un caractère administratif à l'entrée d'un nouveau membre. Ainsi, sous la rubrique "Adhésion et admission", l'article 28 disposait :

« 1- Tout État africain indépendant et souverain peut, en tout temps, notifier au Secrétaire général, son intention d'adhérer à la présente charte.
2- Le Secrétaire général, saisi de cette notification, en communique copie à tous les membres. L'admission est décidée à la majorité simple des États membres. La décision de chaque État membre est transmise au Secrétaire général qui communique la décision à l'État intéressé, après avoir reçu le nombre de voix requis ».

Ces dispositions étaient confirmées par l'article 11 du Règlement intérieur du Secrétariat général, aux termes duquel « Le Secrétaire général reçoit les notifications d'admission ou d'adhésion à la Charte et communique ces notifications au États membres, conformément aux dispositions de l'article 28 de la Charte ».

Une stricte exégèse de ces deux articles conduisait aux conclusions suivantes :
- l'admission d'un nouveau membre de l'OUA était une question de procédure relevant exclusivement du Secrétaire général [7] ;
- elle ne faisait pas intervenir les organes politiques qu'étaient la Conférence des chefs d'État et de gouvernement et le Conseil des ministres [8].

Cette prérogative du Secrétaire général était en flagrante contradiction avec son statut d'organe administratif [9].

1. Le rôle exclusif du Secrétaire général

De prime abord, l'on pouvait formuler les remarques ci-après :
- S'agissant des organes de l'OUA, selon les dispositions de la Charte de l'organisation, le Secrétaire général était la seule instance intervenant en matière d'admission d'un nouveau membre : il se trouvait au début et à la fin de la procédure.
- S'agissant du rôle des États, il demeurait primordial : le Secrétariat général, rouage administratif, n'agissait qu'en aval, suite aux décisions souveraines prises en amont par les États membres. M. Edem Kodjo, ancien Secrétaire général, précisait fort opportunément qu'il n'exerçait *qu'une compétence liée*, parce qu'à ses yeux l'acte 28 établissait les conditions d'un acte dont le Secrétaire général n'était que *le levier et non le moteur* [10].

En second lieu, il convenait de rechercher la justification de cette « prééminence » du Secrétaire général. À notre avis, elle tirait son origine de la nature même de l'admission d'un nouveau membre au plan juridique : la Charte de l'Organisation de l'Unité africaine en faisait une *question de procédure*. Cela résultait d'une lecture combinée des articles 10 et 28. Selon l'article 10 §2 les décisions de procédure sont prises à la majorité simple des États membres de l'Organisation. Quant à l'article 28 §2, il précisait : l'admission est décidée à la majorité simple des États membres.

On pouvait noter que ces dispositions ne concordaient pas, par exemple, avec celles de la Charte de Nations Unies : en effet, aux termes de l'article 18 §2 de ce texte, l'admission de nouveaux membres à l'ONU est considérée comme une « question importante », au même titre que le maintien de la paix ou les problèmes budgétaires. Et elle est décidée à la majorité des deux tiers (2/3) des membres présents et votants [11].

---

7. V. *Jeune Afrique* n° *1147/1148*, 29 décembre 1982 - 5 janvier 1983, p. 54.
8. Sur cette question, V. Jean-Pierre COT, Alain PELLET, Mathias FORTEAU, *La Charte des Nations Unies : commentaire article par article*, 3ème édition, Paris, Economica, 2005.
9. V. *Jeune Afrique* n° *1105* du 10 mars 1982, p. 21.
10. Benoît NGOM, « OUA : propositions pour sortir de la crise », *Jeune Afrique* n° *1129-1130*, 25 août - 1er septembre 1982, p. 38-39.
11. Kwam KOUASSI, *op.cit.*

S'agissant de la procédure d'admission proprement dite (article 28), elle comportait les étapes suivantes :

- la demande d'adhésion à la Charte de l'OUA ;
- la notification de cette demande aux États membres ;
- l'admission ;
- la notification de l'admission.

a) La demande d'adhésion

Elle émanait naturellement de l'État candidat qui devait, *« propio motu »*, manifester sa volonté d'intégrer l'organisation panafricaine. La demande d'adhésion était adressée au Secrétaire général.

Outre l'exigence de cette manifestation de volonté, l'article 28 requérait que fussent remplies les conditions attachées à la qualité de membre, posées par l'article 4 :

- être un État africain ;
- être un État indépendant et souverain.

b) La notification de la demande d'adhésion

Saisi de la requête de l'État intéressé, le Secrétaire général la communiquait à tous les membres de l'organisation (article 28 §2).

c) L'admission du nouveau membre

Elle était du ressort du Secrétaire général qui avait la charge de comptabiliser les réponses reçues des États membres et de vérifier si la majorité requise (majorité simple) était atteinte. Si tel était le cas, l'admission (résultant de la décision de la majorité des membres de l'Organisation) était constatée par le Secrétaire général qui en informait le nouvel État membre (article 28 §2).

d) La notification de l'admission

Aux termes de l'article 28 in fine, ... *le Secrétaire général communique la décision à l'État intéressé après avoir reçu le nombre de voix requis.*

Cette formulation appelait deux remarques ;
-en premier lieu, la notification de l'admission était faite uniquement à l'État intéressé. Les autres membres pouvaient ne pas être informés de l'entrée d'un nouveau membre au sein de l'organisation. C'est pourquoi, dans le cas de la RASD, M. Edem Kodjo affirmait : « je n'avais pas à faire de notifications aux États membres. L'article 28 est précis : on notifie à l'État intéressé ».

Ensuite, à cette étape comme tout au long de la procédure d'admission, le Secrétaire général se trouvait être le maître d'œuvre, à l'exclusion des organes politiques.

2. La non-implication des organes politiques

Selon l'article 7 de la Charte, les principaux organes de l'OUA étaient :
- la Conférence des chefs d'État et de gouvernement ;
- la Conseil des ministres ;
- le Secrétariat général.

Si les deux premiers, instances d'orientation et de décision étaient des institutions à caractère politique, le dernier, « organe central et permanent de l'Organisation » (article 1er de son règlement intérieur) n'avait qu'un *statut administratif.*

C'est ce statut administratif qui expliquait l'exclusivité de son rôle en matière d'admission d'un nouveau membre. Ce rôle exclusif avait pour conséquence la non-intervention tant de la Conférence que du Conseil dans la procédure d'admission. Cette pratique contredisait la « tradition », sinon les règles, dans les organisations internationales : en effet, dans la plupart d'entre elles, les nouveaux membres sont, généralement, admis en séance solennelle plénière de l'organisation. Ainsi à l'ONU, l'admission se fait par décision de l'Assemblée générale (article 4 de la Charte). Et habituellement, l'entrée de nouveaux membres a lieu aux sessions ordinaires, par acclamation.

Le droit et la pratique étaient donc différents à l'OUA : en dépit de l'admission « historique » de l'Afrique du Sud (Tunis, juin 1994), la Charte ne requérait aucune solennité permettant d'impliquer la Conférence des chefs d'État et le Conseil des ministres. Parce que l'admission d'un nouveau membre à l'OUA n'exigeait aucun vote de la part des États, la simple notification de l'admission à l'État candidat par le Secrétaire général suffisait.

C'est pourquoi, l'opinion selon laquelle .... pour être membre de l'OUA il suffit que la Conférence prenne une décision favorable à la majorité des deux tiers était inexacte. Non seulement, la majorité requise était la majorité simple, mais encore en ce domaine la Conférence était « hors-jeu », tant il était vrai que le Secrétaire général y jouait, il faut le répéter, un rôle exclusif. Cette compétence exclusive était manifestement en contradiction avec son statut d'organe administratif.

3. La contradiction avec le statut administratif du Secrétaire général

Il n'y avait aucune ambiguïté quant au rôle que les pères fondateurs de l'Organisation de l'Unité Africaine avaient tenu à confier à son Secrétaire général administratif. L'adjonction de cet adjectif dénotait une autre originalité de l'ancienne organisation panafricaine, au regard des organisations intergouvernementales contemporaines. Dans ces institutions, le premier responsable est :
- soit un secrétaire général (OTAN, OEA, ONU, etc.)
- soit un directeur général (UNESCO, FMI, FAO, etc.)
- soit enfin un secrétaire exécutif ou un directeur exécutif (CILSS, BIT, ONUDI, etc.)

Aucune précision textuelle expresse n'est généralement donnée quant à la nature de ses fonctions. La particularité que consacrait alors l'OUA traduisait les appréhensions des dirigeants africains face aux risques de super-étatisme ou de supranationalisme et leur volonté de confiner le plus haut fonctionnaire de l'organisation dans des tâches purement administratives.

Il n'existait donc pas de commune mesure avec le Secrétaire général de l'ONU qui exerce des compétences politiques incontestables. Et l'on pouvait donc aisément convenir du rôle limité du Secrétaire général de l'OUA par rapport aux compétences du Secrétaire général de l'ONU [12]

Cependant, dans la pratique, les Secrétaires Généraux successifs de l'Organisation de l'Unité Africaine avaient outrepassé leurs attributions administratives [13] : les vives critiques essuyées par M. Diallo Telli (1er Secrétaire général) après la signature d'accords de coopération avec la Commission économique pour l'Afrique (CEA) et l'Organisation internationale du travail (OIT) en 1966, la démission de M. Nzo Ekangaki (2ème Secrétaire général), en 1974, suite à l' « affaire LONRHO » et l'admission contestée de la RASD avec M. Edem Kodjo (4ème Secrétaire général) en 1982, en avaient été les illustrations les plus éclatantes [14].

Ce hiatus entre les faits et le droit était inévitable dans la mesure où la contradiction était flagrante entre le rôle juridiquement très limité dévolu au

---

12. Kwam KOUASSI, « Le Secrétaire général de l'OUA. et son rôle », *Annales de l'université du Bénin*, Lomé, 1978, vol. 2, p. 5-35. Sur le même point, consulter également Maurice A.GLÉLÉ, « Pour une OUA opérationnelle », *Le mois en Afrique*, *241-242*, février-mars 1986. L'auteur y militait pour le renforcement des prérogatives du Secrétaire général.
13. À ce sujet, *cf.* Moustapha SOURANG, « Faut-il modifier la Charte d'Addis-Abéba du 25 mai 1963 ? », *Annales Africaines*, Dakar, 1983, p. 13.
14. M. Diallo Telli, alors ambassadeur, représentant permanent de la Guinée Conakry à l'ONU, avait été élu Secrétaire général de l'OUA au sommet du Caire en juillet 1964. Il avait dirigé l'organisation de 1964 à 1972 (soit 2 mandats de quatre ans). Il lui avait souvent été reproché ses initiatives unilatérales, prises sans information des organes politiques.
M. Nzo Ekangaki, ministre camerounais du travail, lui avait succédé au sommet de Rabat, en juin 1972. Il n'était resté que 2 ans à la tête de l'OUA (1972-1974). Il avait donc été contraint à la démission, parce son initiative, unilatérale aussi, de passer, en 1973, un marché avec la société *London Rhodesian Mining Land Company* (LONRHO), liée au régime raciste de la Rhodésie du Sud coloniale, pour atténuer en Afrique les effets de la hausse du prix du pétrole en 1973-1974, avait été condamnée par les États membres.
M. Edem Kodjo, ministre togolais des affaires étrangères, avait remplacé le troisième SG de l'OUA, le camerounais William Eteki Mboumoua (1974-1978). Élu au sommet de Khartoum, en 1978, il avait dirigé l'OUA jusqu'en 1983. Après l'admission de la RASD, il avait été accusé d'être allé au-delà de ses compétences ; il avait alors perdu le soutien de son pays et son mandat n'avait pas été renouvelé.

Secrétaire général et la responsabilité qu'il avait d'incarner partout les intérêts de l'Afrique. L'ensemble des compétences à lui conférées par les textes organiques, sa mission de porte-parole attitré du continent, les circonstances des événements, l'environnement international expliquaient que le Secrétaire général de l'OUA fût toujours plus qu'un simple « chef de l'administration » qui « dirige les services du Secrétariat », selon la formulation de l'article 16 de la Charte.

C'est dans ce contexte qu'il convenait de situer son rôle en matière d'admission de nouveaux membres : le Secrétaire général en était donc le maître d'œuvre ; il était le seul organe présent tout au long de la procédure. Du fait de cette exclusivité d'intervention, l'entrée d'un nouveau membre à l'OUA était pour ainsi dire « à la discrétion » du Secrétaire général.

C'était là une très lourde responsabilité pour un organe que l'on avait « conçu » et voulu "administratif", dans une question dite de procédure, mais toujours tributaire des réalités politiques. Face aux implications politiques évidentes, surgissait alors la contradiction entre le statut administratif du Secrétariat et sa compétence exclusive en matière d'admission de nouveaux membres au sein de l'Organisation.

En effet, toutes les admissions postérieures à la Conférence constitutive de 1963 – et notamment les dernières (Namibie, Érythrée, Afrique du Sud) – avaient été des *admissions joyeuses*, selon l'expression de M. Kodjo : l'intégration des autres États avait eu lieu dans l'allégresse générale, au fur et à mesure qu'ils accédaient à l'indépendance politique.

L'admission d'un nouveau membre était jusque-là une *question de procédure* relevant du Secrétaire général administratif. Elle avait cessé de l'être quand il s'était agi *d'admission controversée* : ce fut le cas de la RASD

B. L'admission controversée de la RASD [15]

Cet événement avait illustré l'évolution intervenue dans la nature juridique de l'admission d'un nouveau membre à l'Organisation de l'Unité Africaine.

Conçue, à l'origine, comme une *question de procédure*, elle avait revêtu un caractère nettement politique avec « l'affaire de la RASD » : c'était la notion d' « *admission douloureuse* » qu'évoquait l'ancien Secrétaire général de l'OUA, M. Edem Kodjo [16] ; à l'unanimité sans faille et à l'euphorie de l' « *admission*

15. Sur la RASD, voir entre autres, Youssef AMRANI, *La RASD au sein du système international : le politique et le juridique à l'épreuve*, www.sahara-question.com/fr/content, consulté le 11 novembre 2017.
    Sur la question du Sahara Occidental, consulter l'avis consultatif de la Cour internationale de justice du 16 octobre 1975, « Sahara Occidental, avis consultatif », *CIJ Recueil 1975,* p. 12.
16. *Jeune Afrique 1105* du 10 mars 1982, p. 21 : « J'ai pris mes responsabilités ».

joyeuse » [17], s'étaient substituées la scission et la crise au sein de l'organisation, à l'occasion de l'entrée d'un nouveau membre.

Cette situation avait connu un précédent, celui de l'Angola en 1976 : réunie en sommet extraordinaire à Addis-Abeba les 11 et 12 Janvier 1976, l'Afrique coupée en deux [18] n'avait pu mettre un terme à la guerre qui, à ce moment, faisait rage dans l'ancienne colonie portugaise ; la Conférence des chefs d'État et de gouvernement avait alors abouti à un échec retentissant : l'OUA (comptant à l'époque 46 membres) n'avait pu admettre en son sein la République Populaire d'Angola, reconnue par 22 États membres et contestée par 22 autres [19].

S'agissant de la République Arabe Sahraouie Démocratique (RASD), un bref rappel historique paraît nécessaire [20]. Reconnue par une soixante d'États dans le monde, la RASD avait été admise comme 51ème membre de l'Organisation de l'Unité Africaine, le 22 février 1982, à la 38ème session du Conseil des ministres. L'évolution ultérieure de la question pouvait être résumée comme suit :

Au lendemain de la "Marche verte" marocaine, à partir du 6 novembre 1975 [21], l'accord de Madrid du 14 novembre 1975 [22] avait donc consacré le partage du territoire entre le Royaume du Maroc et la République Islamique de Mauritanie.

Quelques mois plus tard, le Polisario (Front Populaire pour la Libération de la Saguiet-el-Hamra et du Rio de Oro) proclamait la République Arabe

17. *Ibid.*
18. Sur l'ensemble de la question de l'Angola, consulter *Le Monde* des 30 décembre 1975, p. 1 & 2, 13 janvier 1976, p. 1 & 3, 14 janvier 1976, p. 1, 15 janvier 1976, p. 22 ; *Jeune Afrique 1106*, du 17 mars 1982, p. 22.
19. L'Éthiopie, siège de l'Organisation et l'Ouganda d'Idi Amine Dada, assurant sa présidence en exercice, n'avaient pas pris position.
20. Sur l'épisode de l'admission de la RASD à l'OUA et ses développements, l'hebdomadaire *Jeune Afrique* a consacré des numéros successifs de mars 1982 à août 1983 : n° *1105* du mars 1982, p. 18-22 ; n° *1106* du 17 mars 1982, p. 21 & s ; n° *1129-1130* du 25 août – 1er septembre 1982, p. 38-39 ; n° *1147/1148* du 29 décembre -5 janvier 1983, p. 48-54 ; n° *1180/1181* du 17-24 août 1983, p. 78.
21. À l'appel du roi Hassan II, 350 000 marocains (sélectionnés sur 500 000) avaient marché dans le désert, pour contraindre l'Espagne à « libérer » le Sahara Occidental. Sur la question, V. Pierre VERMEREN, « La Marche verte », *in Histoire du Maroc depuis l'indépendance*, Paris, La Découverte, coll. « Repères / Histoire », n° 346, 2010, p. 71-72 ; Michel ABITOL, « Un nouveau départ : la Marche verte et la question du Sahara Occidental », *in Histoire du Maroc*, Paris, Perrin, 2009, p. 576-583 ; *Jeune Afrique* du 2 novembre 2003.
22. Conclu par l'Espagne, le Maroc et la Mauritanie, cet accord, ratifié par le Parlement espagnol, le 18 novembre 1975, consacrait le départ de l'Espagne du Sahara Occidental et sa partition entre le Maroc et la Mauritanie.

Sahraouie Démocratique (RASD), le 27 février 1976 [23]. Depuis lors, l'Organisation de l'Unité Africaine avait vainement tenté d'organiser un sommet extraordinaire sur la question. Devant l'impossibilité manifeste de la tenue de telles assises, la RASD avait demandé à être membre de l'Organisation au 17ème sommet de Freetown (Sierra Leone) en juillet 1980. Lui déniant la qualité d'État indépendant et souverain, le Maroc introduisait alors une demande en interprétation de la Charte en son article 4 [24]. En juin 1981, à Nairobi (Kenya), la Conférence des chefs d'État et de gouvernement avait adopté le principe de l'organisation d'un référendum dans l'ancien Sahara espagnol, sous les auspices de l'OUA et de l'ONU Mais au fil du temps, cette consultation fut toujours repoussée. C'était dans ces circonstances qu'était intervenue l'admission de la RASD au sein de l'ancienne organisation panafricaine, en février 1982.

Cette admission, parce que controversée, fut le point de départ de la grave crise qui avait secoué l'OUA en 1982-83 : paralysée, l'organisation avait frôlé l'éclatement. Pour la première fois de son histoire, elle n'avait pu tenir son sommet annuel, après les échecs de Tripoli I (août 1982) et de Tripoli II (novembre 1982). Et la 19ème Conférence des chefs d'État et de gouvernement n'avait pu intervenir qu'en juin 1983, suite *au retrait volontaire et temporaire* de la RASD. Ce *retrait volontaire* devait durer jusqu'au 20ème sommet (Addis Abeba, novembre 1984) où la République Arabe Sahraouie Démocratique siègera en tant que membre, provoquant le départ du Maroc [25], et de la part du Zaïre du maréchal Mobutu, la suspension de sa participation aux travaux. En juillet 1985, la RASD consolidait ses acquis en obtenant même l'une des vice-présidences de la Conférence.

Cependant, au fond, la situation n'avait pas qualitativement évolué : depuis l'abandon par la Mauritanie de son “ morceau de Sahara” en 1979 (et son annexion immédiate par le Maroc), le conflit était resté entier entre le Maroc et le Front Polisario. Les nombreux contacts, directs et indirects, entre les deux parties n'avaient nullement permis de rapprocher leurs points de vue.

---

23. V. le communiqué officiel publié par le *Conseil national provisoire sahraouie*, en vertu du droit du peuple sahraouie à l'autodétermination, sur la base de la Résolution 1514 (XV) de l'Assemblée générale de l'ONU portant Déclaration sur l'octroi de l'indépendance aux pays et aux peuples coloniaux, www.arso.org/03-if.htm, consulté le 12/11/2047.
24. Il s'agissait de clarifier la notion d'*État indépendant et souverain*, puisque, de son point de vue, la RASD ne répondait nullement à ces exigences. V. à ce sujet Youssef AMRANI, *La RASD au sein du système international : le politique et le juridique à l'épreuve*, www.sahara-question.com/fr/content, consulté le 11/11/2017.
25. Ce retrait du royaume chérifien de l'organisation panafricaine durera 23 ans : il ne réintégrera l'Union Africaine qu'en janvier 2017, dans le cadre de l'offensive diplomatique en Afrique du Roi Mohamed VI (ayant succédé à son père Hassan II, en 1999). V. *Le Monde,* 30 janvier 2017.

Le référendum (de *confirmation* pour les Marocains, d'*autodétermination* pour les Sahraouis) était demeuré assurément l'unique recours. L'Organisation des Nations Unies (ONU) en était le maître d'œuvre, avec la création de la *Mission des Nations Unies pour le Référendum au Sahara Occidental* (MINURSO) en 1991.

Le référendum, alors prévu pour le mois de février 1995, n'a pas été organisé à ce jour [26]. Sur le plan juridique, l'OUA n'avait hélas ! pas tiré les leçons de la crise consécutive à l'admission de la RASD [27]. Cette admission avait été imputée au seul Secrétaire général, rendu coupable d'une violation de la Charte de l'Organisation. C'est pourquoi, dans sa défense, l'ancien Premier ministre togolais avait mis en avant des considérations juridiques (**a**) qui, ne pouvaient nullement occulter l'aspect hautement politique du dossier sahraoui (**b**).

1. Les considérations juridiques : la défense d'Edem Kodjo [28]

L'admission de la RASD avait été jugée en Afrique comme une erreur et une grave irrégularité. Aux yeux de certains, Edem Kodjo y avait fait montre d'une incroyable légèreté et d'une absence totale de sens politique. C'est donc à un véritable « réquisitoire » que devait répondre l'ancien Secrétaire général dans sa « plaidoirie ».

a) Le « réquisitoire » : les raisons de la controverse

D'une part, il avait été reproché à Edem Kodjo d'avoir cédé aux pressions des États « racistes » (soutenant donc la RASD), et d'autre part, d'avoir violé la Charte en outrepassant ses compétences de Secrétaire général administratif.

Sur le premier point, le groupe des 26 États ayant reconnu la RASD, forts de l'article 28 (établissant la compétence du Secrétaire général en matière d'admission), « exprimaient leur étonnement devant la défaillance du Secrétaire général quant à l'application de la Charte » [29]. Bien plus, ils « réclamaient la

---

26. Depuis le mois de juin 2017, la MINURSO, dont le mandat a été prorogé 41 fois depuis sa mise en place, a un nouveau chef en la personne de M. Horst Köhler, ancien Président de la République Fédérale d'Allemagne, ancien directeur général du FMI, nommé représentant spécial du Secrétaire général des Nations Unies. Il a succédé à l'Américain Christopher Ross, démissionnaire, sans doute en raison de la délicatesse de la mission.
27. Voir *infra*, Deuxième partie.
28. Pour la « plaidoirie » de M. Kodjo, V. :
- « J'ai pris mes responsabilités. Aux chefs d'État de prendre les leurs », interview de l'intéressé à *Jeune Afrique*, n° *1105* du 10 mars 1982, p. 20-22.
- Son « Mémorandum sur l'admission de la RASD », *Jeune Afrique*, *1147/1148*, décembre 1982-5 janvier 1983, p. 51-54.
29. *Cf.* « Mémorandum… » précité.

notification de l'admission de la RASD, estimant tout retard inacceptable »[30]. En ce qui concernait la violation de la Charte, c'est-à-dire le fondement juridique de cette admission, les critiques furent très vives à l'encontre d'Edem Kodjo. Ainsi, pour certains, « la décision du Secrétaire général de substituer sa qualification des faits à celle de l'organe suprême en admettant, entre deux sessions de chefs d'État et de gouvernement, l'entité sahraouie comme membre à part entière de l'OUA est, plus qu'une erreur, une forfaiture »[31]. Pour d'autres, « la procédure administrative (point 2 de l'article 28) suppose l'existence d'un État indépendant et souverain (point 1) : la RASD ne remplit pas ces conditions[32]. Enfin, le ministre soudanais des affaires étrangères avait été encore plus incisif en déclarant : « Il ne vous appartient pas, Monsieur le Secrétaire général, de délivrer des actes de naissance à des États qui n'existent pas »[33].

Face à ces critiques, toutes fondées sur des arguments d'ordre juridique, Edem Kodjo s'était, dans sa vigoureuse « plaidoirie », également placé sur le terrain de droit.

b) La « plaidoirie » : primauté au droit

Non, ce n'est pas un coup de force, mais un coup de droit !

Voilà en quels termes Edem Kodjo répondait en mars 1982 à un journaliste qui lui demandait si l'admission de la RASD n'avait pas été un « coup de force »[34].

Et tout au long de la controverse, l'ancien Secrétaire général s'était abrité derrière la couverture juridique de la Charte. Son argumentation était la suivante :
1°) « Selon la Charte de l'Organisation, l'admission d'un État est du ressort du Secrétaire général » ;
2°) « Dès 1980 (sommet de Freetown), la RASD remplissait les conditions d'admission » ;
3°) « Celle-ci ayant été reportée, les chefs d'État pouvaient soit se prononcer sur le fond (s'agit-il, oui ou non, d'*un État souverain et indépendant* ?, soit de modifier la Charte pour que l'admission *administrative* devienne une question *politique* ;
4°) « Ils ne l'ont pas fait, et le Secrétaire général a donc pris ses responsabilités »[35].

---

30. *Idem.*
31. C'était l'opinion du Sénégalais Benoît Ngom, alors président de l'Association des juristes africains, *Jeune Afrique*, *1129-1130*, 25 août - 1er septembre 1982, « OUA : propositions pour sortir de la crise », p. 38-39.
32. Jean-Louis BUCHET (journaliste), in *Jeune Afrique 1106* du 17 mars 1982, p. 21.
33. *Jeune Afrique*, *1105*, 10 mars p. 19.
34. *Ibid.*
35. *Id.*

C'est au nom de ces responsabilités qu'Edem Kodjo affirmait : « Je ne veux pas passer pour celui qui fait obstacle à l'application de la Charte... L'article 28 fait de l'admission d'un État l'affaire du Secrétaire général... Il n'est du ressort de personne d'autre d'appliquer la Charte en ce qui concerne l'admission » [36].

L'exégèse des dispositions de l'article 28 conduisait à une conclusion semblable. D'autres opinions doctrinales allaient dans le même sens, parce qu' « une lecture littérale de l'article 28 permet de répondre par l'affirmative » à la question suivante : « le Secrétaire général de l'OUA est-il fondé à proclamer lui-même l'admission d'un nouvel État ? » [37]. De même, l'on pouvait, à juste titre, affirmer qu' « à partir du moment où la majorité simple des États reconnaît un autre État, celui-ci doit être déclaré par le Secrétaire général membre de l'Organisation » [38]. Enfin, l'on pouvait trancher en ces termes : « ...c'est surtout dans la procédure d'admission des États que le pouvoir du Secrétaire général est le plus manifeste. Lui seul est ... habilité à effectuer le décompte des pays membres favorables à l'admission d'un nouvel État. C'est à lui seul que la Charte reconnaît la prérogative de signifier au candidat qu'il a ou non obtenu la majorité requise pour être admis à l'OUA » [39].

Edem Kodjo était donc fondé à soutenir que « la Charte est très claire : je devrais prononcer l'admission dès que le quorum est atteint... »[40]. Il allait même plus loin en affirmant : « L'article 28... a prévu des dispositifs caractérisés par une automaticité qui se passe de tout jugement ou de toute considération politique de la part du Secrétaire général » [41].

C'est de ce point de vue que sa démarche était fort critiquable. Il est, en effet, indéniable que l'admission d'un nouveau membre dans une organisation intergouvernementale présente toujours un aspect politique qu'il est téméraire d'ignorer.

2. L'aspect politique : une admission douloureuse

En 1963, on n'a prévu que les admissions joyeuses. On n'a pas pensé aux admissions douloureuses. La Charte n'a pas prévu les cas d'admission contestée. Les dispositions de l'article 28 ne sous-entendent que des admissions joyeuses, évidentes, acclamées de tous [42].

---

36. *Id.*, p. 21.
37. Moustapha SOURANG, « Faut-il modifier la Charte d'Addis-Abéba du 25 mai 1963 ? », *Annales Africaines*, Dakar, 1983, p. 12.
38. Benoît NGOM, *op. cit.*
39. C'était l'opinion très pertinente du défunt journaliste guinéen, Siradiou DIALLO, *Jeune Afrique*, *1180/1181*, 17-24 août 1983, p. 78.
40. *Jeune Afrique* n° *1105*, 10 mars 1982, p. 21.
41. *Jeune Afrique 1147/1148*, 29 décembre 1982-5 janvier 1983, p. 51.
42. *Cf* son *Mémorandum*... précité.

Edem Kodjo dégrossissait ainsi la notion d'admission douloureuse : c'était donc une admission caractérisée par une contestation inspirée par des mobiles politiques. Aussi, regrettait-il plus loin : *on aurait pu clairement prévoir les cas de contestation et en conséquence définir de manière* précise l'État indépendant et souverain » [43].

C'était donc autour de la qualité d'*État indépendant et souverain* de la RASD que s'était cristallisée la politisation de l'affaire du Sahara Occidental. C'étaient ces mêmes considérations politiques qui avaient justifié le principe de l'*organisation d'un référendum* adopté par le sommet de Nairobi en juin 1981.

*** La notion d'"État indépendant et souverain"**

L'article 4 de la Charte indiquait les conditions relatives à la qualité de membre de l'OUA Il était, il convient de le rappeler, libellé comme suit :

« Tout État africain indépendant et souverain peut devenir membre de l'Organisation ».

Cette formulation, d'une remarquable imprécision, ne répondait évidemment pas à la question fondamentale de savoir ce qu'est un *État indépendant et souverain*. Du reste, aucune autre disposition de la Charte n'apportait d'éléments de clarification sur ce point capital. L'ancien Secrétaire général pouvait donc, à juste raison, fulminer contre « l'absence de toute définition claire et précise de la notion d'État » [44]. L'article 27 se limitait, en effet, à conférer le pouvoir d'interprétation de la Charte à la Conférence des chefs d'État et de gouvernement.

C'était en vertu des dispositions de cet article que le Maroc avait exigé l'interprétation de la Charte lors du sommet de Freetown, suite à la demande d'admission de la RASD. Pour le royaume chérifien, *la prétendue République Arabe Sahraouie Démocratique* n'était pas un État indépendant et ne pouvait prétendre à être membre de l'OUA [45]

Cette position avait été constamment défendue par les amis du Maroc et notamment le Zaïre dont le ministre des affaires étrangères déclarait lors du sommet de juillet 1986 : l'entité dite République arabe sahraouie démocratique n'est pas un État. Cet État fantôme qui ne peut même pas être un État-zombie, puisqu'il n'a jamais existé, constitue la supercherie la plus inique de l'histoire de notre organisation [46].

---

43. *Jeune Afrique*, n° *1147/1148*, 29 décembre 1982-5 janvier 1983, p. 51.
44. *Jeune Afrique*, n° *1147/1148*, 29 décembre 1982-5 janvier 1983, p. 54.
45. V. *Mémorandum* Kodjo précité.
46. Cité par *Le Soleil* (quotidien gouvernemental sénégalais) du 23 juillet 1986, p. 13. V. également *Jeune Afrique 1336/1137*, 13-20 août 1986, p. 44.
Il convient de rappeler que le Zaïre (actuelle RDC) avait suspendu sa participation à l'OUA., de novembre 1984 à juillet 1986, en raison de l'admission de la

Pour d'autres également, la RASD ne remplit pas les conditions d'un État indépendant et souverain. Elle n'a jamais exercé sa souveraineté sur la capitale du Sahara occidental. Elle ne contrôle qu'épisodiquement une portion de territoire vide de ses habitants. Une partie de la population qu'elle affirme représenter se trouve en Algérie ; une autre au Sahara sous administration marocaine ; une troisième enfin à l'intérieur du Maroc incontesté.

Quant à ses lois que nul ne connaît, où et par qui seraient-elles appliquées ? [47]

Devant ce refus obstiné par certains de qualifier la RASD comme un État, les dirigeants du Polisario répliquent : « Nous nous sommes autodéterminés par les armes » [48]. C'est assurément du point de vue du droit des peuples à l'autodétermination qu'il convient d'apprécier l'ensemble de la question du Sahara occidental. Car, au-delà des critères formels d'existence de l'État (territoire, population, pouvoir), « la seule discussion concerne les fondements de la qualification de l'État… il s'agit de savoir si la qualité d'État peut s'autoproclamer ou être déduite de la reconnaissance par les autres États » [49]. À cette question, il peut être répondu que les conceptions déclarative et constitutive de la reconnaissance sont, dans la pratique, complémentaires.

En réalité, derrière la notion d'*État indépendant et souverain*, se posait le problème de l'application effective des principes et objectifs de l'OUA et ses normes du droit international :

- d'abord le *principe de l'intangibilité des frontières* issues de la colonisation, solennellement proclamé par la Conférence des chefs d'État et de gouvernement dans sa résolution AHG/Res. 16 (I) de juillet 1964 [50] ;
- ensuite, « l'objectif d'éliminer sous toutes formes le colonialisme de l'Afrique » (art. 2 § de la Charte).
- troisièmement, le principe cardinal du « dévouement sans réserve à la cause de l'émancipation totale des territoires africains non encore indépendants » (art. 3 de la Charte).
- enfin, le principe fondamental de l'autodétermination des peuples, consacré par la Résolution 1514 de l'Assemblée générale de l'ONU du 14 décembre 1960 [51].

C'est ce principe que la Charte africaine des droits de l'homme et des peuples consacre en son article 20 qui proclame : Tout peuple a droit à l'existence.

RASD. En reprenant sa place au sein de l'organisation, cet État membre avait tenu à préciser que sa position restait inchangée sur cette question.

47. Jean-Louis BUCHET, *op. cit.*
48. V. *Jeune Afrique*, *1105*, 10 mars 1982.
49. Benoît NGOM, *op. cit.*
50. Pour la défense de la position du Maroc, V. Abdelhamid EL QUALI, « L'*uti possidetis* ou le non-sens du “principe de base” de l'OUA pour le règlement des différends internationaux », *Le mois en Afrique*, *227-228*, décembre 1984-janvier 1985, p. 3-19.
51. *Cf* supra, note 23.

Tout peuple a un droit imprescriptible et inaliénable à l'autodéter-mination [52].

C'est au regard de ce droit, reconnu aujourd'hui comme norme de "*jus cogens*", que le sommet de Nairobi, de juin 1981, avait convenu du principe de l'organisation d'un référendum dans l'ancienne possession espagnole.

*** Le projet de référendum de 1981**

Si l'organisation du référendum relève aujourd'hui des Nations Unies, il faut souligner qu'elle avait été initiée par l'OUA En effet, la Conférence des chefs d'État et de gouvernement n'ayant jamais donné suite à la demande en interprétation de la Charte formulée par le Maroc en 1980, la tenue d'un *référendum d'autodétermination* au Sahara Occidental était apparue comme le seul dénominateur commun susceptible de rallier les divers protagonistes [53].

En outre, l'idée de référendum met en exergue le rôle des droits humains dans leurs rapports avec la notion de peuple : elle valorise tous ces « droits opposables à ceux des autres États...», énumérés dans les articles 19 et suivants de la Charte Africaine des Droits de l'Homme : le droit à l'existence, le droit à l'égalité, le droit au développement, le droit de déterminer librement le statut politique [54].

Au titre de « ces droits qui ne sont pas des données, mais des droits à faire valoir » [55], il faut naturellement citer le *droit à l'autodétermination* inhérent à tout peuple, entendu comme « groupement d'individus qui aspirent à se constituer en État » [56].

L'admission controversée de la RASD à l'OUA avait eu, entre autres, le mérite de rendre évidente l'opportunité d'une révision de la Charte de l'Organisation de l'Unité Africaine. Mais, c'est l'Union Africaine qui fera évoluer les règles d'admission d'un nouveau membre au sein de l'Organisation panafricaine.

---

52. Sur la Charte Africaine, voir entre autres, P.-F. GONIDEC, « La Charte Africaine des Droits de l'Homme et des Peuples », in *Encyclopédie juridique de l'Afrique*, Dakar-Abdidjan, NEA, 1982, vol. II, p. 368-380 ; « Un espoir pour l'homme et les peuples africains ? La Charte africaine des droits de l'homme et des peuples », *Le mois en Afrique*, *209-210*, juin-juillet 1983, p. 22-40.
53. M. Benoît Ngom soutenait, à cet égard, *que* « les États qui avaient reconnu l'entité sahraouie, en n'empêchant pas le vote de la résolution de Nairobi... sont juridiquement et solennellement revenus sur leur décision antérieure concernant la RASD » ; *op. cit.* p. 39. Ce point de vue très contestable, dans la mesure où la tenue du référendum donnera l'occasion au peuple sahraouie de s'autodéterminer réellement.
54. P.-F. GONIDEC, *op. cit.*
55. *Ibid.*
56. *Id.*

II. L'évolution des règles d'admission d'un nouveau membre de l'OUA à l'UA

En 1983, le doyen Moustapha Sourang posait cette pertinence interrogation : *Faut-il modifier la Charte d'Addis-Abeba du 25 mai 1963* ? [57]

À la lumière des controverses engendrées par le « dossier sahraoui », l'on était fondé à y répondre, sans hésitation, par l'affirmative, parce que les problèmes juridiques et politiques qui ont été soulevés par l'admission de la RASD au sein de l'OUA ont montré l'urgence d'une réforme des dispositions de la Charte concernant l'admission des États membres [58].

À l'ère de l'Organisation de l'Unité Africaine, ancêtre donc de l'actuelle Union Africaine, cette réforme aurait dû consister en l'adjonction de la dimension politique de l'entrée d'un nouveau membre à la procédure administrative, qui était alors du ressort du seul Secrétaire général. Edem Kodjo partageait cette opinion. Invoquant d'abord les « insuffisances de la Charte », il soulignait : … je trouve dommage qu'elle ait confié aux chefs d'États le soin de l'interpréter et au Secrétaire général le soin d'admettre un État… s'il y a vice, c'est l'interprétation séparée, voulue par la Charte, d'une question aussi importante que l'admission d'un État [59]. Puis, il concluait : La logique aurait été que les chefs d'États entreprennent une révision de la Charte pour éviter la confusion [60].

Sous ce rapport, la nécessité de mettre un terme sinon à la confusion, ou à tout le moins à l'incohérence dans la Charte de l'OUA, militait impérativement pour la mise en adéquation du caractère politique de l'admission d'un nouveau membre (**A**) avec une procédure d'entrée rendue plus logique, par un transfert de la compétence d'admission du Secrétaire général aux organes politiques (**B**). L'OUA ne l'avait pas fait, en dépit du fait que le traitement du « dossier sahraoui » poussait à cette « urgence pressante ». Mais, l'Union Africaine a pris en compte cette exigence dans son Acte constitutif (**C**).

A. Le caractère politique de l'admission d'un nouveau membre

Pour justifier l'admission de la RASD, Edem Kodjo avait, on l'a dit, invoqué, dans la Charte de l'OUA, des dispositions caractérisées par une automaticité qui se passe de tout jugement ou de toute considération politique de la part du Secrétaire général. Ce faisant, on pouvait convenir qu'il avait « voulu faire preuve de méthode et de logique, oubliant tout sens politique » [61]. Parce qu'à

57. *Annales africaines*, Dakar, 1983, p. 13 & s.
58. Moustapha SOURANG, *ibid.*
59. V. son interview précitée dans *Jeune Afrique*, *1105*, 10 mars 1982, p. 21, « J'ai pris mes responsabilités ».
60. *Ibid.*
61. C'était le point de vue de l'éditorialiste du journal *Jeune Afrique*, *1147/1148*, 29 décembre 1982-5 janvier 1983.

l'évidence, « l'admission d'un État au sein d'une organisation est toujours un acte de portée politique » [62] : il s'agissait, en effet, d'une question de fond (**1**) qui ne concordait pas avec la nature d'organe d'exécution du Secrétaire général de l'Organisation de l'Unité Africaine (**2**).

1. L'admission : une question de fond

L'ancien Premier ministre du Togo reconnaissait lui-même que l'admission est une question importante. Aussi, regrettait-il que l'OUA n'en ait pas tiré toutes les conséquences.

Tel n'est pas le cas de l'ONU qui subordonne l'admission d'un nouveau membre à l'accord préalable du Conseil de Sécurité, puisqu'aux termes de l'article 4§2, *l'admission... se fait... par décision de l'Assemblée générale sur recommandation du Conseil de Sécurité* [63].

Cette intervention de l'organe chargé du maintien de la paix et de la sécurité internationales témoigne du caractère sensible de la question, toujours sujette à politisation.

Facteurs expliquant que la politisation soit incontournable

- En premier lieu, ici comme ailleurs, c'est l'intérêt national qui détermine les prises de position des États, au-delà des critères formels, de la parenté idéologique ou du voisinage géographique.
- En second lieu, au plan des relations internationales, l'accroissement des membres d'une organisation intergouvernementale correspond, pour les grandes puissances et les autres États, à l'extension ou à la réduction des zones d'influence, à l'entrée en scène d'un allié politique ou d'un adversaire idéologique.
- Enfin, dans le cas de l'Afrique, l'état du développement politique sur le continent [64] confère à tous les actes de l'État (notamment en politique extérieure) un label de ‘‘haute politique'' qui en fait, *ipso facto*, l'affaire des chefs d'État.

C'était pour cette raison, qu'au niveau de l'OUA, la procédure d'admission d'un nouveau membre, selon les dispositions de la Charte n'était pas adaptée à la nature du Secrétariat général qui était, par essence, un organe d'exécution.

---

62. M. SOURANG, *op. cit.*
63. Jean Pierre COT, Alain PELLET, Mathias FORTEAU, *La Charte des Nations Unies : commentaire article par article*, 3ème édition, Paris, Economica, 2005.
64. Caractérisé, entre autres, par le divorce entre l' « Afrique des peuples » et l' « Afrique des gouvernants », la personnalisation du pouvoir, le culte de la personnalité, la manipulation des constitutions, la tendance à l'éternité au pouvoir, à la monarchisation et à la succession dynastique, etc.

2. Le Secrétariat général : un organe d'exécution

La nature d'organe d'exécution du Secrétariat général, on l'a relevé plus haut, ne faisait aucun doute. Du reste, dans son ouvrage classique sur l'OUA, M. Boutros-Ghali s'interrogeait, à juste raison : le Secrétariat général doit-il avoir un rôle purement administratif ou au contraire politique et administratif ? Il répondait en ces termes : les États africains ont préféré la première formule et l'article 16 de la Charte exprime nettement cette tendance lorsqu'il qualifie le premier fonctionnaire de l'OUA de Secrétaire général administratif [65].

Le Secrétaire général Edem Kodjo était lui-même de cet avis puisque, tout en revendiquant sa compétence exclusive en matière d'admission d'un nouveau membre, il avouait : le Secrétaire général n'est que l'instrument de la volonté politique des États membres… ce sont les États souverains qui décident, et le Secrétaire général exécute [66].

Le doyen Moustapha Sourang mettait également en relief le statut administratif du Secrétaire, en soulignant que : « le souci d'éviter que le Secrétaire général ne puisse être utilisé comme un instrument d'intervention par certains États africains contre d'autres avait conduit à (lui) dénier tout rôle politique ou diplomatique » [67].

C'était au regard de ce statut administratif que l'admission de la RASD avait été qualifiée de « forfaiture » [68]. En effet, si l'admission d'un nouveau membre était incontestablement du ressort du Secrétaire général, celle de la RASD avait été une erreur parce que, ce faisant, le Secrétaire général (organe administratif) avait remis en cause une décision de l'instance suprême, la Conférence des chefs d'État et de gouvernement qui, à l'époque, avait créé un « Comité ad hoc » sur la question, au 18ème Sommet de l'Organisation à Nairobi, en 1981.

Mais, prenant le contrepied de cette opinion, l'ancien Secrétaire général estimait que les chefs d'État auraient pu revenir sur cette admission en décidant si la RASD était ou non un « État indépendant et souverain ». En vertu de la demande du Maroc qui demeure dans nos dossiers, … les chefs d'État demeurent libres de se prononcer… sur la qualité ou la non-qualité d'État de la RASD en se fondant sur … l'article 27, écrivait-il dans son mémorandum.

Il n'y a avait pas de meilleure illustration que cette affirmation, s'agissant de la primauté des instances politiques sur l'organe administratif. C'était cette primauté qui, en 1982, justifiait, un transfert de compétence en matière d'admission d'un nouveau membre à l'OUA.

---

65. Dans *L'Organisation de l'Unité Africaine, Paris*, Armand Colin, 1968, p. 119. Selon l'expression familière, le Secrétaire général de l'OUA *était beaucoup plus secrétaire que général.*
66. *Cf.* son *Memorandum sur l'admission de la RASD.*
67. *Op. cit.*
68. Benoît NGOM, *op. cit.*

B. Le transfert de la compétence d'admission

C'était là la principale leçon que l'Organisation de l'Unité Africaine aurait dû tirer de l'admission controversée de la RASD en son sein. Ce déplacement de compétence aurait alors constitué l'apport positif de ce brûlant dossier.

Parce qu'en donnant à deux organes différents – la Conférence des chefs d'État et de gouvernement et le Secrétariat général – le soin de définir la qualité d'État membre pour le premier et celui de procéder à l'admission pour le second, la Charte portait en elle-même des éléments de contradiction et de confusion [69].

Il était donc tout à fait inexact d'affirmer que « les pères fondateurs de l'OUA donnèrent le maximum de clarté possible aux règles d'admission des nouveaux États » [70].

C'était pour cette raison que la révision de la Charte aurait dû consister en l'attribution de la compétence d'admission d'un nouveau membre à la Conférence des chefs d'États et de gouvernement (2). Avant d'y venir, une comparaison avec le cas de l'ONU pourrait être éclairante (1).

1. La compétence d'admission dans le cadre de l'ONU [71]

C'est l'article 4 §2 de la Charte qui règle la question. Il est libellé dans les termes suivants :

L'admission comme membre des Nations Unies de tout État se fait par décision de la l'Assemblée générale sur recommandation du Conseil de Sécurité.

Ainsi, à la différence du Secrétaire général de l'OUA, il n'entre pas dans les attributions du Secrétaire général des Nations Unies (chapitre XV de la Charte) d'admettre les États membres. Cette compétence a été réservée aux deux principaux organes que sont l'Assemblée générale (organe plénier, composé des 193 membres) et le Conseil de Sécurité (organe restreint de 15 membres dont 5 permanents). Si celui-ci recommande l'entrée d'un nouveau membre, celle-là la consacre en l'approuvant formellement.

En matière d'admission de nouveaux membres, la compétence est donc partagée dans cette organisation universelle. Néanmoins, il n'était pas souhaitable que le droit de l'admission de nouveaux membres à l'OUA fût aligné sur le système de l'ONU : en effet, l'exigence de la recommandation du Conseil de Sécurité équivaut à une autorisation, à une sorte de ''feu vert'' que délivre

69. *Mémorandum sur l'admission de la RASD* précité du Secrétaire général Edem Kodjo.
70. Benoît NGOM, *op. cit.*
71. Sur l'ONU, *cf* notamment J.-P. COT, A. PELLET & M. FORTEAU, *op. cit,* ; Michel VIRALLY, *L'ONU : d'hier à demain,* Paris, Seuil, 1961 ; Michel VIRALLY, *L'organisation mondiale,* Paris, Armand Colin, 1972.

cet organisme, avant l'étape de l'Assemblée générale. Or, le danger d'une telle exigence, c'est l'épée de Damoclès que constitue le droit de veto sur la participation à la vie internationale des États jugés "indésirables" par l'un quelconque des cinq membres permanents. Cette hypothèse s'est du reste concrétisée plus d'une fois depuis 1945, des exemples parmi d'autres étant ceux de l'Angola et du Vietnam, tenus un moment à l'écart des Nations Unies par le veto américain, le premier pour cause de troupes cubaines présentes sur son territoire [72], le second pour cause de victoire sur les États-Unis d'Amérique en Indochine, en avril 1957 [73].

L'OUA qui, dès 1963, avait eu la sagesse de proscrire de ses institutions tout organe restreint où quelques États feraient la loi, aurait dû persévérer dans la même logique, en confiant à l'Assemblée plénière des chefs d'États et de gouvernement le soin d'admettre tout nouveau membre au sein de l'organisation.

2. L'attribution de la compétence d'admission d'un nouveau membre à la Conférence des chefs d'État et de gouvernement

La nécessité d'une « redéfinition des règles d'admission au sein de l'OUA » [74] avait déjà été perçue à l'époque et elle avait même donné lieu à des propositions qui, hélas! méritaient d'être examinées par le Comité de révision de la Charte [75].

Dans cette entreprise de réforme des textes de l'ancienne organisation panafricaine, il aurait été, peut-être, nécessaire et suffisant que le pouvoir

---

72. De 1975 à 1989, des milliers de soldats cubains avaient été envoyés par Fidel Castro en Angola, pour soutenir le régime du MPLA (*Mouvement populaire pour la libération de l'Angola)* en lutte contre l'invasion sud-africaine et en guerre civile contre l'UNITA (*Union pour l'indépendance totale de l'Angola)* de Jonas Savimbi, alors soutenu par le régime raciste d'Afrique du Sud et le Zaïre du maréchal Mobutu, allié des Occidentaux. Un accord ne fut conclu qu'en 1988 en vue du retrait des troupes cubaines, en contrepartie du retrait des troupes du régime apartheid d'Angola et de Namibie. Sur la question angolaise, consulter, entre autres, Patrick CHABAL & Nuno VIDAL, *Angola* ; *The Weight of History,* New York, Columbia University Press, 2008, 246 p. ; André KISALU KIALI, *Le drame angolais*, Paris, Budapest, Kinshasa, L'Harmattan, 2005, 313 p.
73. La chute de Saïgon, capitale de l'ex-sud Vietnam, soutenu par les États-Unis, était survenue le 30 avril 1975 : la fuite des derniers soldats américains dans leurs hélicoptères avait alors fait le tour du monde ! Sur ce point, voir Olivier TODD, *Cruel avril : 1975, la chute de Saïgon,* Paris, Robert Laffont, 1987 ; Jacques POTTES, *Les Américains et la guerre du Vietnam,* Bruxelles, Éditions Complexe, 1993.
74. Moustapha SOURANG, *op. cit.*
75. Ce Comité, créé en 1979 à Monrovia (Liberia), avait été élargi au 22ème Sommet de l'Organisation, en juillet 1986 : le nombre de ses membres avait doublé, passant de 14 à 28 membres. V. *Le Soleil,* 28 juillet 1986.

d'admettre un nouveau membre fût conféré au Conseil des ministres en lieu et place du Secrétaire général. Cette suggestion était défendable, puisque le Conseil était un organe politique, placé au-dessus du Secrétariat.

Cependant, comme le souligne à juste titre, le doyen Sourang, le transfert sans équivoque de la compétence d'admission à la Conférence des chefs d'États [était] plus en rapport avec la logique du fonctionnement de l'OUA [76]. En effet, il nous paraissait également plus opportun et plus judicieux d'attribuer à la Conférence des chefs d'État et de gouvernement la compétence en ce qui concerne l'admission des nouveaux États [77], pour les raisons suivantes :

- le caractère politique de l'admission d'un nouveau membre ;
- la qualité d'organe suprême de la Conférence ;
- le pouvoir d'interprétation de la Charte qui lui était dévolu.

Qu'en est-il alors de la procédure et de la majorité requise ? L'éminent juriste avait même formulé un article 28 nouveau, auquel nous souscrivions entièrement, et libellé comme suit :

Tout État africain indépendant et souverain peut, en tout temps, notifier au Secrétaire général son intention d'adhérer à la présente Charte. Le Secrétaire général, saisi de cette notification, en communique copie à tous les membres. L'admission est décidée à la majorité simple par la Conférence des chefs d'État et du gouvernement [78].

Cette formulation avait le mérite de la clarté. Parce qu'elle tirait les enseignements de l'admission controversée de la République Arabe Sahraouie Démocratique. Parce qu'elle ménageait aussi l'avenir, même si, à l'époque, il n'y avait pratiquement plus de nouveaux États membres attendus à l'OUA, après l'admission de l'Afrique du Sud en 1994 [79].

Cette révision souhaitée de la Charte d'Addis-Abeba est intervenue avec l'Union Africaine (UA) qui a remplacé l'Organisation de l'Unité Africaine (OUA).

En effet, le 09 septembre 1999, était signée à Syrte (Lybie) la *Déclaration de Syrte*, dont l'objectif était la création de la nouvelle organisation panafricaine.

L'Acte constitutif de l'UA était signé à Lomé (Togo) le 11 juillet 2000. Il est entré en vigueur en 2001 [80]. L'UA s'est substituée à l'OUA le 9 juillet

---

76. *Op. cit.*
77. *Id.*
78. *Id.*
79. Depuis lors, le seul État ayant intégré, non pas l'OUA, mais l'UA, a été le Sud-Soudan, en 2011, comme 54ème membre (le Maroc ayant quitté l'organisation depuis 1984, pour y revenir donc en 2017). Qu'en sera-t-il du *Somaliland*, « détaché » de la Somalie depuis 1991, non reconnu par la communauté internationale, et qui a organisé sa 3ème élection présidentielle, le 13 novembre 2017 ?
80. 35ème ratification (deux tiers des États membres) étaient nécessaires à cet effet (article 28 Acte constitutif).

2002, et l'Union Africaine avait tenu son premier sommet, en juillet 2003, à Maputo (Mozambique) [81].

L'Union Africaine a donc eu le grand mérite de faire évoluer opportunément les règles régissant l'admission d'un nouveau membre en son sein.

C. L'évolution opérée par l'Union Africaine

L'UA, une institution qui se démarque de l'OUA : c'est en ces termes que l'*Étude comparative de l'OUA et de l'UA* [82] présente l'Union Africaine. Cette « démarcation » tient à la fois :
- aux nouveaux organes créés (Parlement panafricain, Cour de justice, Conseil économique, social et culturel, Comité des représentants permanents, etc.) ;
- et aux nouveaux principes consacrés par l'organisation (respect des frontières héritées de la colonisation [83], politique de défense commune, droit d'ingérence humanitaire, promotion de l'égalité entre hommes et femmes, respect des principes de démocratie, des droits humains, de l'État de droit et de la bonne gouvernance, rejet et condamnation des changements anticonstitutionnels de gouvernement, etc.).

Mais, la démarcation est aussi illustrée par le renforcement des compétences des organes, ou, à tout le moins, l'accroissement des prérogatives de certains d'entre eux. Ainsi est-il de la Conférence de l'Union,... organe suprême... composée des chefs d'État et de gouvernement ou de leurs représentants dûment accrédités (art. 6, Acte constitutif). En effet, à la notable différence de la Conférence des chefs d'État et de gouvernement (CCEG) de l'OUA, la Conférence de l'Union de l'UA est compétente en matière d'admission d'un nouveau membre, puisqu'il « appartient à la Conférence d'examiner les demandes d'adhésion à l'Union, attributions que n'avait pas la CCEG de l'OUA » [84].

Ce pouvoir conféré à l'organe suprême matérialise l'évolution du droit de l'admission au sein de l'organisation panafricaine, de l'OUA à l'UA Il en constitue même l'une des innovations (1), alors même que les prérogatives de l'organe administratif (la Commission, en lieu et place du Secrétariat général) sont demeurées inchangées, constantes (2). L'admission de la République du Sud Soudan en 2011 et celle du Royaume du Maroc en 2017 illustrent l'application de ces nouvelles règles (3).

81. Sur l'Union Africaine, voir, entre autres, *Études comparative de l'OUA et de l'UA* http://docs.school/18957; *Études de l'Union Africaine,* http://docs.scholl/48241 consultés le 12 novembre 2017.
82. *Ibid.*
83. À l'OUA, le principe de l'intangibilité des frontières coloniales n'était pas inscrit dans la Charte : il avait été consacré par la Résolution AHG/Res. 16 (I), adoptée au 1er sommet du Caire, en juillet 1964.
84. *Étude comparative de l'OUA et de l'UA* précitée.

1. L'innovation : la compétence de la Conférence en matière d'admission d'un nouveau membre au sein de l'Union

L'article 9 de l'Acte constitutif de l'UA *Pouvoirs et attributions de la Conférence,* dispose :

1°) Les pouvoirs et attributions de la Conférence sont les suivants :

a) définir les politiques communes de l'Union ;

b) recevoir, examiner et prendre des décisions sur les rapports et les recommandations des autres organes de l'Union et prendre des décisions à ce sujet ;

c) examiner les demandes d'adhésion à l'Union ;

d) créer tout organe de l'Union ;

e) assurer le contrôle de la mise en œuvre des politiques et décisions de l'Union, et veiller à leur application par tous les États membres ;

f) adopter le budget de l'Union ;

g) donner des directives au Conseil exécutif sur la gestion des conflits, des situations de guerre et autres situations d'urgence ainsi que sur la restauration de la paix ;

h) nommer et mettre fin aux fonctions des juges de la Cour de justice ;

i) nommer le Président, le ou les vice-présidents et les commissaires de la Commission, et déterminer leurs fonctions et leurs mandats.

La Conférence est donc habilitée à *examiner les demandes d'adhésion à l'Union.* Il n'y avait nulle trace de cette compétence dans la Charte de l'OUA, dont l'article 8 définissait les attributions de la CCEG en ces termes :

La Conférence des chefs d'États et de gouvernement est l'organe suprême de l'Organisation. Elle doit, conformément aux dispositions de la présente Charte, étudier les questions d'intérêt commun pour l'Afrique, afin de coordonner et d'harmoniser la politique générale de l'Organisation. Elle peut, en outre, procéder à la révision de la structure, des fonctions et des activités de tous les organes et de toutes les institutions spécialisées qui pourraient être créés conformément à la Charte.

Ces attributions, on le voit, définies en termes très généraux, n'étaient ni ordonnées ni complètes. Certes, les articles 16 et 17 [85] et l'article 27 [86] conféraient à la Conférence des chefs d'État et de gouvernement, respectivement, les prérogatives de désignation du Secrétaire général et de ses adjoints et d'interprétation des dispositions de la Charte. Ces compétences excluaient donc toute décision d'admission ou non d'un nouveau membre. C'est la raison

85. Article XVI : « Un Secrétaire général de l'Organisation est désigné par la Conférence des chefs d'État et de gouvernement. Il dirige les services du Secrétariat ».
Article XVII : « La Conférence des chefs d'État et de gouvernement désigne un ou plusieurs Secrétaires généraux adjoints ».

86. Article XXVII : « Toute décision relative à l'interprétation de la présente Charte devra être acquise à la majorité des deux tiers des chefs d'État et de gouvernent des membres de l'Organisation ».

par laquelle Edem Kodjo, Secrétaire général de 1978 à 1983, déplorait que la Charte de l'OUA … ait confié aux chefs d'État le soin d'interpréter la Charte et au Secrétaire général le soin d'admettre un État… [87]. C'est son vœu précité de … révision de la Charte pour éviter la confusion qu'a donc opportunément exaucé l'Acte constitutif de l'Union Africaine, en comblant ce vide juridique.

Avec la compétence reconnue à la Conférence de l'Union d'examiner les demandes d'adhésion à l'Union, il est très peu probable que l'UA connaisse une crise de l'ampleur de celle engendrée, à l'OUA, par l'admission contestée de la RASD. L'octroi de cette prérogative et son caractère d'exclusivité, au profit de l'organe suprême, est de nature à préserver l'organisation panafricaine de toutes controverses liées à l'adhésion d'un nouveau membre. Dotée de ce pouvoir, la Conférence est en mesure de prémunir l'UA contre toute crise qui naîtrait des agissements et/ou « errements » de son organe administratif, dont les prérogatives en matière d'admission de nouveaux membres sont restées identiques, de l'OUA à l'UA.

2. La constante : les prérogatives du Président de la Commission de l'UA en matière d'admission d'un nouveau membre

Ces prérogatives sont les mêmes que celles du Secrétaire général de l'OUA.

L'article 29 de l'Acte constitutif, *Admission comme membre de l'Union,* dispose :

1°) Tout État africain peut, à tout moment après l'entrée en vigueur du présent Acte notifier au Président de la Commission son intention d'adhérer au présent Acte et d'être admis comme membre de l'Union.

2°) Le Président de la Commission, dès réception d'une telle notification, en communique copies à tous les États membres. L'admission est décidée à la majorité simple des États membres. La décision de chaque État membre est transmise au Président de la Commission qui communique la décision d'admission à l'État intéressé, après réception du nombre de voix requis.

Mutatis mutandis, il reprend intégralement les dispositions de l'article 28 de la Charte d'Addis-Abeba, libellé comme suit.

Adhésion et admission

Article XXVIII

1- Tout État africain indépendant et souverain peut, en tout temps, notifier au Secrétaire général son intention d'adhérer à la présente Charte.

2- Le Secrétaire général, saisit de cette notification, en communique copie à tous les membres. L'adhésion est décidée à la majorité simple des États membres. La

87. *Cf.* supra.

décision de chaque État membre est transmise au Secrétaire général qui communique la décision à l'État intéressé, après avoir reçu le nombre de voix requis.

Ce paragraphe 2 de l'article 29 de l'Acte constitutif, on le voit, a textuellement repris le paragraphe 2 de l'article 28 de la Charte, avec simplement la substitution du terme *Secrétaire général* par celui de *Président de la Commission.*

Les seules modifications notables concernent le paragraphe 1 :
a) le candidat à l'entrée à l'UA doit être désormais *tout État africain* et non plus *tout État africain indépendant et souverain,* comme à l'époque de l'OUA [88] ;
b) la candidature peut être aussi déposée *à tout moment,* mais *après l'entrée en vigueur* du texte constitutif [89] ;
c) l'État candidat doit notifier non seulement … *son intention d'adhérer…* au texte constitutif, mais aussi … *d'être admis comme membre de l'Union* [90].

Doté exactement des mêmes prérogatives que le Secrétaire général de l'OUA, le Président de la Commission de l'Union Africaine ne se trouvera nullement confronté aux mêmes épreuves en matière d'admission de nouveaux membres. Celle-ci intervient sans difficulté aucune, en stricte application des dispositions de l'article 29 de l'Acte constitutif d l'UA : ce fut le cas pour le Sud Soudan, en 2011. Si l'admission divise quelque peu les membres de l'organisation, la compétence expressément reconnue aux chefs d'État et de gouvernement en la matière (art. 9 de l'Acte constitutif) permet de conjurer toute crise y relative : ce fut le cas pour le Maroc, en 2017.

L'entrée de ces deux États à l'UA est l'illustration de la pertinence de l'évolution du droit de l'admission d'un nouveau membre, de l'OUA à l'UA par la vertu de la révision souhaitée de la Charte d'Addis-Abeba, devenue réalité avec la nouvelle organisation panafricaine.

3. L'illustration : l'admission au sein de l'Union Africaine du Sud Soudan et du Maroc

La République du Sud Soudan et le Royaume du Maroc ont donc été admis respectivement comme 54ème membre et 55ème membre de l'Union Africaine,

---

88. En mai 1963, 32 États indépendants, issus en quasi-totalité de la décolonisation, avait créé l'Organisation de l'Unité Africaine. Jusqu'à sa disparition, en juillet 2002, elle comptait 53 États membres : 21 autres États y avaient donc successivement rejoint les membres fondateurs, au fur et à mesure qu'ils accédaient à l'indépendance. C'était assurément la raison pour laquelle la Charte d'Addis-Abeba avait posé, pour tout candidat à l'OUA, l'exigence d'être un *État africain indépendant et souverain* Aujourd'hui que la décolonisation est achevée sur le continent, excepté justement l'épineuse question du Sahara Occidental, l'on peut comprendre que la condition pour intégrer l'UA soit simplement celle d'être un *État africain.*
89. Il s'agit d'une précision évidente qui ne figurait pas dans la Charte de l'OUA.
90. *Ibid.*

en juillet 2011 et janvier 2017 [91]. Si l'admission de celui-ci n'a pas été facile, celle de celui-là a été plutôt aisée : comme à l'époque de l'OUA, l'on s'est donc retrouvé dans les deux hypothèses d'*admission joyeuse (*a) et d'*admission sinon douloureuse,* tout au moins *contestée* (b), pour reprendre la terminologie de M. Edem Kodjo, l'ancien Secrétaire général de l'OUA.

a) L'admission joyeuse du Sud Soudan

Le plus jeune État du continent a accédé à l'indépendance le 9 juillet 2011, en faisant sécession du Soudan, après un référendum d'autodétermination tenu du 9 au 15 janvier 2011, dans la partie sud de ce pays [92]. Il est devenu le 193ème membre de l'Organisation des Nations Unies, le 14 juillet 2011 [93].

C'est donc le 27 juillet 2011 qu'il est admis comme 54ème membre de l'Union Africaine.

Cette admission est intervenue en vertu des dispositions de l'article 29 de l'Acte constitutif, faisant du Président de la Commission le maître d'œuvre » en la matière. Le communiqué de presse n° 79/2011 du 27 juillet 2011 de l'Union Africaine, précité [94], est très explicite à cet égard :

Conformément aux dispositions de l'article 29 (1) et (2) de l'Acte constitutif de l'Union Africaine relatif au processus d'adhésion à l'Acte constitutif et l'admission d'un État membre au sein de l'Union, et suite à une demande formulée par la République du Sud Soudan pour faire partie de la famille des États membres de l'Union Africaine, la Commission a reçu le nombre requis de communications écrites soutenant l'admission du Sud Soudan à l'Union Africaine en tant que 54ème État membre de l'UA.

Il convient de rappeler que, conformément à l'article 29 (2) de l'Acte constitutif de l'UA relatif au processus d'acceptation d'un pays au sein de

---

91. Consulter, par exemple :
- Communiqué de presse de l'UA n°79/2011 du 27 juillet 2011 (joint en Annexe) : « L'Union Africaine accueille le Sud-Soudan en tant que 54ème État membre de l'Union ».
- *Le Figaro*, 28 janvier 2017, « Le grand retour du Maroc dans l'Union Africaine » ;
- *Le Monde*, 30 janvier 2017, « À Addis-Abeba, le Maroc gagne son retour dans l'Union Africaine ».

92. V. entre autres, Matthew LERICHE & Matthew ARNOLD, *South Sudan: From Revolution to Independance,* London, C. Hurst & Co., 2012.

93. Deux ans et demi seulement après son accession à la souveraineté internationale, le Sud-Soudan s'est trouvé plongé, depuis décembre 2013, dans une guerre civile atroce, à l'origine de milliers de victimes et de déplacés. V. à ce sujet, notamment Gérard PRUNIER, « Au Soudan du Sud, l'écroulement des espoirs démocratiques : luttes de pouvoir dans le plus jeune État du continent africain », *Le Monde diplomatique*, février 20154 *; Le Monde*, 22 avril 2014.

94. Voir en annexe.

l'UA, le Président de la Commission, sur réception d'une notification du pays à cet effet, transmet la copie de l'avis à tous les États membres. L'admission est décidée par une majorité simple des États membres. En attendant, la décision de chaque État membre est transmise au Président de la Commission, qui doit dès la réception du nombre requis des votes, communiquer la décision à l'État concerné.

À cet égard, la Commission a l'honneur d'informer le ministère des Affaires étrangères concerné, qu'elle a reçu le nombre requis de communications de 33 États membres, y compris le gouvernement du Soudan, plus de la majorité simple requise des États membres, soutenant l'admission du Sud Soudan à l'Union Africaine, faisant ainsi du Sud Soudan le 54ème membre de l'Union.

S'agissant de la RASD, Edem Kodjo, alors Secrétaire général de l'OUA, avait agi à l'identique, en exerçant exactement les mêmes prérogatives que le Président de la Commission de l'UA en ce qui concerne le Sud Soudan. La seule différence est que l'admission de ce dernier État fait partie des *admissions joyeuses, évidentes, acclamées de tous* [95] *;* aucun État membre ne s'est y opposé, pas même le Soudan [96] ; tout au contraire, l'ensemble des membres de l'organisation étaient heureux d'accueillir en leur sein le « plus jeune État du continent ! ».

Or l'admission de la RASD avait été fortement contestée par certains États membres, amis du Maroc, dont la réintégration à l'organisation panafricaine [97] n'a pas été aisément acceptée par les alliés de la République Arabe Sahraouie Démocratique.

b) L'admission contestée du Maroc

Le quotidien français *Le Monde* a rendu compte du retour du Maroc dans l'Union Africaine [98], en ces termes : Les chefs d'État se sont prononcés en faveur du retour du royaume dans l'organisation malgré les réserves de l'Algérie et de l'Afrique du Sud en raison du conflit sahraoui.

.... Trente-neuf étaient favorables au retour du Maroc, sans conditions, tandis qu'une dizaine ont exprimé des réserves ... l'Algérie, l'Afrique du Sud et l'Angola – farouchement anticolonialistes – ont été en première ligne pour un retour sous conditions [99].

---

95. Edem Kodjo, *Mémorandum sur l'admission de la RASD,* précité.
96. Le gouvernement de Khartoum a été parmi les premiers à reconnaître le Sud Soudan : *Cf.* « Le Soudan reconnaît la République du Sud Soudan », dépêche AFP du 8 juillet 2011.
97. Il faut rappeler que le Royaume du Maroc était membre fondateur de l'OUA avec le roi Hassan II.
98. *Le Monde,* 30 janvier 2017.
99. Sous-entendu, accepter clairement la présence de la RASD : l'une de leurs propositions était la mise en place d'un comité pour accompagner l'entrée du Maroc et *veiller au respect des principes de l'UA.*

La décision a été prise par consensus, sans vote [100].

La prérogative ainsi reconnue, aux termes de l'article 9 de l'Acte constitutif de l'UA, à la Conférence d'examiner les demandes d'adhésion à l'Union – à la grande différence, il faut le rappeler et le souligner, de l'OUA – a permis aux chefs d'État et de gouvernement de se saisir de la délicate question de l'admission du Maroc et d'y trouver solution, sans grave déchirure, ni crise pour l'organisation.

Ainsi, dans la nouvelle organisation panafricaine qu'est l'Union Africaine, l'évolution du droit de l'admission d'un nouveau membre pourrait être résumée comme suit :

- Les *admissions joyeuses (ou admissions administratives)* relèvent de l'organe administratif qu'est la Commission : elles ne dépassent pas le niveau de responsabilité de son Président, parce que, selon Edem Kodjo, l'article 29 de l'Acte constitutif a *prévu des dispositions par une automaticité qui se passe de tout jugement ou de toute considération politique* [101] de la part de l'organe administratif. Tel a été le cas en ce qui concerne le Sud Soudan [102].
- les *admissions contestées* (ou admissions politiques) ressortissent de la compétence exclusive de l'organe suprême, la Conférence de l'Union, en vertu de l'article 9 de l'Acte constitutif. Ce fut le cas pour la réintégration du Maroc, membre fondateur de l'OUA, admis comme 55ème membre de l'UA

Tout se passe comme si, contrairement à la Charte de l'OUA, l'Acte constitutif de l'Union Africaine s'adapte à toutes les hypothèses d'admissions au sein de l'organisation panafricaine :

- quand l'admission est *administrative* et demeure dans les prérogatives du Président de la Commission (art. 29) ;
- quand l'admission divise, elle devient *politique* et entre dans la compétence exclusive des chefs d'États et de gouvernement (art. 9).

Il ne reste pas, à ce jour, d'autres États africains, reconnus, susceptibles d'être de nouveaux membres de l'UA.

Cependant, l'on ne peut manquer de célébrer les vertus de l'Acte constitutif de l'Union Africaine, ses ressources, sa capacité d'adaptation, à l'image de la constitution française de 1958, dont Raymond Aron disait fort pertinemment qu'elle est *immuable et changeante* !

---

100. Le consensus est un mode de prise de décision qui n'existe pas dans le cadre de l'OUA. L'UA a donc innové en la matière : *cf.* article 7 de l'Acte constitutif : La Conférence prend ses décisions par consensus ou, à défaut, à la majorité des deux tiers des membres de l'Union.
101. *Jeune Afrique 1147/1148*, 29 décembre 1982-5 janvier 1983, p. 51.
102. *Cf.* communiqué de presse de l'UA du 27 juillet 2011 précité.

Transparence et gouvernement d'entreprise dans l'Acte uniforme révisé relatif au droit des sociétés commerciales et du groupement d'intérêt économique

Françoise Dieng

C'est un honneur pour nous de participer à l'hommage rendu au professeur Dominique Sarr. Une belle personne. Un modèle pour tout enseignant. Que son souvenir reste à jamais gravé dans nos cœurs !

Qu'est-ce que la transparence ? La transparence est le substantif du verbe transparaître qui signifie paraître au travers de quelque chose. La transparence est la qualité de ce qui laisse paraître la réalité toute entière, de ce qui exprime la vérité sans l'altérer. La transparence est synonyme de vérité, de clarté et antinomique de l'opacité, de l'obscurité, de ce qui est caché de ce qui est trouble. À n'en pas douter, la transparence est une qualité ! C'est aussi un concept en droit [1]. Elle est recherchée dans plusieurs domaines de la science juridique. Elle figure ainsi parmi les principes directeurs du contrat [2]. Elle n'est pas absente du droit de la famille [3].

Elle occupe une place importante en droit des sociétés. C'est une exigence des principes de gouvernement d'entreprise tels qu'ils furent dégagés en droit américain et anglais – précurseurs en la matière – puis étendus au droit

---

1. « C'est à Jeremy Bentham que les juristes doivent le concept de transparence. Pour le fondateur de l'utilitarisme, la transparence qu'il recommandait aux élus d'observer dans leurs discours signifiait simplicité. Elle tenait pour beaucoup aux qualités intérieures et morales de la personne revêtue de l'autorité publique » G. J. Gugliemi et E. Zoller, *Transparence, démocratie et gouvernance citoyenne. Résumé des contributions*, Centre de droit public comparé, Colloque international des 23 et 24 mai 2014, université Panthéon-Assas.
2. À côté du devoir de coopération, du devoir de collaboration, du devoir de loyauté pour ne citer que ceux-ci… Voir M. Fabre-Magnan, *Droit des obligations. 1- Contrat et engagement unilatéral* ; 2e éd., Paris, PUF, Coll. "Thémis Droit", 2010 p. 72 et s.
3. Ainsi, le fait pour un époux d'avoir caché à son conjoint une maladie grave et incurable rendant la cohabitation préjudiciable est une cause de nullité du mariage (article 138,5°, code de la famille).

français [4], chinois, japonais [5] … et au droit OHADA. En effet, l'organisation pour l'harmonisation en Afrique du droit des affaires, pour répondre aux besoins des opérateurs économiques de la zone OHADA, a intégré de nouvelles normes en matière de gouvernement d'entreprise [6]. Les rédacteurs de l'Acte uniforme relatif au droit des sociétés et du groupement d'intérêt économique ont pris conscience de la nécessité d'améliorer la gouvernance des entreprises dans plusieurs directions : l'équilibre des pouvoirs, le contrôle du pouvoir exécutif, la démocratie, c'est-à-dire la participation effective des associés dans la prise des décisions, l'intégrité des dirigeants, leur diligence et leur loyauté et bien sûr la transparence dans la gestion. En effet, l'Acte uniforme sur les sociétés dans sa nouvelle version prend en compte l'exigence de transparence dans un souci de bonne gouvernance. C'est cet aspect qui recouvre un certain nombre des exigences précédentes qui fait l'objet de notre réflexion : « Transparence et gouvernement d'entreprise dans l'Acte uniforme révisé relatif au droit des sociétés commerciales et du groupement d'intérêt économique ».

Cette étude, nous l'espérons, aura une large portée. En effet, à l'heure de la mondialisation, le droit n'échappe pas à l'exigence partagée que les entreprises soient bien gouvernées eu égard aux conséquences de la mal-gouvernance, comme nous le rappelle la crise financière et économique de 2008.

Au demeurant, il importe d'examiner en quoi consiste cette exigence de transparence et si elle est efficace. Autrement dit, quel en est le domaine et la portée ? Pour répondre à ces questions – notamment la première –, nous nous appuierons sur l'acte uniforme relatif au droit des sociétés. Ce texte a été révisé le 30 janvier 2014. Il est entré en vigueur le 5 mai 2014.

La transparence n'est qu'un aspect du gouvernement d'entreprise. Mais qu'est-ce que le gouvernement d'entreprise ?

---

4. La transparence est un impératif constant de la gouvernance d'entreprise ; voir C. MALECKI, « Opinion publique et gouvernance d'entreprise : un couple inséparable pour le meilleur et pour le pire », dans *Mélanges offerts en l'honneur du professeur Michel Germain*, Paris, LexisNexis - Lextenso éditions, 2015, p. 503.
5. Au Japon, en mai 1998, rapport *Corporate Governance Principles - To Consider New Japanese Corporate Governance*, rédigé par le Corporate Governance Forum of Japan, composé de représentants du milieu industriel, d'investisseurs institutionnels. Ce rapport contient des recommandations sur le conseil d'administration qui devrait être composé d'administrateurs indépendants, la mise en place de comités spécialisés. L'instauration du gouvernement d'entreprise au Japon vise à lutter contre l'opacité des sociétés japonaises. En effet celles-ci constituent des groupes (*keiretsu*) qui se caractérisent par des participations croisées importantes occasionnant une totale étanchéité à l'égard des sociétés étrangères (S. FRONTEZAK, *Bull. COB*, n° 338, sept. 1999, p. 9).
6. P. MERLE, « Le nouveau droit des sociétés de l'OHADA », dans *Mélanges offerts en l'honneur du professeur Michel Germain*, Paris, LexisNexis - Lextenso éditions, 2015, p. 572.

La réponse est malaisée, car il n'en existe pas à proprement parler une définition. Certains le considèrent comme un concept : « Le gouvernement d'entreprise est un concept permettant d'organiser l'exercice du pouvoir et son contrôle dans l'entreprise » [7]. D'autres, comme une idéologie : « l'idéologie de la bonne gouvernance d'origine anglo-saxonne, tend à appréhender la gestion, aussi bien des institutions publiques que des personnes privées sous l'angle de l'efficacité économique, de la transparence et des procédures participatives, dans un contexte économique libéralisé » [8]. D'autres comme un phénomène : un « phénomène qui a d'abord été conçu pour protéger les investisseurs » [9].

Le gouvernement d'entreprise qui est la traduction du vocable « *Corporate Governance* » [10] se définit par ses objectifs, à savoir préciser les bonnes pratiques en matière de gestion des entreprises cotées en bourse [11] ; s'assurer que les sociétés sont gérées dans l'intérêt commun des actionnaires et non dans celui particulier des dirigeants [12].

---

7. S. FRONTEZAK, *op. cit.*, p. 22.
8. S. GUINCHARD et T. DEBARD, *Lexique des termes juridiques*, 18e éd., 2011.
9. A. COURET, « Gouvernance et confiance : les conditions d'une fusion vertueuse », dans *Le droit des affaires d'aujourd'hui à demain. Regards français et européens en hommage à Yves Chaput*, Coll. "Le Droit des Affaires", Paris, LexisNexis, 2014, p. 42, n° 2.
10. Le professeur A. Couret ne définit pas le gouvernement d'entreprise, mais écrit prudemment ceci : « Si l'on reprend la définition de sir Adrian Cadbury, on peut dire … que la *Corporate Governance* est le « système par lequel les sociétés sont dirigées et contrôlées ». Il ajoute : « pour paraphraser le doyen Carbonnier, on dira qu'il y a bien des définitions dans la maison de la *Corporate Governance* et qu'il est sans doute urgent de ne se prononcer définitivement pour aucune d'entre elles ». (« Le gouvernement d'entreprise ; la *Corporate Governance* », *D. 1995*, p. 163). Quelques années plus tard Philippe Bissara écrit : « On sait que l'expression "Gouvernement de l'entreprise" est une traduction approximative de l'expression américaine "*Corporate Governance*" dont la signification n'est elle-même pas très claire » (« Les véritables enjeux du débat sur le "gouvernement de l'entreprise" », *Rev. Sociétés* 1998, p. 5). Le professeur A. Couret s'interroge à nouveau, des années après : « Mais à vrai dire qu'est-ce que la gouvernance d'entreprise ? Si l'on part de l'approche des gestionnaires, et qui peut nous convenir, elle s'entend des « structures, procédures et pratiques qui précisent le fonctionnement des organes de direction de façon à ce que soient préservés les intérêts des parties prenantes » (« Gouvernance et confiance : les conditions d'une fusion vertueuse », dans *Le droit des affaires d'aujourd'hui à demain. Regards français et européens en hommage à Yves Chaput*, Coll. "Le Droit des Affaires", Paris, LexisNexis, 2014, p. 42 n° 4).
11. M. COZIAN, A. VIANDIER, F. DEBOISSY, *Droit des sociétés*, Paris, LexisNexis 2015, p. 314, n° 568.
12. V. MAGNIER et Y. PACLOT, « Le gouvernement d'entreprise en France, vingt ans après », dans *Mélanges offerts en l'honneur du professeur Michel Germain*,

Sans doute, l'histoire pourrait éclairer la notion de gouvernement d'entreprise.

Comme l'écrivait André Tunc : depuis le début des années 1970, l'organisation du pouvoir dans les sociétés anonymes a suscité de vives discussions aux États-Unis puis au Royaume Uni [13]. Les dirigeants de ces sociétés en l'occurrence, les *Directors* étaient contestés, leur utilité étant remise en cause du fait de leur léthargie ayant entraîné de nombreuses malversations au sein des sociétés sans qu'ils l'aient su. Cela conduisit à une « sorte de révolution culturelle » [14]. l'idée étant qu'il faut distinguer les managers et les directeurs, ces derniers devant contrôler les premiers. Les sociétés cotées étaient principalement visées. Le gendarme de la bourse, la *Securities Exchange Commission* (SEC) exigea la création de trois comités : un comité d'audit, un comité de nomination et un comité de rémunération.

Aux États-Unis, les différentes réflexions se traduisirent par un document : les *Principles of Corporate Governance* en 1994, élaborés par *l'American Law Institute* (ALI), institut privé américain regroupant d'éminents juristes de différentes professions : professeurs d'université, avocats, magistrats, etc.). « Ces principes traduisaient juridiquement la recherche d'une meilleure rentabilité des capitaux investis (*Shareholder Value*), d'une plus grande transparence de la gestion des dirigeants, et d'une moralisation dans la conduite des sociétés [15].

Cette réflexion s'est répandue dans certains pays européens, notamment au Royaume-Uni où furent publiés successivement, en 1992 le rapport Cadbury [16], en 1995 le rapport Greenbury [17], en 1998 le rapport Hampel [18]. Ces différents rapports furent regroupés en 2003 dans un texte unique *The Combined Code of Corporate Governance.*

En droit français, la loi sur les nouvelles régulations économiques du 15 mai 2001 traduisit la réflexion sur le gouvernement d'entreprise. Celle-ci

---

Paris, LexisNexis - Lextenso éditions, 2015, p. 492.

13. « Le gouvernement des sociétés anonymes. Le mouvement de réforme aux États-Unis et au Royaume-Uni », *RIDC*, 1994-1, p. 59.
14. *Idem*
15. A. Gaudemet, « L'exercice du pouvoir dans les sociétés en France », dans *Mélanges offerts en l'honneur du professeur Michel Germain*, Paris, LexisNexis - Lextenso éditions, 2015, p. 351.
16. Voir A. Tunc, *op. cit.*, p. 69. « À la suggestion de la Bourse de Londres et d'organisations de comptables, et avec l'encouragement de la banque d'Angleterre, de l'épargne collective et des organisations patronales, est créé en 1991 un *Committee on the Financial Aspects of Corporate Governance.* Présidé par Sir Adrian Cadbury, ce comité publiait en mai 1992, un rapport préliminaire sur lequel il sollicitait des commentaires ; puis ayant reçu près de 200 observations écrites, il publiait, le 1er décembre 1992, un rapport définitif ».
17. Relatif à la rémunération des dirigeants.
18. Portant sur le rôle des administrateurs indépendants.

avait été menée par des groupes de travail émanant d'organisations patronales, notamment le groupe présidé par Marc Viénot qui élabora deux rapports : en 1995, un rapport relatif à la nomination d'administrateurs indépendants et à la création de comités spécialisés et en 1999 un rapport recommandant la publicité des rémunérations des dirigeants et la dissociation des fonctions de président du conseil d'administration et de directeur général.

Il faut souligner que les réflexions sur le gouvernement d'entreprise et les recommandations ou les règles en découlant concernent essentiellement les sociétés cotées en bourse. Ce n'est pas un hasard, compte tenu de l'importance des capitaux que sollicitent et brassent ces sociétés et la nécessité d'avoir la confiance des investisseurs.

C'est à ces mêmes sociétés, mais aussi aux sociétés non cotées, que s'adressent les textes de l'Acte uniforme sur les sociétés [19] commerciales et du groupement d'intérêt économique dans l'espace OHADA, dans sa version remaniée, adopté le 30 janvier 2014 à Ouagadougou entré en vigueur le 5 mai 2014 (nous l'évoquerons sous l'appellation « Acte uniforme révisé » (AU révisé).

L'Acte uniforme dans sa nouvelle version prend en compte l'exigence de transparence dans un souci de bonne gouvernance.

Au demeurant, il importe d'examiner en quoi consiste cette exigence de transparence et si elle est efficace. Autrement dit quel est en est le domaine et la portée.

I. Domaine de la transparence

L'information est au cœur de la transparence. La transparence consiste à communiquer un certain nombre d'informations.

La transparence, quelle que soit la matière, est liée à la confiance. Confiance des contractants, confiance des époux, confiance des partenaires… En droit des sociétés, à une grande échelle, il s'agit de susciter la confiance des investisseurs. Comme le souligne un auteur [20], « Pour accroître la confiance des investisseurs, il convient de leur assurer une certaine protection sur les marchés de capitaux, laquelle résulte des informations qui leur sont fournies sur les émetteurs à la recherche de capitaux ... Ces informations servent aussi de fondement à la prise de décision d'investissement par les investisseurs qui peuvent convenablement appréhender les risques auxquels il s'exposent ». À plus petite échelle, d'augmenter la confiance des actionnaires.

Dès lors s'interroger sur le domaine de la transparence revient à poser ces questions :

---

19. Voir P. MERLE, *op. cit.*, p. 671.
20. A. SOTIROPOULO, *Les obligations d'information des sociétés cotées en droit de l'Union européenne*, Paris, Larcier, 2011, p. 70, n° 29.

Qui sont les auteurs de l'information ? les destinataires ? et quel est le contenu de l'information ?

A. Les auteurs de l'information

Il est important de connaître ceux sur qui pèsent l'obligation d'information, car en cas de manquement à cette obligation, leur responsabilité peut être engagée.

Dans le cadre de l'entreprise, plus précisément de son gouvernement, les personnes concernées sont tout naturellement les dirigeants sociaux. Cependant, ils ne sont pas les seuls, car certains organes de contrôle, notamment les commissaires aux comptes, doivent communiquer un certain nombre d'informations. À ces organes viennent s'ajouter, lorsqu'ils existent, les comités spécialisés de la société tels que le comité d'audit et le comité de rémunération.

1. Les dirigeants sociaux

Les principes de gouvernement d'entreprise concernent en priorité les grandes entreprises, principalement celles dont les titres sont cotés en bourse. Il faut toutefois relativiser et ne pas mépriser les petites et moyennes entreprises. Il n'est donc pas surprenant que certaines exigences ayant trait à l'information les concernent. Ainsi, les dirigeants sociaux, auteurs d'information, sur qui pèsent le devoir de transparence, sont les dirigeants des grandes entreprises, mais aussi ceux des petites et moyennes entreprises.

a) Les dirigeants de grandes entreprises

Les grandes entreprises adoptent généralement la structure de société anonyme au Sénégal tout comme en France. Il s'y ajoute la forme de société par action simplifiée (SAS) qui a vu le jour en France en 1994 [21] et qui est prévue dans la nouvelle version de l'Acte uniforme sur les sociétés dans l'espace OHADA. Les dirigeants sociaux sont les suivants :

---

21. La société par actions simplifiée (SAS) a été introduite en droit français par la loi n° 94-1 du 3 janvier 1994. Le CNPF avait en effet dans un rapport d'octobre 1990 insisté sur la nécessité de créer une nouvelle structure juridique pour les grandes entreprises industrielles françaises pour développer la coopération interentreprises. Sur cette société, voir P. MERLE, *Droit commercial. Sociétés commerciales*, Paris, Dalloz ; M. GERMAIN et P. L. PERIN, *SAS. La société par actions simplifiée, Études, formules*, Paris, Eyrolles, 5e éd., 2013 ; A. CHARVERIAT et A. COURET, *Société par actions simplifiée. Nouveau régime*, Paris, Collectif Francis Lefebvre, Collection "Dossiers pratiques", 1999 ; H. AZARIAS, *La société par actions simplifiée*, Paris, Litec, 2e éd., 2007.

- dans la société anonyme (SA) : le directeur général [22], le président directeur général [23], les administrateurs [24], le président du conseil d'administration [25], l'administrateur général [26] ;
- dans la SAS, cela dépendra des statuts : président [27], directeur général, directeur général adjoint [28].

b) Les dirigeants de petites et moyennes entreprises

Elles revêtent la forme de société à responsabilité limitée (SARL) [29], de société en commandite simple (SCS) [30] et de société en nom collectif (SNC) [31] Elles sont dirigées par un ou plusieurs gérants.

2. Les commissaires aux comptes

Le contrôle est exercé, dans chaque SA, par un ou plusieurs commissaires aux comptes [32].

Les fonctions de commissaire aux comptes sont exercées par des personnes physiques ou par des sociétés constituées par ces personnes physiques sous l'une des formes prévues par le présent Acte uniforme [33].

Les commissaires aux comptes ont un devoir d'information. Chargés du contrôle des comptes de la société, ils doivent présenter aux associés réunis en assemblée générale un rapport et signaler les anomalies et le cas échéant saisir la justice.

3. Les comités

L'ancien article 437 de l'acte uniforme sur les sociétés prévoyait que le CA pouvait conférer à un ou à plusieurs de ses membres tous mandats spéciaux pour un ou plusieurs objets déterminés.

---

22. Art. 485 AU révisé.
23. Art. 462 A U révisé.
24. Art. 416 AU révisé.
25. Art. 477 AU révisé.
26. Art. 494 AU révisé.
27. Art. 853-8 al 1 AU révisé.
28. Art. 853-8, al. 3 AU révisé.
29. Art. 323 AU révisé.
30. Art. 298 AU révisé.
31. Art. 276 AU révisé.
32. Les SA faisant appel public à l'épargne doivent désigner au moins deux commissaires aux comptes titulaires et deux commissaires aux comptes suppléants. Les SA ne faisant pas appel public à l'épargne sont tenues de désigner un commissaire aux comptes titulaire et un autre suppléant.
33. Art. 694 AU révisé.

L'Acte uniforme sur les sociétés dans sa nouvelle version, permet la création des comités, composés d'administrateurs, au sein du CA et sous la direction d'un administrateur afin de traiter d'aspects particuliers de la vie de la société. Cela permettrait en effet à la société de bénéficier de l'expertise des membres du comité sur des questions particulières et de favoriser la spécialisation et une meilleure affectation des compétences au sein du conseil d'administration.

Ainsi selon l'article 437 al. 2 : « il (le conseil d'administration) peut décider la création de comités composés d'administrateurs chargés d'étudier les questions que lui-même ou son président soumet, pour avis, à leur examen. Il fixe la composition et les attributions des comités qui exercent leur activité sous sa responsabilité.

Al 3 : « lors de la création d'un comité, le conseil d'administration peut décider que le comité peut recueillir l'avis d'experts non administrateurs ».

L'Acte uniforme sur les sociétés dans sa nouvelle version prévoit aussi la présence obligatoire des comités d'audit [34] dans les sociétés cotées [35] afin d'assurer une meilleure gouvernance des sociétés.

L'article 829-1 nouveau précise les sociétés concernées ; la composition des comités d'audit et leur mission.

Al. 1 : « le CA des sociétés visées aux articles 828 à 853 du présent Acte uniforme est obligatoirement doté d'un comité d'audit » (autrement dit les sociétés anonymes faisant appel public à l'épargne pour le placement de leurs titres dans un ou plusieurs États parties ou dont les titres sont inscrits à la bourse des valeurs d'un ou plusieurs États parties).

Al. 2 « le comité d'audit est exclusivement composé d'administrateurs non salariés de la société ou n'exerçant aucun mandat de PDG, DG ou DG adjoint au sein de la société (on reconnaît là l'administrateur indépendant) Le CA s'assure de la compétence des administrateurs qu'il nomme membres du comité d'audit.

Al. 3 : « le comité d'audit a pour missions essentielles de :

- procéder à l'examen des comptes et s'assurer de la pertinence et de la permanence des méthodes comptables adoptées pour l'établissement des comptes consolidés et sociaux de l'entreprise ;

34. À l'origine, le comité d'audit était chargé d'examiner les comptes et les états financiers, de surveiller les relations avec les auditeurs internes et externes, de veiller aux procédures de contrôle interne ; compte tenu des changements de l'environnement des sociétés que sont la globalisation des marchés, l'utilisation de nouvelles techniques de l'information etc., les comités d'audit sont conduits à s'adapter à ce nouveau contexte. Ainsi aux États-Unis le rapport du comité *Blue Ribbon Committee on Improving the Effectiveness* of *Corporate Audit Committees*, publié en 1999 contient des recommandations.
35. « Le conseil d'administration des sociétés visées aux articles 828 à 853 du présent Acte uniforme est obligatoirement doté d'un comité d'audit ».

- assurer le suivi du processus d'élaboration de l'information financière ;
- assurer le suivi de l'efficacité des systèmes de contrôle interne et de gestion des risques ;
- émettre un avis sur les commissaires aux comptes proposés à la désignation par l'assemblée générale.

Il rend compte régulièrement au conseil d'administration de l'exercice de ses missions et l'informe sans délai de toute difficulté rencontrée.

L'information émanant des comités, eu égard à la mission, est particulièrement importante.

B. Destinataires de l'information

L'information est destinée aux organes de la société : associés, dirigeants sociaux, commissaires aux comptes, et aux tiers.

1. Les organes sociaux

a) Les associés

Dans une conception contractuelle de la société, les dirigeants sociaux sont les mandataires des associés. À ce titre, ils doivent leur rendre compte. Ainsi le droit à l'information des associés serait fondé sur leur qualité de mandant envers les dirigeants sociaux. Un tel fondement vaut pour les petites et moyennes entreprises, mais a fait long feu s'agissant des grandes entreprises qui revêtent la forme de société par actions dans lesquelles les actionnaires sont plutôt des investisseurs qui placent leurs capitaux avec le souci de leur rentabilité dans plusieurs sociétés ; c'est au demeurant le souci de cette rentabilité qui les conduit à exiger des dirigeants une gestion, diligente, efficace, bref une bonne gestion. Le contrôle des comptes par les commissaires aux comptes et le comité d'audit lorsqu'il existe va dans ce sens.

b) Les dirigeants sociaux

A priori, les dirigeants sont censés être les mieux informés sur la société qu'ils dirigent et représentent (son présent, son avenir, ses difficultés… Pourtant, ils ont le devoir de s'informer et le droit d'être informés. Leur degré d'information est lié à leurs attributions qui ne sont pas les mêmes dans la SA. Ainsi le directeur général et le président directeur général représentent la société auprès des tiers et doivent rendre compte de leur mission aux membres du conseil d'administration qui les nomme et les contrôle (le président-directeur général est tenu de communiquer à chaque administrateur tous les documents et informations nécessaires à l'accomplissement de sa mission [36],

36. Art. 465, al. 3 AU révisé.

cette mission consistant à présider le conseil d'administration et les assemblées générales [37] à assurer la direction générale de la société et à représenter celle-ci dans les rapports avec les tiers [38], le président du conseil d'administration ayant lui aussi une mission de contrôle. Donc l'information doit circuler au sein même de la direction.

Il s'y ajoute l'ensemble des informations que les comités doivent adresser au conseil d'administration.

c) Les commissaires aux comptes

Les commissaires aux comptes ont un droit à l'information très large : « À toute époque de l'année, le commissaire aux comptes opère toutes vérifications et tous contrôles qu'il juge opportuns et peut se faire communiquer, sur place, toutes pièces qu'il estime utiles à l'exercice de sa mission et notamment tous contrats, livres, documents comptables et registres de procès verbaux » [39] ; « le commissaire aux comptes peut également recueillir toutes informations utiles à l'exercice de sa mission auprès des tiers qui ont accompli des opérations pour le compte de la société » [40]. En outre sa présence aux assemblées générales est une source d'information pour lui [41], de même que celle au conseil d'administration qui arrête les comptes de l'exercice [42].

Leur droit à l'information se justifie par leur mission [43] en tant qu'organe de contrôle de la société. Sur cette base, ils pourront certifier que les dirigeants exercent leurs fonctions conformément aux exigences légales.

2. Les tiers

En l'occurrence certains sont des partenaires de l'entreprise : fournisseurs, clients, banque.., d'autres sont des entités étatiques, et enfin, il y a le public.

L'information est particulièrement importante pour eux. Ainsi, pour les banques, l'octroi d'un prêt est subordonné à l'assurance d'être remboursées. Certes l'exigence de sûretés est une garantie, mais il s'y ajoute la connaissance de la situation réelle de l'entreprise bénéficiaire.

---

37. Art. 465, al. 1 AU révisé.
38. Art. 465, al. 2 AU révisé.
39. Art..718, al. 1 AU révisé.
40. Art. 720, al. 1 AU révisé.
41. Selon l'article 721, al. 1, le commissaire aux comptes est obligatoirement convoqué à toutes les assemblées d'actionnaires.
42. Il y est obligatoirement convoqué, selon l'article 722, al. 1 AU révisé.
43. C'est la raison pour laquelle ils sont aussi convoqués à toute réunion du conseil d'administration intéressant leur mission, selon l'article 722, al. 1 AU révisé.

Pour les fournisseurs aussi, la surface financière de l'entreprise doit être prise en compte. Étant dans une situation contractuelle, la transparence de leur vis-à-vis renforce leur position, leur capacité de négocier. Cela vaut également et sans doute encore plus pour les clients, car ils sont en position de faiblesse, et comme l'indique un auteur, la publicité « vise à protéger celui des contractants qui se trouve dans une position défavorable en raison de sa faiblesse, de son ignorance et de son manque d'expérience »[44]

Quant aux entités étatiques : il s'agit principalement de l'administration fiscale, du Conseil régional de l'épargne publique et des marchés financiers (CREPMF) qui est l'autorité des marchés financiers de l'Union économique et monétaire ouest africaine [45], du ministère public [46].

Enfin, le public. L'Acte uniforme contient des dispositions pour les sociétés faisant appel public à l'épargne : le public doit être informé par voie de presse, notamment par les journaux d'annonces légales. « Pour l'information du public sur l'émission d'actions projetée, sont établies des circulaires qui reproduisent les énonciations de la notice prévue à l'article 826 du présent Acte uniforme » [47]. « Les circulaires doivent, en outre, exposer les projets des fondateurs quant à l'emploi des fonds provenant de la libération des actions souscrites » [48] « Les affiches et les annonces dans les journaux reproduisent les mêmes énonciations ou au moins un extrait de ces énonciations, avec référence à la notice et indication du numéro des journaux habilités à recevoir les annonces légales dans lesquels elle a été publiée » [49] ; « les circulaires informant le public de l'émission d'actions reproduisent les énonciations de la notice prévue à l'article 833 du présent Acte uniforme »[50].

---

44. A. SOTIROPOULOU, *op. cit.*, p. 70, n° 31.
45. Le CREPMF est un organe équivalent à l'Autorité des marchés financiers, en France – laquelle résulte de la fusion du Conseil des marchés financiers (CMF), de la Commission des opérations de bourse (COB) et du Conseil de discipline de la gestion financière (CDGF). L'AMF est chargée de prendre le règlement général selon l'article L 621-7 du code monétaire et financier Ce règlement général détermine notamment les règles de pratique professionnelle qui s'imposent aux émetteurs faisant appel public à l'épargne, les règle relatives aux OPA, les règles de bonne conduite des professionnels… l'AMF est considérée comme un organe de régulation ayant pour vocation d'améliorer la transparence et l'intégrité du marché (P. MERLE, p. 651, n° 591).
    Le CREPMF fut créé le 3 juillet 1996 par convention signée entre les États membres de l'UEMOA. C'est l'organe de régulation du marché financier régional de l'UEMOA.
46. Art. 716, al. 3, précité : le commissaire aux comptes révèle au ministère public les faits délictueux dont il a eu connaissance dans l'exercice de sa mission.
47. Art 827, al. 1, AU révisé.
48. Art 827, al. 3, AU révisé.
49. Art 827, al. 4, AU révisé.
50. Art. 835 AU révisé.

Ces différentes personnes, physiques ou morales, ne vont pas recevoir les mêmes informations. Le contenu de l'information varie en fonction de ses destinataires.

C. Contenu de l'information

L'information concerne la société et ses dirigeants.

1. Information sur la société

Certaines informations décrivent la société : la dénomination sociale, la forme de la société [51], etc. Elles sont utiles, notamment pour le public en cas d'appel public à l'épargne. Mais les plus importantes sont celles relatives à la situation financière et aux perspectives de la société.

a) Situation financière

C'est une information fondamentale. Elle intéresse les associés d'où leur information notamment au cours de l'assemblée générale annuelle, mais aussi ceux qui veulent devenir associés.

L'information sur la situation financière des sociétés est primordiale pour les investisseurs. Comme l'indique un auteur, « une fois connue la situation financière des sociétés cherchant à lever des fonds auprès du public, les investisseurs sont mis en possession des informations appropriées et sont ainsi en mesure de comparer les investissements possibles, de procéder à une évaluation convenable des risques qu'ils courent et d'effectuer des choix de placements rationnels » [52].

L'information doit refléter la réalité, d'où le contrôle des commissaires aux comptes. Comme l'exige l'article 140 AU révisé : « Dans les sociétés anonymes, les sociétés par actions simplifiées et le cas échéant dans les sociétés à responsabilité limitée, les états financiers de synthèse annuels et le rapport de gestion sont adressés aux commissaires aux comptes, quarante cinq jours au moins avant la date de l'assemblée générale ordinaire.

Ces documents sont présentés à l'assemblée générale de la société statuant sur les états financiers de synthèse qui doit obligatoirement se tenir dans les six mois de la clôture de l'exercice ».

La situation financière de la société est communiquée aux commissaires aux comptes par les dirigeants afin qu'ils en certifient la véracité. Selon l'article 711 AU révisé : « Dans son rapport à l'assemblée générale ordinaire, le commissaire aux comptes, à la lumière des éléments probants obtenus : 1°) soit conclut que les états financiers de synthèse sont réguliers et sincères

---

51. Art. 257-1 AU révisé.
52. A. SOTIROPOULOU, *op. cit.*, p. 70, n° 30.

et donnent une image fidèle du résultat des opérations écoulées ainsi que de la situation financière et du patrimoine de la société à la fin de cet exercice ; 2°) soit exprime, en la motivant, une opinion avec réserves ou défavorable ou indique qu'il est dans l'impossibilité d'exprimer une opinion.

Selon l'article 713 : « Le commissaire aux comptes vérifie la sincérité et la concordance avec les états financiers de synthèse, des informations données dans le rapport de gestion du conseil d'administration ou de l'administrateur général, selon le cas, et dans les documents sur la situation financière et les états financiers de synthèse de la société adressés aux actionnaires.

Il fait état de ces observations dans son rapport à l'assemblée générale annuelle ».

Selon l'article 716, « le commissaire aux comptes signale, à la plus prochaine assemblée générale, les irrégularités et les inexactitudes relevées par lui au cours de l'accomplissement de sa mission ».

En outre, il révèle au ministère public les faits délictueux dont il a eu connaissance dans l'exercice de sa mission … ».

Les informations transmises par le commissaire aux comptes sont sensibles et requièrent certaines qualités de sa part : la sincérité et le courage. Pour l'encourager dans cette voie, le législateur OHADA prévoit dans l'article 726 que le commissaire aux comptes n'est pas responsable des dommages causés par les infractions commises par les membres du conseil d'administration ou par l'administrateur général, selon le cas, sauf si, en ayant eu connaissance, il ne les a pas révélées dans son rapport à l'assemblée générale ».

b) Perspectives de la société

Selon l'article 138 : « Le gérant ou le conseil d'administration ou l'administrateur général, selon le cas, établit un rapport de gestion dans lequel il expose la situation de la société durant l'exercice écoulé, son évolution possible et en particulier les perspectives de continuation de l'activité, l'évolution de la situation de trésorerie et le plan de financement ».

Lorsque les dirigeants projettent d'effectuer certaines opérations telles que le changement de siège social ; une fusion, etc., qui vont changer le cours de la vie sociale, ils doivent en informer les associés. Ces informations sont le prélude nécessaire à la prise de décision par les associés réunis en assemblée générale extraordinaire. Ainsi pour les fusions, l'article 671 al. 3 dispose que le conseil d'administration de chacune des sociétés participant à l'opération établit un rapport qui est mis à la disposition des actionnaires. L'alinéa 4 précise que « Ce rapport explique et justifie le projet, de manière détaillée, du point de vue juridique et économique, notamment en ce qui concerne le rapport d'échange des actions et les méthodes d'évaluation utilisées, qui doivent être concordantes pour les sociétés concernées ainsi que le cas échéant, les difficultés particulières d'évaluation ».

Tout associé peut deux fois par exercice, poser des questions écrites au président-directeur général, au directeur général ou à l'administrateur général sur tous faits de nature à compromettre la continuité de l'exploitation (article 526 al. 2). Il est certain que les actionnaires pourront obtenir par ces questions écrites des réponses plus complètes que par les questions orales posées en cours d'assemblée[53].

Les commissaires aux comptes ont eux aussi un devoir d'alerte. L'article 150 l'évoque pour les sociétés autres que les sociétés par actions : le commissaire aux comptes demande au gérant des explications sur tout fait de nature à compromettre la continuité de l'exploitation qu'il a relevé lors de l'examen des documents qui lui sont communiqués ou dont il a connaissance à l'occasion de sa mission. Par la suite, le commissaire aux comptes doit informer la juridiction compétente de ses démarches.

Pour les sociétés par actions (sociétés anonymes et sociétés par actions simplifiées), le commissaire aux comptes peut aussi engager une procédure d'alerte en demandant des explications au président du conseil d'administration, au président-directeur général ou à l'administrateur général, selon le cas, sur tout fait de nature à compromettre la continuité de l'exploitation qu'il a relevé lors de l'examen des documents qui lui sont communiqués ou dont il a connaissance à l'occasion de sa mission conformément à l'article 152.

Lorsque la société fait appel public à l'épargne, le public doit être informé sur la situation financière, l'activité et les perspectives de l'émetteur (article 86).

2. Information sur les dirigeants

Le choix des dirigeants sociaux exige la communication d'informations afin de jauger leur compétence Les associés ont le droit de se faire communiquer des renseignements concernant les candidats au conseil d'administration ou au poste d'administrateur général (article 525, 3°).

La rémunération des dirigeants fait l'objet d'une attention particulière. C'est sans doute l'information la plus sensible. Selon l'article 525-5°), dans son ancienne version : tout actionnaire a le droit de prendre connaissance au siège social du montant global certifié par les commissaires aux comptes des rémunérations versées aux dix ou cinq dirigeants sociaux et salariés les mieux rémunérés selon que l'effectif de la société excède ou non deux cent salariés.

C'était donc une information globale et non individualisée qui n'était pas vraiment significative. En effet, il peut y avoir des écarts dans les rémunérations, et surtout il n'y avait pas d'information précise sur la nature des rémunérations ni les raisons de leur attribution. Sous une apparente transparence, l'opacité demeurait. Le texte est désormais modifié dans un sens favorisant

53. P. MERLE, *op. cit.*, p. 595, n° 537.

la transparence. Cependant, il convient de mesurer la portée de la transparence adoptée dans l'Acte uniforme révisé.

II. Portée de la transparence

La transparence instrument essentiel de la bonne gouvernance telle qu'elle a été décrite a-t-elle atteint son objectif ? Tout en réglant certains problèmes, elle en suscite d'autres (A), d'où la nécessité de son amélioration (B).

A. Problèmes soulevés par la transparence

Il s'agit principalement de la transparence quant à la rémunération des dirigeants sociaux (1°), des effets pervers de la transparence (2°) et de son inefficacité (3°).

1. Rémunération des dirigeants sociaux

La transparence n'existait pas réellement au vu de l'article 525-5°). En effet les actionnaires n'étaient pas informés de manière pertinente sur la rémunération des dirigeants sociaux. L'Acte uniforme dans sa nouvelle version préconise dans l'article 831-3 une information réelle sur la rémunération de chaque mandataire social (a). Mais cela soulève le problème d'une possible atteinte à leur vie privée (b).

a) Divulgation individualisée de la rémunération des dirigeants sociaux

Pour éviter des rémunérations excessives, l'Acte uniforme révisé permet aux actionnaires de prendre connaissance de la rémunération de chaque mandataire social. Ainsi, selon l'article 831-3 :

« Le rapport visé à l'article précédent [54] présente en outre les principes et les règles arrêtés par le conseil d'administration pour déterminer les rémunérations et avantages de toute nature accordés aux mandataires sociaux. Ce rapport rend également compte de la rémunération totale et des avantages de toute nature versés, durant l'exercice à chaque mandataire social, y compris sous forme de d'attribution de titres de capital, de titres de créances ou de titres donnant accès au capital ou donnant droit à l'attribution de titres de créances

Il indique le montant des rémunérations et des avantages de toute nature que chacun de ces mandataires a reçu durant l'exercice ».

54. Il s'agit du rapport du président du conseil d'administration.

Il décrit en les distinguant les éléments fixes, variables et exceptionnels composant ces rémunérations et avantages, ainsi que les critères en application desquels ils ont été calculés ou les circonstances en vertu desquelles ils ont été établis. Il indique également les engagements de toute nature pris par la société au bénéfice de ses mandataires sociaux, correspondant à des éléments de rémunération, des indemnités ou des avantages dus ou susceptibles d'être dus à raison de la prise, de la cessation ou du changement de ces fonctions ou postérieurement à celles-ci. L'information donnée à ce titre doit préciser les modalités de détermination de ces engagements. Hormis les cas de bonne foi, les versements effectués et les engagements pris en méconnaissance du présent alinéa peuvent être annulés.

b) Atteinte à la vie privée

La divulgation par les dirigeants de leur rémunération peut porter atteinte à leur vie privée si l'on considère que la rémunération est un élément de la vie privée. La publicité des rémunérations est une question délicate. En effet, généralement, les gens ont une certaine réticence à dévoiler leurs revenus.

L'Acte uniforme sur les sociétés dans l'espace OHADA a prévu comme nous l'avons vu une divulgation des rémunérations et les textes remaniés vont encore plus loin en individualisant cette divulgation[55]. Se pose alors la question de l'atteinte à la vie privée des personnes concernées.

L'exigence de divulgation des revenus, par la loi ou les codes de bonne conduite, peut être perçue comme une atteinte à la vie privée[56]. Au demeurant, les revenus font partie du patrimoine de la personne.

Comme l'indique un auteur[57], chacun a droit au respect de sa vie privée. Ce droit couvre la vie personnelle et familiale et – sauf fortune et infortune notoire – la situation patrimoniale de ses titulaires. Il est susceptible de s'étendre à leur activité professionnelle et aux revenus qu'ils en tirent.

La jurisprudence française s'est prononcée dans ce sens ; ainsi la Cour de cassation française considère que le salaire de celui qui n'est pas une personne publique et ne jouit d'aucune notoriété particulière relève de sa vie privée.[58]

La Cour européenne des droits de l'homme (CEDH) s'est aussi prononcée. Dans l'arrêt CEDH, 21 janvier 1999 [59], elle affirme que les questions

---

55. Tout comme le loi NRE en droit français.
56. Rappelons que le droit au respect de la vie privée est consacré dans la Déclaration universelle des droits de l'homme de 1948 en son article 12 à laquelle adhère la constitution sénégalaise.
57. B. TEYSSIÉ, *Droit civil. Les personnes*, 10e éd., Paris, LexisNexis, 2007, p. 51, n° 38
58. Cass. Civ. 1ère, 15 mai 2007, *D. 2007*, 1603.
59. J. HAUSER, *RTD Civ.* 1999, p. 359.

patrimoniales concernant une personne menant une vie publique, tel un dirigeant d'une grande entreprise, ne relèvent pas du domaine de la vie privée.

Par conséquent le caractère privé de la rémunération dépend de la notoriété de la personne !

Il faut cependant, de notre point de vue, privilégier l'intérêt social qui est protégé par la transparence sur la protection de la vie privée d'un dirigeant, fût-il un dirigeant peu connu.

La jurisprudence française comme européenne revient à utiliser la transparence comme un moyen de satisfaire une curiosité de mauvais aloi du public envers des personnes que l'on pourrait qualifier de « *people* ».

2. Effets pervers de la transparence

À propos de la transparence de la rémunération, le professeur P. Merle [60] relève que celle-ci « a eu un grave effet pervers : les dirigeants de sociétés cotées ont en effet souhaité, compte tenu de leur compétence, du poids de leur société ... que leur rémunération soit calée sur celle de leurs collègues les mieux dotés ! En outre, ils doivent penser que cette publicité a un effet absolutoire même lorsque le montant de leur rémunération est très élevé...»

Autre effet pervers : la transparence peut profiter aux concurrents de la société et lui porter préjudice. Comme le souligne un auteur [61], la publicité d'informations peut révéler aux concurrents des informations sur la situation stratégique ou financière de l'émetteur d'où la réticence de certains émetteurs à publier des informations.

Certes, il y a des garde-fous : ainsi l'article 717 astreint le commissaire aux comptes et ses collaborateurs au secret professionnel pour les faits, actes et renseignements dont ils ont pu avoir connaissance en raison de leurs fonctions.

Cependant, il existe des informations qui sont stratégiques pour l'entreprise et qui ne relèvent pas du secret des affaires. Les concurrents qui s'en servent ne peuvent être accusés de faire de la concurrence déloyale dès lors que ces informations n'ont pas été obtenues par des procédés déloyaux. Donc d'un point de vue économique et financier, trop de transparence peut nuire à l'entreprise car le marché est concurrentiel et l'entreprise qui est

---

60. *Droit commercial*, 14e éd. p. 468, n° 440.
61. A. SOTIROPOULOU, *op. cit.*, p. 87 n° 58 ; L'auteur précise que » jusqu'à l'adoption du *Securities Act* et du S*ecuritie*s *Exchange Act*, de nombreuses entreprises hésitaient à divulguer certaines données qui figurent aujourd'hui dans le bilan et le compte de résultat. De même, plus récemment, on a pu constater que plusieurs émetteurs étaient réticents à révéler leurs résultats prévisionnels. Ces comportements ont été souvent justifiés par la crainte que ces émetteurs éprouvaient de diffuser des données utiles pour leurs concurrents » (*ibid.*).

affaiblie peut disparaître purement et simplement avec les lourdes conséquences économiques et sociales que l'on sait.

3. Inefficacité de l'information

Elle vient de la pléthore d'informations : les informations que doivent communiquer aux associés les dirigeants et les commissaires aux comptes sont nombreuses. Le problème vient de ce que les associés ne lisent pas toujours ces informations ou s'ils le font, ne les comprennent pas toujours de sorte que l'information n'atteint pas toujours son but qui est de leur permettre de voter en connaissance de cause.

Le public visé par les sociétés faisant appel public à l'épargne reçoit aussi une masse d'informations qui ne lui sont pas profitables. Trop d'informations tue l'information.

B. Propositions en vue d'une amélioration de la transparence

Les informations doivent être pertinentes et compréhensibles (1°), la transparence doit concerner aussi les PME (2°), et la rémunération des dirigeants sociaux doit être déterminée par les associés et les dirigeants sociaux ne doivent pas participer au vote de leur rémunération (3°).

1. Des informations pertinentes

L'Acte uniforme révisé sur les sociétés a le mérite d'insister sur la diffusion d'informations pertinentes.

C'est le cas de l'article 86-1 relatif au document d'information destiné au public, émis par les sociétés faisant appel public à l'épargne, (inspiré de la Directive européenne Prospectus I) [62]. Ce texte dispose que le document d'information comprend un résumé qui fournit des *informations clés*, dans une *formulation simple et concise* (al. 1)… des informations adéquates sur les valeurs mobilières concernées, afin d'aider les investisseurs lorsqu'ils envisagent d'investir dans ces titres. Le résumé doit être présenté sous une *forme simple et compréhensible* (al. 2).

D'une manière pédagogique, l'article 86-1 fait des recommandations en direction des lecteurs du résumé. Ainsi selon l'alinéa 3, le résumé doit comporter un avertissement au lecteur en lui indiquant :

- Qu'il doit être lu comme une introduction au document d'information.

---

62. La directive 2003/71/EC, concernant le prospectus à publier, modifiée par la Directive 2010/73 du 24 novembre 2010 (*BRDA* 14-2012, 4) vise à harmoniser les règles d'information à l'occasion d'une émission ou d'une cotation d'instruments financiers en Europe (P. MERLE, p. 710 n° 636, note 2).

- Que toute décision d'investir dans les valeurs mobilières concernées doit être fondée sur un examen exhaustif du document d'information par l'investisseur.
- Qu'engagent leur responsabilité les personnes qui ont présenté le résumé si le contenu du résumé est trompeur, inexact ou contradictoire par rapport aux autres parties du document d'information ou s'il ne fournit pas, lu en combinaison avec les autres parties du document d'information, les informations essentielles permettant d'éclairer les investisseurs lorsqu'ils envisagent d'investir dans ces valeurs mobilières.

Les informations peuvent être allégées, sur dispense de l'autorité compétente de l'État partie du siège social de l'émetteur, selon l'article 88 dans sa nouvelle version. Ce texte prévoit ainsi que cette autorité peut dispenser d'inclure dans le document d'information certaines informations prévues dans l'Acte uniforme si elle estime que ces informations n'ont qu'une importance mineure et ne sont pas de nature à influencer l'appréciation portée sur le patrimoine, la situation financière, les résultats ou les perspectives de l'émetteur. D'autres raisons sont aussi évoquées, l'idée principale étant la protection de l'intérêt public et non celle de l'émetteur.

2. Extension de l'exigence de transparence aux PME

De notre point de vue, la transparence ne doit pas être limitée aux sociétés faisant appel public à l'épargne. Certes, pour celles-ci, elle est primordiale : les investisseurs doivent connaître la situation financière de la société dans laquelle ils veulent investir (c'est d'ailleurs ce qui a suscité l'adoption de la *Corporate Governance* en droit français à la demande des investisseurs institutionnels, notamment les fonds de pension américains. Cependant toute société, qu'elle soit ou non cotée en bourse, qu'elle soit de grande ou de petite dimension, doit observer la transparence. En effet l'objectif, à savoir la bonne gouvernance est le même. Au Sénégal, très peu de sociétés sont cotées en bourse, et la vie économique repose sur des PME qui revêtent la forme de SA ou de SARL. Les faillites observées sont souvent liées à une mauvaise gouvernance qui affaiblit le tissu industriel et provoque notamment le chômage des travailleurs et peut entrainer la faillite des partenaires de ces sociétés. La bonne gouvernance doit s'étendre à toutes les sociétés, car la mal-gouvernance et ses conséquences tragiques ne font pas de différence !

3. Détermination de la rémunération des dirigeants sociaux

Comme l'objectif de la diffusion de la rémunération est d'éviter des rémunérations excessives, on pourrait agir en amont et donner aux associés le pouvoir de fixer eux-mêmes la rémunération de leurs dirigeants et interdire à ceux-ci de participer au vote de leur rémunération. Au demeurant certains textes adoptaient une telle démarche, d'autres ne le faisaient pas. L'Acte uniforme révisé apporte des améliorations, mais elles sont insuffisantes. Il y a une hétérogénéité en la matière qui ne s'explique pas toujours.

Si l'on envisage l'article 431 de l'Acte uniforme dans son ancienne version, la rémunération des membres du CA était fixée par l'assemblée générale ordinaire, et ils prenaient part au vote quand ils étaient actionnaires. L'Acte uniforme révisé n'a pas changé cette situation : « les administrateurs ayant la qualité d'actionnaires peuvent prendre part au vote de l'assemblée générale (article 431 al. 2). Au lieu d'interdire aux administrateurs actionnaires de participer au vote de leur rémunération, il leur donne la possibilité de le faire. Le nouveau texte aurait pu aller plus loin et leur interdire de participer au vote de leur rémunération comme il le fait pour le gérant d'une SARL qui ne peut prendre part au vote de sa rémunération, selon le nouvel article 325, l'objectif étant la bonne gouvernance des sociétés.

S'agissant de l'administrateur général – qui est le dirigeant de la SA qui comprend un à trois actionnaires – sa rémunération est fixée par l'assemblée générale ordinaire. Il peut être actionnaire puisqu'il est choisi parmi les actionnaires ou en dehors d'eux (article 495 AU révisé). Par conséquent, il peut participer au vote de sa rémunération (article 501).

Quant au président directeur général, selon l'article 467 AU révisé, sa rémunération est fixée par le conseil d'administration. L'alinéa 4 indique clairement qu'il ne prend pas part au vote de sa rémunération et que sa voix n'est pas prise en compte pour le calcul du quorum et de la majorité. Certes le président-directeur général ne prend pas part au vote sur sa rémunération, cependant on peut regretter que sa rémunération soit fixée par les dirigeants compte tenu des liens qu'ils entretiennent.

Pour ce qui est du président du conseil d'administration, selon l'article 482 AU révisé, le conseil d'administration fixe les modalités et le montant de la rémunération de son président. L'alinéa 4 indique que le président du conseil d'administration ne prend pas part au vote de sa rémunération. Cela est conforme aux recommandations issues des principes de bonne gouvernance visant à éviter les conflits d'intérêts. On peut cependant regretter que ce soit le Conseil d'administration qui fixe la rémunération de son président pour les mêmes raisons, à savoir les liens entre les administrateurs.

De même, il est regrettable que le conseil d'administration détermine la rémunération des membres des comités. En effet selon le nouvel article 431 al. 4, le CA peut allouer aux administrateurs membres des comités une part supérieure à celle des autres administrateurs. Les comités devant jouer un rôle clé dans le gouvernement d'entreprise, leur indépendance par rapport aux dirigeants peut être ainsi compromise, alors que les comités ont un rôle clé dans le gouvernement d'entreprise.

En définitive, le droit OHADA a pris conscience de la nécessité d'une bonne gouvernance. La réforme du droit des sociétés en tient compte et parmi les objectifs visés dans le projet de texte la « bonne gouvernance » revient souvent. Pour ce qui est de la transparence, objet de notre étude, elle est recherchée à travers plusieurs modifications de l'Acte uniforme. Cependant quelques problèmes demeurent comme nous l'avons vu… Faudra-t-il attendre dix sept ans pour légiférer à nouveau ? C'est tout le problème des sources du « gouvernement d'entreprise ». Faut-il légiférer ou se contenter de codes de bonne conduite qui ne sont pas à proprement parler des codes, mais qui ont l'avantage de la souplesse de sorte qu'ils peuvent être plus facilement modifiés et elles pourront rencontrer plus facilement l'adhésion de leurs concepteurs !

La déontologie médicale au Sénégal : analyse historique d'une pratique professionnelle 1947-1967 [1]

Amadou Abdoulaye DIOP

Pour Aristote [2], « il existe assurément une déontologie ; il y a des choses qu'il « faut » faire ; il ne faut les faire que parce qu'elles sont requises pour atteindre une certaine fin » [3].

Un regard rétrospectif sur l'histoire permet de voir que l'éthique professionnelle s'est développée déjà dans l'Antiquité gréco-romaine, notamment à travers le célèbre serment d'Hippocrate [4]. Effectivement, à partir du moment où le médecin grec prit conscience qu'il avait affaire à un individu de l'espèce humaine sur qui il devait accomplir sa mission, exerçait son savoir, savoir-faire, savoir-être, il sentit la nécessité de s'entourer d'un certain nombre de règles dont l'objectif est de rendre convenable son rapport avec le client. C'est dire que la déontologie médicale grecque apparut quand le praticien eut pour but de hisser sa profession au rang d'art. Aussi, rechercha-t-il les conditions

1. L'objet de ce texte est de rendre hommage à feu le professeur Dominique SARR que nous avons connu à travers ses écrits en histoire du droit et des institutions. Ses réflexions continuent d'être encore la source d'inspiration de la jeune génération d'historiens du droit et des institutions de l'Afrique.
2. Aristote, philosophe grec de l'Antiquité qui avec Platon fut l'un des penseurs les plus influents que le monde ait connu. Il a abordé presque tous les domaines de connaissance de son temps comme la biologie, la physique, la métaphysique, la logique. Pour ce grand penseur antique, la philosophie est en même temps la recherche du savoir pour lui-même, une interrogation sur le monde et science des sciences.
3. É. GILSON, *L'esprit de la philosophie médiévale*, Paris Librairie philosophique J. Vrin [Coll. Études de la philosophie médiévale], 1969, p. 335.
4. Hippocrate le Grand ou Hippocrate de Cos (en grec : Ἱπποκράτης, Hippocrate), né vers 460 avant JC dans l'île de Cos et mort vers 370 avant JC à Larissa, est un médecin grec du siècle de Périclès, mais aussi philosophe, considéré traditionnellement comme le « père de la médecine ».

favorables aussi bien au plan matériel qu'intellectuel ; ces dernières devant être complétées par des exigences déontologiques [5].

La morale, on le sait, est la science du bien et du mal ; c'est la théorie de l'action humaine en tant qu'elle est soumise au devoir et a pour but le bien [6]. Ainsi, elle concerne l'éthique. Elle est également considérée en un ensemble de règles de conduite jugées comme bonnes de façon absolue [7]. Le bien est tout ce qui possède une valeur morale, ce qui est juste, honnête, louable. Il vise le devoir, l'idéal, la perfection [8]. En cela, il diffère du mal qui signifie ce qui est contraire à la loi morale, à la vertu, au bien [9]. Quant à l'éthique, nom féminin, d'un point de vue philosophique, elle est science et théorie de la morale. D'ailleurs, elle renvoie à la morale elle-même. D'un point de vue didactique, elle représente l'ensemble des valeurs, des règles morales propres à un milieu, une culture, un groupe [10].

Mais c'est en 1825, dans la traduction de son « *Essai sur la nomenclature et la classification des principales branches d'art et science »,* que Jeremy Bentham [11] utilise le mot « *déontologie* » qui apparaît pour la première fois en langue française [12] lorsqu'il écrit que : « *L'éthique a reçu le nom plus expressif de déontologie* ». étymologiquement, le mot « déontologie » vient de l'anglais "deontology", venant du grec *deontos*, « ce qui convient, ce qui est convenable », d'une part, et *logos*, science, discours, parole.., d'autre part. Le Petit Robert définit, en 1839, la déontologie comme un nom féminin qui signifie «*Théorie des devoirs, en morale* ». Cette définition est reprise par *Le nouveau Petit Robert* [13] qui présente la notion comme un nom féminin venant du grec *deon, ontos*, c'est-à-dire « devoir » et « logie ». Ici et dans son acception première,

5. M. S. DIOUF, « Étude de déontologie médicale hippocratique », *Éthiopiques*, Littérature, 1er semestre 2004, n° 72, http://ethiopiques.refer.sn/spip.php?article93, site consulté le 1er août 2017.
6. *Le nouveau Petit Robert de la langue française*, 2007, p.1634.
7. *Ibid., op. cit.*, p. 1634.
8. *Ibid., op. cit.*, , p. 250.
9. *Ibid., op. cit.*, p. 1513.
10. *Ibid., op. cit.*, p. 945.
11. Jeremy BENTHAM (1748-1832) est un philosophe, jurisconsulte et réformateur britannique. Réputé être un théoricien majeur de la philosophie du droit dont les idées ont grandement influencé le développement du conséquentialisme, il est également reconnu comme étant le père de l'utilitarisme avec John Stuart Mill. Précurseur du libéralisme, il prône un certain nombre de libertés comme la liberté individuelle, la liberté d'expression, la liberté économique. Mais il s'oppose à l'idée de droits naturels et à celle de contrat social.
12. O. THOLOZAN, « La cristallisation juridique des normes de déontologie médicale (Première moitié du XXe siècle) », *in* Antoine LECA (dir.), *La déontologie médicale*, Aix-en-Provence, Presses Universitaires d'Aix-Marseille, 2007, p. 61.
13. *Le nouveau Petit Robert de la langue française*, *op. cit*, p. 679.

le concept renvoie aussi à la théorie des devoirs, en morale. Selon une deuxième explication, la déontologie est l'ensemble des devoirs qu'impose à des professionnels, l'exercice de leur métier. Il vise ainsi l'éthique et le texte parle même de code de déontologie des médecins, mais sans plus de précisions.

Larousse, Dictionnaire de Français [14], définit la déontologie comme un ensemble de règles et des devoirs qui régissent une profession. Juridiquement, la déontologie regroupe, pour les personnes exerçant certaines activités publiques ou privées, les règles juridiques et morales qu'elles ont le devoir de respecter. Tel est le cas pour les fonctionnaires soumis à l'obligation de réserve, le secret du délibéré, par exemple, et pour les membres des professions libérales réglementées (avocat, officier ministériel, médecin...). Elle vise la discipline, le pouvoir disciplinaire, la poursuite disciplinaire. Le manquement aux règles de la déontologie qui sont variables d'une fonction à une autre, d'une profession à une autre, sont de nature à provoquer des poursuites disciplinaires [15].

En France, le docteur Simon, de son vrai nom Dr Maximilien Isidore Amand Simon, médecin d'Aumale, Seine inférieure, 1807-1889 est, semble-t-il, le premier à avoir appliqué la notion de déontologie à la médecine [16]. L'adjectif « *médicale* » se rapporte à tout ce qui concerne la médecine. Ainsi, on parle d'acte médical, d'études médicales. Aussi, parle-t-on de déontologie médicale, de secret médical [17]. La déontologie médicale est donc une éthique spéciale adaptée aux conditions de l'exercice d'une profession, en l'occurrence la médecine [18].

Au regard des précisions sémantiques que voilà, la déontologie médicale vise l'ensemble des principes, des règles et des usages que tout médecin, chirurgien-dentiste et pharmacien doit observer ou dont il s'inspire dans le cadre de ses activités professionnelles [19]. Par conséquent, elle s'analyse comme l'ensemble des droits et devoirs de la profession médicale [20].

---

14. *Le nouveau Petit Robert de la langue française*, *op. cit*, 115.
15. R. Guillien et J. Vincent, *Lexique des termes juridiques*, Paris, Dalloz, 8e édition, 1990, p. 178.
16. A. Leca, « Avant-propos » de l'ouvrage collectif, Antoine Leca (dir.), *La déontologie médicale*, *op. cit.*, p. 7.
17. *Le nouveau Petit Robert de la langue française*, *op. cit*, p. 1562.
18. G. Hottois, « Déontologie et éthique médicales », *in* Gilbert Hottois, Jean-Noël Missa (dir.), *Nouvelle encyclopédie de bioéthique*, Bruxelles, De Boeck Université, 2001, p. 262 .
19. Article 1 du décret exécutif n° 92-276, du 6 juillet 1992 portant code de déontologie médicale, rapporté par le professeur L. Abed, président du Conseil national de l'Ordre des pharmaciens d'Algérie, dans son cours de « Déontologie médicale ».
20. On parle aussi de l'éthique médicale. Celle-ci renvoie à l'ensemble des règles d'actions et des valeurs qui fonctionnent comme normes, en matière de médecine, dans une société avec ses différentes facettes évolutives. Selon D. Diarra, elle n'est pas le droit, ni la morale, non plus la déontologie médicale ou la phi-

Quelle est la situation en Afrique ?

Une brève réflexion sur l'Afrique est intéressante en ce sens qu'elle permet d'entrevoir deux grandes périodes. Il s'agit d'abord de cette partie du monde avant tout contact avec l'Occident dans le cadre de la colonisation qui est la suite des explorations, des conquêtes et la pacification. Nous parlons de l'Afrique précoloniale qui, malgré son immensité avec des zones géographiques différentes, sa diversité du point de vue des coutumes, des ethnies, des races, des hommes, présente de nombreuses similitudes quant aux catégories juridiques fondamentales et leur support [21]. Il s'agit donc des sociétés négro-africaines. Incontestablement, celles-ci se particularisent par leur recours au sacré [22]. Le sacré vient du latin *sacer*, c'est-à-dire qui appartient au domaine séparé, interdit et inviolable (par opposition à ce qui est profane) et fait l'objet d'un sentiment de révérence religieuse [23]. Autrement dit, c'est ce qui est digne d'un respect absolu. Le sacré concerne quelque chose d'intangible, inviolable, sacro-saint, vénérable. Amadou Hampâté BÂ reconnait avec force la prééminence de ce phénomène quand il affirme que « *l'homme africain est un croyant né* » [24]. Le sacré apporte au droit le besoin de sens qui imprime toutes les démarches humaines [25]. Effectivement, la sacralité domine la vie juridique africaine à travers les rites [26], la magie [27], la sorcellerie [28]. Le phénomène sacral a, naturellement, des répercussions dans le domaine médical. D'ailleurs, il n'y a pas de doute. La médecine existait bien en Afrique ; seulement elle se présentait sous une forme traditionnelle avant l'arrivée des Européens.

---

losophie. Elle se situe à l'intersection de ces différentes disciplines. Voir D. DIARRA, Contribution à l'étude de l'exercice médical au Sénégal (point de vue du médecin), Thèse, médecine, Dakar, 2001, p. 4.

21. G. A. KOUASSIGAN, *L'homme et la terre*, Paris, ORSTOM, 1966, p. 17.
22. M. KAMTO, *Pouvoir et droit en Afrique noire, Essai sur les fondements du constitutionnalisme dans les États d'Afrique noire francophone*, Paris, LGDJ, 1967, p. 11.
23. *Le nouveau Petit Robert de la langue française*, *op. cit*, p. 2289.
24. A. H. BÂ, *Aspects de la civilisation africaine*, Paris, Présence africaine, 1972, p. 119.
25. B.B.S. NÉNÉ, « Dire le droit ou la re-création de la paix en Afrique noire traditionnelle », *Droit sénégalais*, n° *11*, 2013, p. 85.
26. Un rite est un ensemble de cérémonies du culte en usage dans une communauté religieuse ; organisation traditionnelle de ces cérémonies. Est considéré aussi comme rite, toute cérémonie réglée ou geste particulier prescrit par la liturgie d'une religion.
27. La magie est l'art de produire, par des procédés occultes, des phénomènes inexplicables ou qui semblent tels. C'est également l'ensemble des procédés d'action et de connaissance (la science) à caractère secret, réservé, (la religion) dans les sociétés dites primitives.
28. Pratiques de sorcier, magie de caractère populaire ou rudimentaire qui accorde une grande place aux pratiques secrètes, illicites ou effrayantes (invocation des morts, appels aux esprits malfaisants).

En vérité, les sociétés négro-africaines étant par essence communautaires, collectives [29], l'individu n'a de droits et de devoirs qu'en fonction du groupe auquel il appartient ; il n'est que le « maillon d'une chaine » [30]. Ainsi, tout groupement, tout village, disposait d'un personnel médical, à savoir des guérisseurs, des sorciers, prêtres, devins, féticheurs, marabouts, des charlatans et des phytothérapeutes donc diversement composés, que l'on range de nos jours, dans la catégorie appelée « *médecine traditionnelle* » [31]. Celle-ci peut être comprise au sens d'un ensemble de pratiques [32] « *irrationnelles* » en vue de prévenir la maladie, de diagnostiquer le malade et de prodiguer à ce dernier des soins de santé jugés aptes à lui redonner le sourire en se basant sur les traditions ancestrales transmises oralement de bouche à oreille [33] ou par écrit [34]. Ces soins de santé peuvent consister en l'usage de végétaux, de produits animaliers ou minéraliers ou tous autres procédés fondés sur les aspects socioculturels et religieux [35].

Il est vrai que la médecine traditionnelle n'est pas partout bien structurée, au sens moderne de l'expression, et n'a pas organisé un corps médical [36]. Mais il n'en demeure pas moins qu'on peut parler de déontologie médicale dans les sociétés négro-africaines, car dans ces dernières les praticiens avaient le sens élevé des responsabilités. C'est ce qu'avait compris le gouvernement de la République du Congo en instaurant le code de déontologie des tradipraticiens congolais qui définit la médecine traditionnelle comme « un ensemble des connaissances et des pratiques, explicables ou non, utilisées pour diagnostiquer, prévenir ou diminuer les maladies physiques, mentales ou sociales et qui peuvent se fonder exclusivement sur des expériences et/ou des observations passées transmis de génération en génération, oralement ou par écrit » [37].

Le Sénégal sur lequel porte cette étude appartient à cet espace géographique, historique, politique, économique et social qui a fait partie des grands

---

29. J. J. NAMBO, « Religion et droit traditionnel africain », dans *Passeur entre les mondes*, Paris, Publications de la Sorbonne, 2000, p. 230.
30. P. OURLIAC, « Préface » *in* G. A. KOUASSIGAN, *L'homme et la terre, Droits fonciers coutumiers et droit de propriété en Afrique Occidentale*, Paris, Berger-Levrault, 1966, p. 1.
31. J. MENDY, « Dire le droit de la sante en Afrique de l'ouest », *Droit sénégalais* n° *11*, 2013, p. 209.
32. K. B. ALONOU, La politique sanitaire de la France au Togo à l'époque coloniale : 1919-1960, Thèse de doctorat, Université de Poitiers, 1994, p. 41.
33. Les sociétés africaines précoloniales sont par essence le domaine de l'oralité.
34. L'écrit apparait avec l'avènement du droit musulman abstraction faite de la civilisation égyptienne avec ses hiéroglyphes.
35. K. B. ALONOU, *La politique sanitaire de la France au Togo*..., *op. cit*, p. 9
36. S. THIAM, « La déontologie médicale et la tradition africaine, (Approche anthropologique sur le rapport médecin-patient », *in* Antoine LECA (dir.), *La déontologie médicale*, *op. cit.*, p. 338.
37. Code de déontologie des tradipraticiens congolais, septembre 2006, p. 4.

ensembles ayant existé en Afrique de l'Ouest comme le Ghana, le Mali, le Sonrai, avant de tomber sous la domination européenne [38] et plus précisément celle de la France en 1816 qui en reprendra effectivement possession avec le colonel Julien Désiré Schmaltz [39]. Le Sénégal restera définitivement sous la domination française jusqu'au moment de son accession à la souveraineté internationale en 1960.

Notre recherche couvre la période allant de 1947 à 1967 qui en constituent les limites temporelles. Mais avant d'aller plus loin, il convient de préciser qu'une étude de la déontologie médicale au Sénégal n'a pas encore, à notre connaissance, du moins pour la période suscitée, été abondamment faite par les historiens du droit. L'histoire de la déontologie médicale au Sénégal reste alors à faire. L'objet de notre étude est donc de combler un vide en matière d'histoire médicale de cette ancienne colonie de l'Afrique occidentale française.

Les sondages effectués au niveau des archives nationales du Sénégal [40] permettent de constater que le premier texte qui organise la déontologie médicale dans ce territoire, en Afrique occidentale française, est le décret n° 47-1169 du 27 juin 1947 [41]. Cette mesure concernait l'ensemble de la grande fédération de l'Afrique occidentale française et fut signée par P. Ramadier, président du Conseil des ministres, R. Prigent, ministre de la santé publique et de la population, A. Marie, garde des sceaux, ministre de la justice et D. Mayer, ministre du travail et de la sécurité sociale. La promulgation fut l'œuvre de R. Barthes, par l'arrêté n° 5059 AP du 8 décembre 1947. Cette date est le point de départ de ce travail. Elle est prise en application de l'Ordonnance n° 45-2184 du 24 septembre relative à l'exercice et à l'organisation des professions de médecin, chirurgien dentiste et de sage-femme [42].

L'exposé des motifs indique que les professions de médecin, de chirurgien-dentiste et de sage-femme ont, jusqu'en 1945, été réglées par la loi de 1892 [43]. Cette dernière, véritable code de ces professions ne répondait plus aux circonstances. Dans les faits, la profession médicale a évolué. Le développement des lois sociales et du syndicalisme médical a mis au premier plan des préoccupations la création d'ordres professionnels. Les syndicats, organes de défense

---

38. G. HESSELING, *Histoire politique du Sénégal, Institutions, droit et société*, Paris, Karthala, 1985, p. 114.
39. Administrateur colonial français, le colonel Julien Désiré Schmaltz est né en 1771 et décédé en 1827. Il fut gouverneur du Sénégal et dépendances entre 1816 et 1820.
40. Logées au départ au Building administratif du Sénégal, siège du gouvernement de la République du Sénégal, ces dernières se trouvent actuellement au Central Park, en face de la Brigade nationale des sapeurs-pompiers du Sénégal, à Dakar.
41. *JOAOF*, 20 décembre 1947, p. 1224-1228.
42. *Journal officiel des établissements français de l'Océanie*, 29 février 1948, p. 60-68.
43. Loi du 30 novembre 1892 sur l'exercice de la médecine en France, *JO du territoire du Togo*, 16 décembre 1947, p. 1095.

professionnelle, ont été amenés à créer, sous forme de « Conseils de famille » de véritables juridictions en matière déontologique, s'appliquant aux syndiqués et s'étendant, dans certains cas aux non syndiqués (ce qui constituait une anomalie juridique). Dans ces conditions, apparaissait nettement la nécessité de mettre au point un organisme, l'ordre, chargé des questions de discipline et de déontologie. La question faillit aboutir au Parlement entre 1935 et 1936. Toutefois, au début des hostilités, elle n'était pas réglée. L'autorité de fait de Vichy s'arrogea alors le droit de la résoudre. Mais les textes successifs qui créèrent les ordres, sont contraires à la légalité républicaine et ne peuvent être maintenus. Notamment en ce qui concerne la suppression des syndicats qui aboutissait d'ailleurs à une très fâcheuse confusion : ce n'est pas au même organisme, qu'il convient de défendre les intérêts professionnels et d'assurer la discipline de la profession. Dès Alger, le gouvernement provisoire de la République française s'est préoccupé de résoudre la question et une ordonnance du 18 octobre 1943 annulait les dispositions de l'autorité de fait tout en maintenant le principe de l'ordre et en séparant son activité de celle des syndicats. Cette ordonnance n'a pas été rendue applicable à la métropole. Le gouvernement se réservant de procéder à une nouvelle consultation des organismes intéressés après la Libération. Le nouveau texte tient compte de l'opinion des représentants qualifiés des trois professions et sera le nouveau code qui, avec l'ordonnance du 15 décembre 1944 rétablissant les syndicats, remplacera la loi de 1892. Les ordres créés auront la charge de maintenir la discipline et l'honorabilité de chacune des trois professions. Une ordonnance complètera bientôt ce texte, précisant les modalités, leur fonctionnement en matière de litiges créés par l'application de la loi sur les assurances sociales. Les ordres auront aussi à défendre l'indépendance de la profession. L'un des objectifs recherchés par le texte de 1945 est d'éviter que des tiers non qualifiés cherchent à s'immiscer dans l'exercice de la médecine ou de l'art dentaire, en facilitant par leurs capitaux ou leur matériel l'exercice de la profession. Il n'est ni dans leur esprit, ni dans leur lettre de s'opposer au fonctionnement normal d'installations créées par des sociétés mutualistes (cabinets dentaires notamment) dans des buts non lucratifs et sans immixtion dans la vie professionnelle du praticien.

Les recherches archivistiques semblent monter que ce sont ces mêmes dispositions qui étaient appliquées en France à la même période. Fruit d'une longue évolution, le code de déontologie médicale français a connu différentes étapes. De l'éthique d'Hippocrate à la déontologie de Bentham [44], on est passé, en France, à une gestation progressive entre 1845 et 1936 [45] puis à des conceptualisations décisives de 1936 à 1947 [46].

---

44. A. LECA, « Introduction historique à l'éthique et à la déontologie médicales », *in* Antoine LECA (dir.), *La déontologie médicale*, *op. cit.*, p. 15.
45. Antoine LECA (dir.), *La déontologie médicale*, *op. cit.*, p. 27.
46 A. LECA, « Introduction historique à l'éthique et à la déontologie médicales », *op. cit.*, p. 32.

Cette précision étant faite, l'article 66 de l'Ordonnance précitée mentionne que « Un code de déontologie propre à chacune des professions de médecins, chirurgiens-dentistes et sages-femmes sera préparé par le conseil national de l'ordre intéressé et soumis au Conseil d'État pour être édicté sous la forme d'un règlement d'administration publique ».

Conformément à ce texte, sont créés le code de déontologie des chirurgiens-dentistes [47], le code de déontologie des sages-femmes [48] et celui de déontologie médicale, objet de notre étude. L'année 1967 constitue la limite finale de notre étude. Le Sénégal venait d'accéder à la souveraineté internationale. Le nouvel État indépendant organise sa législation, son droit, le droit dit du développement. De nombreux textes furent pris et parmi ces derniers, le décret n° 67-147 du 10 février 1967, instituant le code de déontologie médicale [49].

Pourquoi un code de déontologie médicale a-t-il été tardivement mis en place au Sénégal ? S'agit-il d'une stratégie coloniale ? Quel est l'objectif visé à travers cette pratique ?

Rappelons qu'à partir du XIXe siècle, la métropole s'était intéressée déjà à la question de la santé dans ses colonies de l'ouest africain. C'est ainsi qu'au Sénégal les bases d'un système sanitaire pour au moins assurer à ses ressortissants une certaine protection avait été proposée. Aussi, un service d'Assistance médicale indigène est-il créé par arrêté du 8 février 1905, aux fins de fournir gratuitement la santé aux populations qui en ont besoin. En outre, le décret du 14 juin 1918 crée l'École de médecine de l'AOF à Dakar. Entre les deux grandes guerres l'accent est mis sur la médecine préventive et sociale. Au sortir de la Deuxième Guerre mondiale, les priorités sont orientées vers la santé infantile et des programmes se mettent en place pour lutter contre les grandes endémies [50]. Dans ce sens, l'œuvre sanitaire devait participer à son tour à la mission civilisatrice comme la justice, l'école. Mais elle devait être encadrée par un certain nombre de règles parmi lesquelles celles relatives à la déontologie.

Une étude de la déontologie médicale au Sénégal offre un double avantage. En effet, elle permet de comprendre que les règles éthiques et déontologiques produites par des ordres professionnels [51] ont comme finalité la protection de

---

47. Décret n° 48-27 du 3 janvier 1948 modifié par le décret n° 49-987 du 27 juillet 1949.
48. Décret n° 49-1357 du 30 septembre 1949.
49. *JOAOF*, n° *3877* du 25 février 1967, p. 321.
50. M. NDAO, « La malnutrition infantile en AOF. Le cas du Sénégal, 1930-1960 », *Annales de la Faculté des Lettres et Science Humaines*, Université Cheikh Anta Diop, Dakar, Sénégal, 2004, p. 2.
51. La tradition ordinale française remonte à l'époque médiévale et concernait alors toutes les professions ; les regroupements corporatifs tendaient à régir les professions à la place du roi par des usages et coutumes à respecter. Certains métiers (comme les apothicaires) exerçaient une police professionnelle qui pouvaient infliger amendes ou confiscation des marchandises en cas de « pratiques déviantes ». Cependant, la Révolution française, favorisant la liberté

la qualité de leur mission, d'une part, et celle de l'indépendance de celle-ci, d'autre part.

L'Ordre professionnel [52], expression utilisée tantôt en droit administratif, tantôt en droit civil ou encore en procédure civile, est défini comme un groupement professionnel ayant la personnalité juridique auquel sont obligatoirement affiliés les membres de la profession et bénéficiant de prérogatives d'autorité, telles que le pouvoir réglementaire et le pouvoir disciplinaire. Par conséquent, deux objectifs essentiels sont recherchés. Non seulement, il s'agit d'assurer la défense du patient face aux abus du médecin, mais aussi celle du médecin face à la double pression de la société et du pouvoir politique.

Notre travail s'attachera dans un premier temps à analyser la déontologie médicale en tant que dispositif de protection du malade et de promotion de la santé publique (I) et dans un second temps à voir comment celle-ci permet de réguler les relations entre les professionnels de la médecine (II).

I. La déontologie médicale au Sénégal : un dispositif de protection du malade et de promotion de la santé publique

La déontologie médicale est un outil efficace de protection de la société et de l'individu. Le médecin, qui est au service de l'individu de l'espèce humaine et de la santé, accomplit sa mission dans le respect de la vie humaine et de sa dignité. Sous ce rapport, il a l'obligation de concilier deux intérêts, individuels et collectifs, souvent antagoniques mais complémentaires [53] en ce qu'elles poursuivent des objectifs de développement de la société. Les règles déontologiques de la période considérée au Sénégal visaient le même but, surtout dans le contexte de mise en valeur des colonies avec pour but « de conserver et d'augmenter le capital humain pour pouvoir faire travailler et fructifier le capital argent »[54].

Notre essayerons de démontrer que le médecin doit collaborer à la promotion de la santé publique (A) tout en étant au service de l'individu (B).

A. La promotion de la santé publique

Le code de déontologie médicale pose que les médecins doivent collaborer à la promotion de la santé publique. Les professionnels sont tenus de prêter

---

du travail et l'exercice des professions supprime toute organisation corporatiste et constitution de syndicats.

52. R. Guillien et J. Vincent, *Lexique des termes juridiques*, *op. cit*, p. 351.
53. S. Beloucif et B. Regnier, « Quelle éthique pour la distribution des ressources : place des réanimations dans l'offre des soins », *in* Louis Puybasset (dir.), *Enjeux éthiques en réanimation*, Paris, Springer, 2010, p. 593.
54. A. Sarraut, *La mise en valeur des colonies françaises*, Paris, Payot, 1923, p. 95.

leur concours aux services de médecine sociale et de collaborer à l'œuvre des pouvoirs publics visant la protection et à la promotion de la santé publique. L'exigence de collaboration trouve son fondement dans un contexte marqué par l'apparition de beaucoup de maladies qui gênent le développement et l'épanouissement non seulement des populations indigènes mais aussi le déploiement de l'élément européen. Ces affections sont la rougeole [55], le choléra, la peste, la variole, la fièvre jaune [56], le paludisme [57], la folie [58]. D'ailleurs, depuis la mise en place de la grande fédération de l'Afrique occidentale française, la question sanitaire a été au cœur des préoccupations des pouvoirs publics [59]. Effectivement, les préoccupations sanitaires des pouvoirs coloniaux peuvent être regardées en une extension de la « *mise en valeur* » des colonies tant pour les travailleurs de plantations que pour les constructeurs de routes, voies ferrées...

C'est pourquoi, avant tout, il est prévu par l'ordonnance qui organise les professions de médecin, chirurgien-dentiste et de sage-femme une procédure somme toute formaliste pour exercer la profession médicale. Parmi les conditions fixées par les différents textes modifiés, figurent le diplôme d'État français de docteur en médecine, la qualité de citoyen ou sujet français ou ressortissant d'un pays placé sous le protectorat de la France… [60]. Conformément à ce texte, le code de déontologie médicale précise que l'exercice habituel de la médecine, sous quelque forme que ce soit, au service d'une entreprise, d'une collectivité ou d'une institution de droit privé, doit, dans tous les cas, faire l'objet d'un

55. P. CANTRELLE, « Tempo d'une épidémie sur quarante ans en Afrique occidentale : la rougeole », *in* C. BECKER, S. MBAYE et I. THIOUB (éds.), *AOF : réalités et héritages. Sociétés ouest-africaines et ordre colonial, 1895-1960*, tome 2, 1997, p. 1241-1241.
56. A. DIOP, « Les débuts de l'action sanitaire de la France en AOF, 1895-1920 : le cas du Sénégal », *in* C. BECKER, S. MBAYE et I. THIOUB (éds.), *AOF : réalités et héritages…*, *op. cit.*, p. 1212-1226.
57. V. ROBERT, J. F. MOLEZ et C. BECKER, « L'évolution de la recherche et de la lutte contre le paludisme en Afrique de l'Ouest au 20e siècle », *in* C. BECKER, S. MBAYE et I. THIOUB (éds.), *AOF : réalités et héritages…*, *op. cit.*, p. 1175-1186.
58. R. COLLIGNON, « Folie et ordre colonial, Les difficultés de mise en place d'une assistance psychiatrique au Sénégal et en Afrique occidentale », *in* C. BECKER, S. MBAYE et I. THIOUB (éds.), *AOF : réalités et héritages…*, *op. cit.*, p. 1151-1163.
59. K. NGALAMULUME, « La question sanitaire durant les premières années de l'AOF, 1895-1914 », *in* C. BECKER, S. MBAYE et I. THIOUB (éds.), *AOF : réalités et héritages…*, *op. cit.*, p. 1203-1211.
60. Ordonnance n° ‡45-2184 du 24 septembre 1945 relative à l'exercice et à l'organisation des professions de médecin, chirurgien dentiste et de sage-femme. Cette ordonnance fût plusieurs fois modifiée, notamment par le décret n° 47-2023 da 15 octobre 1947, rendant applicable aux territoires de la France d'outre-mer, ladite ordonnance, *JO du territoire du Togo*, 16 décembre 1947, p. 1095.

contrat écrit [61]. Par ailleurs, ce formalisme exige que tout projet de convention ou renouvellement de convention avec un des organismes suscités, en vue de l'exercice de la médecine, soit préalablement communiqué au conseil départemental intéressé. Celui-ci vérifie sa conformité avec les prescriptions déontologiques, ainsi que, s'il en existe, avec celles des contrats-types [62] établis, soit d'accord avec le Conseil national et les collectivités ou institutions intéressées, soit conformément à des dispositions législatives ou réglementaires. Ensuite, le médecin doit signer et remettre au conseil départemental une déclaration aux termes de laquelle il atteste sur l'honneur qu'il n'a passé aucune contre-lettre relative au contrat soumis à l'agrément du conseil [63].

Ainsi, suite à la lettre de transmission du président de la section locale de l'Afrique noire du Conseil de l'Ordre national des médecins [64], Le médecin-colonel, R. Coleno, directeur de la santé publique au Sénégal et en Mauritanie rendait compte au médecin-général, inspecteur, directeur général de la santé publique à Dakar, de ce qu'il avait immédiatement donné l'ordre aux docteurs Delmon et Gauzy d'avoir à cesser tout exercice de clientèle privée sous peine de sanction graves ou de poursuites éventuelles [65]. Le directeur de la santé publique au Sénégal et en Mauritanie, étant informé par les soins du Dr Train, signale que le Dr Delmon jouissant d'une tolérance de la part de l'ordre des médecins en ce qui concerne l'exercice privé de la médecine générale et que c'est seulement parce qu'il dépassait les bornes qu'une plainte avait été formulée contre lui.

Connaissant l'existence de cette tolérance qui lui était consentie, il était alors bien difficile au directeur de la santé publique au Sénégal et en Mauritanie de déterminer le point où l'intéressé dépassant la mesure franchissait une frontière, qui n'avait jamais été précisée, entre le raisonnable et l'abus. Le Dr Gauzy, lui, prétend n'avoir fait de clientèle privée que de façon très occasionnelle. Sur le plan de la clientèle privée, le directeur de la santé publique au Sénégal et en Mauritanie estime avoir toujours été et reste irréprochable, n'en ayant jamais fait que contraint et forcé, et dans le cadre des textes en vigueur.

61. Art. 45 du décret n° 47-1169 du 27 juin 1947, *op. cit.*
62. C'est une variété de contrat d'adhésion, excluant les pourparlers, s'en distinguant par son origine : le modèle est établi, non par une entreprise isolée, mais par un organisme représentatif de la profession, d'où il résulte une possibilité d'application à tous les cas particuliers. Ainsi, le contrat-type de fermage ou de métayage régit la situation du preneur et du bailleur à défaut d'arrangement individuel.
63. Cependant, cette procédure n'est pas applicable aux médecins placés sous le régime d'un statut arrêté par l'autorité publique.
64. Lettre n° 231/SP.CP en date du 6 septembre 1955 de la lettre n° 447/55 du 30 août 1955, ANS 125 H (163).
65. Le médecin colonel, R. Coleno, Directeur de la santé publique au Sénégal et en Mauritanie à Monsieur le médecin général, inspecteur, directeur général de la santé publique à Dakar (*courrier confidentiel n°94/S. conf.*), Dakar le 12 septembre 1955, ANS 125 H (163).

Aussi, les médecins sont-ils tenus de communiquer au Conseil national de l'Ordre, par l'intermédiaire du conseil départemental, les contrats intervenus entre eux et une administration publique ou une collectivité administrative. Les observations que le Conseil national aurait à formuler sont adressées par lui au ministre dont dépend l'administration intéressée.

Comme on le voit, la détermination de l'ordre professionnel au Sénégal à accompagner les pouvoirs publics pour la promotion de la santé publique et être au service du malade tout en assurant la discipline de ses membres demeure intacte, même après le vote de la Loi-cadre [66]. Ce qui justifie les revendications de la section locale d'Afrique noire de l'Ordre national des médecins. En effet, le décret n° 52-964 du 28 juillet 1952 [67], en son article 8, attribue à la section locale de l'Ordre des médecins les fonctions dévolues en métropole à l'ordre médecins en général et aux conseils départementaux en particulier. L'ordre des médecins veille au maintien des principes de moralité, de probité et de dévouement indispensables à l'exercice de la médecine et à l'observation par tous ses membres des devoirs professionnels ainsi que des règles édictées par le code de déontologie. Selon ce texte, la section locale est chargée de statuer sur les inscriptions au Tableau, c'est-à-dire que c'est elle qui donne aux médecins l'autorisation d'exercer. La section locale possède en outre la compétence disciplinaire qui, en France, est attribuée aux conseils régionaux. Dans son article 10, le décret envisageait la création de sous-sections locales correspondant à des territoires ou groupes de territoires qui auraient la même autorité que la section locale, à l'exception des pouvoirs disciplinaires. L'article 15 déclare que le code de déontologie médicale est applicable à tous les praticiens inscrits au Tableau de l'Ordre.

Lorsqu'elle a été adoptée, la Loi-cadre confie l'organisation de la profession médicale aux Grands conseils. Et d'après les directives que le président de la section locale d'Afrique noire de l'Ordre national des médecins, le Dr Long, a reçues du Conseil national de l'Ordre, l'ordonnance de 1945 existe comme un règlement d'administration publique ; mais aucune modification ne peut être apportée par le ministre à la règlementation qui était en vigueur au moment de l'apparition de la Loi-cadre. Or, la création de sous-sections locales qui était sur le point de se réaliser s'avérait plus que jamais nécessaire du

66. La loi n° 56-619 du 23 juin 1956, dite loi-cadre Defferre, autorisant le gouvernement français à mettre en œuvre les réformes et à prendre les mesures propres à assurer l'évolution des territoire relevant du ministère de la France d'Outremer, est adoptée sur l'initiative de Gaston Defferre, ministre français d'Outremer et Félix Houphouët-Boigny. Cette loi habilite le gouvernement à statuer par décret dans un domaine réservé en principe à la loi.
67. Décret n° 52 964 du 28 juillet 1952, rendant applicable aux territoires d'Outremer et aux territoires du Cameroun et du Togo l'ordonnance n° 45 2184 du 24 septembre 1945 relative à l'exercice et à l'organisation des professions de médecins, chirurgiens dentiste et sage-femme, *JO du territoire du Togo*, 1er septembre 1952, p. 675.

fait de l'indépendance entre elles des assemblées locales. Le conseil de la section locale d'Afrique noire de l'Ordre des médecins sollicita l'intervention du haut-commissaire de la République en Afrique occidentale française pour que cette situation de la profession médicale soit étudiée par les pouvoirs publics. Le conseil de la section locale d'Afrique noire de l'Ordre des médecins attire l'attention du haut-commissaire de la République en Afrique occidentale française sur l'importance de l'ordre des médecins et l'intérêt qu'il y a à ce que les sections et sous-sections locales demeurent rattachées à l'ordre national [68]. L'inscription au tableau, c'est-à-dire l'examen de la moralité du candidat et la surveillance permanente de celle-ci constituent une des fonctions essentielles de l'Ordre, celle par laquelle il collabore directement avec les pouvoirs publics et ajoute son action à la leur. Assurant et garantissant l'exercice de la médecine, l'Ordre gère ainsi un service d'intérêt général.

Mais c'est seulement dans le cadre d'un Ordre national que peuvent se concevoir les larges pouvoirs conférés à l'Ordre de la section locale par le législateur : affiliation et cotisation obligatoires, décisions exécutoires, participation à la qualification des spécialistes, contrôle des contrats et des cabinets secondaires, droit de rendre la justice et infliger des peines à certains égards plus graves que celles du droit commun – sous le contrôle juridictionnel du conseil d'État ne portant que sur la légalité des décisions. C'est aussi dans le seul cadre d'un Ordre national que peut être appliqué le code de déontologie, fondé sur une jurisprudence bien établie.

Il est certain que l'organisation de la période considérée est compatible avec la Loi-cadre, mais doit seulement subir quelques modifications comme la création « *le plus rapidement possible* » [69] des sous-sections d'AEF, du Cameroun, du Togo. Elles auront les mêmes attributions que la section locale, sauf les pouvoirs disciplinaires. Le conseil de chacune de ses sous-sections siégeant dans le chef-lieu du territoire, le directeur de la santé publique sera adjoint à ce conseil à titre consultatif. Aussi, la représentation des territoires au Conseil de l'Ordre est jugée mal répartie par la sous-section locale ; certains territoires peuvent n'avoir aucun élu pour les représenter. Par contre, le siège du conseil étant à Dakar, et les représentants des territoires éloignés ne pouvant assistés à toutes les séances, le quorum ne peut pas être atteint aux réunions dakaroises. L'étude des problèmes locaux et le contrôle de l'application des règles déontologiques ne peuvent être efficaces à distance. Cette mesure est donc urgente. C'est la raison pour laquelle elle avait été proposée au ministre en charge de la santé par le Conseil national par une lettre du 24 janvier 1957.

Cette proposition tendait à modifier la composition des conseils qui devront composer cinq membres seulement pour ceux de l'AOF, de l'AEF, du Came-

68. Le président de la section locale d'Afrique noire de l'ordre national des médecins à Monsieur le haut-commissaire de la République en Afrique occidentale française, Dakar, le 18 décembre 1957, ANS 125 H (163).
69. C'est nous qui mettons les guillemets.

roun, trois membres seulement pour celui du Togo. Ces conseils seraient désignés par élection dans les sous-sections [70]. Cette ouverture visait aussi à limiter dans ces conseils des sous-sections le nombre des praticiens au service de l'administration [71]. Les médecins avaient estimé également qu'il fallait donner au conseil de la sous-section la compétence d'autoriser les médecins diplômés locaux dont les obligations professionnelles étaient règlementées par le décret n° 52-935 du 28 juillet 1952 à exercer. Les modifications que voilà devaient permettre en même temps de créer des commissions de qualification qui n'existaient que pour la métropole et les départements d'Outre-mer ; une commission plurirégionale pouvant siéger à Dakar, ville avec une faculté, pour toutes les sous-sections [72]. Ces propositions tendant à améliorer le sort des professionnels ne sont pas les seules. Selon ces derniers, la compétence disciplinaire attribuée en métropole aux conseils régionaux pourrait être conservée à l'une des sections ; celle de l'AOF par exemple qui comporte le Tableau le plus étoffé.

Sous réserve de ce qui précède, sauf cas d'urgence, et sous réserve des dispositions législatives ou réglementaires relatives aux services médicaux et sociaux du travail, aucun médecin qui assure le service de la médecine préventive [73] pour le compte d'une collectivité n'a le droit d'y donner des soins, à moins qu'il ne s'agisse de malades astreints au régime de l'internat, auprès desquels il peut être accrédité comme médecin de l'établissement, ou d'œuvres, d'établissements ou d'institutions autorisés à cet effet dans un intérêt public par le ministre de la santé publique et de la population, après avis du Conseil national de l'Ordre des médecins. Dans tous les autres cas, il doit renvoyer la personne qu'il a reconnue malade au médecin traitant ou, si le malade n'en a pas, lui laisser toute latitude d'en choisir un. Cette prescription s'applique également aux médecins qui assurent une consultation publique de dépistage.

S'il est appelé à donner des soins dans une famille ou dans un milieu quelconque, le médecin doit assurer la prophylaxie [74] et notamment, par ses conseils circonstanciés, mettre les malades et leur entourage en présence de leur responsabilité vis-à-vis d'eux-mêmes et de leur voisinage. Il doit imposer, en refusant au besoin de continuer ses soins, le respect des règles d'hygiène et de prophylaxie.

70. D'ailleurs, le conseil national avait admis ces principes dans sa séance du 12 janvier 1957.
71. Le ministre de la France d'Outre-mer l'avait admis en novembre 1956.
72. Souligner en rouge par le texte.
73. D. DOMERGUE-CLOAREC, « La prévention dans la politique sanitaire de l'AOF », *in* C. BECKER, S. MBAYE et I. THIOUB (éds.), *AOF : réalités et héritages..., op. cit.*, p.1228-1239.
74. J.-P. BADO, « La santé et la politique en AOF et à l'heure des indépendances (1939-1960) », *in* C. BECKER, S. MBAYE et I. THIOUB (éds.), *AOF : réalités et héritages..., op. cit.*, p. 1243-1259.

Le code de déontologie médicale prend aussi en charge la question de la médecine d'entreprise [75]. En l'espèce, le médecin ne doit, sauf impossibilités locales, exercer la médecine de soins que dans une zone suffisamment éloignée de la collectivité à laquelle il est attaché à temps partiel et doit s'abstenir de recevoir dans son cabinet ou de visiter à domicile un travailleur de cette entreprise ou un membre de sa famille vivant sous le même toit, à moins que l'urgence des soins à donner justifie son intervention ou que son abstention ne conduise à conférer un monopole de fait à un autre praticien. Aussi, nul ne peut être à la fois, sauf cas d'urgence, médecin contrôleur et médecin traitant d'un même malade, ni devenir ultérieurement son médecin, pendant une durée d'un an à compter de l'exercice à l'égard de ce malade du dernier acte de contrôle. Cette interdiction s'étend aux membres de la famille du malade vivant avec lui, et, si le médecin est accrédité auprès d'une collectivité, aux membres de celle-ci. C'est dire que le médecin contrôleur ne doit pas s'immiscer dans le traitement du malade [76]. Toutefois, si, au cours d'un examen, il se trouve en désaccord avec son confrère sur le diagnostic ou le pronostic et s'il lui apparaît qu'un symptôme important et utile à la conduite du traitement semble avoir échappé à son confrère, il doit le lui signaler personnellement.

Qui plus est, un médecin ne doit pas accepter une mission d'expertise dans laquelle les intérêts d'un de ses clients, d'un de ses amis, d'un de ses proches ou ses propres intérêts sont en jeu, sauf accord des parties [77]. Il est interdit à un médecin inscrit au tableau de l'Ordre d'exercer, en même temps que la médecine, toute autre activité incompatible avec la dignité professionnelle.

À la lumière de ce qui précède, le médecin est tenu de participer à la promotion de la santé publique, tout en étant au service de l'individu.

B. Le médecin au service de l'individu

Sans être soumis à une obligation de résultats, mais seulement de moyens, le médecin doit être au service de l'individu. Les actes qu'il délivre (1) sont assortis d'honoraires (2) qui sont encadrés (3).

1° L'accomplissement des actes médicaux

Quelle que soit sa fonction ou sa spécialité, hors le seul cas de force majeure [78], tout médecin doit porter secours d'extrême urgence à un malade

75. On parle également de médecine du travail, c'est-à-dire une institution destinée à exercer une surveillance sur la santé des travailleurs dans l'entreprise et dont le rôle est uniquement préventif.
76. Art. 49 du décret n° 47-1169 du 27 juin 1947, *op. cit.*
77. Art. 50 du décret n° 47-1169 du 27 juin 1947, *op. cit.*
78. En droit civil, au sens large, la force majeure est tout événement imprévisible et insurmontable, empêchant le débiteur d'exécuter son obligation ; la force majeure est exonératoire. Au sens étroit, la force majeure s'oppose au cas for-

en danger immédiat si d'autres soins médicaux ne peuvent pas lui être assurés. De surcroit, aucun médecin ne peut abandonner ses malades en cas de danger public, sauf sur ordre formel et donné par écrit, par les autorités qualifiées. Effectivement, le médecin, dès l'instant qu'il est appelé par le malade lui-même ou par un tiers à donner des soins à ce malade, et qu'il a accepté de remplir cette mission, s'oblige à, d'abord et avant tout, lui assurer aussitôt tous les soins médicaux en son pouvoir et désirables en la circonstance, personnellement ou avec l'aide de tiers qualifiés. Il lui faut ensuite avoir le souci primordial et permanent de conserver la vie humaine, même quand il soulage la souffrance, et enfin d'agir toujours avec correction et aménité envers le malade et à se montrer compatissant envers lui [79]. En clair, le praticien doit agir dans l'intérêt exclusif du patient. Une obligation de soins pèse sur lui ; celle de prodiguer des soins à celui qui en a besoin, peu importe sa situation. Également, il n'a pas le droit de distinguer les malades ou de les discriminer pour des raisons financières ou autres. Ces considérations signifient qu'il a le devoir de respecter la vie humaine en considérant les soins d'urgence comme une obligation humanitaire. Dès lors ce principe déontologique est considéré en droit de la santé et en droit pénal comme un délit de non-assistance à personne en danger [80].

En plus du devoir de soins qui pèse sur le médecin, il y a celui d'informer le malade, à l'effet d'obtenir et de respecter le consentement éclairé de celui-ci. La règle a l'avantage non seulement d'assurer et de protéger l'équilibre nécessaire de la relation qui existe entre le médecin et le malade, mais aussi et surtout de respecter la dignité du patient. En conséquence, l'obligation d'information à l'égard du malade permet de dépassionner et de dédramatiser le pouvoir qu'a le médecin sur le patient. Et quand bien même l'homme de l'art doit inlassablement viser l'intérêt exclusif du patient, il ne peut point se substituer à ce dernier pour décider de ce qu'il souhaite. Mais cette règle n'est pas sans poser de problème. Elle comporte des limites, car l'on sait que la majorité de la population se trouve dans un milieu où il ne s'exprime pas en langue française, mais dans les langues nationales, pulaar, wolof, sérère, soninké…

L'obligation d'informer le malade est protégée par la plupart des droits nationaux ou internes et ouvre des droits à réparations civiles [81]. Il faut aussi

---

tuit ; elle est un événement d'origine externe, en ce sens que le fait doit être absolument étranger à la personne du débiteur (force de la nature, fait du prince, fait d'un tiers). En droit pénal, la force majeure est une situation qui s'impose à une personne et qui permet de ce fait d'écarter la responsabilité de cette dernière.

79. Art. 23, décret n° 47-1169 du 27 juin 1947, *op. cit.*
80. En droit pénal, le délit de « non-assistance à personne en danger » est réalisé par le fait de s'abstenir volontairement de porter à une personne en péril, l'assistance dont elle a besoin, et qu'il est possible de lui prêter sans risque pour soi-même ni pour les tiers.
81. La règle 218 du code d'Hammourabi (*Code d'Hammourabi, 1730 AC*) avait posé le principe de la responsabilité médicale en ces termes : « si un médecin incisant un abcès perd son malade ou l'œil de son malade, on lui coupera la

relever que lorsque le patient est dans l'impossibilité d'exprimer son consentement qui doit être libre et éclairé pour des raisons médicales et/ou légales, à l'instar d'un patient inconscient ou mineur, ou quand le consentement n'est pas libre comme celui des personnes en conflit avec la loi ou dépendantes, le médecin est responsable du caractère éthique de la décision à prendre et de l'acte à accomplir. Mais le médecin peut, compte tenu des articles 4 [82], 5 [83] et 7 [84] du décret instituant le code de déontologie médicale, se dégager de sa mission, en se conformant toutefois aux prescriptions de l'article 25, à condition de ne jamais nuire, de ce fait, au malade dont il se sépare, ou encore de fournir les renseignements qu'il juge, en sa conscience, utiles à la continuité des soins. Justement, conformément à cette disposition, quand il est appelé d'urgence près d'un mineur ou autre incapable [85] et qu'il est impossible de recueillir en temps utile le consentement de son représentant légal, le médecin doit user immédiatement de toutes ses connaissances et de tous les moyens dont il dispose pour parer au danger menaçant ; il ne peut cesser ses soins qu'après que tout danger ait été écarté ou tout secours inutile, ou après avoir confié le malade aux soins d'un confrère.

---

main ». Ce principe sera repris par les articles 1382 et 1383 du code civil français et à sa suite par le code des obligations civiles et commerciales du Sénégal en son article 118 selon lequel « *Est responsable celui qui par sa faute cause un dommage à autrui* ». En 1936 la Cour de cassation française affirme : « *il se forme entre le médecin et son client un véritable contrat et la violation même involontaire d'une obligation contractuelle est sanctionnée par une responsabilité de même nature* », Arrêt Mercier *CC* chambre civile, 20 mai 1936 *JCP*, 1936, 1079.

82. Conformément à cet article, le secret professionnel s'impose à tout médecin, sauf dérogations établies par la loi.
83. Cette disposition précise que ces principes qui sont traditionnellement ceux de la médecine française s'imposent à tout médecin, sauf dans les cas où leur observation est incompatible avec une prescription législative ou réglementaire ou serait de nature à compromettre le fonctionnement rationnel et le développement normal des servies ou institutions de médecine sociale. Ces principes sont le libre choix du médecin par le malade, la liberté des prescriptions du médecin, l'entente directe entre malade et médecin en matière d'honoraires et le paiement direct des honoraires par le malade au médecin.
84. Selon ce texte un médecin ne peut pas abandonner ses malades en cas de danger public sauf sur ordre formel des autorités qualifiées, donné par écrit.
85. En droit civil, l'incapable est la situation d'une personne frappée d'incapacité. L'incapacité est l'état d'une personne privée par la loi de la jouissance ou de l'exercice de certains de ses droits. L'incapacité est dite d'exercice lorsque la personne qui en est frappée est inapte à mettre en œuvre elle-même ou à exercer seule certains droits dont elle demeure titulaire. L'incapacité est dite de jouissance lorsque la personne qui en est frappée est inapte à être titulaire d'un ou plusieurs droits. Mais elle ne peut pas être générale.

En dehors de ce cas d'urgence, le médecin attaché à un établissement comportant le régime de l'internat doit, en présence d'une affection grave, faire avertir les parents et accepter ou provoquer, s'il le juge utile, la consultation du médecin désigné par le malade ou sa famille. Aussi en dehors des cas où il manque à ses devoirs d'humanité, un médecin a-t-il toujours le droit de refuser ses soins pour des raisons professionnelles ou personnelles [86]. Les temps ont donc bien changé depuis l'Antiquité quand Hippocrate jugeait nécessaire à l'honnêteté professionnelle la liberté du médecin de ne pas entreprendre un traitement dans certaines situations [87]. Par ailleurs, le médecin est toujours libre de ses prescriptions en restant dans les limites imposées par les conditions où se trouvent les malades. Il ne doit en conscience prescrire à un malade un traitement très onéreux qu'en éclairant le malade ou sa famille sur les sacrifices qu'il comporte et les avantages qu'ils peuvent en espérer [88]. En conséquence, il est interdit à un médecin d'établir un rapport tendancieux ou de délivrer un certificat de complaisance, toutes les supercheries propres à déconsidérer sa profession et notamment toutes les pratiques du charlatanisme.

Après avoir établi un diagnostic ferme comportant une décision sérieuse, surtout si la vie du malade est en danger, le médecin doit s'efforcer d'imposer l'exécution de sa décision [89].

Qu'en est-il en cas de pronostic grave ?

Il appartient à l'homme de science de déterminer le degré de gravité de la maladie. Le diagnostic doit toujours être élaboré avec la plus grande attention, sans compter avec le temps que lui coûte ce travail, et s'il y a lieu, en s'aidant ou se faisant aider dans toute la mesure du possible des conseils les plus éclairés et des méthodes scientifiques les plus appropriées [90].

En pareil cas, l'information peut légitimement être dissimulée au malade, sinon lui être révélée avec la plus grande circonspection. En revanche, le renseignement doit être porté à sa famille. Mais le malade peut interdire cette révélation ou désigner les tiers auxquels elle doit être faite. Ainsi, c'est tout le problème du secret professionnel qui est posé de la sorte par le code de déontologie médicale. Le secret professionnel, en droit pénal, est l'obligation dont le respect est sanctionné par la loi pénale, imposant à certains professionnels de taire les confidences recueillies au cours de l'exercice de leur profession. Il

---

86. Article 27 du décret n° 47-1169 du 27 juin 1947 précité.
87. D. GOUREVITCH, « Déontologie médicale : quelques problèmes », in *Mélanges d'archéologie et d'histoire*, *81*, 2, 1969, p. 520.
88. Mais le médecin ne doit jamais donner à un malade des soins inutiles dans un but de lucre.
89. En cas de refus, il peut cesser ses soins dans les conditions de l'article 24 du décret de 1947 portant code de déontologie médicale.
90. Selon l'article 34 du décret n° 47-1169 du 27 juin 1947 précité « Quand au cours d'une consultation entre médecins les avis du consultant et du médecin traitant diffèrent essentiellement, le médecin traitant est libre de cesser les soins si l'avis du consultant prévaut ».

vise l'obligation de discrétion professionnelle [91]. Effectivement, le secret professionnel s'impose à tout médecin, sauf dérogations établies par la loi. L'obligation de confidentialité médicale est un impératif éthique qui lie le médecin et son malade, y compris après la mort.

La situation particulière de la femme enceinte a aussi retenu l'attention du code de déontologie médicale [92]. En effet, un avortement thérapeutique [93] ne peut être réalisé que lorsque la vie de la mère se trouvant gravement menacée, cette opération permet d'espérer sauver la vie de celle-ci. Cet acte obéit à une procédure somme toute formaliste et se réfère au code français de déontologie médicale. En effet, à l'issue de toute consultation faite en exécution des prescriptions de l'article 87 du décret du 29 juillet 1939 [94], en vue d'examiner la nécessité d'interrompre une grossesse, les trois médecins prenant part à la consultation doivent, indépendamment des trois certificats prévus dans le cas où l'avortement est décidé, et d'un certificat délivré à l'intéressé, rédiger dans tous les cas, quelle que soit la décision prise, un protocole donnant les raisons de celle-ci, et l'adresser sous pli recommandé au président du conseil départemental dont ces médecins font partie. Mais il peut arriver que ces médecins relèvent de conseils différents. Dans ce cas de figure, un exemplaire de ce procès-verbal doit être adressé à chaque conseil départemental intéressé. En cas d'indication d'avortement thérapeutique, et hors cas d'extrême urgence, le médecin doit s'incliner devant la volonté librement exprimée de sa malade si celle-ci dûment prévenue de la gravité du cas, refuse l'intervention. Toutefois, si le médecin sait que la malade consentante est mineure, il doit, avant de pratiquer l'intervention, s'efforcer d'obtenir le consentement du mari ou des membres de la famille exerçant la puissance paternelle. En outre, lorsque le médecin, en raison de ses convictions, estime qu'il lui est interdit de conseiller de pratiquer l'avortement, peut se retirer en assurant la continuité des soins par un confrère qualifié. De même si au cours d'un accouchement dystocique [95] ou prolongé, le médecin doit se considérer comme étant le seul juge aux intérêts

91. R. GUILLIEN et J. VINCENT, *op. cit*, p. 445.
92. Article 32, du décret n° 47-1169 du 27 juin 1947 précité.
93. On entend par avortement thérapeutique l'interruption provoquée de la grossesse, dans un but thérapeutique, avant la date de viabilité fœtale.
94. Le décret-loi du 29 juillet 1939 « relatif à la famille et à la natalité française » institue le code de la famille et de la natalité françaises. Il semble que c'est ce code qui soit devenu aujourd'hui le code de l'action sociale et des familles.
95. Un accouchement difficile (ou dystocie) est un accouchement qui ne se déroule pas normalement. La difficulté peut venir de la mère ou du fœtus comme lors d'une présentation par le siège ou un « gros » bébé. En cas d'accouchement difficile, on peut pratiquer une épisiotomie : intervention chirurgicale visant à inciser au niveau de la vulve pour faciliter la sortie du fœtus ou procéder à une césarienne par ouverture de la paroi abdominale si la difficulté est très importante. L'administration d'antalgique par voie veineuse ou péridurale est très fréquemment nécessaire.

respectifs de la mère et de l'enfant, sans se laisser influencer par des considérations d'ordre familial.

Comme on le constate, l'accomplissement des actes sus-évoqués requiert le savoir, le savoir-faire et le savoir-être du personnel médical. Ces actes relèvent de sa profession. Il est important qu'ils soient assortis d'une rémunération. Effectivement, le médecin a droit à une rémunération corrélée à son activité. Ce sont ses honoraires.

2. L'établissement de la note d'honoraires

Les honoraires sont la rémunération (fixée de gré à gré ou tarifée) due aux personnes exerçant une profession libérale en échange de leurs services. Par exemple, on parle d'honoraires d'un architecte, d'un avocat, d'un avoué, d'un ingénieur-conseil, d'un médecin, d'un notaire [96]. Ainsi entendu, le médecin a droit à une rémunération en contrepartie du travail qu'il a fourni, car devant soigner ses malades avec la même conscience, quelle que soit leur situation sociale, les sentiments personnels qu'il ressent pour eux et leur moralité. Effectivement, le praticien doit toujours établir lui-même sa note d'honoraires avec tact et mesure. Les éléments d'appréciation se composent des moyens du malade [97], la notoriété du médecin, les circonstances particulières ; il n'est jamais en droit de refuser d'expliquer au client sa note d'honoraires. Mais interdiction est faite à tout homme de l'art d'abaisser ses honoraires dans un intérêt de concurrence au-dessous des barèmes publiés par les organismes qualifiés, quand bien même il lui est reconnu la liberté de donner gratuitement ses soins quand sa conscience le lui commande. Il lui est notamment interdit d'exercer tout autre métier ou toute autre profession susceptible de lui permettre d'accroître ses bénéfices par ses prescriptions ou ses conseils d'ordre professionnel. Il est interdit également à tout médecin qui remplit un mandat politique ou une fonction administrative d'en user à des fins professionnelles pour accroître sa clientèle. Le médecin ne doit pas s'immiscer dans les affaires de famille.

Par ailleurs, tout forfait pour la durée ou l'efficacité d'un traitement est prohibé si ce n'est pour un accouchement, une opération chirurgicale, un traitement *physiothérapique* (*sic*), un traitement dans une station de cure ou dans un établissement de soins, ou une série d'interventions, dans des conditions fixées par le conseil départemental. Sont aussi interdits, tout versement ou acceptation clandestins d'argent entre praticiens, toute commission à quelque personne que ce soit, l'acceptation d'une commission pour un acte médical quelconque et notamment pour examen, prescription des médicaments, d'appareils, envoi dans une station de cure ou maison de santé, toute ristourne en argent ou en nature faite à un malade ou à un blessé, tout acte de nature à

96. http://www.cnrtl.fr/definition/honoraires/substantif, site consulté le samedi 30 septembre 2017.
97. Le texte parle de « la situation de fortune du malade ».

procurer pour le malade un bénéfice illicite, toute facilité accordée à quiconque se livre à l'exercice illégal de la médecine. S'il est d'usage qu'un médecin soigne gratuitement ses parents proches, ses confrères et les personnes à leur charge, les étudiants en médecine, le personnel de son service, ses collaborateurs et auxiliaires directs et ses amis intimes, en revanche il ne commet aucune incorrection en acceptant de tous d'être indemnisé de ses frais.

Également, il est interdit au médecin qui, tout en faisant de la médecine de soins, pratique la médecine préventive dans une collectivité ou fait une consultation publique de dépistage, d'user de cette fonction pour augmenter sa clientèle particulière.

Aussi, la rencontre en consultation entre un médecin traitant et un médecin consultant, pour des raisons déontologiques, légitime-t-elle pour le premier des honoraires spéciaux. De même, la présence du médecin traitant à une opération chirurgicale lui donne droit à des honoraires spéciaux, mais au cas seulement où cette personne a été demandée par le malade ou sa famille. Cependant, force est de constater que tout partage d'honoraires entre médecin traitant, d'une part, consultant, chirurgien ou spécialiste, d'autre part, au cours d'une consultation ou d'un acte opératoire, est formellement interdit. En l'espèce, chaque médecin doit présenter sa note personnelle. En aucun cas, le chirurgien, spécialiste ou consultant ne peut accepter de remettre lui-même les honoraires au médecin traitant. Il doit plutôt préciser que ces derniers ne sont pas compris dans la note. Ainsi, le texte portant code de déontologie médicale pose que l'acceptation, la sollicitation ou l'offre d'un partage d'honoraires, même non suivi d'effet, constitue une faute professionnelle grave. En ce qui le concerne, le chirurgien a le droit de choisir son aide ou ses aides-opératoires ainsi que l'anesthésiste. Les honoraires de ceux-ci peuvent, soit être réclamés par eux directement à l'opéré, soit figurer sur la note que le chirurgien remet à l'opéré. Toutefois, lorsque le chirurgien croit devoir confier les fonctions d'aide-opératoire au médecin traitant, celui-ci doit réclamer des honoraires directement à l'opéré.

À la lumière de ce qui précède, on peut affirmer que le médecin n'est soumis qu'à une obligation de moyens. On entend par là, celle en vertu de laquelle le débiteur n'est pas tenu d'un résultat précis [98]. Ainsi, le médecin s'engage seulement à tout mettre en œuvre pour obtenir la guérison du malade sans garantir cette dernière. Le créancier d'une telle obligation ne peut mettre en jeu la responsabilité de son débiteur que s'il prouve que ce dernier a commis

98. Au contraire de l'obligation de moyen, se trouve l'obligation de résultat. Il faut entendre par là une obligation en vertu de laquelle le débiteur est tenu d'un résultat précis. Par exemple, le transporteur de personnes s'engage envers le voyageur à le déplacer d'un endroit à un autre. L'existence d'une telle obligation permet au créancier de mettre en jeu la responsabilité de son débiteur par la simple constatation que le résultat promis n'a pas été atteint, sans avoir à prouver une faute.

une faute ou n'a pas utilisé tous les moyens promis [99]. L'exercice de la médecine est, par conséquent, un ministère et celle-ci ne doit en aucun cas, ni d'aucune façon, être pratiquée comme un commerce. C'est ce qui explique et justifie l'encadrement de la situation financière du médecin.

3. L'encadrement de l'activité financière du médecin

Sont spécialement interdits au médecin tous les procédés de réclame ou de publicité personnelle de caractère commercial, notamment les appels par la presse ou par la radiodiffusion, sauf dans des cas exceptionnels et avec l'autorisation du conseil départemental ou en cas d'urgence, de son représentant qualifié. Sont aussi prohibées, les manifestations spectaculaires n'ayant pas exclusivement un but scientifique ou éducatif, toute collaboration à une entreprise commerciale de soins dans laquelle le médecin n'aurait pas sa complète indépendance professionnelle. Il en est de même de l'inscription et de l'usage de titres non autorisés, ainsi que tous les procédés de nature à tromper le public sur la valeur de ces titres, notamment par l'emploi d'abréviation dans leur libellé.

En revanche, le code de déontologie médicale retient que les seules indications qu'un médecin est autorisé à mentionner sur ses feuilles d'ordonnance ou dans un annuaire sont celles qui facilitent ses relations avec ses clients, c'est-à-dire nom, prénoms, adresse, numéro de téléphone, jours et heures de consultation, compte de chèques postaux ; la spécialité qui lui aura été reconnue par le conseil départemental dans les conditions déterminées par le Conseil national de l'Ordre avec l'approbation du ministère de la santé publique et de la population [100] ; les titres et fonctions reconnus valables par le Conseil national de l'Ordre et les distinctions honorifiques reconnues par la République française [101]. Et les seules indications qu'un médecin est autorisé à mettre sur la plaque apposée à la porte de son cabinet sont : le nom, les prénoms les titres, la spécialités, les jours et heures de consultation. Cette plaque ne doit pas dépasser 25 centimètres sur 30 centimètres.

Comme on vient de le voir, la déontologie médicale assure la protection du malade et du médecin, qui est soumis seulement à une obligation de moyens, et favorise du coup la promotion de la santé publique. Mais la déontologie médicale offre un autre avantage en ce qu'elle constitue en même temps un instrument permettant de régulariser les rapports entre les professionnels de la médecine.

---

99. R. GUILLIEN et J. VINCENT, *op. cit*, p. 342.
100. Les décisions prises pour l'application de ce point peuvent donner lieu à recours dans les conditions prévues en matière d'inscription au tableau.
101. Les décisions prises pour l'application de ce point peuvent être déférées au ministère de la santé publique et de la population.

II. La déontologie médicale : un instrument de régulation des rapports entre professionnels de la médecine

Albert Sarraut soutenait avec sa « mise en valeur des colonies » [102] que toute l'œuvre de colonisation, tout le travail de création de richesse, sont dominés par la question de main-d'œuvre. Selon lui, c'est la clef de voûte de l'édifice économique qu'il faut bâtir. Il pensait sans doute à une ressource humaine de qualité, une force de travail. Or, ce but ce pouvait être atteint en matière sanitaire que si les relations entre professionnels de la médecine étaient bien réglées.

On dit d'une personne qu'elle est professionnelle dès lors qu'elle est spécialisée dans un secteur d'activité ou quand elle exerce une profession, un métier. Le professionnalisme caractérise la qualité du travail. Quant à la « régulation », elle est l'action de régler, de mettre au point. C'est le fait de maintenir en équilibre, d'assurer le fonctionnement correct (d'un système complexe). Par conséquent, la déontologie médicale doit permettre de maintenir l'équilibre et de favoriser le fonctionnement correct des rapports de bonne confraternité entre les médecins (A). Elle vise aussi le respect de l'indépendance des professions paramédicales et des auxiliaires médicaux (B).

A. Les rapports de bonne confraternité entre médecins

La confraternité est relative aux bonnes relations entre confrères ou consœurs. Les confrères sont des personnes qui appartiennent à une même profession, à une société, une compagnie, regardée par rapports aux autres membres [103]. Les médecins doivent entretenir entre eux des rapports de bonne confraternité.

L'étude des relations confraternelles doit être envisagée aussi bien dans les relations entre professionnels eux-mêmes (1) que pour ce qui concerne la gestion du cabinet médical (2).

1. La bonne confraternité dans les relations entre professionnels

Dans ses relations avec ses confrères, l'homme de science doit s'abstenir, même en dehors de l'exercice de sa profession, de tout agissement de nature à déconsidérer celle-ci. Il doit éviter dans ses écrits, déclarations, ou conférences toute atteinte à l'honneur de la profession. Toute publicité ou réclame personnelle, ou intéressant un tiers ou une firme quelconque, et d'une manière générale tout ce qui est incompatible avec la dignité individuelle et professionnelle d'un médecin. La fourniture, même indirectement, de tous renseignements personnels susceptibles d'être utilisés à ces fins ou le fait de s'attribuer abusi-

102. A. SARRAUT, *La mise en valeur des colonies françaises*, *op. cit*, p. 94.
103. *Le nouveau Petit Robert de la langue française*, *op. cit*, p. 505.

vement, notamment dans une publication, le mérite d'une découverte scientifique, sont bannis.

Un médecin qui a un désaccord professionnel avec un confrère doit d'abord tenter de se réconcilier avec lui. Réconcilier, du latin *reconciliare*, consiste à remettre en état, à rétablir, à bénir de nouveau (dans un lieu saint) dans la cérémonie de réconciliation. La réconciliation (*reconciliatio*, en latin) est l'action de rétablir l'amitié (entre des personnes brouillées). On parle aussi de conciliation [104]. À défaut, le professionnel insatisfait peut en aviser le président du Conseil départemental de l'Ordre.

L'inscription au Tableau de l'Ordre est une condition essentielle d'exercice de la profession médicale [105]. C'est parce que les actes accomplis par les professionnels peuvent engager leur responsabilité au plan disciplinaire, pénale, civile et administrative. Tout ce qui a trait à la responsabilité disciplinaire ou ordinale est laissée à l'appréciation de l'Ordre. Effectivement, l'activité médicale est organisée autour de règles déontologiques dont la violation expose l'auteur à des sanctions. C'est la responsabilité du praticien vis-à-vis de la communauté médicale, organisée par le code de déontologie médicale dont l'Ordre des médecins est le gardien avisé. Mais les décisions prises par les Conseils départementaux peuvent être réformées ou annulées par le Conseil national, soit d'office, soit à la demande des intéressés laquelle demande doit être présentée dans les deux mois de la notification de la décision. Des voies de recours sont donc envisagées lorsque les instances disciplinaires rendent des décisions qui ne sont pas partagées par les parties à un éventuel litige.

Conformément aux prescriptions déontologiques, les médecins se doivent également entre confrères une assistance morale. Effectivement, dénigrer un confrère, le médire ou se faire l'écho de propos capables de lui nuire dans l'exercice de sa profession, sont défendus. Ainsi, une dénonciation formulée à la légère contre un pair constitue une faute. Une dénonciation calomnieuse constitue a fortiori une faute grave. A contrario, un médecin qui a acquis la preuve qu'un confrère a commis une faute grave contre la déontologie, comme le détournement ou la tentative de détournement de clientèle, a le devoir de rompre toute relation professionnelle avec lui. Par exemple, le fait de divulguer prématurément dans le public médical, en vue d'une application immédiate, un procédé de diagnostic ou de traitement nouveau et insuffisamment éprouvé, constitue, de la part d'un médecin qui se livre à des recherches, une imprudence répréhensible, s'il n'a pas pris le soin de mettre ses confrères en garde contre les dangers de ce procédé. De surcroît, divulguer ce même procédé dans le grand public, quand sa valeur et son innocuité ne sont pas démontrées, constitue une faute. Il en est de même en trompant la bonne foi des praticiens ou de la clientèle en leur présentant, comme salutaire ou sans danger, un

104. Notre article « Un procès coutumier sans administrateur », dans *Le juge et l'Outre-mer*, tome 5, 2010, p. 80 et s.

105. Ordonnance n° 45-2184 du 24 septembre 1945.

procédé insuffisamment éprouvé, est une faute grave. Dans cette éventualité, il ne peut donner les raisons de cette rupture qu'au président du Conseil départemental.

Par ailleurs, la bonne confraternité commande de prendre la défense d'un confrère injustement attaqué [106].

Par conséquent, pour éviter autant que possible des différends ou malentendus entre les professionnels, il est recommandé, quand un médecin est appelé auprès d'un malade soigné par un de ses confrères qu'il respecte un certain nombre de règles. Par exemple, si le malade renonce aux soins du premier médecin, mais, ignorant les règles et avantages de la consultation entre confrères, demande un simple avis, le second médecin doit d'abord proposer la consultation, assurer les seuls soins d'urgence, puis se retirer.

Par contre si, pour une raison valable, la consultation paraît impossible ou inopportune, le second médecin peut examiner le malade, tout en réservant à son confrère son avis sur le diagnostic et le traitement. Dans le même ordre d'idées, si le malade a fait appel en l'absence de son médecin habituel à un second médecin, celui-ci doit assurer les soins pendant l'absence, les cesser dès le retour de son confrère, et informer ce dernier de l'évolution de la maladie pendant son absence.

Les règles déontologiques imposent que le médecin consultant ou spécialiste, qui a reçu à son cabinet un malade venu spontanément à l'insu de son médecin traitant, doit chercher à s'enquérir auprès du malade du nom de ce dernier, afin de lui faire part de ses observations et, éventuellement, de la possibilité d'une intervention, sauf opposition du malade.

Rappelons quand même qu'un médecin peut, dans son cabinet, accueillir tous les malades, quel que soit leur médecin traitant et que la maladie soit aiguë ou non, sous les réserves indiquées à l'article 43.

La déontologie médicale exige que le médecin traitant un malade, en principe, accepte de rencontrer en consultation tout confrère inscrit au tableau de l'Ordre, quand cette consultation lui est demandée par le malade ou sa famille. Dans l'hypothèse où la consultation médicale est demandée par la famille du malade ou le médecin traitant, celui-ci peut indiquer le consultant qu'il préfère, mais il doit laisser la plus grande liberté à la famille et accepter le consultant qu'elle désire, si la valeur de ce confrère est connue ; il doit s'inspirer avant tout de l'intérêt de son malade. Au contraire, le médecin traitant peut se retirer si l'on veut lui imposer un consultant qu'il refuse sans se trouver dans l'obligation d'expliquer à personne les raisons de son refus. Les prescriptions que voilà sont valables aussi pour le choix d'un chirurgien ou d'un spécialiste ou d'un établissement de soins.

---

106. En matière disciplinaire, les médecins sont, dans la mesure compatible avec le respect du secret professionnel, tenus de révéler tous les faits utiles à l'instruction parvenus à leur connaissance. C'est qui ressort de l'article 56 du code la déontologie médicale.

Dans tous les cas, il appartient au médecin traitant de prévenir le ou les consultants et de s'entendre avec eux sur le jour et l'heure de la consultation, sauf dans le cas où il s'est retiré. La rédaction des conclusions des médecins obéissent à un certain formalisme. Formellement, à la fin d'une consultation entre deux ou plusieurs médecins, il est de règle que leurs conclusions rédigées en commun soient signées par le médecin traitant et contresignées par le ou les consultants. Au cas où, il n'est pas rédigé de conclusions écrites, le consultant est réputé admettre qu'il partage entièrement l'avis du médecin traitant.

La bonne confraternité entre professionnels requiert évidemment que le médecin traitant et le médecin consultant évitent soigneusement au cours et à la suite d'une consultation de se nuire mutuellement dans « *l'esprit* » [107] du malade ou de sa famille. C'est pourquoi, en cas de divergence de vues importante et irréductible au cours d'une consultation, il est reconnu au médecin traitant le droit de décliner toute responsabilité et de refuser d'appliquer le traitement préconisé par le médecin consultant. Mieux, si ce traitement est accepté par le malade, le médecin traitant peut cesser ses soins pendant toute sa durée. Aussi, un médecin consultant ne doit-t-il jamais revenir voir un malade examiné en commun, en l'absence du médecin traitant ou sans son approbation, au cours de la maladie ayant motivé la consultation.

Quelle est la place de la bonne confraternité dans la gestion du cabinet médical ?

2. La bonne confraternité dans la gestion du cabinet médical

Le code de déontologie médicale organise aussi la gestion du cabinet médical. En effet, il énonce qu'un médecin ne doit, en principe, avoir qu'un seul cabinet. C'est là une règle. Cependant celle-ci souffre d'une dérogation qui ne peut être accordée que par le Conseil départemental ou les Conseils départementaux dans l'intérêt des malades. La dérogation ne peut être refusée aussi si le cabinet doit être affecté à des consultations périodiques dans une agglomération où n'existe pas de médecin traitant ou, s'agissant d'un spécialiste, dans une agglomération où n'existe pas le praticien de la même spécialité. Cette autorisation cesse le jour où soit un médecin traitant soit un spécialiste vient s'installer dans cette localité [108].

En outre, il est interdit à un médecin de faire gérer par un confrère un autre cabinet, tout comme l'exercice de la médecine foraine est prohibé [109]. La médecine foraine consiste en l'exercice habituel et organisé de la médecine hors

107. Le texte en parle en ces termes. Mais il semble plus juste de parler « d'intérêt » du malade.
108. Mais en aucun cas, un médecin ne peut avoir, en dehors de son cabinet principal, plus d'un cabinet accessoire. C'est pourquoi, les médecins qui, à la date de la publication du décret portant code de déontologie médicale de 1947, ont plusieurs cabinets doivent, dans les deux mois de cette publication, demander l'autorisation de conserver les deux cabinets.

d'une installation professionnelle régulière. Aussi, le professionnel ne peut-il se faire remplacer temporairement dans ses activités que par un confrère ou par un étudiant remplissant les conditions prévues par la loi. À cet effet, s'il s'agit d'un étudiant ou d'un médecin non inscrit au tableau de l'Ordre, le conseil départemental, informé obligatoirement et immédiatement, apprécie si le remplaçant remplit les conditions de moralité nécessaires. Pendant la période de remplacement, l'étudiant ou le médecin relève de la juridiction disciplinaire de l'Ordre. À la fin de cette période de remplacement, il ne doit pas s'installer pendant un délai de deux ans dans un poste où il pourrait entrer en concurrence directe avec le médecin qu'il a remplacé, à moins qu'il n'y ait entre les intéressés un accord qui doit être notifié au Conseil départemental. Et lorsque cet accord ne peut être obtenu, le cas peut être soumis au Conseil départemental de l'Ordre.

Les règles de déontologie médicale précisent, par ailleurs, qu'un médecin ne doit pas s'installer dans l'immeuble habité par un confrère en exercice, sans l'agrément de celui-ci ou, à défaut, sans l'autorisation du Conseil départemental de l'Ordre, à moins qu'il ne s'agisse de spécialistes exerçant des spécialités différentes ou encore d'un généraliste et d'un spécialiste [110]. Tout médecin se servant d'un pseudonyme pour des activités ses rattachant à sa profession est tenu d'en faire la déclaration au Conseil départemental de l'Ordre.

S'ils envisagent de créer une association ou une société, les professionnels doivent fournir un contrat écrit qui respecte l'indépendance professionnelle de chacun d'eux. Les projets de contrats doivent être communiqués au Conseil départemental de l'Ordre qui vérifie leur conformité avec les principes du code de déontologie médicale, ainsi que, s'il en existe, avec les clauses essentielles des contrats-types établis par le Conseil national.

Les restrictions concernent aussi les services hospitaliers. En effet, en dehors des services hospitaliers, il est interdit à tout médecin de se faire assister dans l'exercice normal, habituel et organisé de sa profession, sauf urgence et pendant une durée maximum d'un mois, d'un médecin travaillant sous le nom du titulaire du poste [111].

La bonne confraternité est requise dans les relations entre les professionnels eux-mêmes et dans la gestion du cabinet médical. Elle l'est aussi dans leurs relations avec les professions paramédicales et les auxiliaires médicaux.

B. Le respect de l'indépendance des professions paramédicales et des auxiliaires médicaux

Le code de déontologie médicale parle de « *professions paramédicales* » et d' « *auxiliaires médicaux* ». L'adjectif « *paramédical* » est relatif à tout ce

110. Cependant, la présente disposition n'entrera en vigueur que le 1er janvier 1951.
111. Tout médecin qui cesse d'exercer est tenu d'en avertir le conseil départemental, qui cesse de le maintenir au tableau en tant que membre actif.

qui se consacre aux soins, au traitement des malades, sans appartenir au corps médical. Le texte parle de personnel paramédical [112].

Ainsi entendu, les professions paramédicales sont les professions de la santé qui n'ont pas la formation de médecin, mais travaillent en collaboration avec ce dernier. L'expression renvoie aux infirmiers, aides-soignants, kinésithérapeutes (ou physiothérapeutes), diététiciens, ergothérapeutes, manipulateurs en électro-cardiologie médicale, orthophonistes.

Le terme « *auxiliaire* » vient du latin : *auxiliaris*, d'*auxilium*, « *secours* ». Par conséquent, il s'agit de quelque chose qui agit, qui est utilisé en second lieu, à titre de secours. Le terme vise l'accessoire, l'adjoint. Mais « *auxiliaire* » désigne aussi toute personne qui aide en apportant son secours. Il renvoie à l'assistant, au collaborateur, technicien qui seconde un technicien plus qualifié. On parle ainsi d'auxiliaires médicaux, hospitaliers [113].

Rattaché à l'adjectif « *médicaux* », le terme renvoie à un groupe de personnes qui apportent son aide à un autre groupe. Sa fonction consiste à aider une communauté techniquement plus forte. Ils peuvent seulement être initiés aux règles relatives aux soins primaires, une formation qui puisse leur permettre de pouvoir assurer leur rôle d'auxiliaire [114].

Dans leurs relations professionnelles avec les membres des professions paramédicales, notamment les pharmaciens, les chirurgiens-dentistes, les sages-femmes, les médecins doivent respecter l'indépendance de ceux-ci. Le respect de cette indépendance est essentiel.

D'ailleurs, le non-respect de celle-ci a été la source d'un conflit entre le Dr Bachir Albert [115] et Monsieur Maynart [116], pharmacien à Kaolack. En l'espèce [117], en date du 20 août 1954, Monsieur Maynart adresse une lettre à Monsieur l'Inspecteur de pharmacie qui la communique à l'Ordre des pharmaciens et à celui des médecins. Dans celle-ci, Monsieur Maynart se plaint des agissements du Dr Bachir Albert pour non-respect de l'indépendance des relations professionnelles entre médecins et professions paramédicales. C'est la deuxième branche du moyen exposé.

Le Conseil régional de l'Ordre des médecins d'Afrique noire se réunit le 16 juillet 1956 pour statuer sur l'affaire en matière disciplinaire.

L'audience a vu la présence de beaucoup de personnes. Le Dr Long, assure la présidence. Le Pr Letac est vice-président de la séance. Dr Papet secrétaire

---

112. *Le nouveau Petit Robert de la langue française*, *op. cit*, p. 1800.
113. *Ibid.*, p. 189.
114. Z. E. MAWUNOU, Auxiliaires médicaux et médecins africains au Togo sous domination coloniale, 1884-1960, mémoire de maîtrise ès-Lettres, université de Lomé, 2006-2007, http://www.memoireonline.com, consulté le 30 septembre 2017.
115. Docteur Bachir Albert demeurant à Dakar, 58 avenue Jean Jaurès.
116. Monsieur Maynart est pharmacien à Kaolack.
117. Affaire Bachir Albert, décision du 18 décembre 1957, ANS, dossier 125 H (163).

général, alors que les docteurs Leconte et Raoul sont membres. Monsieur Attie y participe en tant que médecin africain. Ces derniers avaient voix délibérative. Ont participé aussi à cette séance, le médecin-colonel Faure des troupes coloniales, comme représentant du médecin général, l'inspecteur Talec, directeur général de la santé publique en AOF et Me Alain Crespin, avocat-défenseur, près les cours d'appel de Dakar et d'Abidjan, conseiller juridique. Ils avaient voix consultative. Le Dr Leconte est désigné comme rapporteur et Maître Piquemal, avocat-défenseur [118], est choisi par le défendeur pour assurer sa défense.

Cependant, le conseil juge qu'il ne résulte pas des faits de la cause que le Dr Bachir se soit rendu coupable de non-respect de l'indépendance des professions paramédicales ; que par conséquent, il n'y a pas lieu de retenir ce grief.

En outre, les doivent éviter tout agissement injustifié tendant à leur nuire vis-à-vis de leur clientèle et se montrer courtois à leur égard. Le médecin a le devoir de se montrer courtois et bienveillant envers les auxiliaires médicaux et de s'attacher à ne pas leur nuire inconsidérément. Voilà pourquoi, par exemple, il est interdit à un médecin de donner des consultations gratuites ou moyennant un salaire ou honoraires dans les locaux commerciaux où sont mis en vente des médicaments ou appareils que ce médecin prescrit ou utilise, ainsi que dans les dépendances desdits locaux.

Par ailleurs, tout projet de contrat d'association ou de société, faisant un objet professionnel entre un ou plusieurs médecins d'un ou plusieurs membres de l'une des professions – les pharmaciens, les chirurgiens-dentistes, les sages-femmes – doit, après avis du conseil départemental de l'Ordre des médecins, être soumis au Conseil national de l'Ordre des médecins, qui vérifie notamment si ce projet est conforme aux lois en vigueur, ainsi qu'au code de déontologie médicale et s'il respecte la dignité professionnelle du médecin.

Des recherches dans les archives nationales du Sénégal nous ont permis de trouver des pièces relatives à des différends entre professionnels de la santé et portés devant l'Ordre professionnel, en l'occurrence le Conseil régional de l'Ordre des médecins d'Afrique noire, siégeant à Dakar.

Dans l'affaire du Dr Bachir Albert précitée [119], en la troisième branche du moyen exposé, il est reproché au Dr Bachir Albert par Monsieur Maynart d'avoir violé l'article 75 du code de déontologie médicale en AOF. Selon le texte que le demandeur prétend être violé, tout projet de contrat d'association ou de société, ayant un objet professionnel entre un ou plusieurs médecins d'un ou plusieurs membres de l'une des professions paramédicales, comme les pharmaciens, les chirurgiens-dentistes, les sages-femmes (article 73) ou les

118. Pour toute recherche sur l'histoire des avocats au Sénégal et en AOF, voir notre thèse sur "La profession d'avocat au Sénégal. De l'ère des conseils commissionnés à l'ordre des avocats 1859-1960", Dakar, UCAD, janvier 2013, 449 p.

119. Affaire Bachir Albert, décision du 18 décembre 1957, précitée.

auxiliaires médicaux (article 74), doit, après avis du Conseil départemental de l'Ordre des médecins, être soumis au conseil national de l'Ordre des médecins, qui vérifie notamment si ce projet est conforme aux lois en vigueur, ainsi qu'au code de déontologie médicale et s'il respecte la dignité professionnelle du médecin ». Ce texte est donc relatif à la soumission des contrats au Conseil de l'Ordre.

Ainsi, le conseil de l'Ordre, en estimant que le Dr Bachir Albert a commis une faute professionnelle, donne gain de cause à Monsieur Maynart, mais en infligeant au défendeur qu'une sanction de principe, en l'occurrence le *blâme* [120].

Suivons les arguments du conseil :

«… qu'il résulte, en effet, du document produit par le Dr Bachir lui-même et intitulé : « Avant-projet d'association en participation », de la lettre adressée le 11 novembre 1954 par le Dr Bachir à Monsieur le président du Conseil de l'Ordre des pharmaciens, sous couvert de monsieur le président du Conseil de l'Ordre des médecins, qu'un projet de contrat entre le Dr Bachir et le pharmacien Maynart a réellement existé ; … peu importe que le projet n'ait été signé par les parties… ».

Le Conseil régional de l'Ordre des médecins d'Afrique noire poursuit son argumentaire en ces termes :

« qu'il suffit au conseil de constater d'une part que dans sa lettre du 11 novembre 1954, le Dr Bachir reconnaît avoir exécuté en partie le contrat d'association puisqu'il déclare avoir versé des sommes et avoir encore en sa possession des enseignes et des croix lumineuses, de constater d'autre part que le Dr Bachir reconnaît avoir payé des loyers pour les locaux de la pharmacie et de constater encore d'autre part que l'article 75 du code de déontologie médicale dispose que tout projet [121] de contrat d'association doit être soumis au conseil de l'Ordre des médecins… ».

En outre, pour exiger le respect des règles déontologiques, le code de déontologie médicale interdit tout compérage entre médecins et pharmaciens, auxiliaires médicaux ou toutes autres personnes, même étrangères à la médecine. Le texte lui-même définit le compérage comme l'intelligence secrète entre deux personnes, en vue d'en léser une autre [122]. Le dictionnaire littéraire définit le terme comme une entente entre les auteurs d'une tromperie. Le compérage vise ainsi la complicité, la connivence [123].

Par conséquent, on peut affirmer que le but visé par ce texte est l'interdiction, en vue de moraliser les différents secteurs de la profession sani-

120. C'est nous qui soulignons.
121. Souligné dans la décision rendue. Et c'est nous qui avons mis en italique.
122. Article 16, décret n° 47-1169 du 27 juin 1947, portant code déontologie médicale en AOF, *op. cit*.
123 *Le nouveau Petit Robert de la langue française*, *op. cit*, 2007, p. 483.

taire, de toute entente illicite qui porterait atteinte à la liberté et l'indépendance des professionnels, d'une part, et au libre choix des patients, d'autre part. Aussi, le texte ne le dit-il pas de manière nette et précise. Mais il s'agit en vérité de toutes formes de compérage, comme les éventuels pourvoyeurs et "rabatteurs" de clientèle.

L'affaire Dr Bachir Albert [124] offre un exemple intéressant au sujet du compérage.

Dans la première branche du moyen exposé, il était reproché par Monsieur Maynart, pharmacien à Kaolack au Dr Bachir Albert de s'être rendu coupable de compérage. Mais selon le conseil de l'ordre des médecins d'Afrique noire, siégeant en son audience du 16 juillet 1956, il ne résultait pas des faits de la cause que le défendeur se soit rendu coupable d'une telle faute. En conséquence, le conseil estime qu'il n'y a pas lieu de retenir contre Dr Bachir Albert ce grief.

C'est dire que le non-respect des principes d'éthique médicale peut bien évidemment faire l'objet de sanctions disciplinaires prononcées contre les médecins par des organisations professionnelles et donner lieu à des indemnisations pour les victimes devant les tribunaux civils. Il peut également constituer un délit pénal passible de poursuites devant les tribunaux au titre de la violation du secret médical.

Conclusion

Le travail que nous venons de mener permet de monter effectivement que le respect des règles de déontologie médicale a été un souci constant des pouvoirs publics de la période considérée, alors que le contexte colonial accompagné du développement des infections graves pouvant gêner la mission de civilisation expliquant certainement cette préoccupation. Effectivement, la déontologie médicale devait permettre la promotion de la médecine publique et la protection des malades par l'accomplissement des actes médicaux de qualité, mais tarifés et contrôlés. En outre, la déontologie médicale constitue une technique devant favoriser des relations de bonne confraternité entre les médecins, dans leurs relations entre eux, mais aussi dans la gestion du cabinet médical, d'une part, et dans leurs rapports avec les professions paramédicales et autres auxiliaires médicaux, d'autre part.

C'est pourquoi, avec le Sénégal indépendant, dans la logique du droit du développement, s'installe dans la logique de moralisation de l'activité médicale avec le décret n° 67-147 du 10 février 1967 instituant le code de déontologie médicale dont les médecins sont les gardiens du temple.

L'avenir de ce code mérite cependant d'être étudié dans le prolongement de notre travail.

---

124 Affaire Bachir Albert, décision du 18 décembre 1957, précitée.

Justice constitutionnelle et bonne gouvernance

El Hadji Omar Diop

La salle du Conseil de la faculté des sciences juridiques et politiques de l'université Cheikh Anta Diop de Dakar porte le nom du professeur Dominique Sarr. Ne l'ayant pas connu, il m'était impossible d'avoir des souvenirs sur l'éminent juriste que ses contemporains nous ont tant parlé de son amour du travail bien fait, de sa rigueur et des services rendus à la communauté universitaire.

C'est au titre du respect des traditions académiques consistant à célébrer des maîtres vivants ou disparus et dont les travaux éclairent nos chemins et font de nous des êtres dignes de perpétuer une pensée et un idéal que nous rendons hommage au professeur Sarr.

Plusieurs travaux de l'illustre professeur portent sur la justice. Dès lors, il nous a paru nécessaire de réfléchir sur la justice constitutionnelle pour s'inscrire dans la trajectoire tracée par le dédicataire de ces lignes.

Les transformations actuelles du droit constitutionnel tributaires des développements des sociétés contemporaines et des diverses mutations intervenues dans les États modernes ouvrent de nouveaux champs à la recherche scientifique [1]. Les deux concepts – justice constitutionnelle et bonne gouvernance –, qui sont à la base de cette étude, constituent les témoins vivants du développement du droit dans le monde d'aujourd'hui. Rares sont les revues juridiques où la question de la justice constitutionnelle n'est pas abordée. Il en est de même de la gouvernance. Ainsi a-t-il paru nécessaire de mettre le

1. P. E BATCHOM, « Un droit constitutionnel africain est-il possible ? Réflexions sur les fortunes du droit et de l'État à l'épreuve de la globalisation », in *Administrer la justice, transcender les frontières du droit, Mélanges offerts à Kéba Mbaye,* Presses universitaires de Toulouse, 2018. I.-M. FALL, « Quelques progrès remarquables du droit constitutionnel africain », in *Démocratie en questions Mélanges en l'honneur du professeur Théodore Holo*, Presses universitaires de Toulouse, 2017, p. 257-292 ; A. KPODAR, D. KOKOROKO, « Remarques sur quelques mutations du droit constitutionnel par les crises politiques », *Mélanges Holo, op.cit*, p. 239-256 ; J. M. DENQUIN, « Éléments pour une théorie constitutionnelle », *Annales de la Faculté de Strasbourg* n° *8*, 2006, p. 103-142.

curseur les rapports entre ces deux concepts qui constituent des centres d'intérêt attractifs pour la recherche fondamentale.

« Notion attrape-tout »[2], « Mot valise »[3], la gouvernance est devenue une notion difficile à cerner. Son caractère polysémique, « sa très grande élasticité apparaît comme un défi aux catégories du droit »[4]. Toute chose qui ne facilite pas sa compréhension. Aujourd'hui encore, les emplois scientifiques du terme sont souvent « préthéoriques » et « éclectiques ; et ses usages profanes sont souvent variés et contradictoires »[5].

La gouvernance est utilisée par des groupes aux convictions idéologiques contradictoires très diverses et à des fins différentes et souvent contradictoires[6].

« Les significations du concept de gouvernance, de même que ses emplois savants et profanes, restent relativement imprécis et controversés. La littérature volumineuse qui en traite n'a pas dissipé les ambiguïtés que ce concept recèle. S'agit-il d'un effet de mode, d'un slogan idéologique dont l'utilité analytique et explicative est négligeable ? Ou bien d'un concept pertinent, qui améliore la compréhension des transformations importantes intervenues dans les sphères politiques, économiques et sociales ? »[7].

Sur la base de ces considérations, on peut retenir avec Jacques Chevallier que : « Le thème de la "gouvernance" connaît de nos jours une vogue spectaculaire : non seulement le recours à des méthodes nouvelles, dites de "gouvernance", serait devenu indispensable pour répondre à la « crise de gouvernabilité » que connaissent les sociétés contemporaines, mais encore ses méthodes seraient diffusées à tous les niveaux de l'édifice social (international, régional, national, local) et dans les organisations de toute nature (État, partis politiques, entreprises ...) ; le discours de la gouvernance se situe ainsi sur deux registres, l'un normatif et prescriptif, l'autre descriptif et analytique, entre lesquels les glissements sont constants »[8].

---

2. J.-M. SMOUTS, « Du bon usage de la gouvernance dans les relations internationales », *Revue internationale des sciences sociales*, *155*, 1998, p. 85.
3. G. HERMET, « La gouvernance serait-elle le nom de l'après démocratie ? L'inlassable quête du pluralisme limité », in *La gouvernance. Un concept et ses applications, sous la direction de Guy Hermet et autres*, Paris, Karthala, 2005, p. 18.
4. D. MOCKLE, *La gouvernance, le droit et l'État*, Bruxelles, Bruylant, 2007, p. 173.
5. B. JESSOP, « L'essor de la gouvernance et ses risques d'échec : le cas du développement économique », *Revue internationale des sciences sociales,* 1998, *150*, p. 120-121.
6. C. H. de ALCANTARA, « Du bon usage du concept de gouvernance », *RISS*, 1988, *150*, p. 110.
7. A. KAZANCIGIL, « La gouvernance : itinéraire d'un concept », *Mélanges Guy Hermet,* Paris, Karthala, 2002, p. 121.
8. « La gouvernance et le droit », in *Mélanges Pierre Amselek*, Bruxelles, 2005, p. 189.

Dans un rapport de 1989 consacré aux perspectives de développement de l'Afrique subsaharienne, la Banque mondiale définit la gouvernance comme « l'exercice du pouvoir en vue de régler les affaires de la nation ». De cette définition on retient d'une part, l'absence du qualificatif « bonne », et, d'autre part, elle est orientée vers des considérations strictement économiques.

C'est plus tard que l'élargissement du concept fera perdre à la gouvernance son caractère « économiste », managérial et technique originel. Elle est devenue plus englobante, ainsi qu'en a pris acte la déclaration dite de Paris, adoptée en mars 2005.

Les caractéristiques de la bonne gouvernance définies par Mangu semblent plus opératoires. En effet, selon le professeur « [...] il n'est pas de bonne gouvernance qui se conçoive sans transparence, sans équité, sans justice, sans défense et promotion des droits fondamentaux – civils, politiques, économiques, sociaux et culturels –, sans une instauration de l'État de droit, sans décentralisation, sans de saines politiques économiques, sans la participation du plus grand nombre aux affaires de la nation, sans des élections ouvertes, libres et régulières, et enfin sans la paix. Aux yeux des dirigeants africains, par conséquent, la bonne gouvernance doit être la fois politique, économique, sociale, et s'appliquer aussi aux entreprises. Elle requiert, en outre, un pouvoir démocratique ou, à tout le moins, légitime » [9].

Cette perception fournit les critères de la définition et de la compréhension du concept de gouvernance. Elle servira de fil conducteur aux développements qui seront à la base de cette étude.

Concernant la justice constitutionnelle, différentes acceptions sont énoncées. Faut-il retenir celle du Maître de Vienne selon laquelle, au plan substantiel, la justice constitutionnelle « est cette sorte de justice au mieux de juridiction qui porte sur les lois constitutionnelles et on ne doit entendre par là que la conformité à une disposition expresse de la constitution : contrôler la constitutionnalité, c'est, et c'est uniquement, vérifier qu'une règle quelconque ne déroge pas irrégulièrement à la constitution. En dehors de là, tout est politique, droit naturel, arbitraire [...] Elle fait des dispositions constitutionnelles des normes juridiquement obligatoires, de véritables règles de droit en y attachant une sanction » [10].

Le doyen Louis Favoreu apporte quelques précisions supplémentaires. La complexité de la notion de justice constitutionnelle résulte en réalité de ce qu'elle est à la fois un juge constitutionnel et un pouvoir constitutionnel. La

9. André MBATA BETUKUMESU MANGU, « Constitution et légitimité du pouvoir en Afrique Australe », in *Parcours de débats et de propositions sur la gouvernance en Afrique. Perspectives d'Afrique australe*, Actes du colloque Polokwane, 17-19 juin 2008, Pretoria, 20 juin 2008, p. 84.

10. C. EISENMANN, *La justice constitutionnelle et la Haute Cour constitutionnelle d'Autriche*, Paris, Economica, 1986, p. 20-21.

Cour constitutionnelle comme juge constitutionnel a pour principales caractéristiques d'être un juge, un juge constitutionnel et un juge constitutionnel unique. L'exercice du pouvoir constitutionnel fait de lui un quatrième pouvoir ou un contrôleur des trois pouvoirs et il exerce un pouvoir légitime [11]. La justice constitutionnelle renvoie souvent à une fonction de l'État destinée à garantir le fonctionnement régulier des organes étatiques par le respect de la constitution [12].

Au plan théorique, il a été soutenu que « [...] le juge constitutionnel ne serait pas un juge comme les autres parce que l'interprétation de la constitution exigerait des méthodes d'interprétation spécifiques, elles-mêmes justifiées par le fait que la constitution ne serait pas un texte comme un autre. En sorte que le juge constitutionnel se distinguerait doublement des autres juges : par le texte qu'il doit interpréter d'abord, par les raisons qui expliquent son existence » [13].

Le juge constitutionnel est appréhendé sur son office. Il relève des attributions du juge constitutionnel, le contrôle de la constitutionnalité des lois, des règlements des assemblées parlementaires. Il tranche souvent des conflits de compétence entre les organes constitutionnels [14]. Il exerce aussi une compétence souvent controversée en matière de contentieux électoral [15]. À cet effet, il juge les élections majeures qui rythment la vie politique nationale, notamment les élections présidentielles et législatives.

Ces attributions éminemment politiques placent le juge constitutionnel au centre des débats et controverses. Sa décision est attendue, commentée et contestée. Dès lors, quand elle est liée aux problèmes de la gouvernance, sa contribution est décisive. Il revient au juge constitutionnel d'accompagner les transformations de l'État dans un contexte de mondialisation. Dans ce cadre, l'assainissement des mœurs politiques, la moralisation de la vie publique, la crédibilisation des processus électoraux ainsi que la sanctuarisation

---

11. L. FAVOREU, « La notion de Cour constitutionnelle », in *De la Constitution*, Études en l'honneur de J.-F. Aubert, Bâle et Francfort-sur-Main, 1996, p. 15-27.
12. G. DRAGO, *Contentieux constitutionnel français*, 2ème édition, Paris, Presses Universitaires de France, 1998, Coll. Thémis, p. 32.
13. P. BRUNET, « La justice constitutionnelle est-elle un juge comme les autres ? Réflexions méthodologiques sur la justice constitutionnelle », *in* O. JOUANJAN, C. GREWE, E. MAULIN et P. WACHSMANN (dir.), *La notion de justice constitutionnelle*, Paris, Dalloz, 2005, p. 117.
14. E. CARPENTIER, La résolution juridictionnelle des conflits entre organes constitutionnels, thèse de doctorat en droit, 2004, 805 p.
15. A. GADJI, « L'ONU et la crise ivoirienne », *Mélanges dédiés au doyen Francis V. Wodié,* Toulouse, Presses universitaires de Toulouse, 2016, p. 195-229 ; I. G. AKPO, Le juge constitutionnel, juge de l'élection présidentielle et les crises électorales en Afrique subsaharienne francophone. Étude sur les mutations de l'office du juge électoral, Thèse de droit, université de Bordeaux 4, 2015, 405 p.

de l'alternance politique font partie des fonctions latentes des juridictions constitutionnelles.

Au demeurant, « [...] du point de vue pratique, les Cours et Conseils constitutionnels ont assez souvent prouvé, au cours des récentes décennies, leur capacité à apporter une contribution positive à la solution des différends susceptibles d'apparaître entre les acteurs des débats politiques » [16].

Dès lors, l'activité du juge constitutionnel ne saurait éluder la gouvernance qui est au cœur des mutations contemporaines de l'État. Dans le cadre de son office, le juge constitutionnel est confronté bon gré mal gré à la gouvernance dans tous ses états.

Ainsi, le concept de gouvernance est décliné sur toutes les mélodies. Elle touche à la fois des disciplines scientifiques diverses et pratiquement tous les systèmes politiques. En Afrique, la crise de l'État, des institutions et des difficultés économiques de toutes sortes fait d'elle un terrain fertile à l'application du concept de gouvernance.

Au plan juridique, la Conférence des chefs d'État et de gouvernement de l'Union Africaine (UA) a adopté à sa huitième session ordinaire du 30 janvier 2007 la Charte africaine de la démocratie, des élections et de la gouvernance. Le chapitre IX de cet instrument panafricain, intitulé « De la gouvernance politique, économique et sociale », énonce en son article 27 les principes nécessaires à la promotion de la gouvernance. Il s'agit entre autres pour les États parties de s'engager à : renforcer les capacités des parlements et des partis politiques légalement reconnus pour leur permettre d'assumer leurs fonctions principales ; encourager la participation populaire et le partenariat avec les organisations de la société civile ; entreprendre des réformes régulières des systèmes juridique et judiciaire ; améliorer la gestion du secteur public ; améliorer l'efficience et l'efficacité de l'administration publique et lutter contre la corruption ; promouvoir le développement du secteur privé par la mise en place, entre autres, d'un cadre législatif et réglementaire adéquat ; promouvoir la liberté d'expression, en particulier la liberté de la presse ainsi que le professionnalisme dans les médias ; mettre à profit les valeurs démocratiques des institutions traditionnelles.

De plus, la bonne gouvernance politique est une obligation mise à la charge des États parties. À cet égard, ils prennent les mesures nécessaires en vue d'institutionnaliser la bonne gouvernance politique aux moyens : d'une administration publique efficace, efficiente et soumise à l'obligation de rendre compte ; du renforcement du fonctionnement et de l'efficacité des parlements ; d'un système judiciaire indépendant ; de réformes pertinentes des structures de l'État, y compris le secteur de la sécurité ; de relations harmonieuses dans la société, y compris entre les civils et les militaires ; de

16. A. CABANIS, « Les Cours et Conseils constitutionnels, modernes régulateurs de la nouvelle gouvernance en Afrique ? », *Mélanges dédiés au doyen Francis V. Wodié*, Presses universitaires de Toulouse, 2016, p. 98.

consolidation des systèmes politiques multipartites durables ; d'organisation régulière d'élections transparentes, libres et justes ; de renforcement et de respect du principe de l'État de droit.

Au plan régional, le Protocole additionnel A/SP1/12/2001 de la CEDEAO sur la gouvernance additionnel au Protocole relatif au mécanisme de prévention, de règlement des conflits, de maintien de la paix et de la sécurité a été adopté le 21 décembre 2001 à Dakar.

Présentée comme une « *Constitution de la CEDEAO* » [17], le Protocole sur la démocratie et la gouvernance, énonce des principes de convergences constitutionnelles. Il prévoit aussi des mesures indispensables en matière d'élections politiques, encadre le rôle des forces armées et de sécurité, la lutte contre la pauvreté et la promotion du dialogue social, fixe des orientations en matière d'éducation, de culture et de religion. De même, il valorise l'État de droit, les droits de la personne et la bonne gouvernance. À cet effet, il dispose, en ses articles 33 et 34, que « 1. Les États membres reconnaissent que l'État de droit implique non seulement une bonne législation conforme aux prescriptions des droits de la personne, mais également, une bonne justice, une bonne administration publique et une bonne et saine gestion de l'appareil d'État.
2. Ils estiment de même qu'un système garantissant le bon fonctionnement de l'État, de son administration publique et de la justice contribue à la consolidation de l'État de droit ».

De plus, « les États membres et le Secrétariat exécutif mettront tout en œuvre pour la mise en place aux plans national et régional des modalités pratiques permettant l'effectivité de l'État de droit, des droits de la personne, de la bonne justice et de la bonne gouvernance… ».

Outre les instruments panafricains, la bonne gouvernance est consacrée par certaines constitutions africaines. Ainsi la constitution guinéenne de 2010 exprime « Sa volonté de promouvoir la bonne gouvernance et de lutter résolument contre la corruption et les crimes économiques. Ces crimes sont imprescriptibles. ». Le constituant sénégalais de 2001 est repris par celui de 2016 faisant de la bonne gouvernance et de la transparence dans la gestion des affaires publiques un principe de fonctionnement de l'État. La constitution ivoirienne de 2016 s'engage à promouvoir la transparence dans la conduite des affaires publiques.

Au Niger, le constituant est résolu « à bâtir un État de droit garantissant […] l'alternance démocratique et la bonne gouvernance ».

Les nouvelles constitutions africaines issues des chantiers constitutionnels ou des crises politiques accordent une place importante aux institutions de la gouvernance. De même, elles intègrent la participation populaire (ou

17. I.-M. FALL et A. SALL, « Une Constitution sous-régionale pour l'espace CEDEAO : le Protocole sur la démocratie et la bonne gouvernance de la CEDEAO », in www.la-constitution-en-afrique.org

des segments de la société) dans la gestion de certains domaines traditionnellement réservés à l'État en vue de garantir ou de renforcer la paix civile.

Au titre de ces institutions de la gouvernance, on peut retenir le ministère de la bonne gouvernance au Sénégal, l'Office national de lutte contre la corruption (OFNAC) au Sénégal. Le Bénin a adopté la loi n°2011-20 du 12 octobre 2011 portant lutte contre la corruption et les infractions connexes. Elle crée une Autorité nationale de lutte contre la corruption (ANLC) [18].

En République démocratique du Congo, la loi n° 04/016 du 19 juillet 2004 portant lutte contre le blanchiment de capitaux et le financement du terrorisme crée une Cellule des renseignements financiers, dotée d'une autonomie financière, d'un pouvoir de décision propre et placée sous la tutelle du ministre des finances, est créée et organisée dans les conditions fixées par un décret présidentiel. La mission de la Cellule des renseignements financiers est de recueillir et de traiter les renseignements financiers sur les circuits de blanchiment de capitaux et de financement du terrorisme. Au Mali, la loi n° 2016- 008, du 17 mars 2016, portant lutte contre le blanchiment de capitaux a institué une Cellule nationale de traitement des informations financières ou CENTIF qui est une autorité administrative, placée sous la tutelle du ministre chargé des finances. La CENTIF est dotée de l'autonomie financière et d'un pouvoir de décision autonome sur les matières relevant de sa compétence.

À cela s'ajoutent les organes du dialogue social qui ont pour objectif d'anticiper ou de résoudre les crises qui secouent le monde syndical.

Dans des domaines considérés comme relevant de la souveraineté de l'État, on remarque la création de Commissions nationales électorales, d'organes de régulation des médias, d'institutions de gestion participative et équitable des ressources minières dans les zones aurifères. Il en est de même des instances de lutte contre la corruption, la concussion et le détournement de denier publics.

Dans un contexte de remise en cause de la mondialisation, la gouvernance est aussi critiquée. En effet, « promue à tous les niveaux et dans les organisations sociales de toute nature, la logique de la gouvernance affecterait en premier lieu l'État, en remettant en cause ses modes d'emprise sociale et, au-delà, les assises de son institution ; la substitution aux techniques classiques de 'gouvernement' des méthodes nouvelles de 'gouvernance' serait indissociable d'un ébranlement plus profond d'un modèle étatique, emblématique de la modernité » [19].

Aussi, le recours à la gouvernance se déroule dans un contexte de crise de la démocratie représentative. « Élections libres, opposition organisée et libre, droit réel à l'alternance politique, système judiciaire indépendant, et

18. Article 6.
19. J. CHEVALLIER, « La gouvernance, un nouveau paradigme étatique ? », *Revue française d'administration publique*, *105-106*, 2003, p. 203.

existence de médias libres »[20]. La délégitimation des pouvoirs traditionnels et la remise en cause progressive du principe électif (à cause de la montée de l'abstentionnisme et de la crise de confiance des électeurs en leurs élus) entraînent une montée en puissance des mouvements sociaux[21]. Elle rend indispensable la gouvernance qui revêt ainsi une dimension instrumentale et fonctionnelle. En ce sens, la gouvernance serait « un processus interactionniste » qui implique « la capacité des sociétés humaines de se doter de systèmes de représentation, d'institutions, de processus, de corps sociaux, pour se gérer elles-mêmes dans un mouvement volontaire »[22]. La Banque mondiale définit le concept de gouvernance comme étant l'exercice de l'autorité politique au nom de la population « de manière à respecter l'intégrité, les droits et les besoins de tous au sein d'un État »[23].

Les experts des institutions financières s'appuient sur la bonne gouvernance pour l'arrimer à la démocratie. Il est constaté que

> « les réformes seront souvent lentes parce qu'elles mettent en jeu les transformations fondamentales dans le rôle des institutions et des relations entre les citoyens et le gouvernement »[24].

Dans ces conditions,

> « [...] avec la bonne gouvernance, démocratie, État de droit, droits de l'homme sont appréhendés dans une perspective formelle coupant avec la valeur substantielle primordiale. L'approche fonctionnaliste et instrumentale de la gouvernance risque d'acculer leur contenu normatif »[25].

Dès lors, on assiste à un réinvestissement de la démocratie qui passe par une dilution du politique et un affermissement du juridique[26].

Il résulte de ces développements que les États africains ont adopté plusieurs règles relatives à la bonne gouvernance afin d'assurer la sécurité juridique et judiciaire des citoyens, qui, au demeurant, « participent de la même volonté de stabilisation du droit, de sécurisation des investissements, de renforcement

---

20. S. MILACIC, « La théorie démocratique face au défi minoritaire. Majorité politique et minorités communautaires : quelle cohérence », *Mélanges en l'honneur de Pierre Pactet*, Paris, Dalloz, 2002.
21. J. MERCIER, « Comment reconstruire la démocratie », *Monde diplomatique*, avril 2006, p. 29.
22. F.-X. MERCIER, « De la gouvernance et des États providence contemporains », *RISS*, *155*, mars 1998, p. 63.
23. Banque mondiale, *Rapport sur le développement au Moyen Orient et en Afrique du Nord, vers une meilleure gouvernance au MENA : améliorer l'inclusivité de la responsabilisation*, Washington DC, 2003.
24. Banque mondiale, *Rapport sur le développement dans le monde 1997, L'État dans un monde en mutation*, Washington DC, p. 87.
25. R. BEN ACHOUR, « Démocratie et gouvernance », *Mélanges en l'honneur de Slobodan Milacic, Démocratie et liberté : tension, dialogue, confrontation*, Bruxelles, Bruylant, 2008, p. 734.
26. *Ibid.*, p. 735-737.

des capacité de la justice à l'échelle régionale et de soumission de l'État à un droit uniforme » [27].

Cette étude est réalisée dans un contexte d'émergence de la justice constitutionnelle. En même temps, la justice constitutionnelle est exposée à des difficultés d'épanouissement dans certains pays africains. La critique est connue : la nomination des juges constitutionnels, l'indépendance des juridictions et leur rapport avec le pouvoir exécutif. De façon plus explicative, la justice constitutionnelle a été stigmatisée en plusieurs étapes :

> « La première tient au juge lui-même et à la manière dont il conçoit et accomplit sa mission. Lorsqu'il a tendance à s'autolimiter, à interpréter littéralement et restrictivement ses compétences et à se prononcer quasi systématiquement sur des questions de régularité formelle et non de fond, il donne le sentiment qu'il n'est pas le recours indiqué contre les atteintes à la constitution et surtout il ne nourrit pas le débat nécessaire à l'enrichissement de la constitution par voie d'interprétation [28].
>
> La deuxième raison est liée à la posture du juge dans le cadre du contentieux constitutionnel, posture il est vrai complexe dans la mesure où il lui est davantage demandé, en termes quantitatifs, d'arbitrer des contentieux politiques que de se prononcer sur les droits subjectifs que la constitution reconnaît aux citoyens. Ses décisions sont ainsi systématiquement contestées quel que soit leur sens, parfois pour des raisons de stratégie politique, et surtout lorsqu'ils sont plus souvent à l'avantage du parti politique dominant. Aussi la posture du juge est d'autant plus complexe que ses décisions sont susceptibles d'être analysées sous l'angle de la légitimité. En effet, appelé à se prononcer sur des actes pris par des organes issus du suffrage citoyen, il court le risque de se voir reprocher la tentation du gouvernement des juges et d'aller à l'encontre de la volonté populaire exprimée par les décisions des élus.
>
> Enfin la crise de la justice constitutionnelle est en partie liée aux conditions de sa saisine. Généralement le droit de saisir le juge constitutionnel est restreint et n'est pas reconnu aux citoyens et, même lorsqu'il est ouvert plus largement, le rendement des juridictions constitutionnelles est faible en raison d'un faible taux de saisine qui lui-même s'explique à la fois par l'attitude des citoyens à l'égard du droit, leur préférence pour des modes de résolution non contentieuse des litiges et, parfois, par leur perception négative de l'indépendance et de l'impartialité des juges » [29].

L'importance de la justice constitutionnelle et de la gouvernance appelle une confrontation entre ces deux concepts. Elle montre l'intérêt de l'étude

---

27. L. DONFACK SOKENG, « État de droit, Bonne gouvernance et développement », *Mélanges Babacar Kanté, Actualités du droit public*, Paris, L'Harmattan, 2017, p. 829.
28. A. MBAYE, « Quelles alternatives pour assurer l'effectivité des Constitutions. L'expérience de l'Afrique de l'Ouest », in *Parcours de débats et de propositions sur la gouvernance en Afrique. Perspectives d'Afrique australe*, Actes du colloque Polokwane, 17-19 juin 2008, Pretoria, 20 juin 2008, p. 245.
29. *Ibid.*, p. 246.

qui permet d'analyser les décisions des juridictions constitutionnelles touchant un domaine aussi complexe et controversé que celui de la gouvernance. Elle permet aussi de sortir progressivement des chantiers traditionnels de l'étude du statut du juge de la constitutionalité ou de la jurisprudence constitutionnelle.

Quel est le rôle du juge constitutionnel dans la promotion de la bonne gouvernance ?

Cette étude s'appuiera sur des décisions des juridictions constitutionnelles touchant des aires géographies diverses. Elle portera essentiellement sur les décisions qui ont un impact sur le concept de gouvernance et permettra de mettre en évidence la contribution remarquable des juridictions constitutionnelles à l'affirmation et à la vulgarisation effective de la gouvernance [30].

Pour tenter de répondre à cette question centrale, il conviendra d'examiner les interventions du juge constitutionnel dans le domaine de la gouvernance qui l'érigent en véritable garant (I) d'une part, et, d'insister sur le rôle concret du juge constitutionnel dans la promotion de la gouvernance (II).

I. Un juge constitutionnel garant de la gouvernance

Les juridictions constitutionnelles apparaîssent de plus en plus comme des instruments clés dans la réalisation de la gouvernance. Dans ce cadre, elles peuvent connaître de questions relatives au patrimoine des élus, à la moralisation de la vie politique, à la crédibilité des élections. Ces domaines sont au cœur de l'État de droit indispensable à la réalisation de la gouvernance.

Il s'agira ici d'insister sur l'activisme des juridictions constitutionnelles dans le domaine de la gouvernance (A) et de scruter le rôle du juge constitutionnel comme un moteur de l'État de droit et de la démocratie (B).

A. Un juge constitutionnel hyperactif dans le domaine de la gouvernance

L'activisme du juge constitutionnel a souvent été dénoncé comme préjudiciable à la démocratie. Dans ses rapports avec la politique, il arrive au juge constitutionnel de rendre certaines décisions contestables et contestées par une partie de la classe politique [31]. Ces controverses ont un impact négatif sur l'image du juge constitutionnel. Ainsi, dans le domaine de la gouvernance

---

30. D. SY, « Les fonctions de la justice constitutionnelle en Afrique », *in* O. NAREY (dir.), *La justice constitutionnelle*, Acte du Colloque international de l'ANDC, Paris, L'Harmattan, 2016, p. 47-54.
31. E. H. O. DIOP, *L'instrumentalisation de la Constitution dans les régimes politiques africains*, Dakar, CREDILA-OVIPA, 2017, p. 194-206.

publique. Le juge constitutionnel a rendu des décisions relatives à l'instauration de juridictions répressives en matière financière.

L'appréciation de ce cadre juridictionnel (1) et l'assainissement des mœurs publiques (2) permettent de mesurer le dynamisme du juge constitutionnel (3).

1. Le juge constitutionnel, juge du patrimoine des élus

Les scandales politiques de ces dernières décennies mettent en cause les relations incestueuses entre l'argent public et la politique. Dès lors, il a paru nécessaire d'exiger une responsabilisation accrue des hommes politiques. Celle-ci passe entre autres par la publicité du patrimoine des élus préalablement à l'exercice d'une fonction publique et à la fin des mandats. L'idée est d'évaluer une possible variation du patrimoine de l'élu qui pourrait trouver son origine dans la détention d'une fonction politique, mais aussi de l'usage controversé des deniers publics.

Dans ce cadre, le juge constitutionnel joue un rôle éminemment important dans l'appréciation de la conformité des règles de la gouvernance à la constitution.

L'analyse de l'environnement de la gouvernance publique, notamment du contrôle des règles de la gouvernance, du contrôle des règles statutaires des juridictions d'exception financière (Mali, Niger, Sénégal, Côte d'Ivoire, etc.) offrent l'occasion de mettre en lumière les interventions du juge constitutionnel.

Au Gabon, la Cour constitutionnelle a estimé dans sa décision n° 11/CC/ du 10 février 2003 que « les mesures conservatoires prononcées par la Commission nationale de lutte contre l'enrichissement illicite doivent être nécessaires et n'intervenir que si la pratique dénoncée porte une atteinte grave à l'ordre public » [32].

La Cour constitutionnelle du Niger, par un arrêt n° 07/08/CC/MC du 20 novembre 2008, a conclu à l'inconstitutionnalité du texte incriminé pour violation du principe de la présomption d'innocence. Selon la Cour :

> « Considérant que l'article 4 de l'ordonnance attaquée astreint toute personne visée par une information pour enrichissement illicite à communiquer au ministère public sur sa réquisition et dans le délai par lui imparti, l'état de son patrimoine et les modalités de sa constitution, la nature et le montant de ses revenus ; qu'à défaut de réponse ou en cas de réponse inexacte ou incomplète à la réquisition du ministère public, l'article 5 alinéa 1 de ladite ordonnance dispose que le délit d'enrichissement illicite est présumé constitué sauf preuve contraire apportée par la personne incriminée ;
> [...] Considérant que la prévention de l'enrichissement illicite, la recherche et la condamnation de ses auteurs sont nécessaires au respect des dispositions de l'article 31 de la constitution aux termes duquel « les biens publics sont sacrés et

32. Cour constitutionnelle du Gabon, Décision n°11/C/ du 10 février 2003.

inviolables ; toute personne doit les respecter scrupuleusement et les protéger ; tout acte de sabotage, de vandalisme, de corruption, de détournement, de dilapidation ou d'enrichissement illicite est réprimé par la loi » ;
Considérant qu'il appartient au législateur de concilier la nécessité d'une répression de l'enrichissement illicite avec l'exercice des libertés publiques constitutionnellement garanties au nombre desquelles figure notamment la présomption d'innocence ;
Considérant que le principe de la présomption d'innocence ne fait pas obstacle à ce que le législateur institue en matière pénale des présomptions de fait ou de droit dès lors qu'elles ne revêtent pas de caractère irréfragable, qu'est assuré le respect des droits de la défense et que les faits induisent raisonnablement la vraisemblance de l'imputabilité ;
[...] Considérant que l'article 4 de l'ordonnance attaquée, de par les obligations qu'il met à la charge de la personne incriminée et les conséquences qu'en tire l'article 5 alinéa 1 en cas de manquement, astreint celle-ci à concourir à l'accusation ; que le droit pour l'accusé de ne pas s'incriminer est un corollaire des droits de la défense ;
Considérant au surplus que les prérogatives exorbitantes conférées au ministère public en cours d'information au mépris du principe de la séparation des autorités de poursuite et d'instruction ne sont pas de nature à garantir l'équilibre des droits des parties ;
Considérant dès lors que les droits de la défense n'étant pas garantis, le législateur ne pouvait déroger à la présomption d'innocence sans enfreindre les dispositions des articles 17 alinéa 1 de la constitution, 11-1 de la Déclaration universelle des droits de l'homme et 7-b de la Charte africaine des droits de l'homme et des peuples ; qu'il y a lieu de déclarer les articles 4 et 5 alinéa 1 de l'ordonnance attaquée non conformes aux dispositions précitées ;
Considérant qu'il y a lieu de relever que la non-conformité à la constitution de l'article 5 alinéa 1 a des conséquences sur l'article 6 qui s'y rattache à travers l'expression « Dans tous les autres cas » ; que l'article 5 alinéa 1 ayant été déclaré non conforme à la constitution, il appartient au ministère public d'administrer la preuve de l'enrichissement illicite ; que dès lors, l'expression « Dans tous les autres cas » contenue à l'article 6 doit également être déclarée non conforme à la constitution » [33].

Ailleurs, sur requête d'un simple citoyen demandant au juge constitutionnel de sanctionner l'inconstitutionnalité de l'absence de déclaration de patrimoine des membres du Conseil économique et social en vertu de l'article 35 de la constitution et de l'article 3 de la loi n° 2011-20 du 12 octobre 2011 portant lutte contre la corruption et autres infractions connexes en République du Bénin, la Cour constitutionnelle s'est déclarée incompétente. Elle estime que l'appréciation d'une telle demande relève du contrôle de la légalité. Or, la Cour constitutionnelle est juge de la constitutionnalité et non de la légalité.

Toutefois, sur la base de l'article 114 de la constitution, qui prévoit sa mission de régulation des institutions et de l'activité des pouvoirs publics, et

33. http ://cour-constitutionnelle-niger.org (consulté le 18 octobre 2016).

de l'article 34 de la constitution [34], la Cour constitutionnelle considère que :

> « […] les membres du Conseil économique et social (CES), citoyens béninois et de surcroît attributaires de prérogatives constitutionnelles, ne peuvent se soustraire aux lois régulièrement votées par le Parlement, lois devenues exécutoires soit par promulgation par le Président de la République, soit sur décision de la Cour constitutionnelle après saisine par le Président de l'Assemblée nationale conformément à l'article 57 alinéa 6 de la Constitution ; que la loi n° 2011-20 du 12 octobre 2011 portant lutte contre la corruption et autres infractions connexes en République du Bénin a été votée par l'Assemblée nationale le 30 août 2011, promulguée par le Président de la République le 12 octobre 2011 et publiée au Journal officiel sous le numéro spécial 05 bis du 06 mars 2012 ; que cette loi fait partie de l'ordonnancement juridique du Bénin ; qu'en ne procédant pas à la déclaration de leur patrimoine tel que prescrit par la loi susvisée et son décret d'application, les membres du Conseil économique et social ont méconnu l'article 34 précité de la constitution ; que dès lors, il échet pour la Cour de dire et juger que le président et les membres du Conseil économique et social, à l'exception de ceux qui l'ont déjà fait, sont tenus de procéder sans délai à ladite déclaration » [35].

Enfin, la même Cour constitutionnelle a examiné la loi n° 2011-20 portant lutte contre la corruption et autres infractions connexes. À cet égard, elle a estimé que le complément de la liste des personnes assujetties par décret n'est pas contraire à la constitution. En effet, en raison de la différence d'objet, le législateur peut renvoyer à un décret pour préciser les hauts fonctionnaires et personnalités tenus à la déclaration de leur patrimoine.

De plus, l'omission du mode de transmission des copies de déclaration de patrimoine par les chambres des comptes à l'organe de lutte contre la corruption, ne viole la constitution en aucune de ses dispositions ; qu'au demeurant, cela s'entend que la structure destinataire de la déclaration de patrimoine en transmette copie à celle qui doit la conserver ; qu'il n'y a donc pas violation de la constitution.

Concernant l'indépendance de l'organe chargé de lutter contre la corruption, le requérant reprochait au législateur de l'avoir mis « sous tutelle de la Présidence de la République ». Le juge constitutionnel a considéré :

> « […] que la notion de tutelle n'implique pas une subordination entre l'autorité attributaire du contrôle et l'organe contrôlé, à la différence du contrôle hiérarchique qui se fonde sur une subordination entre une autorité supérieure et un organe inférieur ; que la tutelle, qui ne s'exerce que dans les cas et sous les formes prévus par la loi, ne comporte pas la possibilité de donner des ordres ; qu'elle organise plutôt des relations de collaboration et œuvre à la préservation de l'intérêt général, contrairement au contrôle ou pouvoir hiérarchique qui comporte

---

34. « Tout citoyen béninois, civil ou militaire, a le devoir sacré de respecter en toutes circonstances, la constitution et l'ordre constitutionnel établi ainsi que les lois et règlements de la République ».
35. Cour constitutionnelle du Bénin, DCC 17-096 du 11 mai 2017.

pouvoir de nomination, de révocation et pouvoir de donner des instructions ; que les délibérations de l'organe sous tutelle sont juridiquement valables, même si leur mise en œuvre suppose l'approbation, dans le cadre de la défense de l'intérêt général, de l'organe attributaire de la tutelle ; qu'à la différence du contrôle hiérarchique, l'organe soumis à tutelle ne reçoit point d'instructions de l'autorité de tutelle ; qu'il en est ainsi par exemple du maire soumis au contrôle de tutelle du préfet ou du ministre chargé des collectivités locales et qui ne peut pas être considéré comme subordonné à la volonté de ladite autorité de tutelle ; qu'en outre, l'alinéa 2 de l'article 9 de la loi prévoit « une réelle autonomie par rapport aux Institutions de la République. » ; que le mode de désignation des membres de l'Autorité nationale de lutte contre la corruption, l'élection du bureau laissée à la discrétion des membres, sont autant d'éléments constitutifs de la réelle autonomie de ladite autorité par rapport au pouvoir exécutif ; que s'agissant du pouvoir de substitution évoqué par le requérant, il est admis que ce pouvoir reconnu par l'autorité de tutelle n'intervient que pour la préservation de l'intérêt général en cas d'inaction, de défaillance ou de démission de l'organe sous tutelle et après une mise en demeure préalable de l'autorité de tutelle ; que la tutelle dont s'agit n'entraîne donc nullement la subordination de l'Autorité nationale de lutte contre la corruption au Président de la République ; qu'au surplus, les infractions définies et sanctionnées par la loi sous examen relèvent de la compétence exclusive des tribunaux constitutionnellement indépendants du pouvoir exécutif ; que la disposition querellée ne constitue pas un recul et n'est en conséquence pas contraire à la constitution … ».

En France, le Conseil constitutionnel saisi le 10 août 2017 aux fins de contrôler la constitutionnalité de la loi organique sur la confiance de la vie politique à apprécier concrètement la déclaration de patrimoine des élus avant de conclure à la conformité à la constitution des dispositions en cause. Utilisant la technique du contrôle de proportionnalité, le Conseil constitutionnel a mis en balance les objectifs poursuivis par le législateur : la moralisation de la vie publique et le respect de la vie privée garantie par la constitution. Selon le juge constitutionnel :

4. L'article 1er de la loi organique déférée modifie l'article 3 de la loi du 6 novembre 1962 mentionnée ci-dessus.
D'une part, il impose aux candidats à l'élection du Président de la République de remettre au Conseil constitutionnel une déclaration d'intérêts et d'activités, rendue publique par la Haute autorité pour la transparence de la vie publique au moins quinze jours avant le premier tour. D'autre part, il prévoit que la déclaration de situation patrimoniale qui doit être remise par le Président de la République à l'issue de ses fonctions est déposée entre cinq et six mois avant l'expiration de son mandat, et non plus entre un et deux mois. Enfin, l'article 1er prévoit que, trente jours après son dépôt, cette déclaration est rendue publique par la Haute autorité, qui l'assortit d'un avis dans lequel elle apprécie la variation de la situation patrimoniale entre le début et la fin de l'exercice des fonctions présidentielles.
5. Selon l'article 2 de la Déclaration des droits de l'homme et du citoyen de 1789 : « Le but de toute association politique est la conservation des droits naturels et imprescriptibles de l'homme. Ces droits sont la liberté, la propriété, la sûreté et la résistance à l'oppression ». La liberté proclamée par cet article impli-

que le droit au respect de la vie privée. Le dépôt de déclarations d'intérêts et d'activités et de déclarations de situation patrimoniale contenant des données à caractère personnel relevant de la vie privée ainsi que la publicité dont font l'objet de telles déclarations portent atteinte au respect de la vie privée. Pour être conformes à la constitution, ces atteintes doivent être justifiées par un motif d'intérêt général et mises en œuvre de manière adéquate et proportionnée à cet objectif.

6. En premier lieu, d'une part, l'instauration d'une obligation de dépôt auprès d'une autorité administrative indépendante, aux fins de publication avant l'élection, de déclarations d'intérêts et d'activités, par les candidats à l'élection présidentielle a pour objectif d'éclairer le choix des électeurs, de renforcer les garanties de probité et d'intégrité de ces candidats, de prévenir les conflits d'intérêts et de lutter contre ceux-ci. Elle est ainsi justifiée par un motif d'intérêt général. D'autre part, l'atteinte portée à la vie privée par la publication de ces déclarations doit être appréciée en tenant compte de la place du Président de la République dans les institutions et de la nature particulière de son élection. Il en résulte que ces dispositions ne portent pas d'atteinte disproportionnée au droit au respect de la vie privée des candidats à l'élection présidentielle.

7. En second lieu, en prévoyant que le Président de la République remet sa déclaration de situation patrimoniale entre cinq et six mois avant l'expiration de son mandat et que sa publication comporte un avis de la Haute autorité appréciant la variation de la situation patrimoniale en cours de mandat, le législateur organique n'a pas porté une atteinte disproportionnée au droit au respect de la vie privée du Président élu. Compte tenu des délais qu'il a retenus, le législateur organique n'a pas non plus conféré à cette autorité le pouvoir d'intervenir dans la campagne électorale dans des conditions qui pourraient porter atteinte à l'égalité devant le suffrage.

Sur la sanction prévue pour les députés, le juge constitutionnel estime qu'elle n'est pas disproportionnée au regard de l'objectif prévu. :

« […] 18. D'une part, en permettant la démission d'office et l'inéligibilité pour une durée maximale de trois ans d'un membre du Parlement en cas de manquement à ses obligations fiscales, non régularisé à l'issue d'une procédure contradictoire, le législateur organique n'a pas institué une sanction manifestement disproportionnée. D'autre part, lorsqu'il est saisi par le bureau d'une assemblée dans les conditions prévues à l'article L.O. 136-4 du code électoral, le Conseil constitutionnel a la faculté de prononcer la sanction, en fonction de la gravité du manquement. Il lui appartient alors de tenir compte, dans le prononcé de l'inéligibilité, des circonstances de l'espèce. Dès lors, ces dispositions ne méconnaissent pas les principes de proportionnalité et d'individualisation des peines résultant de l'article 8 de la Déclaration de 1789 [36] ».

Auparavant, le même juge constitutionnel a censuré une disposition de la loi organique relative à la transparence de la vie publique qui prévoyait la possibilité offerte à la Haute autorité pour la transparence de la vie publique

36. Conseil constitutionnel français, Décision n°2017-753 DC du 8 septembre 2017, Loi organique pour la confiance dans la vie publique.

d'assortir la publication de la situation patrimoniale des candidats à l'élection présidentielle « de toute appréciation qu'elle estime utile quant à l'exhaustivité, à l'exactitude et à la sincérité de la déclaration ». Motif de la censure : « Le législateur a conféré à cette autorité le pouvoir d'intervenir dans la campagne électorale, dans les derniers jours de celle-ci et dans des conditions qui pourraient porter atteinte à l'égalité devant le suffrage » [37].

Il résulte de ces décisions que la lutte contre l'enrichissement illicite est encadrée par le juge constitutionnel. Si louable qu'elle puisse apparaître, cette entreprise ne saurait méconnaître le principe constitutionnel de la présomption d'innocence : elle doit garantir l'indépendance de l'organe chargé de cette mission. De même, le contrôle du patrimoine des élus, notamment les déclarations exigées, ne doivent pas se faire au détriment de la vie privée de la personne assujetties. Ainsi cette mission assurée par le juge constitutionnel participe au renforcement de la bonne gouvernance ainsi qu'à l'assainissement des mœurs politiques.

2) Le juge constitutionnel garant de l'assainissement des mœurs politiques

En relation étroite avec le contrôle du patrimoine des élus, l'assainissement des mœurs politiques demeure l'objectif privilégié en matière de gouvernance. L'assainissement des mœurs politiques et la moralisation de la vie politique constituent les piliers sur lesquels repose la gouvernance publique. Elle exige une législation appropriée en matière de finances des partis politiques et plus généralement de la vie publique. Cette législation, pour être réaliste, devra énoncer des sanctions dont l'effectivité est la condition de la crédibilité du dispositif.

Dans ce cadre, les interventions du juge constitutionnel permettent d'illustrer son rôle décisif dans la réalisation de la gouvernance.

L'assainissement des mœurs publiques exige un comportement exemplaire des hommes politiques vis-à-vis de l'argent public. L'éthique et la moralité des hommes politiques doivent être au-dessus de tout soupçon. L'exemplarité de la classe dirigeante, surtout dans la gestion des deniers publics, apparaît comme un gage de la réussite des politiques publiques. Elle pourrait renforcer la confiance des citoyens à l'égard des hommes politiques et par conséquent consolider la force des institutions politiques. Elle demeure aussi un moyen d'accroissement de la croyance en la légitimité de l'État et de ses institutions. Elle constitue en dernière instance un moyen de lutte contre la corruption politique.

Ainsi les affaires Zuma en Afrique du Sud, Karim Wade au Sénégal, Dilma Roussef au Brésil constituent entre autres des cas topiques qui serviront d'illustration du propos.

---

37. Conseil constitutionnel français décision 675 DC du 9 octobre 2013.

• ***Affaire Zuma***

L'implication des juridictions constitutionnelles dans le respect des principes de bonne gouvernance est devenue une réalité en Afrique. L'exemple de l'Afrique du Sud est saisissant à cet égard. En effet, le président Jacob Zuma est accusé d'utilisation des fonds publics pour le financement des travaux de la rénovation de sa résidence privée. En 2014, un rapport de la médiatrice Thuli Madonsela avait estimé que le président avait *« indûment bénéficié »* d'une partie des travaux de rénovation de sa résidence privée, dont le total s'élevait à 216 millions de rands (environ 20 millions d'euros de l'époque) financés par les contribuables sud-africains. Il lui est proposé de rembourser une partie de la somme utilisée.

Face au refus du chef de l'État, la Cour constitutionnelle saisie par l'opposition est appelée à trancher la question. La Cour a jugé dans une décision du 31 mars 2016 que le président Jacob Zuma avait violé la constitution en refusant de rembourser une partie des travaux engagés sur deniers publics dans sa résidence privée de la province du KwaZulu-Natal (est), dont la construction d'un poulailler et d'une piscine. Selon elle, « le président doit personnellement payer la somme déterminée par le Trésor public dans les 45 jours suivant la décision de cette cour », De plus, « le Trésor national doit déterminer le coût raisonnable des travaux réalisés pour rénover la résidence privée de Jacob Zuma et qui sont non liés à la sécurité, c'est-à-dire uniquement le centre pour visiteurs, l'enclos pour bétail, le poulailler et la piscine ». Le président de la Cour constitutionnelle, Mogoeng Mogoeng, a soutenu que : « les réparations exigées par la médiatrice de la République sont contraignantes. [...] Le fait que le président n'ait pas obtempéré (...) est une violation de la constitution ». De même, « il n'avait pas fait respecter, ni défendu, ni suivi la constitution ».

Enfin, le chef de l'État Jacob Zuma s'est conformé à la décision de la Cour. Le 12 septembre 2016, « le président Zuma a versé la somme de 7 814 155 rands (480 000 euros) à la Banque centrale sud-africaine, comme l'avait ordonné la Cour constitutionnelle dans l'affaire de sa résidence privée de Nkandla » [38].

• ***Sénégal : Affaire Karim Wade***

Poursuivi pour enrichissement illicite, le fils de l'ancien président de la République Abdoulaye Wade conteste par le biais de l'exception d'inconstitutionnalité l'existence de la Cour de répression de l'enrichissement illicite, la violation du principe d'égalité ainsi que la violation du principe de la présomption d'innocence.

Selon le jugement du Conseil constitutionnel :

---

38. Communiqué de la Cour constitutionnelle. Voir : http ://www.lemonde.fr et www.jeuneafrique.com.

> « 18/- Considérant cependant, qu'il appartient au législateur, sous réserve du respect des droits de la défense, de fixer les règles relatives à l'exercice du droit de recours, y compris le pourvoi en cassation, en fonction de la nature de la juridiction en cause ; que la Cour de répression de l'enrichissement illicite, juridiction spéciale, a été créée exclusivement pour prendre en charge une infraction spéciale ; que le législateur peut lui rendre applicables certaines règles formelles essentiellement tirées du droit commun de la procédure pénale ; qu'il en est ainsi notamment à travers les articles 11 et 14 de la loi 81-54 portant création de la Cour de répression de l'enrichissement illicite ;
> 19/ - Considérant que le législateur peut aussi adopter des règles compatibles avec la nature de la juridiction créée ; qu'il peut ainsi s'autoriser, notamment, de restreindre l'étendue du droit de recours ».

Dès lors, le caractère spécial de la juridiction de la CREI est établi par le juge constitutionnel, il peut par conséquent justifier les atteintes au principe d'égalité.

> « 20/- Considérant que le respect du principe d'égalité devant la justice implique que le débat judiciaire, au sein d'une même procédure, soit loyal et équilibré ; que cet équilibre qui doit être absolu entre les parties ne s'oppose pas à ce que le ministère public, chargé de la défense de l'ordre public, puisse recevoir de la loi des droits supérieurs à ceux ouverts aux justiciables, sans qu'une quelconque méconnaissance du principe d'égalité soit établie ;
> 21/- Considérant, au surplus, que le recours en cassation, expressément reconnu au stade du jugement par l'article 17 de la loi 81-54, constitue, sans aucun doute, pour les justiciables, une garantie fondamentale ;
> 22/ - Considérant en effet que la fonction même d'une juridiction de cassation, cour souveraine, est d'assurer la stabilité, la sécurité du droit et l'unité de la jurisprudence ;
> 23/ - Considérant par conséquent, contrairement à ce que soutient le requérant, que l'absence de recours en appel n'induit pas nécessairement l'absence de recours utile ou effectif ; que l'absence de double degré de juridiction n'est pas, dès lors, nécessairement contraire à la constitution ;
> 24/ - Considérant que si la présence d'avocat au niveau de l'enquête préliminaire peut s'avérer utile, son absence ne constitue pas pour autant une violation des droits de la défense, dès l'instant que la personne poursuivie est assistée à toutes les autres phases de la procédure ; qu'il n'apparaît nulle part dans la cause que Monsieur Karim Wade ait subi des contraintes ou violences ; qu'il est resté libre de participer activement ou non à son audition, et que ses avocats ont pu, à temps, prendre connaissance de toutes les charges qui lui sont imputées ; que, par suite, l'article 6 alinéa 2 de la loi 81-54 n'est pas contraire à l'article 9 in fine de la Constitution ;
> 25/ - Considérant par ailleurs que la rupture d'égalité des citoyens devant la justice et la discrimination invoquées par le requérant ne peuvent, en l'occurrence, être retenues, faute de situations juridiques identiques avec des solutions différentes ; qu'en effet, toute personne poursuivie pour enrichissement illicite reste soumise à la seule procédure prévue à cet effet ; que la violation du principe d'égalité suppose l'adoption de règles différentes pour des cas identiques ».

Par ailleurs, le requérant conteste également la conformité de l'article 3 de la loi 81-53 du 10 juillet 1981 relative à la répression de l'enrichissement illicite (l'article 163 bis du code pénal). Ce texte dispose que : « le délit d'enrichissement illicite est constitué lorsque, sur simple mise en demeure, une des personnes désignées ci-dessus se trouve dans l'impossibilité de justifier de l'origine des ressources qui lui permettent d'être en possession d'un patrimoine ou de mener un train de vie sans rapport avec ses revenus légaux ». Selon le requérant, cette disposition qui opère un renversement du fardeau de la preuve porte atteinte, par là même, à un principe fondamental, celui de la présomption d'innocence, autre socle des droits de la défense.

Avant de répondre à ce grief, le Conseil constitutionnel rappelle les fondements juridiques de la charge de la preuve. Ainsi, il considère que :

> « 29/ - [...] le renversement de la charge de la preuve ne constitue pas une situation juridique inédite qui porte atteinte, a priori , à la présomption d'innocence ; que le législateur y a parfois recours dans plusieurs disciplines, notamment, en droit pénal, en droit fiscal, en droit douanier ; que ce principe se retrouve aussi dans d'autres systèmes juridiques étrangers, tout autant soucieux du respect des droits de la défense... ; qu'il est essentiellement motivé par un souci d'efficacité de l'objectif poursuivi ;
> 30/- Considérant que le législateur, en principe, ne saurait instituer des présomptions de culpabilité en matière répressive ; que toutefois, à titre exceptionnel, de telles présomptions peuvent être établies, dès lors qu'elles ne revêtent pas un caractère irréfragable, et que le respect des droits de la défense est assuré ;
> 31/- Considérant, en l'occurrence, que la présomption d'innocence est préservée dès l'instant que la personne poursuivie n'est ni détenue arbitrairement, ni condamnée définitivement ; qu'elle a la possibilité de se défendre, d'apporter la preuve contraire, par tous moyens, des faits qui lui sont reprochés, et de se faire assister depuis la phase d'instruction jusqu'à la juridiction de jugement ; qu'il y a lieu, par conséquent, de déclarer l'article 3 de la loi 81-53 du 10 juillet 1981 conforme à la Constitution (article 163 bis du code pénal) ;
> 32/ - Considérant, par ailleurs, qu'après examen de l'ensemble des dispositions de la loi 81-53 relative à la répression de l'enrichissement illicite, et de la loi 81-54 portant création de la Cour de répression de l'enrichissement illicite, le Conseil constitutionnel ne relève aucune violation de la Constitution ».

En Thaïlande, la Cour constitutionnelle a reçu comme attribution de statuer sur le patrimoine des personnalités politiques et des hauts fonctionnaires après rapport de la Commission de lutte contre la corruption. Ainsi la lutte contre la corruption trouvait une première illustration en 2000 avec le cas du ministre de l'intérieur et secrétaire général du Parti démocratique, Sanan Kachornprasart. Après avoir fait l'objet d'une inculpation pour corruption en 1999, il fut inculpé en mars 2000 pour falsification de sa déclaration de patrimoine. Il démissionna de ses fonctions et fut condamné immédiatement par la Cour constitutionnelle et interdit de toute fonction politique pendant cinq ans [39].

• ***Affaire Dilma Roussef***

Au Brésil, la destitution du président de la République n'est pas un phénomène inédit. En 1992, le président Fernando Collor de Mello a fait l'objet d'un *impeachment* [40]. En 2016, Dilma Roussef, élue en 2014 et successeur du président Lula n'a pas échappé à la même procédure de destitution. La présidente de la République est accusée d'obstruction à la justice, de manœuvres comptables en maquillant des comptes publics (en cachant l'ampleur du déficit public avant l'élection présidentielle de 2014 en ayant recours à des emprunts à des banques publiques qui n'ont pas été comptabilisés), d'avoir accordé des exemptions fiscales à la fédération internationale de football (FIFA) lors de la Coupe du Monde 2014. Enfin, elle est empêtrée dans l'affaire *Petrobras*, du nom d'une entreprise pétrolière contrôlée par l'État. Cette dernière aurait soudoyé des membres de la coalition arrivée au pouvoir en 2003, portant à la tête de l'État son prédécesseur et mentor, Lula. Dilma Roussef a alors été ministre de l'énergie de 2003-2005, « ministre de tutelle de Petrobras », avant être membre du conseil d'administration de l'entreprise de 2005 à 2010. Les sommes versées par l'entreprise auraient permis, en 2000 puis en 2014, de financer les campagnes de la présidente destituée. Enfin, elle est accusée d'avoir nommé l'ancien président Lula, dont elle est proche, chef de cabinet afin de faire obstacle à des poursuites pénales qui allaient être déclenchées à l'encontre de ce dernier pour dissimulation de patrimoine [41].

Les députés engagent une procédure de destitution à son égard. Elle se pourvoit devant le Tribunal suprême fédéral qui rejette le 15 avril un recours du gouvernement d'annuler ladite procédure de destitution : la décision du tribunal a été adoptée par une majorité de 11 magistrats de la plus haute juridiction brésilienne.

La destitution a été votée le 17 avril par les 342 députés et 513 sénateurs, pour avoir l'approbation de la procédure. Le vote de la mise en accusation a eu pour effet d'écarter le président de la République pendant un délai maximum

39. J.-M. CROUZATIER, « Judiciarisation de la vie politique et politisation du pouvoir judiciaire : le constitutionnalisme thaïlandais à l'épreuve », in *Le pouvoir, mythes et réalité, Mélanges en hommage à Henry Roussillon*, tome 2, 2015, p. 832.

40. S. MONCLAIRE, « Le quasi-impeachment du président Collor. Questions sur la "consolidation de la démocratie" brésilienne », *Revue française de science politique*, n° *1*, 1994, p. 26.

41. F. CARPENTIER, « Destitution de Dilma Roussef : "farce juridique", "coup d'État constitutionnel" ou naissance d'une nouvelle convention de la Constitution », *RFDC*, *109*, 2017, p. 7-8.

de 180 jours dans l'attente d'un jugement final. Dans ces conditions, le vice-président Michel Temer est appelé à assurer la présidence de la République et à former un gouvernement.

Outre le Brésil, le Sénégal et la Thaïlande, le Niger constitue une autre illustration de l'intervention du juge constitutionnel dans le contrôle visant à moraliser la vie politique.

• ***Le rejet de la candidature pour moralité douteuse (Niger)***

Certaines législations africaines relatives aux élections politiques subordonnent la recevabilité d'une candidature à la présidentielle au respect d'exigence de morale. La violation de cette prescription entraîne la sanction du juge de la constitutionnalité des lois.

« Considérant que par décret n° 2010-759/PCSRD du 1er décembre 2010, le corps électoral est convoqué le lundi 31 janvier 2011 pour l'élection présidentielle 1er tour ;

Considérant qu'aux termes de l'article 47 al 4 de la constitution « Nul n'est éligible à la Présidence de la République s'il ne jouit d'un bon état de santé physique et mental, ainsi que d'une bonne moralité attestée par les services compétents. »

Considérant qu'en exécution de cette disposition, l'enquête de moralité diligentée par les services de la police nationale a relevé ce qui suit :

- certains candidats sont inconnus des services de police et sont de bonne moralité ;
- d'autres ont fait l'objet de convocation par la Commission de lutte contre la délinquance économique, financière et fiscale et pour la promotion de la bonne gouvernance dans la gestion des biens publics, pour justifier des sommes et/ou des biens présumés détournés au détriment de l'État ou de ses démembrements ;
- d'autres encore font l'objet de poursuites judiciaires pour les mêmes raisons.

Considérant néanmoins que l'enquête diligentée a conclu à leur bonne moralité ;

Qu'ils satisfont donc aux conditions exigées par l'article 47 al 4 de la constitution ;

Considérant que s'agissant du sieur Ibrahima Saïdou Maïga, l'enquête a relevé des faits défiant toute bonne moralité contenus dans le procès-verbal n° 398/1/DPJ du 8 septembre 2001, à savoir : escroquerie, abus de confiance par salarié, faux et usage de faux reconnus par l'intéressé qui, par ailleurs, a signé avec son employeur d'alors une transaction aux termes de laquelle il s'est engagé à démissionner et rembourser les sommes dont le détournement a été par lui reconnu ;

Considérant dès lors que la candidature du sieur Ibrahima Saïdou Maïga ne satisfait pas aux conditions exigées par l'article 47 al 4 sus indiqué ; qu'elle doit donc être rejetée [...] » [42].

Ces différentes décisions montrent un juge constitutionnel soucieux de la moralisation de la vie politique. Par ses interventions, il évite que des postulants, auteurs présumés d'actes de corruption soient élus président de la République. Ainsi pourraient-ils exploiter leur nouveau statut de chef de l'État pour sinon différer les poursuites ou du moins les éteindre.

---

42. Conseil constitutionnel de Transition, arrêt n° 02/10/CCT/ME du 22 décembre 2010.

Pour ne pas prendre de tels risques, certaines juridictions constitutionnelles, à l'instar de la Cour constitutionnelle centrafricaine de transition, ont préféré tout simplement écarter un candidat accusé de corruption alors que l'action judiciaire était en cours. Faisant fi de la présomption d'innocence, le juge constitutionnel de transition a anticipé sur d'éventuelles contestations dans un contexte de sortie de crise politique aiguë.

Dans ces conditions, la remarque de Stephane Bolle trouve toute sa pertinence : « Le Conseil constitutionnel de transition a usé – et abusé ? – de son pouvoir exorbitant d'appréciation d'une clause vague et générale : le juge peut autant faire preuve de rigueur que de mansuétude à l'égard de quiconque aurait une conduite incompatible avec les bonnes mœurs – privées –, serait mis en examen pour une infraction violant la morale publique ou serait notoirement soupçonné d'en avoir commis ou d'en commettre » [43].

Il reste enfin à jeter un regard furtif sur la rationalisation de la vie politique pour parachever l'étude des interventions du juge constitutionnel dans le domaine de l'assainissement des mœurs politiques.

3) La rationalisation juridictionnelle de la vie politique

Dans certains pays, le juge constitutionnel intervient de plus en plus dans la résolution de contentieux hautement politiques. Si auparavant, il était admis que le juge tranche les contentieux électoraux (élections présidentielle et législative [44]), il est désormais en première ligne dans les affrontements et litiges politiques. Ainsi certaines juridictions constitutionnelles contrôlent-elles des mandats parlementaires (validation, incompatibilité, déchéance), contrôle des partis politiques et dissolutions éventuelles des partis, contrôle du financement politique et lutte contre la corruption. Dans d'autres, les juridictions participent à la désignation de certaines autorités politiques, notamment les sénateurs et peuvent aussi déposer des projets de lois (Thaïlande). Ce qui met à rude épreuve la séparation des pouvoirs.

En Thaïlande, la Cour constitutionnelle prononça la dissolution du Parti TRT pour fraude électorale, infligea une interdiction d'exercer des activités politiques pendant cinq ans à cent onze des responsables du Parti. En effet, le TRT était accusé d'avoir acheté des petits partis pour qu'ils présentent des candidats dans certaines circonscriptions durant les élections d'avril 2006. La plupart des partis opposés à Thaksin avait décidé de boycotter les élections. Or, dans le cadre de candidatures uniques, la candidature thaïlandaise obligeait le candidat à obtenir au moins 20 % des suffrages pour être élus [45].

---

43. « Être de bonne moralité : la clause dangereuse », in www.la-constitution-en-afrique.org (consulté le 1er novembre 2017).
44. Au Cameroun, le juge constitutionnel est juge de la validation des mandats parlementaires. Il en est de même en Thaïlande.
45. J.-M. CROUZATIER, « Judiciarisation de la vie politique et politisation du pouvoir judiciaire : le constitutionnalisme thaïlandais à l'épreuve », in *Le pouvoir,*

Ces développements montrent la capacité des juridictions constitutionnelles à s'ériger en véritables promoteurs des principes de la bonne gouvernance. Par le contrôle des lois affectant le patrimoine des élus, par l'assainissement des mœurs politiques et la rationalisation de la vie politique, les juridictions constitutionnelles exercent un contrôle tant mesuré tantôt très poussé, attestant de l'audace du juge. C'est notamment le cas au Sénégal où le juge constitutionnel admet les atteintes au principe de la présomption d'innocence qui est un droit fondamental justifiant l'égalité des armes dans un procès.

De même, il est révélateur de la hardiesse du juge constitutionnel d'écarter de l'élection présidentielle pour des faits de corruption alors que l'action judiciaire était en cours. En plus, le juge constitutionnel semble apparaître comme le moteur de la démocratie et de l'État de droit, qui fait encore de lui un garant de la bonne gouvernance.

B. Un juge constitutionnel moteur de l'État de droit et de la démocratie

La démocratie telle qu'elle est perçue en Afrique est souvent réduite à la tenue d'élections régulières, libres et transparentes. Toutefois, l'appréciation de ces critères peut engendrer des dérives mettant en cause l'administration, les institutions électorales (Commissions électorales nationales autonomes ou indépendantes). Dès lors l'intervention des juridictions électorales s'avère délicate. Il y va dans certaines circonstances de la stabilité de l'État et de ses institutions constitutionnelles ainsi que de la cohésion de la Nation. La décision juridictionnelle peut revêtir des enjeux qui dépassent largement la double face à laquelle on le réduit : annulation/validation.

Il s'agira de montrer que le juge constitutionnel est à la fois arbitre de la gouvernance électorale (1), mais aussi un artisan de la gouvernance judiciaire (2) et un régulateur de l'activité financière de l'État (3).

1) Le juge constitutionnel, arbitre de la gouvernance électorale

Le juge constitutionnel intervient en amont et en aval des élections politiques. En amont, il contrôle la constitutionnalité des lois qui ont une incidence directe sur l'organisation des élections. À ce titre, il contrôle la loi portant organisation des élections présidentielle et législatives. Il peut également se prononcer sur la conformité à la constitution de la mise en place d'un organe indépendant chargé du management des élections. À cet effet, saisie par le chef de l'État le 30 novembre d'un contrôle de constitutionnalité, la Cour constitutionnelle du Bénin, par sa décision DCC 34-94 du 23 décembre 1994, affirme que la création de cet organe participe des prérogatives constitutionnelles du Parlement et ne viole donc pas le principe de la séparation des

---

mythes et réalité, *Mélanges en hommage à Henry Roussillon*, tome 2, 2015, p. 830.

pouvoirs, mais surtout reconnaît que la CENA s'apparente à une autorité administrative indépendante du pouvoir législatif et du pouvoir exécutif. En tant qu'autorité administrative indépendante, elle est liée à la recherche d'une formule permettant d'isoler dans l'administration de l'État un organe disposant d'une réelle autonomie par rapport au gouvernement, aux départements ministériels et au Parlement pour l'exercice d'attributions concernant le domaine sensible des libertés publiques, en particulier des élections honnêtes, régulières, libres et transparentes. Dans cette même décision, la Cour affirme que la CENA permet, d'une part, d'instaurer une tradition d'indépendance et d'impartialité en vue d'assurer la liberté et la transparence des élections, d'autre part, de gagner la confiance des électeurs, des partis et mouvements politiques [46].

En aval, le juge constitutionnel électoral veille sur la recevabilité des candidatures et tranche en dernière instance les réclamations portées contre les élections avant de proclamer les résultats définitifs. À cet égard, il peut annuler les élections et décider de la reprise du scrutin.

Au Mali, les élections législatives du 21 avril 1997 ont été annulées par la Cour constitutionnelle.

Récemment au Kenya, le second tour de l'élection présidentielle kenyane du 8 août 2017 a consacré la réélection du président sortant Uhuru Kenyatta avec 54, 27 % des voix contre l'opposant Raila Odinga qui a obtenu 44,74 % des suffrages. Dès le lendemain du scrutin, Monsieur Odinga avait soutenu que « Ce sont des fraudes d'une gravité monumentale. Il n'y a pas *eu d'élections hier ! (…) C'est une attaque contre notre démocratie ! »* [47].

Dans une décision du 1er septembre 2017, la Cour suprême, juge des élections a annulé le scrutin présidentiel. Selon le président de la Cour suprême, David Maraga, les élections n'avaient « pas été conduites en accord avec la constitution ». « À la question de savoir si les illégalités et irrégularités ont affecté l'intégrité de l'élection, la Cour est d'avis que c'est le cas ». Par conséquent, il a déclaré les résultats « invalides et nuls » [48].

---

46. Théodore HOLO, « L'émergence de la justice constitutionnelle », *Pouvoirs, 129*, p. 104.
47. Voir http ://www.lemonde.fr/afrique/article/2017/08/09/kenya-l-opposition-rejette-les-resultats-provisoires_5170220_3212.html#qcOq6ilbSyQMx56r.9.
48. *Le Monde* du 2 septembre 2017. « Ce jugement de la Cour suprême est une excellente décision, commente Nic Cheeseman, professeur à l'université de Birmingham et spécialiste du système électoral kényan. Elle montre qu'en *Afrique*, on ne se satisfait pas seulement de savoir qui est le vainqueur d'un scrutin, mais aussi de savoir si la Constitution et la loi électorale ont bien été respectées. Cela pose néanmoins de nombreuses questions. Comment *faire* pour que le prochain scrutin soit plus équitable ? Comment l'organiser en seulement soixante jours ? Faudra-t-il *changer* tous les membres de la Commission électorale, comme le demande Odinga ? Peut-être faudra-t-il que Kenyatta et lui se réunissent pour *revoir* tout le calendrier du scrutin ».

Cette situation montre la délicate mission du juge constitutionnel électoral pris entre le marteau du pouvoir politique et celui de l'opposition. Son office est rendu difficile du fait du comportement des acteurs politiques. En réalité, « sur toutes ces questions hautement politiques, les Cours et Conseils s'efforcent de tenir la barre égale entre les ambitions, les pressions et, parfois, les menaces en provenance, pêle-mêle de la classe politique et de l'opinion publique. Les tentatives deviennent presque intolérables lorsqu'il est demandé de trancher entre les candidats dont chacun est convaincu de son bon droit, et plus encore ses partisans [...] » [49].

À l'épreuve des faits, la gouvernance électorale est mise à rude épreuve par les dysfonctionnements de certaines Commissions électorales [50]. La crise électorale ivoirienne a révélé au grand jour les limites des institutions électorales notamment les CENI, CENA et même l'intervention de la Communauté internationale [51]. De même, la crise des Commissions électorales est devenue une réalité tangible avec les expériences de la Guinée Conakry, de la République démocratique du Congo, du Kenya, etc.

Ces institutions électorales qui, à l'origine avaient pour but de crédibiliser les processus électoraux et de pacifier l'espace politique sont devenues des facteurs de déstabilisation qui altèrent la qualité de l'élection.

Le bilan des Commissions électorales, dans leur mission de garantir des processus électoraux fiables et de réduire les contestations postélectorales est contrasté. Si dans certains pays les Commissions électorales se sont convenablement acquittées de leur mission, dans d'autres, elles sont à la recherche de leur autonomie pour éviter les crises électorales qui secouent le continent africain [52].

Ces limites de la gouvernance électorale ont eu pour conséquence la proposition d'un mandat unique pour favoriser l'alternance au pouvoir et dédramatiser l'élection politique d'un côté [53]. De l'autre, il a été préconisé

---

49. A. CABANIS, « Les Cours et Conseils constitutionnels, modernes régulateurs de la nouvelle gouvernance en Afrique », *Mélanges dédiés au doyen Francis V. Wodié*, Presses universitaires de Toulouse, 2016, p. 104.
50. E. H. O. DIOP, « La crise des Commissions électorales africaines », *Mélanges en l'honneur de Jean du Bois de Gaudusson, Espaces du service public*, Bordeaux, Presses universitaires de Bordeaux, 2013, p. 171-206.
51. A. S. BEUGRÉ, L'intervention des Nations Unies dans le conflit post électoral en Côte d'Ivoire, thèse de doctorat en droit public, université Cheikh Anta Diop, 2017, 386 p.
52. I.-M. FALL, M. HOUNKPE, A. L. JINADOU, P. KAMBALE, *Organes de gestion des élections en Afrique de l'Ouest, une étude comparative de la contribution des commissions électorales au renforcement de la démocratie,* Dakar, AfriMAP, OSIWA, 2011.
53. B. GUÈYE, « Le mandat unique : un mandat pour le Président de la République en Afrique », *Mélanges en l'honneur de Babacar Kanté, Actualité du droit public et de la science politique*, Paris, L'Harmattan, 2017, p. 205-2010.

l'instauration d'une Cour constitutionnelle internationale [54] qui aura entre autre attribution de supplanter les juridictions électorales nationales et de connaître en dernière instance de la contestation électorale.

Outre le domaine électoral, l'office du juge constitutionnel s'oriente vers le renforcement de l'institution judiciaire.

2) Le juge constitutionnel, artisan de la gouvernance judiciaire

La construction démocratique nécessite un État de droit fort, capable de soumettre les citoyens et les autres pouvoirs publics constitutionnels à la règle de droit [55]. Dans ce cadre, le juge constitutionnel, considéré comme le colosse dans les démocraties contemporaines, joue un rôle prépondérant. Son intervention vise à assurer la protection juridictionnelle du pouvoir judiciaire, aussi bien dans son existence que dans son action. Les piliers de l'État de droit que sont la séparation des pouvoirs, l'indépendance de la magistrature, l'inamovibilité des magistrats du siège, la présomption d'innocence, la non-rétroactivité de la loi sont consacrés par la jurisprudence constitutionnelle.

Au demeurant, selon Guy Canivet et Stephen Breyer (respectivement Premier président de la Cour de cassation française et juge à la Cour suprême des États-Unis) s'exprimant le 17 février 2007 sur les ondes de France Culture sur le thème « Penser la gouvernance judiciaire », le débat porte en fait sur les conditions d'un bon fonctionnement des tribunaux au regard des exigences de l'État de droit. La même formule, dans les documents internationaux, renvoie principalement au respect des libertés publiques et à la sécurité juridique des opérations économiques.

La réflexion et l'action en direction d'une « gouvernance judiciaire »

La gouvernance judiciaire de façon optimale n'a donc généralement pas d'autre but que d'assurer une meilleure contribution des tribunaux au développement économique et à la promotion de la démocratie, notamment dans

---

54. M. KAMTO, « Le contrôle de la mise en œuvre nationale des règles et standards internationaux de la démocratie en Afrique. Des chaînons manquants ? », *Démocratie en questions, Mélanges en l'honneur du professeur Théodore Holo,* Presses universitaires de Toulouse, 2017, p. 95-120 ; S. LAGHMANI, « Une Cour constitutionnelle internationale ? », *Mél. Henry Roussillon, Le pouvoir, Mythes et réalités*, Presses Universitaires de Toulouse, 2014, tome 1, p. 989-1002 ; Y. BEN ACHOUR, « Au service du droit démocratique et du droit constitutionnel international », *RDP* 2, 2014, p. 421 ; R. BEN ACHOUR, *Changements anticonstitutionnels de gouvernement et droit international, Cours à l'Académie de droit international*, Tunis 2016 ; R. BEN ACHOUR, *Droit international de la démocratie,* RCADI, 2016.
55. M. DIOP, *La gouvernance judiciaire. Promouvoir au Sénégal une justice moderne et efficiente*, Paris, L'Harmattan, 2017, 268 p.

le Tiers-Monde, domaine de prédilection des organisations non gouvernementales ou des institutions internationales [56].

Il y a lieu de relever quelques décisions juridictionnelles à titre d'illustration.

À cet égard, le juge constitutionnel a invoqué la séparation des pouvoirs pour éviter la destitution du chef de l'État à Madagascar en 2015.

> « Considérant que la Constitution de la quatrième République instaure un régime semi-présidentiel, un régime de séparation souple des pouvoirs et de collaboration des pouvoirs ; que l'autonomie des organes n'est pas la conséquence de l'isolement des organes mais, au contraire, celle de leur rapprochement et des actions qu'ils peuvent exercer à l'égard des autres organes ; que dans la pratique de ce type de régime, le Président de la République peut rencontrer aussi bien les députés de sa majorité que ceux de l'opposition ;
> Considérant que, compte tenu de la nature pénale des griefs allégués contre le Président de la République, il est des principes généraux de droit en matière d'infraction pénale que l'auteur doit faire l'objet de poursuite par le ministère public qui met en mouvement l'action publique en sa qualité de maître de la poursuite ; que ce principe n'a pas été respecté ;
> Considérant que dans le cas d'espèce, le Président de la République a fait l'objet seulement de mise en accusation par des députés mais non encore poursuivi ;
> Considérant que de tout ce qui précède, la requête de mise en accusation aux fins de déchéance du Président de la République, n'est pas fondée » [57].

Au Sénégal, la volonté des autorités politiques de résorber le déficit de magistrats les amène à adopter une loi modifiant la loi organique n° 92-23 du 30 mai 1992. Elle prévoit en son article 4 abrogeant et remplaçant l'article 69 que les agents de l'État titulaires de la maîtrise en droit exerçant avant l'entrée en vigueur de la présente loi organique et désignés par le garde des sceaux, ministre de la justice pour le déficit du nombre de magistrats, dans certaines juridictions, peuvent, après un stage concluant de six mois dont les modalités seront fixées par décret, être nommés dans le corps de la magistrature.

Le juge constitutionnel déclare cette loi non conforme à la constitution pour rupture du principe d'égalité. On note l'absence de condition d'ancienneté dans la désignation des magistrats titulaires d'une maîtrise en droit, alors que cette condition est exigée pour les autres magistrats qui peuvent être nommés sur titre, ces nouveaux magistrats ne devant suivre qu'un stage concluant de six mois tandis que les suppléants – premier échelon de la hiérarchie judiciaire – doivent être titulaires d'une maîtrise, passer le concours et suivre une formation de deux ans. Enfin, cette nomination peut intervenir

---

56. J. FICET, « Les ambigüités de la gouvernance judiciaire : autorégulation et qualité dans le Ministère », *Revue Gouvernance*, Printemps 2008, p. 2.
57. Haute Cour Constitutionnelle de Madagascar, Décision n° 24-HCC/D3 du 12 juin 2015 relative à la résolution de mise en accusation du Président de la République Hery Rajaonarimampianina.

sans l'avis du Conseil supérieur de la magistrature. En conséquence, selon le Conseil constitutionnel : « de telles lacunes et discriminations, non conformes aux normes internationales relatives à la qualification, à la sélection et à la formation des personnes devant remplir les fonctions de magistrats, sont susceptibles d'engendrer des iniquités et des situations arbitraires contraires au principe d'indépendance des juges, garanti par la constitution, et au principe d'égalité, également reconnu par la constitution [...] » [58].

Dans le même ordre d'idées, le juge constitutionnel veille au respect de l'inamovibilité des magistrats du siège. Pour sanctionner la violation de ce principe fondamental indispensable pour la crédibilité de la justice et le renforcement de l'État de droit, le juge constitutionnel considère que : « le respect du principe d'inamovibilité exige que le magistrat du siège ait été individuellement consulté à la fois sur les nouvelles fonctions qui lui sont proposées et les lieux précis où il est appelé à les exercer ; que les éléments de cette consultation constituent les conditions de la procédure minimale exigée pour la garantie de l'indépendance des magistrats du siège ; que la lettre précitée du garde des sceaux, ministre de la justice [...] n'ayant porté que sur le lieu d'affectation ne satisfait pas au principe d'inamovibilité des juges ; que, dès lors, les décrets d'affectation déférés ne sont pas conformes à la constitution » [59].

Outre la protection du statut de la magistrature, les principes du procès équitables sont reconnus par la jurisprudence constitutionnelle. Dans ce cadre, les principes de la présomption d'innocence [60], le principe du contradictoire, les droits de la défense [61], la non-rétroactivité de la loi sont valorisés par la justice constitutionnelle.

Les interventions du juge dans le domaine de la gouvernance judiciaire participent à la consolidation de l'État de droit. Cette entreprise est confortée par la création d'un environnement propice à l'épanouissement du service public de la justice. Dans ce cadre, « la réforme des institutions judiciaires en vue d'une meilleure administration de la justice est en effet caractéristique des progrès en coûts dans l'édification de l'État de droit : révision du statut de la magistrature et amélioration des conditions de vie des magistrats, création de nouvelles juridictions, réorganisation des barreaux africains, révision du statut des avocats, équipements et modernisation des palais de justice,

58. Sénégal, CC. Décision15/94, affaire n°2/C/94 du 27 juillet 1994.
59. Bénin, CC. Décision DCC97-033 du 10 juin 1997, Dako Fortuné, Kakpo Damien, Rec. 1997, p. 137. Pour un commentaire de la décision, voir M. NICAISE, *Les grandes décisions de la Cour constitutionnelle du Bénin*, Éditions universitaires européennes, p. 140-144.
60. Bénin, CC. Décision DCC 08-099 du 3 septembre 2008 Jean-Charles Gnonhoué, Voir M. NICAISE, *Les grandes décisions de la Cour constitutionnelle du Bénin, op. cit*, p. 349.
61. Bénin, CC. Décision DCC 04-046 du 23 avril 2004 Lamissi Fidèle, Rec., 2004, p. 201.

sont entre autres, autant de mesures entreprises dans de nombreux États, bien souvent avec le concours des bailleurs de fonds internationaux, dans le but d'accroître l'efficacité de la justice »[62].

3) La régulation juridictionnelle de l'activité financière de l'État

La bonne gouvernance implique une bonne gestion des comptes publics. Elle nécessite également la reddition des comptes pour tout gestionnaire de deniers publics. Dans ce cadre, l'activité des juridictions constitutionnelles est primordiale dans la régulation de l'activité financière et des comptes publics. Ainsi, le juge constitutionnel use de son pouvoir d'interprétation pour assurer la réception de la règle de concurrence au niveau constitutionnel. On remarque la décision n° 2001-450 DC du 11 juillet 2001 relative à la loi portant diverses dispositions d'ordre social, éducatif et culturel : à cette occasion, après avoir rappelé que « le principe d'égalité ne s'oppose ni à ce que le législateur règle de façon différente des situations différentes, ni à ce qu'il déroge à l'égalité pour des raisons d'intérêt général, pourvu que, dans l'un et dans l'autre cas, la différence de traitement qui en résulte soit en rapport direct avec de la loi (considérant 7) », la Haute juridiction conclut que : « Les dispositions qui lui sont déférées ne portent pas par elles-mêmes aucune atteinte à l'égalité entre entreprises d'investissement susceptibles de participer aux appels d'offres ouverts dans le cadre de la gestion du Fonds... (et) qu'au demeurant, il appartiendra tant aux autorités de contrôle qu'au juge compétent saisi par toute personne intéressée de veiller au respect du principe d'égalité qui, en l'espèce, implique la libre concurrence (considérant 10) »[63].

Dans une autre décision n° 2006-543 du 30 novembre 2006 sur la loi relative au secteur de l'énergie, le Conseil constitutionnel français reconnaît officiellement une valeur constitutionnelle à la règle de concurrence sous forme de l'obligation de respect par la loi de l'objectif d'ouverture à la concurrence dans un marché. Invoquant l'article 88-1 de la constitution qui dispose que : « la transposition en droit interne d'une directive communautaire résulte d'une exigence constitutionnelle », la Haute juridiction conclut alors que les dispositions déférées « méconnaissent manifestement l'objectif d'ouverture des marchés concurrentiels de l'électricité et du gaz fixé par les directives précitées... qu'il y a lieu dès lors de les déclarer contraires à l'article 81-1 de la constitution ».

En Afrique, les juridictions constitutionnelles ont profité de l'examen de la conformité à la constitution des lois de finances pour développer une véri-

62. L. DONFACK SOKENG, « État de droit, Bonne gouvernance et développement », *Mélanges Babacar Kanté, op. cit,* p. 839.
63. Voir l'analyse *de* M. BAZEX, « Le Conseil constitutionnel, régulateur du marché », *Mélanges dédiés au doyen Francis V. Wodié*, Presses universitaires de Toulouse, 2016, p. 805.

table jurisprudence financière. C'est à l'occasion du contrôle *a priori* qui se déroule avant la première opération de l'exécution de la loi de finances. Ce contrôle qui intervient avant la promulgation de la loi de finances. Il est exercé par les Cours et Conseils constitutionnels [64].

Ainsi a-t-il été consacré le principe de l'autonomie financière du Parlement. En réalité, il s'agit de crédits budgétaires affectés au Parlement. Le juge constitutionnel est saisi de la question de savoir si le gouvernement avait le droit de modifier les montants des crédits budgétaires sollicités et votés par le Parlement. La Cour constitutionnelle a jugé que :

> « l'Assemblée nationale (...) a adopté un budget qui s'élève à 11 283 162 533 francs CFA ; que le gouvernement (...) a ramené le budget à la somme de 10 103 904 000 francs CFA que (...) lors de sa séance extraordinaire du 5 octobre 2010, le Conseil des ministres a adopté un projet de loi de finances gestion 2011, auquel a été intégré un projet de budget de l'Assemblée nationale différent de celui qu'elle a voté (...) que l'Assemblée nationale refuse de voter le budget général de l'État tant que n'y sera pas intégré son budget initial ; (...) Considérant que l'autonomie financière prévue à l'article 141 sus-cité ne saurait se confondre avec un budget autonome entendu comme « budget ou état de prévision distinct de la loi de finances de l'État qui englobe les dépenses et les recettes des services dotés de la personnalité morale, et donc juridiquement distinct » (...) qu'il s'ensuit que seuls les démembrements de l'État que sont les collectivités locales, et les organismes publics pouvant disposer de ressources propres en quantité suffisante pour exercer sans difficultés financières majeures les compétences qui leur sont dévolues, bénéficient réellement de l'autonomie financière (...) qu'ainsi, le budget de l'Assemblée nationale, ne comportant aucun élément de ressources, ne saurait techniquement conférer à la dite Assemblée l'autonomie financière qui, en droit des finances publiques s'analyse comme la « situation d'une collectivité ou d'un organisme disposant d'un pouvoir propre de gestion de ses recettes et de ses dépenses, regroupées en un budget ou dans un document équivalent... » (...) ; que, dès lors, l'expression "autonome financière" utilisée dans le Règlement intérieur de l'Assemblée nationale doit en réalité s'analyser comme une autonomie de gestion de ses dépenses à partir d'un budget propre, préparé par elle, voté par sa plénière, dans le strict respect de l'équilibre économique et financier de la Nation » [65].

Dans une autre décision relative à l'augmentation des charges publiques nécessitant des recettes compensatoires, le juge constitutionnel a jugé que :

> « Considérant qu'il ressort de la lecture combinée et croisée de ces dispositions et de la correspondance du ministre chargé des Relations avec les institutions, porte-parole du gouvernement, que l'adoption de la loi sur le service militaire d'intérêt national aura pour conséquence la création ou l'aggravation d'une charge publique ; qu'une telle proposition ne peut donc être recevable que si elle est

---

64. N. MEDE, *Finances publiques. Espace UEMOA/UMOA*, Paris, L'Harmattan, CREDILA, 2016, p. 324.
65. Cour constitutionnelle du Bénin, Décision DCC 10-44 du 14 décembre 2010, *Raphaël Akotègnon*. Voir N. MEDE, *op. cit*, p. 258.

accompagnée d'une proposition d'augmentation de recettes ou d'économies équivalentes conformément aux articles 107 de la Constitution et 74.5 du Règlement intérieur de l'Assemblée nationale précités ; que cette proposition d'augmentation de recettes ou d'économies équivalentes doit donc émaner des députés qui ont proposé la loi et non du Gouvernement ; qu'en acceptant cette proposition de loi, le Président de l'Assemblée nationale a méconnu les dispositions des articles 107 de la Constitution et 74.5 du Règlement intérieur de l'Assemblée nationale ; qu'il s'ensuit que l'adoption dans ces conditions de la loi portant institution de service militaire d'intérêt national est contraire à la Constitution » [66].

Cette même position a été retenue par le juge constitutionnel au Sénégal. En effet saisi de la question de savoir si la loi portant création de délégations spéciales est conforme à la constitution, le juge constitutionnel a répondu favorablement et a estimé en vertu de l'article 82 alinéa 2 de la constitution, qui dispose que : « les propositions et amendements formulés par les députés ne sont pas recevables lorsque leur adoption aurait pour conséquence, soit une diminution des ressources publiques, soit l'aggravation d'une charge publique, à moins que ces propositions ou amendements ne soient assortis de propositions de recettes compensatoires » [67].

Ailleurs, pour apprécier l'insuffisance des dotations budgétaires électorales qui ne couvraient pas les besoins de la Cour constitutionnelle dans ce domaine, le juge constitutionnel a fait remarquer, sur la base de l'article 93 de la constitution, que : « la Cour constitutionnelle jouit de l'autonomie financière. Les crédits nécessaires à son fonctionnement sont inscrits dans la loi de finance ». En conséquence, la Cour considère que, « pour être déclarée conforme à la constitution, la loi de finances de 2006 doit réserver dans le budget de la Cour constitutionnelle les dotations ci-après, relatives au contrôle de la régularité de l'élection des députés à l'Assemblée nationale, soit les sommes respectives de neufs cent millions (900 000 000) par le ministre chargé des finances et cinq cent millions (500 000 000) de CFA en équipement par le ministre de la planification » [68].

À la lumière de ces interventions, le juge constitutionnel s'est présenté comme un moteur de l'État de droit. Cette situation tranche résolument avec la situation d'antan caractérisée par la situation misérable de l'institution judiciaire dans certains pays [69]. Aujourd'hui, les mesures salutaires adoptées

---

66. Cour constitutionnelle du Bénin, Décision DCC 07-083 du 6 août 2007, Yibathou Sanni-Glélé *et al.*
67. M. ZAKI, « Droit d'amendement des députés et principe de libre administration des collectivités locales : Observations sous Décision 4/C du Conseil constitutionnel sénégalais, en date du 11 décembre 2001 », in *Revue électronique afrilex* (consulté le 17 janvier 2018).
68. Cour constitutionnelle du Gabon, Décision n°003/CC du 12 janvier 2006 relative au contrôle de constitutionnalité de la loi de finance de l'exercice 2006.
69. E. BOSHAB, « La misère de la justice et la justice de la misère en République Démocratique du Congo », *Revue de la recherche juridique*, 1998, p. 1171.

un peu partout tendent à la réhabilitation du service public de la justice dans un contexte de prise de conscience de la justice comme pilier central de la démocratie. En plus de la participation à l'assainissement des mœurs politiques et la moralisation de la vie politique, le juge constitutionnel se présente comme un élément moteur dans la pacification de la vie politique. Ainsi rappelle-t-il aux hommes politiques leur responsabilité dans la construction et le maintien d'un climat pacifique. La gouvernance publique ne peut s'épanouir et se réaliser dans des systèmes politiques en construction sans la création d'un climat pacifique propice à l'exercice serein des libertés publiques.

En plus d'être le garant de la bonne gouvernance, le juge constitutionnel apparaît aussi comme un véritable promoteur de la bonne gouvernance.

II. Un juge constitutionnel promoteur de la bonne gouvernance

Le juge constitutionnel a joué un rôle remarquable dans la protection des droits fondamentaux. Cette posture assouplit les critiques qui lui sont souvent adressées. De ce fait, il a participé activement à l'encadrement et à la limitation de l'excès de pouvoir du législateur.

De même, il a découvert dans le cadre de son office plusieurs principes à valeur constitutionnelle qui ont permis de préciser et de rendre plus effectives certaines dispositions constitutionnelles.

Dans le même ordre d'idées, il a promu plusieurs principes indispensables à l'affermissement de la bonne gouvernance. L'office du juge constitutionnel dans la découverte des principes de la gouvernance (A), si nécessaire qu'il soit, n'en pose pas moins la question de son rôle dans les démocraties contemporaines (B), ainsi que celle de sa légitimité (C).

A. La consécration prétorienne des principes de la gouvernance publique

La responsabilité, l'indépendance, la transparence, le pluralisme démocratique, le consensus sont entre autres les principes qui sont au cœur de la gouvernance. Le juge constitutionnel s'efforce dans son office d'assurer le respect de ces principes. En dehors de la responsabilité, quelques développements sommaires leur seront consacrés pour donner plus de consistance à la démonstration.

1) La transparence

Le principe de transparence peut avoir plusieurs déclinaisons. Dans le domaine électoral [70], il regorge des enjeux importants, car son invocation est

70. A. SABE, Le principe de transparence des élections en droit public africain, à partir des cas béninois, sénégalais et togolais, thèse de droit, université Montesquieu, 2013, 538 p.

susceptible de susciter des affrontements entre les partis et candidats à la compétition politique. Dès lors, la législation électorale de certains pays reconnaît ce principe et en fait un objectif fondamental pour la crédibilité des processus électoraux. Ainsi au Sénégal, par exemple, c'est l'article L.2 du code électoral qui en fait mention. Il dispose que la CENA « fait respecter la loi électorale de manière à assurer la régularité, la transparence, la sincérité des scrutins... ». De même, l'article 11 de la loi électorale togolaise dispose que la CENI est « chargée notamment (...) de l'élaboration des textes, actes et procédures devant, d'une part assurer la régularité, la sécurité, la transparence des scrutins... ».

Le juge constitutionnel africain a tantôt érigé le principe de transparence électorale en principe à valeur constitutionnelle, tantôt il en fait l'instrument de mesure de la régularité des élections ou de la conformité d'une loi à la constitution. Dans cette perspective, la Cour constitutionnelle du Bénin a exigé la prise en compte de cette configuration comme commandée par l'exigence de transparence des élections. Elle estime, en particulier que le « respect du principe à valeur constitutionnelle de la transparence dans la gestion des élections commande que le bureau de la CENA comprenne impérativement les représentants des différentes institutions et organisations » [71].

Toujours au Bénin, dans sa décision DCC 10-49 du 5 avril 2010, le juge constitutionnel béninois soutient que la loi n° 2010-12 portant abrogation de la loi n° 2009-10 du 13 mai 2009, votée le 18 mars 2010 par l'Assemblée nationale est contraire à la constitution. Elle constate à cet égard

> « qu'il est unanimement acquis que la LEPI garantit une élection transparente ; qu'en tout état de cause, la confection d'une telle liste constitue une avancée par rapport à l'ancienne méthode d'enregistrement manuel des électeurs, souvent sujette à des contestations ; qu'ainsi, toute nouvelle législation devant intervenir en cette matière, doit être de nature à accélérer et faire progresser la transparence et le processus d'élaboration de la liste électorale permanente informatisée en cours et non l'arrêter, le ralentir ou le faire reculer ; qu'en conséquence, il échet pour la Cour de dire et juger que l'adoption de la loi n° 2010-12 par les députés le 18 mars 2010 constitue une négation de la libre et transparente expression de la souveraineté du peuple, et par conséquent une violation de la constitution » [72].

Si la transparence est indispensable à la crédibilité des processus électoraux, il en va de même de l'indépendance de la justice et des organes de contrôle de l'État.

2) L'indépendance

L'indépendance de la justice est un principe essentiel du fonctionnement des démocraties contemporaines. Si la justice n'est pas indépendante, il y a à

71. CC. Décision DCC 05-124 du 7 octobre 2005 de la Cour constitutionnelle.
72. CC. Décision DCC 10-049 du 5 avril 20101, relative à la loi abrogatoire de la liste électorale permanente informatisée.

craindre pour la liberté des citoyens [73]. Cette indépendance découle de la séparation des pouvoirs. Montesquieu soulignait avec force qu'il faut que par la disposition des choses le pouvoir arrête le pouvoir. Dès lors, « il n'y a point de liberté si la puissance de juger n'est pas séparée de la puissance législative et de l'exécutif ».

L'indépendance du juge est gage de son impartialité. La partialité du juge est le plus grand danger auquel le système judiciaire est confronté. Ainsi que l'a souligné de manière remarquable M-A Frison-Roche, elle est l'essence même de la juridiction :

> « La juridiction, écrit-elle, est donc la pierre angulaire, qui permet au droit d'être effectif, c'est-à-dire tout simplement d'exister. Sans juge, il n'y a pas vraiment de droit. Mais imaginons que la juridiction soit partiale, c'est-à-dire que le juge soit corrompu, conquis, acquis à une cause ou à une partie. L'acte même de juger est alors atteint dans son essence. Sans craindre la mesure des mots, on peut alors dire que le droit est alors précipité dans le chaos, car son ordre est détourné, substantiellement nié, et sa puissance livrée tout entière au caprice de la juridiction. La violation du principe d'impartialité est donc proprement "insupportable". Le juge doit être neutre par rapport à la situation qu'on lui soumet, par rapport à la personne des parties qui argumentent devant lui, par rapport à la loi qu'il a en charge d'appliquer. Comme cela a été justement dit, il doit garder distance » [74].

Ainsi, l'indépendance de la justice est consacrée par les constitutions africaines. Le juge constitutionnel a eu, à maintes reprises, à affirmer la constitutionnalité de ce principe.

Au Sénégal, les magistrats ont dénoncé récemment l'immixtion intempestive de l'exécutif dans le fonctionnement de la justice. La gestion de la carrière des magistrats, les pouvoirs exorbitants du procureur, le rôle du ministre de la justice ainsi que la présence du chef de l'État comme président du Conseil supérieur de la magistrature ont été stigmatisés [75].

Le juge constitutionnel est intervenu à plusieurs reprises pour affirmer l'indépendance du pouvoir judiciaire. Dans la même veine, l'inamovibilité des magistrats, le respect de la séparation des pouvoirs, l'autorité de chose jugée ont aussi été consacrées par les décisions des juridictions constitutionnelles.

On peut illustrer ces observations à l'aide d'un exemple. Dans sa décision 2007-551 DC du 1er mars 2007, le Conseil constitutionnel français a censuré plusieurs dispositions de la loi organique relative au recrutement, à

---

73. M. KAMARA, « Les nouveaux enjeux de l'indépendance de la justice », in Colloque national a été tenu les 28 et 29 décembre 2017 à l'hôtel King Fahd Palace de Dakar, p. 6.
74. *« L'impartialité du juge »*, *Rec. Dalloz*, 1999, p. 53-57.
75. Interview avec Souleymane Teliko : Le coup de gueule du Président des magistrats », *L'Observateur*, n° *4283* vendredi 5 janvier 2018, p. 10-11. Voir aussi *L'Enquête* n°*1957*, vendredi 5 janvier 2018.

la formation et à la responsabilité des magistrats. Dans le dixième considérant de sa décision, le Conseil affirme que « l'article 16 de la Déclaration de 1789 et l'article 64 de la constitution garantissent l'indépendance des juridictions ainsi que le caractère spécifique de leurs fonctions sur lesquelles ne peuvent empiéter ni le législateur, ni le gouvernement non plus qu'aucune autorité administrative ». Puis, dans son considérant 11, le Conseil estime qu'en conférant au Médiateur un certain nombre de prérogatives « le législateur organique a méconnu tant le principe de séparation des pouvoirs que celui de l'indépendance de l'autorité judiciaire ». D'où il conclut que ces dispositions sont contraires à la constitution [76].

Dans le même sillage, le juge constitutionnel africain a affirmé le respect du principe d'inamovibilité. Selon lui, « [...] en l'absence de tout texte définissant avec précision le principe d'inamovibilité et en conformité avec l'esprit de la constitution du 11 décembre 1990, les magistrats du siège ne sauraient être sous la dépendance du pouvoir exécutif qui ne peut, sans observer une procédure minimale tendant à garantir cette indépendance, les nommer aux diverses fonctions [...] » [77]. En conséquence, « [...] le respect du principe d'inamovibilité exige que le magistrat du siège ait été individuellement consulté à la fois sur les nouvelles fonctions qui lui sont proposées et les lieux précis où il est appelé à les exercer ; que les éléments de cette consultation constituent les conditions de la procédure minimale exigée pour la garantie de l'indépendance des magistrats du siège ; que la lettre précitée du garde des sceaux, ministre de la justice, de la législation et des droits de l'homme n'ayant porté que sur le lieu d'affectation ne satisfait pas au principe d'inamovibilité des juges ; que, dès lors, les décrets d'affectation déférés ne sont pas conformes à la constitution [...] » [78].

Il ressort de cette décision que l'inamovibilité est une garantie de l'indépendance du pouvoir judiciaire [79]. Ainsi on perçoit la principale finalité du principe. En vérité, en assurant au magistrat du siège cette règle cardinale, le constituant entend protéger l'indépendance du pouvoir judiciaire. Elle se présente comme le gage du respect d'un principe plus général, celui de l'indépendance du pouvoir judiciaire [80].

L'exercice de la fonction juridictionnelle présuppose que le magistrat du siège soit à l'abri de toute influence. Comme l'observe utilement la doctrine,

76. Voir l'analyse de J.-M. DENQUIN, « Situation présente du constitutionnalisme. Quelques réflexions sur l'idée de démocratie par le droit », in *juspoliticum*, (consulté le 22 janvier 2018), p. 8.
77. Cour constitutionnelle du Bénin, Décision, DCC 97-033 du 10 juin 1997.
78. Décision précitée.
79. Voir Rapport général du Colloque national, qui a été tenu les 28 et 29 décembre 2017 à l'hôtel King Fahd Palace de Dakar, p. 30.
80. J. DJOGNENOU, « Observations », in *Annuaire béninois de justice constitutionnelle* (ABC), Dossier spécial. *21 ans de jurisprudence constitutionnelle (1991-2012)*, I-2013, Presses universitaires du Bénin, p. 620.

« un juge qui craint pour sa place ne rend plus la justice ». En conséquence, l'inamovibilité est une garantie contre le pouvoir politique qui, se doit de la protéger. *A contrario*, l'amovibilité ferait du magistrat un serviteur des intérêts politiques [81].

Outre l'indépendance de la justice, le pluralisme et le consensus demeurent des principes utiles à la gouvernance.

3) Le pluralisme démocratique

Principe fondamental des démocraties contemporaines, « le pluralisme réside dans la variété des opinions et des conduites. Une société est de caractère pluraliste quand les différentes conséquences de la liberté d'opinion sont admises et traduites dans les faits » [82].

De ce point de vue, « L'exigence de pluralisme constitue le fondement de la démocratie. Le lien entre pluralisme et démocratie est fondé sur le respect de l'authenticité de la personne humaine, le pluralisme affirme la légitimité de toutes les tendances, de toutes les convictions à s'exprimer librement et à participer librement à la compétition dont le pouvoir est l'enjeu » [83].

Dans une décision récente du 31 mai 2017, le juge constitutionnel français a considéré qu'

> « il appartient également au législateur de déterminer des règles propres à donner aux partis et groupements politiques qui ne sont pas représentés à l'Assemblée nationale un accès aux antennes du service public de nature à assurer leur participation équitable à la vie démocratique de la Nation et à garantir le pluralisme des courants d'idées et d'opinions » et que « les modalités selon lesquelles le législateur détermine la durée d'émissions attribuées aux partis et groupements politiques qui ne disposent plus ou n'ont pas encore acquis une représentation à l'Assemblée nationale ne sauraient ainsi conduire à l'octroi d'un temps d'antenne manifestement hors de proportion avec leur représentativité, compte tenu des modalités particulières d'établissement des durées allouées aux formations représentées à l'Assemblée nationale » [84].

Enfin, le consensus sur les institutions, sur les règles du jeu démocratique, constitue un principe essentiel à la pérennité de la gouvernance.

---

81. *Ibid.*, p. 621.
82. J.-P. BIZEAU, « Pluralisme et démocratie », *RDP, 1993*, p. 19.
83. G. BURDEAU cité par J.-P. BIZEAU, *op. cit.*, p. 514.
84. CC. N°2017-651 QPC, 31 mai 2017, Association En marche !, *AJDA*, 2017. 1142. Voir aussi l'analyse de M. CHARTE, « Le principe du pluralisme interprété à la lumière du phénomène de recomposition de la vie politique, avatar du concept de "constitution vivante" », Note sous QPC, 31 mai 2017, Association En marche ! *Revue générale de droit*, in www ;revuegeneraledudroit.eu (consulté le 17 janvier 2018).

4) Le consensus

Présentée comme une condition nécessaire à l'alternance, le consensus surtout sur les valeurs, les règles et le régime politique est indispensable pour la réalisation de l'alternance. « Un consensus minimum où se rejoindraient une majorité et une opposition accordées sur l'essentiel... bref l'acceptation des fondements du régime et de la société », dit Alain Peyrefitte dans *Le mal français* [85].

Le consensus national a été dégagé dans une décision mémorable de la Haute juridiction. Saisie d'une loi portant modification de la constitution qui a été adopté par une large majorité des députés de l'Assemblée nationale, la Cour constitutionnelle s'est fondé sur le principe du consensus national pour invalider la prorogation du mandat des députés. Selon le juge constitutionnel :

> « Considérant que ce mandat de quatre (4) ans, qui est une situation constitutionnellement établie, est le résultat du consensus national dégagé par la Conférence des Forces vives de la nation de février 1990 et consacré par la constitution en son préambule qui réaffirme l'opposition fondamentale du peuple béninois à ... la confiscation du pouvoir ; que même si la constitution a prévu les modalités de sa propre révision, la détermination du peuple béninois à créer un État de droit et de démocratie pluraliste, la sauvegarde de la sécurité juridique et de la cohésion nationale commandent que toute révision tienne compte des idéaux qui ont présidé à l'adoption de la constitution du 11 décembre 1990, notamment le consensus national, principe à valeur constitutionnelle ; qu'en conséquence, les articles 1 et 2 de la loi constitutionnelle n° 2006-13 adoptée par l'Assemblée nationale le 23 juin 2006, sans respecter le principe à valeur constitutionnelle ainsi rappelé, sont contraires à la constitution ; et sans qu'il soit besoin de statuer sur les autres moyens... » [86].

Cette décision a été saluée par la doctrine africaine en ce qu'elle marque un coup d'arrêt aux velléités réformatrices de la constitution qui devient une ressource politique au service de l'ordre dirigeant. Plusieurs révisions constitutionnelles ont eu pour effet de faire sauter le verrou du mandat présidentiel instaurant une présidence à vie [87]. Dès lors, il convenait freiner le législateur constituant. Ainsi la Cour constitutionnelle du Bénin a-t-elle été érigée en modèle de référence duquel devrait s'inspirer ses homologues moins téméraires avec les lois constitutionnelles.

À l'analyse, le juge de la constitutionnalité invoque les principes et valeurs de la Conférence nationale des Forces Vives pour s'opposer à la volonté du législateur constituant. En réalité, il aurait élevé les principes

---

85. Cité par L. HAMON, « Nécessité et condition de l'alternance », *Revue Pouvoirs*, n° *1*, 1977 (juin 1984), p. 32.
86. Cour constitutionnelle du Bénin, Décision n° 2006-13 du 23 juin 2006.
87. D. BREILLAT, « Le mandat non renouvelable », *in Démocraties en questions, Mélanges en l'honneur du Professeur Théodore Holo,* Presses Universitaires de Toulouse, 2017, p. 403-428.

invoqués à la dignité de principes constitutionnels avant d'en faire application. En réalité, il aurait élevé les principes invoqués à la dignité de principes constitutionnels avant d'en faire application à l'effet d'invalider la loi de révision constitutionnelle.

Dans la même veine, le juge constitutionnel a relevé dans une autre décision que

> « … le consensus, principe à valeur constitutionnelle, tel qu'affirmé par la Décision DCC 06-074 du 08 juillet 2006 de la Haute juridiction de céans, préoccupe légitimement tous les acteurs de la vie sociale ; que le consensus, loin de signifier l'unanimisme, est d'abord un processus de choix ou de décision sans passer par le vote ; qu'il permet, sur une question donnée, de dégager par une voie appropriée, la solution satisfaisant le plus grand nombre de personnes ; qu'en l'espèce, il est constant que le consensus est établi sur la LEPI depuis 1999 et confirmé par la loi n° 2009-10 du 13 mai 2009 votée à une très large majorité ; qu'en matière électorale, le consensus doit autant que possible être constamment recherché sans pour autant constituer une source de ralentissement excessif, de blocage ou de perversion d'un processus, de la mise en œuvre d'une décision déjà acquise ou de l'accomplissement d'une mission confiée à une institution quelconque de la République ; qu'en ce qui concerne le fonctionnement interne de chacun des organes chargés de réaliser le RENA et la LEPI, il repose sur son Règlement Intérieur qui peut en cas de nécessité être réaménagé ; qu'en conséquence, le défaut de consensus sur des points techniques d'exécution, ne peut nullement fonder l'abrogation de la loi ayant créé l'organe en cause » [88].

La promotion des principes de la gouvernance fait du juge constitutionnel un acteur incontournable des démocraties contemporaines.

B. Le juge constitutionnel, un acteur incontournable des démocraties contemporaines

Le rôle central des juridictions constitutionnelles dans les démocraties contemporaines les amène à exercer des fonctions latentes. À cet effet, les Cours et Conseils constitutionnels participent à la redéfinition des principes indispensables à la gouvernance publique. Ainsi, la protection des droits fondamentaux, le cantonnement des différents pouvoirs constitutionnels dans leurs champs de compétence respective et l'attestation de la volonté populaire lors des élections présidentielles font des juridictions constitutionnelles des acteurs majeurs. De même, ils s'érigent en contrepouvoirs nécessaires dans les démocraties.

Il s'agira ainsi d'insister sur la fonction pédagogique des juridictions constitutionnelles (1), la défense de l'ordre constitutionnel (2), le rôle pacificateur du juge constitutionnel (3). Ces différentes interventions du juge constitutionnel n'en posent pas moins la question de sa légitimité (4).

88. Cour constitutionnelle Bénin, Décision DCC 10-49 du 5 avril 2010.

1) La pédagogie de la juridiction constitutionnelle au service de la gouvernance publique

Dans le cadre de ses relations avec la gouvernance publique, la justice constitutionnelle exerce une fonction pédagogique qui lui permet d'influencer le fonctionnement des autres institutions et le comportement des hommes politiques. C'est une fonction de conseil, de rappel des principes démocratiques et républicains.

Ainsi le juge constitutionnel saisit la fonction consultative pour distiller des conseils aux gouvernants. En réalité, cela se présente comme un contrôle en prévention de constitutionnalité. Ainsi, saisi de la question de savoir si la réduction du mandat présidentiel de 7 ans à 5 ans demandée par le Président de la République est conforme à l'esprit général de la constitution et aux principes généraux du droit. Le Conseil constitutionnel a donné une réponse sans équivoque. Selon lui :

> « 23/- Considérant que cet alinéa au caractère personnel très marqué est inconciliable avec le caractère général des règles par lesquelles la constitution organise les institutions de la République et protège les droits fondamentaux ainsi que les libertés individuelles des citoyens ;
> 24/- Considérant, en effet, que les règles constitutionnelles adoptées dans les formes requises s'imposent à tous et, particulièrement, aux pouvoirs publics, lesquels ne peuvent en paralyser l'application par des dispositions qui, en raison de leur caractère individuel, méconnaissant, par cela seul, la constitution ;
> 25/- Considérant que la sécurité juridique et la stabilité des institutions, inséparables de l'État de droit dont le respect et la consolidation sont proclamés dans le préambule de la constitution du 22 janvier 2001, constituent des objectifs à valeur constitutionnelle que toute révision doit prendre en considération, pour être conforme à l'esprit de la constitution ;
> 26/- Considérant que, pour la sauvegarde de la sécurité juridique et la préservation de la stabilité des institutions, le droit applicable à une situation doit être connu au moment où celle-ci prend naissance ;
> « [...] 30/- Considérant qu'il résulte de ces précédents, [...], que le mandat en cours au moment de l'entrée en vigueur de la loi de révision, par essence intangible, est hors de portée de la loi nouvelle ;
> 31/- Considérant que ces précédents, qui ont marqué l'histoire constitutionnelle du Sénégal, sont également observés dans d'autres États partageant la même tradition juridique ;
> 32/- Considérant, en effet, que ni la sécurité juridique, ni la stabilité des institutions ne seraient garanties si, à l'occasion changements de majorité, à la faveur du jeu politique ou au gré des circonstances notamment, la durée des mandats politiques en cours, régulièrement fixée au moment où ceux-ci ont été conférés pouvait, quel que soit au demeurant l'objectif recherché, être réduite ou prolongée [...] » [89].

89. Conseil constitutionnel, décision n°1/C/2016 du 12 février 2016.

Dès lors, les dispositions en cause doivent être supprimées du projet de révision constitutionnelle. Le juge constitutionnel ne peut être plus directif.

Ailleurs, le juge constitutionnel considère le principe de la séparation des pouvoirs comme principe fondamental dans les démocraties contemporaines.

À Madagascar, la volonté de certains députés d'obtenir la déchéance du président de la République a été mise en échec par le juge constitutionnel pour non-respect du principe de la séparation des pouvoirs [90].

2) La défense de l'ordre constitutionnel

L'ordre constitutionnel est souvent présenté comme le régime établi par la constitution. Qu'il s'agisse du régime politique, de la suprématie de la constitution et de la justice constitutionnelle destinée à sanctionner la violation de la constitution, l'ordre constitutionnel est perçu comme un facteur de stabilité, de mise en cohérence de l'ordre juridique. Dans ce cadre, il est prévu par plusieurs lois fondamentales africaines qui en font souvent des obligations à la charge des citoyens. À ce titre, l'article 9 de la constitution béninoise du 11 décembre 1990 tout comme l'article 17 de la constitution nigérienne du 25 novembre 2010 consacre expressément que la jouissance d'un droit reconnu et garanti par la loi fondamentale ne doit pas conduire à la violation de « l'ordre constitutionnel ». De même, tout citoyen du Niger a le devoir de respecter l'ordre constitutionnel (article 39 de la constitution).

Dans le cadre de son office, les juridictions constitutionnelles ont souvent rendu des décisions audacieuses en vue de la préservation de l'ordre constitutionnel. Au Niger, la Cour constitutionnelle est saisie pour avis sur la constitutionnalité du projet de révision de la constitution en vue de proroger le mandat du chef de l'État. Le juge constitutionnel précise que le peuple doit être entendu de l'ensemble des citoyens [91]. Dès lors, aucun individu ou groupe de personnes, encadré ou non par des partis politiques, syndicats ou autres associations ne saurait s'identifier au peuple dans le cadre de l'exercice de la souveraineté nationale. Enfin, il est d'avis que « [...] Le maintien en fonction du Président de la République au-delà du terme de son mandat n'est pas conforme à la constitution » [92].

Suivant la trajectoire tracée par le juge nigérien, en Côte d'Ivoire, le juge constitutionnel rappelle :

> Considérant par ailleurs que ce revirement de jurisprudence trouve un autre fondement dans la volonté du Conseil constitutionnel, exprimée dans sa Décision du 28 octobre 2009, de respecter le principe d'un égal accès de tous aux fonctions

---

90. Haute cour constitutionnelle de Madagascar, Décision n°24-HCC/D3 du 12 juin 2015 relative à la résolution de mise en accusation du président de la République Hery Rajaonarimampianina.
91. Voir l'analyse d'O. NAREY, « L'ordre constitutionnel », *Mélanges dédiés au doyen Francis V. Wodié*, Presses Universitaires de Toulouse, 2016, p. 415-419.
92. Niger, Cour constitutionnelle, avis n° 02/CC du 25 mai 2009.

publiques électives, et de ne violer aucun des engagements de la Côte d'Ivoire en matière de droits de l'homme ;
Qu'à cette fin, et pour jouer sa partition dans la recherche de la paix, il a préféré écarter tous les critères d'éligibilité par lui jugés discriminatoires, et retenir un critère estimé égalitaire, consistant à lier l'éligibilité à la qualité d'électeur résultant de l'inscription sur la liste électorale qu'il avait réclamée dans sa décision du 09 novembre 2009, en application de l'article 48 du code électoral qui dispose que « Tout Ivoirien qui a la qualité d'électeur peut être élu président de la République » [93].
« [...] Que cette Décision traduit d'abord la volonté de la juridiction constitutionnelle d'éliminer désormais du contrôle de l'éligibilité des notions confligènes telles que celles d'être ivoirien « d'origine, né de père et de mère eux-mêmes ivoiriens d'origine », ou de « ne s'être jamais prévalu d'une autre nationalité », en attendant les modifications constitutionnelles prévues par l'Accord de Linas Marcoussis ; qu'elle avait également vocation à redorer le blason de la Côte d'Ivoire quelque peu terni à cette époque par une embarrassante réputation d'État xénophobe et exclusionniste [...] » [94].

Par sa fonction pédagogique et sa participation à la défense de l'ordre constitutionnel, le juge constitutionnel jette les bases de la pacification de la vie politique qu'il convient d'examiner.

3) Un juge constitutionnel pacificateur

Les juridictions constitutionnelles sont souvent critiquées en matière électorale. Certaines critiques sont allées jusqu'à demander la suppression pure et simple de ces institutions si elles ne remettent pas en cause la moralité et la probité des juges [95].

Dans ces conditions, il apparaît surprenant d'évoquer la figure du juge constitutionnel comme pacificateur de la scène publique par le biais de son office. Pourtant, l'acceptation des décisions de constitutionnalité par ses principaux destinataires ainsi que leur soumission aux injonctions du juge constitutionnel [96] participent de façon latente à la pacification de la vie politique.

---

93. Côte d'Ivoire. CC. Validation de la candidature d'Alassane Ouattara après saisine du candidat Amara Essy pour annulation de cette candidature, mercredi 9 septembre 2015.
94. *Ibid.*
95. F. J. AÏVO, « Justice constitutionnelle en Afrique francophone. La crise de croissance », *in Administrer la justice, transcender les frontières du droit, Mélanges en l'honneur de Kéba Mbaye*, Presses universitaires de Toulouse, 2018, p. 349-358.
96. E. H. O. DIOP, « De quelques emprunts du droit constitutionnel au droit administratif : le pouvoir d'injonction des juridictions constitutionnelles », *in* Demba SY et Alioune Badara FALL dir.), *La justice administrative en Afrique (Deuxièmes rencontres de Dakar),* Presses universitaires de Toulouse, 2017, p. 41-70.

Cette mission de pacification qu'exerce la justice constitutionnelle est observée au Mali. En effet, pour matérialiser les accords de paix d'Alger signés par le gouvernement de la République du Mali et les groupes armés, les autorités politiques ont élaboré un projet de loi modifiant le code électoral. Il s'agissait de mettre en place des délégations spéciales dans certaines régions occupées et que les nouvelles entités administratives devraient dans leur composition prévoir les représentants des groupes rebelles. Ce texte est déféré à la censure de la Cour constitutionnelle pour entre autres griefs, la violation du principe constitutionnel de la libre administration des collectivités territoriales. La juridiction constitutionnelle a décidé qu'

> « [...] en ce qui concerne la substitution d'organes nommés aux conseils élus :
> Considérant que les requérants reprochent à la loi déférée d'avoir substitué des organes nommés aux Conseil élus ;
> Considérant qu'au sens des articles 97 et 98 de la constitution : les collectivités territoriales sont créées et administrées dans les conditions définies par la loi et s'administrent librement par des conseils élus et dans les conditions, par elle, fixées ;
> Considérant qu'au regard de ces dispositions constitutionnelles, la libre administration des collectivités territoriales suppose nécessairement que celles-ci soient habilitées par la loi à disposer d'une réelle capacité de décision, qui leur permette de gérer leurs propres affaires ;
> Considérant que la loi querelle participe de la mise en œuvre de l'Accord pour la paix et la réconciliation au Mali issu du processus d'Alger d'une part et d'autre part opère une substitution aux organes actuels de gestion des collectivités territoriales, des autorités intérimaires dont la composition, les attributions et la durée du mandat sont définies par la loi, ne compromet nullement l'effectivité de la libre administration des collectivités territoriales ;
> Qu'il s'ensuit que le grief n'est pas fondé et ne saurait donc prospérer [...] » [97].

Les Cours et Conseils constitutionnels utilisent leur pouvoir d'interprétation, leur pouvoir d'annulation mais aussi, de plus en plus, et de manière controversée, leur pouvoir d'injonction [98]. La jurisprudence montre que les juridictions constitutionnelles « se livrent à des intrusions de plus en plus poussées dans le fonctionnement des pouvoirs publics jusqu'à leur imposer ses procédures et son calendrier » [99].

Outre ces prérogatives, les juridictions constitutionnelles recourent à différentes techniques de contrôle dans le cadre de leur office [100]. Ainsi font-

---

97. Cour constitutionnelle, arrêt n°2016-05/CC du 5 mai 2016.
98. Voir notre étude « Quelques emprunts du droit constitutionnel au droit administratif : le pouvoir d'injonction des juridictions constitutionnelles », *Rencontres de Dakar*, Presses Universitaires de Toulouse, 2016.
99. A. CABANIS, « Les Cours et Conseils constitutionnels, modernes régulateurs de la nouvelle gouvernance en Afrique », *op.cit.*, p. 106.
100. V. THIBAUT, Le raisonnement du juge constitutionnel, thèse, université Lyon II, 2011, p. 131.

elles usage du contrôle de proportionnalité [101], de la technique des réserves d'interprétation [102], de l'erreur manifeste d'appréciation [103], etc.

4) De la légitimité du juge constitutionnel

C'est la problématique de la légitimité du juge constitutionnel et de tout juge dans ses relations avec le pouvoir politique qui se trouve posée. Le juge constitutionnel peut-il substituer sa propre volonté à celle des représentants élus de la nation ? Cette question a été longuement débattue par la doctrine et ne nécessite pas de développements supplémentaires.

Tout au plus l'autre versant de la question est relative au suffrage universel. Et, c'est l'affaire Fillon qui en est une illustration saisissante. On a pu parler de « coup d'État de droit [104] », d'« État de droit contre d'État républicain [105] ».

L'intervention et l'affirmation du juge constitutionnel ont entraîné une véritable mutation de la démocratie. La « démocratie électorale », caractéristique du système antérieur, est remplacée par la « démocratie constitutionnelle ». Dans une étude restée célèbre, Dominique Rousseau démontre les mouvements profonds qui ont affecté les démocraties contemporaines et le rôle central du juge constitutionnel qui devient ainsi un acteur incontournable de la production de la loi.

Au demeurant, il distingue la constitution-garantie des droits et la constitution-séparation des pouvoirs du fait du rôle du juge constitutionnel. « […] La constitution-garantie des droits est encore au principe d'une rupture radicale avec la représentation du mode de production de la volonté générale : là où la constitution-séparation des pouvoirs favorise un régime monopolistique de production de la volonté générale, la constitution-garantie des droits ouvre sur un régime d'énonciation concurrentiel de la volonté générale. Et ce basculement est clairement redevable au contrôle de constitutionnalité puisque le juge constitutionnel en a posé lui-même les règles par une nouvelle définition de la loi. Dans sa décision du 23 août 1985 en effet, le Conseil précise que « la loi votée n'exprime la volonté générale que dans le respect de la constitution ». Or, selon la définition donnée par l'article 6 de la Décla-

---

101. M. Y. Diallo, « Le contrôle de proportionnalité dans la jurisprudence constitutionnelle en Afrique », *Annales africaines,* nouvelle série, vol. 2, décembre 2017, p. 255-310.
102. A. A D. Kébé, « Les réserves d'interprétation dans la jurisprudence constitutionnelle des pays d'Afrique francophone », *Annales africaines*, nouvelle série, vol. *1*, avril 2015, p. 255-294.
103. L. Habibi, « La notion d'erreur manifeste d'appréciation dans la jurisprudence du Conseil constitutionnel », *RDP*, 1986, p. 695.
104. O. Jouanjan, « Un "coup d'État de droit" ? », *Le Débat*, *196*, 2017/4, p. 116.
105. P. Avril, « L'État de droit contre l'État républicain ? », *Le Débat*, *196*, 2017/4 p. 95.

ration de 1789, « la loi est l'expression de la volonté générale ». Ce changement de définition de la loi – le passage de l'affirmatif au négatif et l'introduction de la condition de constitutionnalité – implique et légitime à la fois un changement du mode de fabrication de la volonté générale. Le mode impliqué par l'article 6 de la Déclaration de 1789 est celui d'une confection de la loi par le Parlement seul ; les représentants sont les seuls habilités à exprimer la volonté générale et les lois expriment la volonté générale du seul fait qu'elles sont produites par eux ; la qualité de loi et la validité normative ne dépendent d'aucune autre instance ; la sanction parlementaire suffit pour faire de la loi l'expression de la volonté générale. Au contraire, le mode impliqué par la nouvelle définition de la loi donnée par le Conseil dans sa décision du 23 août 1985 est celui d'une confection de la loi par une pluralité d'acteurs, l'acteur gouvernemental et parlementaire bien sûr, mais aussi l'acteur juridictionnel. Il résulte, en effet, de cette nouvelle définition que la « fabrication » parlementaire de la loi ne suffit plus à garantir sa validité normative ; la loi ne pourra prétendre exprimer la volonté générale que si et seulement si elle respecte la constitution. Autrement dit, que si et seulement si le Conseil constitutionnel juge que le texte voté par le Parlement ne porte pas atteinte à tel ou tel droit ou principe constitutionnel ; car s'il en était ainsi, c'est-à-dire, si le texte était jugé contraire à la constitution, il ne pourrait exprimer la volonté générale et, en conséquence, la qualité de loi ne pourrait lui être reconnue.

Ce mode concurrentiel de production de la volonté générale a pour principe de fonctionnement nécessaire la délibération. Dès lors, en effet, que la volonté générale n'est pas « située » dans une seule institution, dès lors que la volonté des représentants n'est pas, par elle-même, volonté générale, dès lors que la volonté générale se construit par la confrontation du texte voté par les représentants aux exigences constitutionnelles, la volonté générale ne peut être que le produit d'un processus délibératif, d'un échange argumentatif entre les différents acteurs du régime de fabrication de la loi[…] »[106].

Dans les démocraties modernes, l'exigence de bonne gouvernance conduit à reléguer au second plan les principes traditionnels dès lors qu'un homme politique est mis en cause. Sans attendre l'issue de l'enquête, on réclame la démission du présumé auteur des faits au nom d'une morale supérieure pour certains, alors que pour d'autres l'exigence d'éthique, de morale et d'honnêteté doit être plus accrue s'agissant des hommes politiques. En effet, on estime qu'ils ont en charge l'intérêt général.

Ainsi au nom de la bonne gouvernance, les principes de la présomption d'innocence et du secret de l'instruction sont mis à mal. Le comble réside dans l'attitude du juge face aux assauts répétés contre ces principes fondamentaux. L'affaire « Fillon » en atteste.

---

106. « Constitutionnalisme et démocratie », in *La vie des idées*, 19 septembre 2008, p. 8. (consulté le 21 janvier 2018).

Cette affaire est révélatrice des « *dérèglements du système institutionnel* » [107]. Accusé d'emploi fictif au profit de sa femme, Pénélope et d'abus de biens sociaux, l'ancien Premier ministre sous la présidence de Nicolas Sarkozy soutient n'avoir commis aucune faute [108].

La doctrine est partagée sur cette affaire où le juge prononce une mise en examen en pleine période de campagne électorale. On s'est même interrogé sur l'instrumentalisation politique de la justice [109].

Pierre Avril récuse l'intrusion de la justice dans le fonctionnement de l'Assemblée nationale. En effet, les emplois en question résultent de l'application d'une mesure d'ordre intérieur de l'Assemblée nationale dont le règlement prévoit en son article 18, alinéa 2 : « Les députés peuvent employer sous contrat de droit privé des collaborateurs parlementaires, qui les assistent dans l'exercice de leurs fonctions et dont ils sont les seuls employeurs. Ils bénéficient à cet effet d'un crédit affecté à la rémunération de leurs collaborateurs ». Il s'agit de dispositions relevant de l'autonomie administrative et financière des assemblées et donc de leur compétence exclusive en vertu de la séparation des pouvoirs [110]. Le crédit prévu à l'article 18 pour assister les députés « dans l'exercice de leurs fonctions » et l'usage qui en est fait sont d'autant moins détachables du statut du parlementaire que leur objet est intimement lié à l'exercice du mandat que le député exerce en toute indépendance [111], selon un principe fondamental de notre droit constitutionnel [112].

Le parquet national financier n'a rien à y voir et il méconnaît donc la séparation des pouvoirs en s'y immisçant [113].

---

107. Voir dossier, « Sur le dérèglement du système institutionnel », *Le Débat, 181*, 2016/4, p. 17-43.
108. « Lecteurs et téléspectateurs peuvent ainsi suivre en temps réel les détails du déroulement des enquêtes ; ces révélations, qui reflètent naturellement les suspicions professionnelles des magistrats et des policiers, sont présentées sans égard pour la présomption d'innocence, comme les preuves d'une probable culpabilité (les soupçons complaisamment exposés à l'encontre de personnalités politiques peuvent se révéler plus tard imaginaires, au moment du procès », écrit P. AVRIL, « L'État de droit contre l'État républicain ? », *Le Débat, 196*, 2017/4, p. 97.
109. Francis HAMON, « L'État de droit et le principe de l'opportunité des poursuites », *Le Débat, 196,* 2017/4, p. 107-113.
110. P. AVRIL, « L'État de droit contre l'État républicain ? », *op. cit*, p. 98.
111. J. MASSOT, « Détournement de biens et élus. La notion de détournement de biens est-elle adaptée aux relations salariales entre un parlementaire et ses collaborateurs ? », *LPA*, 16 mars 2017.
112. P. AVRIL, *ibid.*, p. 99.
113. J.-É. SCHOETTL, « De la compétence contestable du parquet national financier (en particulier) et de l'autorité judiciaire (en général) pour connaître de l'affaire dite des collaborateurs parlementaires de François Fillon », *LPA*, 14 février 2017.

Dans ce cadre, écrit le professeur Molfessis : « La séparation des pouvoirs ne saurait conférer un régime dérogatoire au contrat de travail conclu par le parlementaire avec ses collaborateurs » [114]. Évoquant la Déclaration de 1789, une autre voix autorisée considère qu'« [...] à partir du moment où il y a un usage des fonds publics potentiellement contraire à la loi si les assemblées compétentes n'assument pas leur pouvoir de contrôle, il faut bien qu'une autorité publique s'en charge – et c'est la justice » [115].

En revanche, répondant à Pierre Avril, Oliver Jouanjan : fait remarquer « la question décisive est en vérité la suivante : les poursuites diligentées contre un parlementaire à raison de l'emploi que celui-ci fait des crédits mis à sa disposition par l'assemblée à laquelle il appartient constituent-elles une immixtion ou une ingérence dans l'autonomie administrative et financière de cette assemblée ? Autrement dit : poursuivre un parlementaire qui, le cas échéant, abuse des crédits qui lui sont offerts par une assemblée, est-ce déjà s'en prendre à cette assemblée même ? Car l'autonomie dont on parle est l'autonomie de l'assemblée en tant que telle, en tant qu'institution, et non l'autonomie du parlementaire considéré isolément. Or les poursuites diligentées contre François Fillon ne mettent d'aucune façon en cause le droit, constitutionnellement garanti, dont dispose l'Assemblée nationale d'ouvrir un crédit au bénéfice d'un député et d'assurer la gestion administrative et financière des emplois auxquels celui-ci aura, le cas échéant, pourvu. L'autonomie d'une assemblée, sur ce point, est ainsi définie tout entière et s'arrête là » [116].

La classe politique est dubitative sur l'opportunité de déclencher une procédure judiciaire au moment des dépôts des candidatures à la présidentielle. Ainsi Jean-Pierre Chevènement, ancien ministre a considéré que la démarche du parquet dans cette affaire Fillon inspirait de graves inquiétudes.

> « Je comprends l'état d'esprit de ceux que choquent la convocation (pour sa mise en examen) du candidat de la droite à deux jours de la clôture des parrainages. La date de cette convocation est de nature à fausser le fonctionnement normal de nos institutions ... Je crains qu'une partie de ces électeurs n'accepte pas ce glissement vers ce qu'on appelle le gouvernement des juges » [117].

La mise en examen du candidat crédité d'un bon score, en pleine campagne présidentielle, ne l'a-t-il pas privé d'une victoire à la présidentielle ? Si la réponse est affirmative, la responsabilité du juge est pointée du doigt. Mais à quel moment la procédure judiciaire doit-elle être enclenchée, accélérée, ralentie ? L'élection d'un candidat mis en examen conduit certainement à différer les poursuites. Un candidat à la présidence de la République est-il un candidat comme les autres ? La réponse du juge chargé du dossier est

114. N. MOLFESSIS, « L'argument de la "séparation des pouvoirs" ne peut sauver Fillon », *Le Monde,* 16 février 2017.
115. O. BEAUD, « Pas de trêve pour la justice », *Le Monde*, 11 mars 2017.
116. O. JOUANJAN, « Un "coup d'État de droit" ? », *op. cit.*, p. 116.
117. *L'Express*, 7 mars 2017.

sans équivoque. Dans l'interview [118], Mme Éliane Houlette, chef du PNF (Parquet national financier), a rejeté l'idée dominante d'une trêve judiciaire : « Une trêve ? Mais c'est quoi une trêve judiciaire ? Pour les délits routiers, il y a des trêves ? Croyez-vous que la justice doit fermer les yeux dans ces domaines parce qu'on est en campagne électorale ? » La réponse paraissait aller de soi, c'est « l'idée que la justice doit être la même pour tous. Qu'elle doit s'appliquer de la même façon dans tous les cas ». Elle conclut : « Je n'ai même pas imaginé jouer un rôle dans la campagne… Je n'ai pas de sens politique [119] ».

Dès lors, vu l'emballement médiatique, le candidat mis en examen a d'abord était jugé par le « tribunal médiatique » avant d'être jugé par le suffrage universel.

Ainsi, « il n'existe pas de "gouvernement des juges", mais il existe une responsabilité politique des juges, toujours récusée par eux […] Refuser de donner aux citoyens le sentiment qu'il existe deux poids, deux mesures, selon que l'on est puissant ou misérable, pour ne pas menacer la paix civile, est un choix qui part d'un bon sentiment. Ravager une élection présidentielle en se précipitant pour ouvrir une enquête préliminaire et une information judiciaire est une autre responsabilité » [120].

Par ailleurs, la légitimité du juge constitutionnel est contestée par une partie de la doctrine. Selon elle, un texte n'a de sens tant que le juge constitutionnel ne lui a pas donné une signification par le biais de l'interprétation. Cette position est réfutée par le doyen Roussillon qui invoque sa « dangerosité pour la démocratie » [121]. En effet, « un juge, quel qu'il soit, pas seulement le juge constitutionnel, s'il se permet de tenir ce discours fait faire un bond en arrière à la démocratie de plusieurs millénaires » [122].

Une autre raison avancée réside dans l'utilisation des réserves d'interprétation par le juge constitutionnel. À cet égard, « il n'est pas insupportable que le Conseil constitutionnel réécrive les lois actuellement sous couverts de réserve d'interprétation » [123].

Le respect du principe de la bonne gouvernance offre au juge constitutionnel l'occasion d'exercer un contrôle très poussé. Ainsi sanctionne-t-il la violation des actes contraires à la constitution, notamment ceux relatifs à la déclaration de patrimoine, à la moralisation de la vie publique. De même, les principes de la transparence, de l'indépendance de la justice, de l'ordre cons-

---

118. Interview à La *Voix du Nord*, 28 avril 2017.
119. Interview précitée.
120. D. SOULEZ-LARIVIÈRE, cité par P. AVRIL, *op. cit.*, p. 102.
121. Henry ROUSSILLON, « La légitimité du juge constitutionnel », in *PUSS : Légitimité des juges, actes du colloque des 29-30 octobre 2003*, université de Toulouse 1, p. 124.
122. *Ibid.*, p. 124.
123. *Ibid.*, p. 125.

titutionnel et l'activité financière de l'État sont entre autres les domaines dans lesquels l'intervention du juge constitutionnel a permis de sauvegarder l'intangibilité et la crédibilité des principes constitutionnels. Dès lors, le juge constitutionnel tend à supplanter le législateur, reposant ainsi la question de sa légitimité.

En Afrique, « dans des régimes politiques où le pouvoir en place, appuyé par une majorité parlementaire soumise, reste dominant et souvent arbitraire, voire autoritaire, le juge constitutionnel ne serait-il pas le meilleur acteur qui puisse, en l'absence d'une opposition crédible, maintenir un tant soit peu de vie démocratique, dans les limites imposées par les principes de la démocratie et par le bon sens. [Il a été] soutenu qu'à chaque fois que les attributions du juge sont élargies, c'est la démocratie qui recule.

Cela est certainement vrai dans les démocraties occidentales où l'État de droit et les valeurs démocratiques sont encadrées et protégées par divers autres facteurs ou acteurs. En revanche, cela ne se vérifie pas nécessairement dans les démocraties balbutiantes où les méthodes du parti unique persistent encore sous le couvert d'institutions démocratiques de façade et de discours politiques plus stratégiques que sincères.

Dans cette perspective, le juge constitutionnel aura une tâche encore plus difficile lorsqu'il va se trouver face à d'inévitables conflits politiques dans cette démocratie pluraliste sénégalaise [...]. Les premières critiques proviendront certainement de ceux qui refusent au juge constitutionnel toute la légitimité l'autorisant à contrôler et à sanctionner la loi, expression de la volonté générale. Dès lors que ces tenants de l'infaillibilité de la loi refusent que le juge constitutionnel puisse s'immiscer dans la fonction législative et de disposer, de surcroît, d'un pouvoir de sanction à l'encontre du législateur, il apparaît évident que pour eux, toute extension des pouvoirs de ce juge, quel qu'en soient les raisons, serait contraire à l'idée démocratique. C'est toute la problématique de la relation entre le juge constitutionnel et la démocratie [...]. La théorie de la démocratie représentative sur laquelle s'appuient les adversaires du juge constitutionnel suffit-elle à réfuter le pouvoir de celui-ci à contrôler le législateur sous prétexte que celui-ci ne peut remettre en cause l'expression de la volonté générale, c'est-à-dire celle de la nation ? Rien n'est moins évident et la doctrine n'a pas manqué de soutenir l'idée inverse. En réalité, cette idée de « représentation » renvoie à l'existence d'un pouvoir majoritaire à la tête duquel se trouve un leader démocratiquement élu. Ces « représentants » ont des compétences et des pouvoirs définis et limités par la constitution. On ne devrait donc pas s'offusquer qu'un juge, reconnu comme « gardien » de cette loi fondamentale, puisse détenir un pouvoir de contrôle sur les actes qu'ils seraient amenés à édicter [124] ».

---

124. A. B. FALL, « Préface », in *La justice constitutionnelle au Sénégal : essai sur l'évolution, les enjeux et les réformes d'un contre-pouvoir juridictionnel*, Dakar, CREDILA-OVIPA, 2013, p. 12.

Enfin, la légitimité du juge constitutionnel est contestée par l'émergence et le développement progressif d'un contrôle supranational de constitutionnalité.

Le juge de l'intégration africaine s'évertue progressivement à sanctionner les décisions des juridictions constitutionnelles au motif qu'elles seraient contraires à l'ordre juridique communautaire ou international en matière de protection des droits de l'homme. C'est dans ce cadre qu'il faut ranger les décisions de la Cour de justice de la CEDEAO (affaire CDP et affaires des députés du Togo) et la décision de la Cour africaine de justice et des droits de l'homme (Côte d'Ivoire /APDH) [125].

125. E. H. O. Diop, « Justice constitutionnelle et justice de l'intégration », in *Actualité du droit public et de la science politique, Mélanges Babacar Kanté,* Paris, L'Harmattan, 2017, p. 381-423.

Famille et droits de l'homme en Afrique noire : réflexions sur la rencontre de deux logiques différentes

Abdoul Aziz DIOUF

Droits de l'homme ! L'évocation de ce concept dans le discours juridique contemporain s'impose comme un dogme. Concept tentaculaire [1], les droits de l'homme à l'image des lois de police provoquent une économie dans le raisonnement juridique. Leur présence dans le droit positif suffit pour anéantir toute dissidence à l'intérieur d'un système juridique. Nouveau paradigme du postmodernisme juridique, les droits de l'homme dans leur vocation globalisante suscitent quelques interrogations en rapport avec des institutions juridiques très connotées idéologiquement. La famille en est une. La rencontre entre l'institution familiale et les droits de l'homme dans les ordres juridiques d'Afrique noire, si elle n'est pas déjà déstabilisatrice, au moins, crée une tension dans les fonctions systémiques desdits ordres juridiques [2]. Cet état de fait prend appui sur l'origine occidentale des droits de l'homme dans leur version contemporaine [3]. En effet, quoique leur datation demeure controversée [4], nul

1. Il n'est pas un compartiment du droit qui, aujourd'hui, se réalise en toute autonomie du paradigme des droits de l'homme. Fondés sur une suridéologisation de la liberté et de l'égalité, les droits de l'homme se déploient comme un concept omnibus dans la science juridique contemporaine. Voir R. CABRILLAC, M.-A. FRISON-ROCHE, T. REVET (dir.), *Libertés et droits fondamentaux*, Paris, Dalloz, 15e éd., 2009. En effet, même si dans cet ouvrage collectif, les auteurs préfèrent recourir aux termes « libertés et droits fondamentaux » en lieu et place de ceux relatifs aux droits de l'homme, le professeur François Terré informe que la notion de « libertés et droits fondamentaux » ne constitue qu'une excroissance des droits de l'homme. Voir sur la notion de libertés et droits fondamentaux, *Libertés et droits fondamentaux*, *op. cit.*, p. 3.
2. Une des singularités des systèmes juridiques d'Afrique noire s'observe à travers leur syncrétisme ou leur pluralisme civilisationnel lequel aurait pour conséquence majeure de rendre complexe la découverte d'une unité ou d'une philosophie dans la politique législative de ces dits ordres juridiques.
3. Nul doute que la tradition négro-africaine a eu à promouvoir les droits humains. La Charte de *Kurukan Fuga* de 1236 témoigne de l'existence d'une politique de protection des droits humains en Afrique au sud du Sahara. Toutefois, l'idée de droit dans l'empire du Mandé n'avait pas le sens contemporain analysé en termes de prérogatives individuelles, de droits subjectifs. En effet, une lecture des quarante quatre (44) articles de la Charte de *Kurukan Fuga* permet de comprendre que les droits humains étaient envisagés en termes relationnels,

ne doute que les droits de l'homme dans cette actualité juridique ne constituent qu'une excroissance des représentations du droit par l'Occident [5]. En attestent les conventions et autres textes internationaux qui, tout en promouvant les droits de l'homme, en vérité, souvent ne font que reproduire des catégories juridiques occidentales sur la sphère internationale [6]. Ce faisant, cette transposition du modèle occidental des droits de l'homme en Afrique noire ne se réalise pas sans heurts.

En Occident, les droits de l'homme s'enracinent dans un long processus [7] de délibération sociale ayant l'individu comme matrice. Il semble en aller autrement en Afrique subsaharienne. Dépourvus de tout ressort idéologique, social, conceptuel…, les droits de l'homme en Afrique noire empruntent leur origine aux appareils politique, institutionnel, législatif… La nature organique ou formelle des droits de l'homme en Afrique au sud du Sahara crée une rupture entre la positivité juridique et la normativité sociale. Et l'institution familiale incarne le prisme le plus illustratif de l'insuccès des droits de l'homme dans les ordres juridiques africains.

Construite à partir d'une réalité plurielle, la famille dans son déploiement s'oppose aux droits de l'homme fondés sur une logique unitaire : l'*individu*. L'atomisation des rapports sociaux que véhiculent les droits de l'homme se concilie difficilement avec les ambitions de l'institution familiale toujours en

---

d'obligatoriété, de devoirs… et non comme un corpus de droits subjectifs. C'était substantiellement un droit objectif.

4. Si pour une certaine doctrine, les droits de l'homme auraient des racines chrétiennes (C. AUDEOUD : « L'apport de la pensée chrétienne : entre nouveauté et paradoxe », *in* J. FERRAND, H. PETIT (dir.), *L'odyssée des droits de l'homme*, Paris, L'Harmattan, 2003, tome I, *Fondations et naissances des droits de l'homme*, p. 75 et s.), pour d'autres, les droits de l'homme sont tributaires des mouvements historiques et, par voie de conséquence, dépourvus d'une datation claire et précise (P. SEGUR, « La dimension historique des libertés et droits fondamentaux », in *Libertés et droits fondamentaux*, *op. cit.*, p. 7 et s.). Enfin, pour Michel VILLEY, « Les droits de l'homme ont été le produit de la philosophie moderne, éclose au XVIIe siècle ». Voire M. VILLEY, *Le droit et les droits de l'homme*, Paris, PUF, 2e éd., 2014, p. 131.
5. J. YACOUB, « À l'épreuve des civilisations et des cultures : repenser les droits de l'homme », in *L'odyssée des droits de l'homme*, tome III, *Enjeux et perspectives*, *op. cit.*, p. 183 et s.
6. Déclaration des droits de l'homme et du citoyen de 1789, Déclaration universelle des droits de l'homme de 1948, Convention sur l'élimination de toutes formes de discrimination à l'égard des femmes du 18 décembre 1979, Convention relative aux droits de l'enfant du 20 novembre 1989… Ces différents instruments juridiques internationaux, à travers leur approche subjective du droit, souvent promeuvent des valeurs occidentales difficilement transposables dans les systèmes juridiques d'Afrique noire.
7. F. JULLIEN, *De l'universel. De l'uniforme, du commun et du dialogue entre les cultures*, Paris, Fayard, 2008, p. 161.

quête de *liens*. L'histoire des métamorphoses de la famille en Afrique noire témoigne de cet état de fait. Le passage de la famille lignagère à la famille conjugale ayant fortement fragilisé la conception négro-africaine de la famille, l'irruption des droits de l'homme dans les systèmes juridiques d'Afrique noire entonnera certainement son requiem [8].

Structure collective, par essence, la famille peut-elle s'épanouir à travers les contours individualistes des droits de l'homme ? Cette interrogation semble moins préoccupante analysée à partir de la théorie générale du droit construite sur un schème nominaliste qui, même en n'ignorant pas les entités collectives (société, tribu, clan, ethnie, famille…), toutefois, les subordonne aux dynamiques individualistes. La famille n'est pas pourvue de la personnalité juridique même si parfois elle y accède par le canal de certaines fictions [9].

Si le conflit entre l'institution familiale et les droits de l'homme dans les arcanes de la théorie générale du droit préludait déjà un combat d'arrière-garde, il semble en aller de même dans l'univers de la technique juridique d'inspiration positiviste. La prépondérance des droits de l'homme sur la famille se justifie à travers leurs sources de valeurs différentes. Émanant, en principe, des autorités internes – souvent parlementaires –, la famille dans son organisation juridique est naturellement suspendue aux « caprices » des droits de l'homme qui, quant à eux, proviennent le plus largement du droit international par le biais des conventions et autres instruments internationaux [10]. L'éclatement du droit de la famille entre sources interne et internationale permet ainsi, à partir de la conception monolithique du système juridique, aux droits de l'homme d'imposer au législateur national une figure familiale qui, en vérité, n'en est pas une : *une famille d'individus*. En effet, à travers le modèle pyramidal des normes, la source internationale des droits de l'homme neutralise les institutions collectives traditionnellement rétives à tout individualisme.

La force herculéenne des droits de l'homme a-t-elle ainsi pour correspondance la fin de la famille ? L'architecture actuelle du droit semble y répondre par l'affirmative [11]. Cette promesse posthume de la famille, intenable à notre

---

8. S. THIAM, *Introduction historique au droit en Afrique*, Paris, L'Harmattan, 2011, p. 161-164.
9. Le droit des régimes matrimoniaux est suffisamment illustratif de cet état de fait. Habituée à réfléchir sur les biens des époux, cette discipline se heurtait à une traditionnelle difficulté : la famille qui n'est pas un sujet de droit en principe ne pouvait être détentrice de patrimoine. Sous le couvert de cette limite, furent ainsi inventées les fictions relatives à la personnalité morale de la famille, à la théorie institutionnelle de la famille, celle d'intérêt collectif de la famille… Voir S. GUINCHARD, *Droit patrimonial de la famille au Sénégal*, Paris-Dakar, LGDJ-NEA, 1980, p. 14.
10. B. FAUVARQUE-COSSON, « Droit comparé et droit international privé : la confrontation de deux logiques à travers l'exemple des droits fondamentaux », *RIDC*, 2000, n° 4, p. 797 et s., spéc. p. 805-810.
11. M. WALINE, *L'individualisme et le droit*, Paris, Dalloz, 2007, p. 375-378.

sens, invite à repenser la dialectique existant entre les droits de l'homme et l'institution familiale en Afrique noire. Cette dialectique, sous le prisme du modèle keysénien, semble impossible (I). Cet obstacle se justifie en ce sens que la hiérarchie des normes ne tranche pas des conflits de valeurs, mais interroge la source des règles juridiques. La source supérieure l'emporte sur la source inférieure quel que puisse être son contenu [12]. Le transport du normativisme dans les ordres juridiques des États d'Afrique noire est mal préparé pour réconcilier les droits de l'homme à l'institution familiale. L'opposition entre droits de l'homme et famille s'analyse plus à un conflit de valeurs qu'à un conflit de normes. Dans cet ordre d'idées, la faillite contemporaine de la famille, fondamentalement tributaire de l'unilatéralisme des droits de l'homme, invite à réinvestir ces deux concepts à travers une nouvelle épistémologie s'éloignant de la théorie verticale du système juridique (II).

I. Famille et droits de l'homme : l'impossible dialectique

Tout en révélant une impasse anthropologique (B), le couple famille et droits de l'homme dans l'univers des sciences juridiques laisse apparaître une querelle entre non-droit et anti-droit (A).

A. *Famille et droits de l'homme : une querelle entre droit, non-droit et anti-droit*

La substance anti-juridique des droits de l'homme (1) de par leur réception dans le système juridique programment la fin de l'institution familiale (2).

1. La substance anti-juridique des droits de l'homme

La présentation du droit comme une science relationnelle, jusqu'à une certaine période, semblait euphémique. La science du droit, à reprendre les enseignements d'Aristote, consistait à réaliser un juste partage des biens et des honneurs dans la cité [13]. Et l'allégorie de Robinson illustrait à suffisance la nature multilatérale du droit.

Cette structure duale du droit qui était vivace chez les Anciens jusqu'aux sociétés traditionnelles (Afrique noire précoloniale [14]) l'est moins aujourd'hui.

---

12. H. KELSEN, *Théorie pure du droit*, Bruxelles - Paris, Bruylant - LGDJ, 1999, p. 224 et s.
13. ARISTOTE, *Ehtique à Nicomaque*, Paris, GF - Flammarion, 1992, p. 135-165, spéc., p. 141-143.
14. E. LE ROY, « Bricolages anthropologiques pour promouvoir, en Afrique et ailleurs, un dialogue entre univers juridiques », *Revue de droit de Mc Gill*, vol. *50*, 2005, p. 957.

La modernité juridique construite à partir du nominalisme semble moins encline à reproduire le caractère bilatéral du droit. En effet, l'individualisme des *Lumières* provoque une rupture épistémologique dans l'histoire du droit, marquée par le passage du droit objectif au droit subjectif. L'individu seule réalité physique dans la société, par voie de conséquence, devient le centre unique de la construction du droit. Les entités collectives (la société, la parenté, l'alliance, la famille…), sous le règne du nominalisme, ne sont que des architectures n'ayant d'existence qu'à travers notre imaginaire, notre volonté.

Les droits de l'homme consubstantiels aux *Lumières* [15], à travers le paradigme individualiste, réinstallent Robinson dans son île qu'il avait quittée, et ce, dans l'optique d'y créer le droit. Ainsi se crée un droit unilatéral, non circulaire, asocial… un anti-droit. L'individu devenant un surhomme dans l'univers des droits de l'homme jouit de droits subjectifs qu'il peut exercer contre tous les liens sociétaux. Pourvu des prérogatives de liberté et d'égalité [16], l'homme des droits de l'homme est isolé et protégé contre les espaces relationnels où traditionnellement se construisait le droit. Devenu un démiurge, l'individu ainsi se réalise en dehors de la société, en dehors du droit. Le partage des biens et des honneurs, s'il était la préoccupation principale de la science juridique, les droits de l'homme proposent un modèle sociétal où le partage ne sera plus possible, en ce sens que, les prérogatives et autres droits subjectifs qu'ils confèrent à l'individu souvent ne se partagent pas parce que éloignés de toute dynamique relationnelle. Il en est ainsi de la liberté qui est un droit subjectif ne s'ouvrant à aucun partage possible, à aucune division possible [17].

En marge de leur caractère non circulaire, les droits de l'homme constituent aussi un anti-droit tenant cette fois-ci à leur contenu trop abstrait [18]. Une synthèse des prérogatives que renferment les droits de l'homme permet de comprendre que les droits subjectifs s'apparentent plus à des désirs spéculatifs qu'à de véritables droits disponibles dans l'ordre juridique [19]. Droit à l'éducation, droit à la santé, droit au travail, droit à l'alimentation… la « générosité » des droits de l'homme ne s'éloigne pas du populisme juridique. L'émergence des « droits à » [20]… décline les droits de l'homme comme un

15. D. LOCHAK, *Les droits de l'homme*, Paris, La Découverte, 3e éd., 2009, p. 3.
16. Aussi bien la Déclaration des droits de l'homme et du citoyen de 1789 que la Déclaration universelle des droits de l'homme de 1948 en leur article premier font référence à ces droits subjectifs que sont la liberté et l'égalité.
17. M. VILLEY, *Le droit et les droits de l'homme*, *op. cit.*, p. 78.
18. S. BAUZON, « Droits de l'homme : dogmatisme ou réalisme juridique ? » in *L'odyssée des droits de l'homme*, t. I, *Fondations et naissances*, *op. cit.*, p. 199.
19. D. GUTMANN, « Les droits de l'homme sont-ils l'avenir du droit ? » in *L'avenir du droit, Mélanges en l'honneur de François Terré*, Paris, Dalloz, 1999, p. 333.
20. D. COHEN, « Le droit à… », in *L'avenir du droit, Mélanges en l'honneur de François Terré*, *op. cit.*, p. 393 et s.

simple catalogue d'intentions dépourvu de toute normativité. Une des particularités des droits de l'homme, à travers son programme incantatoire, c'est de concevoir les droits subjectifs au-delà des possibles. Tout pour tout le monde ! Tel semble être le projet des droits de l'homme. Œuvrant dans un champ infini s'apparentant à des promesses, les droits de l'homme posent quelques difficultés relatives à leur juridicité [21] ou plutôt à leur justiciabilité. Que vaut un droit subjectif lorsque sa réalisation judiciaire demeure quasi impossible ? En effet, le messianisme des droits de l'homme prolonge la réflexion relative à leur effectivité. Ce reproche avait été fait aux Révolutionnaires de verser plus, sous le couvert des droits de l'homme, dans l'idéologie que dans la « faisabilité juridique ». Il en ainsi des auteurs comme Burke [22], Nietzsche, Marx [23]… qui, malgré la diversité de leurs opinions, convergeaient pour relever la nature spéculative de la Déclaration de 1789.

Le caractère discursif des droits de l'homme, ayant pour corollaire une inflation des droits subjectifs, assigne ainsi au droit un programme prométhéen qu'il ne saurait réaliser. Cet agenda extra-juridique décline les droits de l'homme comme des « droits de papier » [24] et, à ce titre, crée une distance avec la science du droit qui, quant à elle, œuvre dans la finitude [25], organise un univers possible. La science juridique chez les Anciens et également dans les sociétés négro-africaines [26] ne confondait pas l'égalité avec l'égalitarisme.

L'insertion des droits de l'homme dans l'espace familial semble annonciatrice de la fin de cette institution du fait de leur nature anti-juridique.

2. Les droits de l'homme ou la fin de la famille…

Il n'est pas illusoire qu'au parcours de la Déclaration de 1789 aucune allusion ne soit faite à la famille. Promoteurs des droits de l'homme, les Révolutionnaires traumatisés par l'autoritarisme de l'ancien droit, étaient convaincus que la liberté et l'égalité entre les hommes ne pouvaient pas prospérer avec les

---

21. A.-J. TRUJILLO, I. TRUJILLO PEREZ, « La polémique relative à la juridicité des droits sociaux », in *L'odyssée des droits de l'homme*, tome I, *Fondations et naissances*, *op. cit.*, p. 429.
22. E. BURKE, *Réflexions sur la Révolution de France*, préface de Philippe Raynaud, Pluriel, 2011, spéc., p. 62-81.
23. P. SÉGUR, « La dimension historique des libertés et droits fondamentaux », *op. cit.*, p. 17-18.
24. *Ibid.*, p. 430.
25. F. TERRE, « Sur la notion de libertés et droits fondamentaux », *op. cit.*, p. 4, n° 7.
26. P. SMITH, « Principes de la personne et catégories sociales », in *La notion de personne en Afrique noire*, Acte du Colloque international sur « La notion de personne en Afrique noire », organisé dans le cadre des Colloques internationaux du CNRS à Paris du 11 au 17 octobre 1971, Paris, L'Harmattan, 1993, p. 467 et s.

appareils collectifs. La famille en était un. En effet, la consubstantialité entre l'autorité de la monarchie et celle de la famille faisait croire aux Révolutionnaires que leur mission « libératrice » devait nécessairement passer par une fragilisation de la famille [27]. L'institution du divorce par la loi du 20 septembre 1792 ou encore l'égalisation des filiations [28] furent révélatrices chez les Révolutionnaires de leur volonté de détricoter l'ordre familial ancien fondé sur l'autorité et la hiérarchie. La correspondance entre l'autorité de l'État et celle de la famille était tellement ancrée dans l'imaginaire français que Napoléon Bonaparte, soucieux de restaurer l'autorité de la puissance publique, après la période intermédiaire, avait réintroduit dans le code civil l'autorité maritale et la puissance paternelle.

Cette incompatibilité entre l'institution familiale et les libertés individuelles, qui a traversé l'histoire française, affleure aussi dans ce droit contemporain. La déification de l'individu par les droits de l'homme, aujourd'hui, contribue fortement à la faillite de la famille [29]. L'expression de la liberté individuelle dans le tissu familial profitant de l'égalité entre les membres de la famille participe à la désagrégation d'une telle structure collective. La fin de la famille se manifeste par ce qu'il convient désormais de nommer par les termes de « pluralisme familial » [30] qui, en vérité, ne dissimule que la surpuissance des volontés individuelles sur la famille classique [31]. Les identités multiples de la famille, loin d'attester des métamorphoses nouvelles de cette institution sociale, en réalité renseignent sur sa crise, voire même sa fin. L'atomisation de la société par les droits de l'homme, se doublant d'une prétendue neutralité axiologique, a pour conséquence, de faire perdre à la famille toute ontologie. Le « désengagement idéologique » des droits de l'homme, en dépossédant l'État du monopole de la figure familiale, dépose ainsi dans le domaine privé une telle institution. La privatisation de la famille source du pluralisme promeut, à cet effet, une « famille à la carte » ; « À chacun sa famille, à chacun son droit » pour paraphraser ainsi le doyen Carbonnier [32]. Et le droit international privé comparé constitue un bel angle d'observation de la crise contemporaine de la famille. Sous l'impulsion des conventions internationales de La Haye, la

27. A. BURGUIÈRE, « La famille comme enjeu politique (de la Révolution au Code civil) », *Droit et Société*, n° *14*, 1990, p. 26.
28. Décret de Brumaire an II.
29. F.-G. DREYFUS, « La Ve République et la famille », *in* Roland GANGHOFER (dir.), *Le droit de la famille en Europe. Son évolution depuis l'Antiquité jusqu'à nos jours*, Actes des journées internationales d'histoire du droit, Strasbourg, Presses Universitaires de Strasbourg, 1992, p. 207.
30. P. COURBE et A. GOUTTENOIRE, *Droit de la famille*, Paris, Sirey, 6e éd., 2013, p. 14, n° 39.
31. P. MALAURIE et H. FULCHIRON, *Droit civil*, *La famille*, *Defrénois*, 4e éd., 2011, p. 41-46.
32. J. CARBONNIER, « À chacun sa famille, à chacun son droit », in *Essais sur les lois*, *Defrénois*, 1979, p. 167.

catégorie du statut personnel s'effrite de plus en plus au profit du volontarisme par le mécanisme d'une approche fonctionnelle des règles de conflit de lois [33].

Constitutifs d'un anti-droit [34], les droits de l'homme dans leur déploiement, en principe, ne devraient pouvoir rencontrer la famille conçue traditionnellement comme un lieu de non-droit. En effet, si les droits de l'homme faisaient prendre à l'individu la conscience de sa singularité, de sa personnalité juridique ; la famille, quant à elle, anéantissait les *egos* pour les arrimer à une même cause : la communauté. La nature relationnelle du droit traditionnellement échouait devant l'imperméabilité familiale. Le rapport juridique ne pouvant se réaliser qu'entre des sujets de droit distincts, longtemps chez les Anciens et dans les sociétés traditionnelles, le droit ne pouvait pénétrer dans l'espace familial considéré comme un lieu dépourvu de bilatéralité. La pluralité des membres de la famille n'était qu'une déclinaison physique, en ce sens que, ces derniers dans leurs rapports internes constituaient une communauté, une unité ; et que le droit ne prenait sens que dans la dualité. La famille n'était point une société. Loin d'être hors-la-loi, la famille était en dehors du droit ; c'était du non-droit… Et Michel Villey convoquant l'histoire gréco-romaine, aimait à rappeler que dans ces dites sociétés, « le fils est quelque chose du père, il n'est autre que le père » [35]. Ce faisant, la réception des droits de l'homme et de la famille dans la science juridique contemporaine se décline comme une querelle entre le droit, l'anti-droit et le non-droit. Toutefois, cette bataille observée à partir du paradigme nominaliste, nul doute, va au profit des droits de l'homme.

Un regard porté sur les fondements classiques de la famille à savoir le mariage et la filiation, permet de comprendre que l'irruption des droits de l'homme dans ce postmodernisme juridique a défiguré substantiellement cette institution. Par rapport au mariage, les nouvelles formes de conjugalité (PACS [36], concubinage [37], partenariats enregistrés [38], mariage entre personnes

---

33. Y. LEQUETTE, *Le droit international privé de la famille à l'épreuve des conventions internationales*, *RCADI*, tome *246*, 1994, p. 117-121.
34. P. LEGENDRE, *Sur la question dogmatique en Occident*, Paris, Fayard, 1999, p. 167.
35. M. VILLEY, *La formation de la pensée juridique moderne*, Paris, PUF, 2009, p. 83 ; voir aussi *Le droit et les droits de l'homme*, *op. cit.*, p. 58-59.
36. Loi n° 99-944 du 15 novembre 1999 relative au pacte civil de solidarité (articles 515-1 à 515-7 du code civil). En 2010, en France, l'on comptait plus de 205 000 PACS. Ce chiffre à lui tout seul témoigne du succès de cette nouvelle forme de conjugalité en France.
37. Article 515-8 du code civil (loi n° 99-944 du 15 novembre 1999 en France) dispose que : « le concubinage est une union de fait, caractérisée par une vie commune présentant un caractère de stabilité et de continuité, entre deux personnes de sexe différent ou de même sexe, qui vivent en couple ».
38. G. KESSLER, « Partenariat enregistré », *Rép. internat. Dalloz*, 2012.

de même sexe [39]…), témoins du pluralisme, en Occident, sous les critères conjugués de l'égalité et de l'effectivité, ont permis de confondre la famille avec la vie familiale [40]. En effet, l'égalité conférant à tous les couples mariés, non mariés, hétérosexuels, homosexuels… la même dignité, le critère de l'effectivité, quant à lui, à travers une compression du temps valide l'existence d'une vie familiale… nouvelle définition de la famille. Il en est ainsi de concubins qui, à travers la stabilité de leur union de fait, mènent une vie familiale et, par voie de conséquence, constituent une famille [41].

S'agissant de la filiation, les techniques biomédicales, sous l'œil protecteur de l'individualisme des droits de l'homme, installent déjà notre humanité dans le « meilleur des mondes » [42]. Gestation pour autrui [43], maternité de substitution, procréation médicalement assistée, insémination *post-mortem* [44], congéla-

---

39. Loi n° 2013-404 du 17 mai 2013 relative au mariage pour tous. Voir en ce sens le nouvel article 143 du code civil qui dispose que : « le mariage est contracté par deux personnes de sexe différent ou de même sexe ».
40. F. Boulanger ; « La vie familiale », in *Libertés et droits fondamentaux*, *op. cit.*, p. 220-222.
41. M. Levinet, « Droit au respect de la vie familiale des étrangers et CEDH », *AJ. Fam*. 2004 (*11*), p. 390.
42. A. Huxley, *Le meilleur des mondes*, Paris, Pocket, 2005.
43. La trajectoire de la gestation pour autrui dans la jurisprudence française est très révélatrice du volontarisme qui affecte actuellement le droit de la famille. Initialement, la Cour de cassation française à travers les arrêts Mennesson et Labassée du 6 avril 2011 (*Rev. crit. DIP* 2011, p. 711, note (P). Hammje ; *RTD civ*., 2011, p. 340, obs. J. Hauser interdisait toute transcription dans l'état civil français de toute filiation découlant d'une convention de mère porteuse effectuée à l'étranger. Le développement de ce même contentieux devant la Cour de Strasbourg amena les juges européens à nuancer les positions des magistrats français. En effet, pour la Cour européenne des droits de l'homme, l'interdiction d'une transcription sur les registres de l'état civil français d'une filiation provenant d'une gestation pour autrui, constitue une atteinte à l'article 8 de la Convention européenne des droits de l'homme (CEDH 26 juin 2014 n° 65192/11, *Mennesson c/ France Rev. crit. DIP* 2015, p. 1, note H. Fulchiron et C. Bidaud-Garon ; *RTD civ*., 2014, p. 616, note J. Hauser). Cette jurisprudence européenne ne manquera pas d'impacter la jurisprudence française. Par deux arrêts en date du 3 juillet 2015, l'Assemblée plénière de la Cour de cassation admit pour la première fois la transcription des actes de naissance étrangers d'enfants nés de conventions de mère porteuse (*RTD civ*., 2015, p. 581, note J. Hauser). Enfin, ce libéralisme jurisprudentiel autour de la gestation pour autrui en France, récemment s'est amplifié à travers une suite d'arrêts rendus le 5 juillet 2017 où il a été admis l'adoption de l'enfant né d'une convention de mère porteuse par la mère d'intention (*D*. 2017, p. 1737, note H. Fulchiron).
44. Conseil d'État, 31 mai 2016, *RTD civ*., 2016, p. 834, note J. Hauser ; *D*., 2016, p. 1470, note M.-C de Montecler ; *D*. 2016, p. 1477, note B. Haftel. En l'espèce, malgré les interdictions des articles L. 2141-2 et L. 2141-11-1 du code

tion des embryons, des ovocytes [45]… notre civilisation juridique, en validant cette conception « bouchère de la filiation » [46], est entrée de plain-pied dans l'ère de la fabrique de l'humain, annonciatrice peut-être même du transhumanisme (ou post-humanisme) [47]. Une des contributions majeures des droits de l'homme dans le droit de la famille est la précarisation du principe d'indisponibilité du corps humain [48]. L'économisme et le sociologisme qui sous-tendent les droits de l'homme, en effet, ont pour prolongement la patrimonialisation du corps humain. Le droit de la filiation constitue un bel angle d'observation de ces logiques mercantiles qui envahissent aujourd'hui le corps humain. Le marché de la filiation de plus en plus s'internationalise [49]. Des États comme le Royaume-Uni, le Canada, la Grèce, la Belgique, le Danemark, la Roumanie, la Thaïlande, la Californie… s'ouvrent actuellement à la gestation pour autrui, posant ainsi des problèmes de coordination avec les ordres juridiques prohibitifs, et ce, dans l'optique de l'établissement de la filiation de l'enfant issu de la convention de mère porteuse [50].

---

de la santé publique, le Conseil d'État en prenant appui sur l'article 8 de la Convention européenne des droits de l'homme, a validé une assistance à la procréation médicale post-mortem d'un couple d'étrangers qui vivait en France. Dans cette affaire, suite au décès par cancer de son mari italien, l'épouse espagnole avait sollicité le transfert des gamètes en Espagne de son conjoint – pays qui accepte l'insémination *post-mortem* – afin d'y effectuer une procréation médicalement assistée. L'ouverture de l'insémination *post-mortem* à la dame espagnole, en l'espèce repose plus sur un registre émotif que sur une quelconque orthodoxie juridique.

45. Des entreprises comme Facebook ou Apple offrent à leurs salariées le financement (16 000 euros) de la congélation de leurs ovocytes afin que ces dernières, dans l'optique d'une meilleure implication dans leurs activités professionnelles, ne soient pas handicapées par l'urgence de la maternité. En effet, ce procédé biomédical devrait permettre aux femmes salariées de pouvoir retarder à volonté leur maternité. En ligne sur : http://www.france24.com/fr/facebook-apple-congelation-ovules-sante-feminisme-parite-debat/ consulté le 18 décembre 2014.
46. P. LEGENDRE, *Sur la question dogmatique en Occident*, *op. cit.*, p. 347.
47. B. JOUSSET-COUTURIER, *Le transhumanisme. Faut-il avoir peur de l'avenir ?*, Paris, Eyrolles, 2016 ; J.-M. BESNIER, *Demain les posthumains*, Paris, Hachette, 2009 ; *L'homme simplifié*, Paris, Fayard, 2012 ; L. ALEXANDRE, *La mort de la mort*, Paris, J.C. Lattès, 2011. Voir aussi *Les archives de philosophie du droit, 59*, avec comme intitulé : *Vers de nouvelles humanités ? L'humanisme juridique face aux nouvelles technologies*, Paris, Dalloz, 2017.
48. M. GOBERT, « Réflexions sur les sources du droit et les « principes » d'indisponibilité du corps humain et de l'état des personnes », *RTD civ.* 1992, p. 489.
49. H. MUIR WATT, « Les modèles familiaux à l'épreuve de la mondialisation (aspects de droit international privé) », *Arch. phil. droit*, *45*, 2001, p. 273-274.
50. D. BUREAU, H. MUIR WATT, *Droit international privé*, Paris, PUF, 2010, tome II, p. 172-173.

En Afrique subsaharienne, la nature formelle ou organique des droits de l'homme du fait de sa rupture avec les données sociologiques retarde pour le moment la réception de l'approche individualiste dans le droit positif de la famille. La législation familiale étant fortement tributaire des réalités sociales, les sources internationales des droits de l'homme, malgré leur présence dans les ordres juridiques africains, peinent à répondre d'une effectivité [51]. Cependant, récemment une décision de la Cour constitutionnelle du Bénin [52] en rapport avec l'adoption d'un code des personnes et de la famille semble faire pénétrer l'idéologie individualiste des droits de l'homme dans une telle discipline. Confondant l'égalité au principe de non-discrimination, voire même à l'égalitarisme, la Cour constitutionnelle du Bénin saisie de la constitutionnalité du projet portant code des personnes et de la famille en invalida trente et une (31) dispositions relatives à la polygamie [53], amenant ainsi le législateur béninois à se départir de la polygynie. Sans faire l'apologie de la polygamie, cette institution familiale toutefois, dans sa complexité, ne peut se comprendre avec le prisme réducteur de l'égalité qui n'est qu'un outil mathématique s'accommodant mal avec la famille réceptacle de toutes les idéologies et convictions d'une société. La famille semble allergique à l'utilitarisme que véhicule l'égalité [54].

Inconciliables à travers leur structure, famille et droits de l'homme dans leur confrontation se heurtent aussi à une impasse anthropologique.

B. Famille et droits de l'homme : une impasse anthropologique

Portant la bannière d'un universel enchanteur, les droits de l'homme achoppent devant les concepts de « droits » (1) et d' « homme » (2).

1. L'unité impossible du concept de « droits »

Il n'est pas inutile de rappeler que dans la pensée juridique occidentale le droit est une prérogative [55], un bien objet d'appropriation [56]. Le concept de

51. G. CAMARA : « Les conventions internationales et la loi interne à travers la jurisprudence au Sénégal », in *Les Cahiers de l'Association ouest africaine des hautes juridictions francophones*, Acte du colloque de Ouagadougou, 24-26 juin 2003, p. 287 et s.
52. DCC 02-144 du 23 décembre 2002 de la Cour constitutionnelle du Bénin.
53. S. BOLLE, « Le Code des personnes et de la famille devant la Cour constitutionnelle du Bénin. La décision DCC 02-144 du 23 décembre 2002 », *Afrilex*, n° *4*, p. 337-342.
54. J. HAUSER, « Le droit de la famille et l'utilitarisme », in *L'avenir du droit, Mélanges en l'honneur de François Terré*, *op. cit.*, p. 442.
55. E. P. HABA, « Droits de l'homme, libertés individuelles et rationalité juridique », *Arch. philo. droit*, *25*, Paris Sirey La loi,, 1980, p. 328-329.
56. R. VERDIER, « Ethnologies et droits africains », *Journal de la Société des Africanistes*, 1963, *33*, 1, p. 105-128, spéc., p. 124-127.

droit subjectif, en effet, procède d'une volonté d'exclure de la science juridique toute idée d'indisponibilité, d'intangibilité. Le droit objectif s'il existe n'est qu'un vecteur du droit subjectif. Et l'article 2 de la Déclaration des droits de l'homme et du citoyen de 1789, en disposant que : « Le but de toute association politique est la conservation des droits naturels et imprescriptibles de l'homme. Ces droits sont la liberté, la propriété, la sûreté et la résistance à l'oppression », renseignait parfaitement que l'État (le droit objectif) avait pour fin ultime la promotion des droits subjectifs [57].

La disponibilité du droit occidental au profit de ses destinataires, citoyens et autres sujets de droit, a pour conséquence principale de l'inscrire dans un processus historique. Hegel l'avait prématurément compris [58] ! Le droit est un produit de l'histoire. Devrions-nous dire, le droit occidental. L'anticléricalisme des *Lumières* dans l'histoire de la pensée juridique européenne initie une nouvelle épistémologie dans les fondations du droit. La science juridique ne peut plus revendiquer des origines métaphysiques ; le droit n'est plus axiologique.

Tributaire des mouvements de l'histoire, le droit occidental sous l'influence agnostique emprunte désormais aux sciences positives ses modes d'expression. L'ancrage du droit européen dans le paradigme positiviste le subordonne ainsi à la *raison comme fondation exclusive* [59]. Ces transformations aboutissent aujourd'hui à l'adoption d'un scientisme [60] dans le raisonnement juridique occidental. L'ordre juridique occidental dans ses dynamiques contemporaines est substantiellement marqué par la négation de l'*interdit*, du *tabou* [61] comme structure essentielle à toute régulation sociale.

L'intégration de ce modèle mathématique dans le droit de la famille a pour conséquence la *détotemisation* de cette institution. La nature infinie des mathématiques du fait de leur caractère expérimental reconfigure la famille qui, de par sa nature idéologique, était dans une finitude, dans une absence de temps. Le transsexualisme [62], l'euthanasie [63], la congélation des ovocytes, la gestation

---

57. F. JULLIEN, *De l'universel. De l'uniforme, du commun et du dialogue entre les cultures*, *op. cit.*, p. 168.
58. G. W. F. HEGEL, *Principes de la philosophie du droit*, Paris, PUF, 1998.
59. A.-J. ARNAUD, « Philosophie des droits de l'homme et droit de la famille », in *Internationalisation des droits de l'homme et évolution du droit de la famille*, Paris, LGDJ, 1996, p. 4.
60. Sur la prépondérance du modèle mathématique en Occident, voir E. MORIN, *Introduction à la pensée complexe*, Paris, Seuil, 2005, p. 18-21.
61. P. LEGENDRE, *Sur la question dogmatique en Occident*, *op. cit.*, p. 79-87.
62. CEDH, 25 mars 2002, Christine Goodwin et I. c/ Royaume-Uni, JCP G 2003. I. 101, n° 1, obs. Y. Favier.
63. Aujourd'hui, des États comme la Belgique, le Luxembourg, la Hollande, la Suisse valident dans leur législation la pratique de l'euthanasie. Récemment, la France avec le projet de loi sur la fin de vie (mars 2015), tout en contournant le vocable d'« euthanasie » à travers l'option du concept de « sédation profonde », s'achemine vers une réappropriation de la vie par l'individu.

pour autrui, l'eugénisme [64], le transhumanisme… ces nouvelles découvertes provenant de l'« empathie » infinie de la science, redessinent la figure familiale en Occident. L'abandon de la famille à l'expérience scientifique fait désormais que les droits subjectifs dans leur déploiement n'ont plus de clôture.

Les droits de l'homme, en vérité, ne constituent qu'un écho de ces nouvelles transformations du droit en un catalogue de droits subjectifs. L'universalisme des droits de l'homme ne dissimule qu'une représentation occidentale du droit [65]. Le rapport d'une société humaine au droit est nécessairement anthropologique [66].

Les ruptures entre la conception occidentale et celle négro-africaine sur le droit sont multiples. Une des premières divergences entre le droit occidental et la pensée juridique négro-africaine s'observe sur leurs fondements. Si en Occident, la norme juridique dispose d'une autonomie par rapport aux autres normes sociales (religion, morale, coutume…), en Afrique noire il en va autrement. Dans l'imaginaire juridique négro-africain, il n'existe aucun schisme à travers les différentes sources des obligations sociales. Droit, religion, morale… ne forment qu'une seule entité obligationnelle prenant souvent la dénomination de coutume [67]. L'absence d'une autonomie du droit contribue ainsi à connecter l'obligatoriété sociale à des sources métaphysiques, méta-positives. La science juridique dans la tradition négro-africaine serait ainsi plus conjonctive que disjonctive. Elle constituait un carrefour à travers lequel toutes les normes sociales se croisaient pour former un unique ordre obligationnel. Sorte de droit naturel, le droit négro-africain s'éloigne du projet juridique européen du fait de sa vocation intangible ou indisponible. Le droit naturel négro-africain, malgré son indisponibilité, toutefois, n'est pas immuable. Il s'ouvrait parfois à des réformes lorsque la survie du groupe social en dépendait [68].

La synthèse des idées ci-dessus évoquées permet de comprendre que dans le modèle juridique négro-africain le droit est nécessairement objectif. En Afrique noire traditionnelle, le droit est plus prescriptif, injonctif qu'attributif. Une analyse structurale de la Charte de *Kurukan Fuga* restitue fidèlement la

---

64. C. BACHELARD-JOBARD, *L'eugénisme, la science et le droit*, Paris, PUF, 2001.
65. J. YACOUB, « À l'épreuve des civilisations et des cultures, repenser les droits de l'homme. Une approche critique », in *L'odyssée des droits de l'homme*, tome III, *op. cit.*, p. 187-190.
66. N. ROULAND, *Aux confins du droit. Anthropologie juridique de la modernité*, Paris, Odile Jacob, 1991, p. 205-206 ; A. SUPIOT, *Homo juridicus. Essai sur la fonction anthropologique du droit*, Paris, Seuil, Coll. « Points", 2005, p. 301-305.
67. X. DIJON, « Les masques du droit en Afrique. Une lecture européenne des sources de la norme », *RIDC*, 2009, n° 4, p. 572.
68. M. ALLIOT, « Un nouveau droit est-il en train de naître en Afrique ? » *in* G. CONAC (dir.), *Dynamiques et finalités des droits africains*, Paris, Economica, 1980, p. 478.

nature objective du droit négro-africain [69]. Le parcours des quarante-quatre (44) articles de ce texte, substantiellement, informe sur le mode impératif emprunté par les rédacteurs. Les droits y sont envisagés plus en termes de devoirs que de prérogatives. Cette nature du droit négro-africain [70] se justifie par l'ignorance du nominalisme dans l'anthropologie africaine. Les sujets du droit dans la tradition négro-africaine étant substantiellement des entités collectives [71] (tribu, clan, ethnie, famille…), par voie de conséquence, étaient les destinataires naturels des prérogatives juridiques. Et la Charte africaine des droits de l'homme et des peuples semble conforter cette nature du droit négro-africain. Ce texte international a comme destinataires, et vise aussi bien les individus que les peuples. Par ailleurs, il ne se résume pas à conférer que des droits mais prévoit aussi des devoirs ; ce qui constitue une singularité dans le droit international comparé des droits de l'homme [72].

C'est cet arrière-plan anthropologique [73] du droit que semblent nier les droits de l'homme à travers leur prétention à l'universalité. Présentés comme des droits naturels, les droits de l'homme se déclineraient comme un *jus cogens* et seraient ainsi inhérents à toute société humaine. Il en est ainsi chez John Locke où l'antériorité de l'individu sur le groupe subordonne ainsi l'État à promouvoir les droits individuels conçus comme naturels [74]. Pour cet auteur, la préséance de l'individu sur le citoyen fait que la liberté et l'égalité sont consubstantielles à l'être humain.

Cette universalité ou cette naturalité des droits de l'homme ne résiste pas à l'analyse anthropo-historique des civilisations humaines [75]. L'horizontalité des rapports sociaux, à travers la liberté et l'égalité, présentée comme intrinsèque à la société occidentale est un trait de caractère qui ne saurait se généraliser dans

---

69. CELHTO, *La Charte de Kurukan Fuga. Aux sources d'une pensée politique en Afrique*, Paris, L'Harmattan, 2008.
70. T. Olawale ELIAS, *La nature du droit coutumier africain*, Paris, Présence africaine, 1961, p. 95-128.
71. G.-A. KOUASSIGAN, *Quelle est ma loi ? Tradition et modernisme dans le droit privé de la famille en Afrique noire francophone*, Paris, A. Pedone, 1974, p. 198-203.
72. B. TRAORÉ, « Droit de l'homme en Afrique : l'évolution de leur conception et de leur pratique », *Annales africaines*, 1986-1987-1988 (n° spécial), *in L'Afrique et le Droit international*, Actes du colloque sur l'enseignement du Droit international et le recherche en Droit international en Afrique, p. 162-164.
73. N. ROULAND, « À propos des droits de l'homme : un regard anthropologique », *Droits fondamentaux*, 2003, n° 3, p. 129 et s ; D. LOCHAK, *Les droits de l'homme*, *op. cit.*, p. 55-56.
74. J. LOCKE, *Traité du gouvernement civil*, Paris, GF-Flammarion, 1992, p. 113-117.
75. L. HUNT, *L'invention des droits de l'homme. Histoire, psychologie et politique*, Genève, Éditions Markus Haller, 2013, 310 p., spéc. p. 201-243.

une échelle spatio-temporelle. Dans les sociétés orientales [76] ou négro-africaines c'est plutôt à travers un paradigme hiérarchique ou vertical que les groupes humains identifient leur ontologie [77]. Il n'est pas acquis que dans ces dites sociétés la liberté et l'égalité soient perçues comme des fins ; c'est plutôt l'équilibre ou l'harmonie du tissu social qui est essentialisé. À la concurrence entre individus que promeut l'Occident à travers la religion des droits de l'homme, les sociétés traditionnelles en Afrique noire optaient pour le consensus en lieu et place de la compétition [78].

Toujours dans cette présomption de naturalité des droits de l'homme, l'histoire occidentale, elle-même, fournit des informations contradictoires. Nul ne doute qu'avant les *Lumières*, l'anthropologie occidentale, avec le vecteur clérical, prenait pour naturelle la métaphysique avec son corollaire à savoir la société hiérarchique. Dans cet ordre d'idées, la présentation des droits de l'homme comme un *jus cogens* semble plus tributaire d'une construction langagière, idéologique que d'une assise anthropo-historique [79]. Les droits de l'homme ne sont nullement atemporels. Ils s'inscrivent dans un processus historique proche des *Lumières* et ont une source occidentale.

Divergents quant au concept de « droits », les droits de l'homme divisent aussi dans l'appréhension de l' « homme ».

2. L'unité impossible de l'« homme »

« L'homme est une invention dont l'archéologie de notre pensée montre aisément la date récente. Et peut-être la fin prochaine » [80]. À reprendre cette affirmation de Michel Foucault, l'on peut convenir que la sacralité de l'individu, loin d'être naturelle, n'est qu'un phénomène de l'histoire contemporaine. Le cartésianisme peut servir d'historiographie à l'identification de l'homme comme une réalité unilatérale, qui tire son existence à partir d'un repli sur son *cogito* [81]. Une des limites de l'anthropologie occidentale de la

---

76. L. DUMONT, *Homo hierarchicus. Le système des castes et ses implications*, Paris, Gallimard, 1966. Dans cet ouvrage d'une érudition particulière, Louis Dumont, en prenant appui sur la société indienne, éloigne la hiérarchie de toute connotation péjorative pour ensuite la justifier comme une donnée qualitative en Inde. Voir spéc. p. 90-93.
77. G. VLACHOS, « La structure des droits de l'homme et le problème de leur réglementation en régime pluraliste », *RIDC*, *24*, 2, 1972, p. 279-253, spéc. p. 298-306.
78. M. ALLIOT, « Un nouveau droit est-il en train de naître en Afrique ? », *op. cit.*, p. 480.
79. L. HUNT, *L'invention des droits de l'homme. Histoire, psychologie et politique*, *op. cit.*, p. 19-42.
80. J. YACOUB, « À l'épreuve des civilisations et des cultures, repenser les droits de l'homme. Une approche critique », *op. cit.*, p. 183.
81. M. A. LAHBABI : « Le personnalisme africain », *Revue sénégalaise de philosophie*, 1982, n° *2*, p. 43-44.

connaissance à savoir sa nature disjonctive, éclatée, parcellaire [82]… s'observe aussi dans les représentations de l'homme. Ce dernier, sous le prisme du nominalisme, est envisagé comme la nouvelle unité de mesure. Dans la civilisation occidentale – origine des droits de l'homme – l'homme est un individu. Il est investi, à travers sa structure physique, comme une totalité monolithique [83]. C'est un Être qui surgit du Néant ; un Être qui s'est auto-enfanté. Libéré de la métaphysique, de l'histoire, de la société…, l'homme des droits de l'homme pénètre dans la réalité juridique avec une véritable autonomie [84]. Nous sommes désormais installés dans une *société d'individus* [85]. L'individuation de l'enfant dans l'espace familial est suffisamment illustrative de ce caractère désocialisé des droits de l'homme. L'intérêt de l'enfant [86], à travers ses nouvelles interprétations, se détache de celui du père, de la mère, de la famille [87]… Seule la fiction juridique, en effet, peut concevoir la réalisation de l'enfant dans une logique non conjonctive, dissociative de l'espace familial.

La figure nucléaire de l'homme que promeuvent les droits de l'homme, naturellement, se heurte à de nombreuses limites dans sa vocation universelle.

Dans l'imaginaire négro-africain, l'homme est investi sous des représentations différentes de celles du modèle occidental [88]. Loin du démiurge occidental, l'*homo africanus* ne se définit pas exclusivement à travers sa corporéité. Il est certes une réalité physique, mais également dispose d'une substance cos-

---

82. E. MORIN, *Introduction à la pensée complexe*, *op. cit.*, p. 15-18.
83. M. BEKOMBO PRISO, *Penser l'Afrique. Regards d'un ethnologue dwala*, Paris, Société d'ethnologie, 2009, p. 280.
84. M. GAUCHET, *La révolution des droits de l'homme*, Paris, Gallimard, 1989, p. 119-125.
85. Cette expression est empruntée à Norbert Elias à travers son ouvrage intitulé *La société des individus*, Paris, Pocket, 2012.
86. Pour une application de la notion d'« intérêt de l'enfant » dans la jurisprudence sénégalaise, voir Cour suprême du Sénégal, chambre civile et commerciale, 1er avril 2015, Anna Mbodj c/ Ousmane Guèye, inédit. En l'espèce, suite à un jugement d'appel du tribunal régional de Dakar ayant confié la garde des enfants au mari, la divorcée estimant que l'intérêt des enfants n'a pas été pris en compte, forma un pourvoi en cassation fondé sur les articles 3 et 12 de la Convention internationale des droits de l'enfant. Les Hauts magistrats rejetèrent une telle action en prenant appui sur un argumentaire strictement procédural. Pour la Cour suprême même si l'article 12 de la CIDE prévoit que soit prise en compte l'opinion de l'enfant pourvu de discernement dans la détermination de la garde parentale, l'absence d'invocation de cette stipulation dans les instances inférieures, fait que sa présence pour la première fois en cassation est « mélangé de fait et de droit ».
87. T. DUMORTIER, « L'intérêt de l'enfant : les ambivalences d'une notion "protectrice" », *Revue des Droits de l'Homme*, 2013, n° *3*, p. 2 et s.
88. J.-C. KAMDEM, « Personne, culture et droits en Afrique noire », *in* Henri PALLARD et Stamatios TZITZIS (dir.), *Droits fondamentaux et spécificités culturelles*, Paris, L'Harmattan, 1997, p. 100.

mique et psychique [89]. Le *cogito* ne suffit plus pour affirmer l'existence de l'homme en Afrique noire ; l'unilatéralisme, à lui seul, ne peut plus fonder l'individu comme sujet du droit. La naissance ne constitue point le commencement de la vie juridique dans la tradition négro-africaine [90]. L'individuation est un processus intégré dans un temps assez élaboré à travers lequel l'homme concrétise sa personnalité juridique [91]. Dans cette dynamique temporelle, s'installe un rapport circulaire entre l'individu et le groupe social, et ce, dans l'optique de sa plénitude juridique. Le *cogito* s'associe à la pluralité de liens sociaux pour donner une existence à l'individu [92]. L'ancrage de l'individu à son groupe social est ainsi indissociable de sa personnalité juridique. C'est sous ce rapport que John Mbiti affirme que : « L'individu (dans la tradition négro-africaine) ne peut dire que je suis parce que nous sommes, et puisque nous sommes, je suis. C'est là un point essentiel si l'on veut comprendre la conception africaine de l'homme » [93].

Malgré la rupture avec cette représentation de la personnalité juridique assumée par les États d'Afrique noire après leur accession à la souveraineté internationale, cette construction de l'homme comme un être social demeure vivace dans l'actualité sociale dudit continent. Et la réception des conventions internationales relatives aux droits de l'homme en Afrique au sud du Sahara, malgré sa positivité juridique, n'a pas encore fécondé cet homme isolé dans la sociologie africaine, même si les nouvelles transformations socio-économiques qui affectent ledit continent annoncent la fin proche de l'homme social.

La rencontre entre l'institution familiale et les droits de l'homme en Afrique noire, révélatrice d'une aporie, ne peut, en effet, se réconcilier qu'à travers une nouvelle approche.

II. Famille et droits de l'homme : prolégomènes à une nouvelle approche

La tension entre la famille et les droits de l'homme, en Afrique subsaharienne, s'explique en partie par l'inopérabilité du modèle pyramidal comme mode de résolution des contradictions qui affectent le système juridique (A).

89. A. H. BÂ, « La notion de personne en Afrique noire », in *La notion de personne en Afrique noire*, Actes du Colloque international organisé dans le cadre des Colloques Internationaux du CNRS, Paris, 11-17 octobre 1971, Paris, L'Harmattan, 2011, p. 181 et s.
90. J. MBITI, *Religions et philosophie africaines*, Yaoundé, CLÉ, 1972, p. 119.
91. A. H. BÂ, « La notion de personne en Afrique noire », *op. cit.*, p. 182-186.
92. A. NDAW, *La pensée africaine. Recherches sur les fondements de la pensée négro-africaine*, Dakar, Nouvelles Éditions Africaines du Sénégal, 1997, p. 175.
93. J. MBITI, *Religions et philosophie africaines*, *op. cit.*, p. 119.

Ce faisant, leur réconciliation nécessairement ne pourrait se réaliser qu'à travers une lecture circulaire des systèmes juridiques en Afrique noire (B).

A. Famille et droit de l'homme : l'inopérabilité du modèle pyramidal

L'ajournement de la hiérarchie des normes comme instrument de résolution des conflits existant entre la famille et les droits de l'homme (2) se justifie par le syncrétisme des systèmes juridiques en Afrique noire (1).

1. Le syncrétisme des systèmes juridiques en Afrique noire

L'histoire de l'Afrique noire se lit aisément dans les constitutions familiales de ses États. Les colonisations arabe et occidentale bavardent encore dans ces dites législations civiles. Ces civilisations étrangères, quoique n'étant pas à l'origine du pluralisme en Afrique, provoquent toutefois une rupture dans la nature systémique des valeurs négro-africaines. La présence de valeurs orientales et occidentales dans les systèmes juridiques du continent noir rend quasi impossible la recherche d'une cohérence systémique. L'ordre juridique même n'étant pas exclusivement composé de normes [94], faudrait-il tout de même que l'ensemble des normes formât une unité systémique [95], une unité de la politique législative. C'est dans cette perspective que Michel Villey [96], aux fins de démontrer la structure individualiste du code civil [97], enseigna que la pluralité des normes dudit texte peut se résumer à travers les articles 544 (droit de propriété), 1134 (force obligatoire du contrat) et 1382 (responsabilité civile délictuelle).

S'il est aisé de constater la structure patriarcale des systèmes juridiques arabo-musulmans, ou encore l'individualisme des modèles juridiques en Occident, l'identité des systèmes juridiques en Afrique au sud du Sahara, quant à elle, souffre de sa désarticulation. Le recours à l'épistémologie même ne saurait offrir une unité des différentes institutions du droit de la famille en Afrique noire. Que valent les textes relatifs aux droits de l'homme compris à travers leur idéologie occidentale, lorsque les mêmes systèmes juridiques auxquels ils sont intégrés valident la polygamie [98], la hiérarchie des filiations [99] (légitime, naturelle, adultérine, incestueuse…), les charges du ménage pesant à titre prin-

---

94. P. MAYER, *Le phénomène de la coordination des ordres juridiques étatiques en droit privé*, *RCADI*, 2007, p. 40-47.
95. S. ROMANO, *L'ordre juridique*, Paris, Dalloz, 2e éd., 2002, p. 8-9.
96. M. VILLEY, *La formation de la pensée juridique moderne*, *op. cit.*, p. 547.
97. Pour André-Jean Aranud, l'unité systémique du code civil s'observe à travers sa philosophie bourgeoise. Voir A.-J. ARNAUD, *Essai d'analyse structurale du Code civil français. La règle du jeu dans la paix bourgeoise*, Paris, LGDJ, 1973.
98. Article 302 du code des personnes et de la famille du Mali.
99. Article 241 à 275 du code de la famille du Congo Brazzaville.

cipal sur l'homme [100], le privilège de masculinité dans les successions musulmanes [101], la transmission du nom du père à son enfant [102]... ? L'égalité et la liberté – vecteurs principaux des droits de l'homme – se concilient difficilement avec ces traits du droit de la famille en Afrique subsaharienne.

Cette arythmie dans les systèmes juridiques en Afrique noire, en partie, tient à des raisons extra-juridiques.

Une des sources de la dysharmonie des systèmes juridiques en Afrique subsaharienne s'appuie sur des motivations d'ordre historique. Le droit international des droits de l'homme s'est construit à une époque où l'Afrique noire était sous la domination coloniale de l'Occident. En 1948 – moment de la Déclaration universelle des droits de l'homme de l'ONU – l'Afrique noire n'avait pas encore accès à la souveraineté internationale. Ce faisant, c'est en marge des préoccupations africaines que fut rédigé ledit texte international.

En sus de cette première réalité, la déstructuration des systèmes juridiques en Afrique noire peut s'observer en matière de souveraineté dans la conduite de la politique législative. La plénitude de la souveraineté des puissances publiques en Afrique noire s'exerce exclusivement sur les sources nationales du droit de la famille. Dans les espaces communautaires ou internationaux, l'adhésion des États aux conventions et traités souvent repose plus sur des logiques politiques, économiques que juridiques. L'OHADA (Organisation pour l'harmonisation en Afrique du droit des affaires) en est une parfaite illustration. Modèle communautaire sans précédent [103], l'OHADA nul doute exprime la volonté de la France, à travers ses multinationales, de disposer dans ses anciennes colonies africaines un droit uniforme (les Actes uniformes), et ce, dans l'optique d'effacer les disparités législatives qui existaient antérieurement dans ledit espace [104].

Dans cet ordre d'idées, l'internationalisation du droit de la famille a pour conséquence la dépossession du législateur national de son monopole classique de l'institution familiale. Cette situation se consolide par le fait que les textes internationaux ou communautaires relatifs aux droits de l'homme se doublent d'organes juridictionnels. Il en est ainsi de la Cour africaine des

100. Article 375 du code de la famille du Sénégal.
101. Il en est ainsi au Niger où le pluralisme en droit de la famille permet aux musulmans d'opter pour les successions musulmanes et, par voie de conséquence, rendre effectif le privilège de masculinité validé par ce modèle successoral.
102. Article 2 du code des personnes et de la famille du Togo.
103. P. TIGER, « Aspects conceptuels et évolutifs : communication introductive au Colloque de Lomé du 6 au 9 juin 2006 », *Penant*, n° *860*, p. 293 et s.
104. M. L. D. TSHIBENDE, « Les Gaulois, nos ancêtres ? Sur la circulation et l'influence du modèle juridique français en Afrique noire francophone », *OHADATA D-07-02*.

droits de l'homme et des peuples [105] qui veille sur la Charte africaine des droits de l'homme et des peuples ou encore de la Cour européenne des droits de l'homme compétente pour la Convention européenne des droits de l'homme. Ces juridictions supranationales, contrôlant la conformité du droit interne aux conventions, finissent par se substituer aux législateurs nationaux du fait du caractère vague et abstrait des textes internationaux relatifs aux droits de l'homme. L'indétermination du contenu des droits de l'homme permet aux juridictions supranationales d'arrimer les législations nationales à une orientation individualiste. Ce nouvel utilitarisme dans le droit de la famille déjà dénoncé en Occident [106], toutefois, semble plus problématique en Afrique noire. En Occident, la philosophie individualiste des droits de l'homme se légitime aisément avec les transformations socio-économiques contribuant à la nucléarisation des rapports collectifs [107], mais il en va autrement en Afrique subsaharienne où les dynamiques sociétales se réalisent en rupture avec les droits de l'homme dans leur consécration textuelle.

Cet écart entre les droits de l'homme et les législations internes perturbe l'équilibre même des systèmes juridiques. La permanence et la stabilité de tout système juridique étant fondamentalement liées au dialogue harmonieux entre les institutions le composant, les droits de l'homme se refusent à toute cohabitation avec des valeurs en contradiction avec l'idéologie individualiste. Plus qu'une nouvelle catégorie juridique, en Afrique noire, les droits de l'homme revendiquent une fonction paradigmatique. Les droits de l'homme, en vérité, sont extérieurs au système normatif et ne constituent pas une institution de ce dernier. Ils n'interagissent pas avec les différents éléments de celui-ci. De par leur nature idéologique ou conceptuelle, ils entendent soumettre tout le système juridique à leur cause. À l'image de la théorie de l'autonomie de la volonté en droit des contrats [108], les droits de l'homme sollicitent que l'ensemble des objets formant le système juridique soient agencés en fonction de son agenda individualiste. Plus qu'une règle ou norme dans le système juridique, les droits de l'homme s'identifient comme une valeur, une méta-règle. Leur présence dans les ordres juridiques du continent noir ne s'analyse pas en termes de cohabitation, mais plutôt d'effacement ou d'anéantissement des normes contraires. En

---

105. F. OUGUERGOUZ, « La Cour africaine des droits de l'homme et des peuples. Gros plan sur le premier organe judiciaire africain à vocation régionale », *AFDI*, 2006, p. 213.

106. Y. LEQUETTE, « De l'utilitarisme dans le droit international privé conventionnel de la famille », in *L'internationalisation du droit, Mélanges en l'honneur du professeur Y. Loussouarn*, Paris, Dalloz, 1994, p. 245 et s.

107. A.-J. ARNAUD, « Philosophie des droits de l'homme et droit de la famille », *op. cit.*, p. 5-14.

108. Si en droit des contrats, le consensualisme, la force obligatoire ou encore le principe de l'effet relatif constituent un système du droit des obligations c'est en contemplation de la théorie de l'autonomie de la volonté.

d'autres mots, leur hypertrophie menace le pluralisme qui constitue un des traits caractéristiques des ordres juridiques en Afrique au sud du Sahara.

Sous ce rapport, la survie du caractère syncrétique des systèmes juridiques en Afrique noire semble très précaire. Ce faisant, les contradictions entre l'institution familiale et les droits de l'homme, dans ledit continent, ne sauraient se résoudre par le simple prisme de la hiérarchie des normes.

2. L'inadaptation de la hiérarchie des normes

Legs du positivisme juridique, la hiérarchie des normes tranche les contradictions à l'intérieur d'un système juridique de façon apriorique : la norme supérieure l'emporte sur la norme inférieure. Le rang de la règle dans la pyramide des normes sert de régulateur au système juridique [109]. Dans cette logique verticale, le contenu des règles juridiques est sans incidences quant à leur importance. Cette technique de résolution des contradictions entre les normes juridiques qu'emprunte le modèle pyramidal se comprend aisément dans un système unitaire, monolithique. La pluralité de règles dans la hiérarchie des normes n'est pas problématique en ce qu'elle est présumée se construire autour de valeurs homogènes. En d'autres termes, la hiérarchie des normes s'insère dans une hiérarchie des fonctions [110]. Les différentes autorités normatives (le peuple, le pouvoir législatif, le pouvoir exécutif voire même le pouvoir judiciaire) concourent à un même objectif : la concrétisation d'une unité culturelle ou civilisationnelle dans un État donné. Sous ce rapport, chaque sphère normative de l'ordre juridique reçoit une habilitation pour concevoir une partie d'un même puzzle. Le « peuple » dans l'impossibilité de réaliser directement ses aspirations, les éclate entre plusieurs pouvoirs. Ces différentes fonctions (législative, exécutive et judiciaire) coordonnées hiérarchiquement produisent aussi les mêmes effets quant aux normes qu'elles émettent. En d'autres mots, la hiérarchisation des normes est une conséquence de la stratification des pouvoirs.

Dans le droit de la famille, cependant, la hiérarchie des normes ne prend sens et cohérence que dans un système juridique unitaire où l'ensemble des règles répond d'une même idéologie. Et la démonstration de la nature pluraliste des ordres juridiques en Afrique noire relève de l'euphémisme. « Quelle est ma loi ? » cet aphorisme emprunté à Guy A. Kouassigan [111], à suffisance, exprime la désarticulation des systèmes juridiques dans le continent noir. Le

109. H. KELSEN, *Théorie pure du droit*, traduit par Charles Eisenmann, Bruxelles-Paris, Bruylant-LGDJ, rééd. 1999, p. 224-273.

110. M. TROPER, « Sieyès et la hiérarchie des normes », in *Le droit et la nécessité*, Paris, PUF, Léviathan, 2011, p. 237 et s., spéc., p. 241-247.

111. G.-A. KOUASSIGAN, *Quelle est ma loi ? Tradition et modernisme dans le droit privé de la famille en Afrique noire francophone*, *op. cit.*

pluralisme qu'il soit de type formel [112] ou matériel [113] constitue le modèle d'expression du droit de la famille en Afrique noire. Mariage coutumier – mariage civil [114], successions romano-germaniques – successions musulmanes, enfant légitime – enfant naturel… les institutions du droit de la famille en Afrique noire se particularisent à travers leur dualité, leur ouverture. Ce pluralisme renferme une conviction : l'impossibilité pour les législateurs africains d'uniformiser les institutions du droit de la famille. Et ce syncrétisme juridique tenant en partie à des raisons historiques résonne encore d'un écho particulier dans la sociologie africaine.

L'hétérogénéité des valeurs qui traversent les systèmes juridiques en Afrique noire prolonge la question relative à leur mode de cohabitation dans ces dites sociétés. Éloignée de la positivité juridique où la hiérarchie des normes dans sa « pureté » ignore les conflits de valeurs, la diversité des idéologies à l'intérieur d'un système juridique, en principe, ne saurait se résoudre à travers un modèle keysénien. Le pluralisme comme manifestation d'un système juridique se conjugue mal avec la hiérarchie des normes [115]. La coordination des différentes institutions du droit de la famille en Afrique subsaharienne ne peut s'opérer dans une logique pyramidale du fait de leur autonomie identitaire les unes des autres. L'adoption de la hiérarchie des normes dans les systèmes juridiques africains, loin de contribuer à leur pacification, ne fait qu'amplifier les tensions existant entre le droit positif et la normativité sociale. L'épanouissement du pluralisme en Afrique noire se réaliserait mieux dans un système juridique égalitaire ou horizontal que dans une architecture pyramidale qui ne peut promouvoir qu'un unilatéralisme entre les différentes institutions juridiques. La hiérarchie des normes, si elle est une technique de coordination des conflits de lois dans un système juridique, toutefois, son modèle de résolution n'est pas dialogique. Elle semble plus processuelle que substantielle du fait de la neutralité qu'elle revendique.

L'incursion des droits de l'homme dans les systèmes juridiques africains, sous le règne de la hiérarchie des normes, renferme ainsi la promesse de la fin du pluralisme. En effet, dans la pyramide des normes, les droits de l'homme, de par leur origine communautaire ou internationale, neutralisent les textes

---

112. Il en est ainsi du Cameroun ou du Niger où le législateur en matière de statut personnel, expressément, permet aux citoyens d'opter pour leurs coutumes non codifiées.
113. Le pluralisme est de type matériel lorsque, malgré la codification unique, le législateur, à travers un système d'options, permet aux citoyens de se référer à leurs coutumes respectives. Il en est ainsi du code de la famille sénégalais qui, à travers une technique syncrétique, à la fois, prend en charge les civilisations occidentale, arabo-musulmane et négro-africaine.
114. Article 114 du code de la famille du Sénégal.
115. J. VANDERLINDEN : « Les droits africains entre positivisme et pluralisme », *Bulletin des séances de l'Académie royale des sciences d'Outre-mer*, n° *46*, 2000, p. 279-280.

internes lorsque ces derniers ne leur sont pas conformes. Cette supériorité technique des droits de l'homme, aujourd'hui, semble se densifier en ce sens que certaines constitutions en Afrique ont intégré dans leur préambule certaines conventions ou textes relatifs aux droits de l'homme [116]. La constitutionnalisation des droits de l'homme contribue ainsi à parachever leur immunité dans la pyramide des normes. Cette densification des droits de l'homme en Afrique noire devant participer à l'unité des systèmes juridiques, cependant, accentue les ruptures entre les sources constitutionnelles, internationales et législatives dans le droit de la famille. Et l'usage de la hiérarchie des normes comme instrument de régulation de ces dites contradictions de par son procédé positiviste se désintéresse de l'essence même de ces conflits pour ne fournir qu'une solution de type procédural, « légal ».

C'est parce que le conflit entre l'institution familiale et les droits de l'homme renferme plus un conflit de valeurs qu'un simple conflit de normes juridiques, leur résolution devrait emprunter des méthodes plus substantielles en lieu et place de celle que propose le modèle pyramidal.

B. *Pour l'élaboration d'une méthode substantielle dans le conflit entre l'institution familiale et les droits de l'homme*

La mise en œuvre d'une méthode substantielle (2) dans le conflit entre l'institution familiale et les droits de l'homme se justifie par la nature circulaire des systèmes juridiques en Afrique noire (1).

1. La nature circulaire des systèmes juridiques en Afrique noire

Si génériquement le système juridique est constitué par l'ensemble des normes et règles de l'ordre juridique, la connaissance de sa nature quant à elle semble plus complexe. Dans un paradigme normativiste, l'interrogation relative à la nature du système juridique paraît dénuée d'intérêt du fait de la présomption du rapport hiérarchique des différentes règles et normes le composant [117]. Toutefois, si les lignes ci-dessus ont révélé le caractère pluraliste des ordres juridiques en Afrique subsaharienne avec pour corollaire la faillite du modèle pyramidal, il ne serait pas inutile, à cet effet, de s'appesantir sur le type de rapport qui lie les différentes institutions du droit de la famille dans ledit continent.

Peut-il exister une nomenclature apriorique entre les différentes civilisations (négro-africaine, arabo-musulmane, occidentale) qui traversent la famille

116. A. B. FALL, « Universalité des droits de l'homme et pluralité juridique en Afrique : analyse d'un paradoxe », in *L'odyssée des droits de l'homme*, tome III, *Enjeux et perspectives des droits de l'homme*, *op. cit.*, p. 125.

117. M. TROPER, *La philosophie du droit*, Paris, PUF, 2014, 3e éd., p. 76-83, spéc., p. 79.

africaine ? Malgré le fait que les droits de l'homme en association avec le modèle pyramidal répondent de façon affirmative à cette question, la complexité de l'institution familiale mérite une analyse beaucoup plus réaliste et subtile que la proposition superficielle de la hiérarchie des normes dans un espace pluraliste. La traduction du conflit entre l'institution familiale et les droits de l'homme en un conflit de normes soluble dans un modèle pyramidal révèle une démarche simpliste. Plus qu'un simple conflit de normes, la rencontre entre l'institution famille et les droits de l'homme, en vérité, exprime un conflit de valeurs.

Dans une telle perspective, l'histoire et la socio-anthropologie constituent des ressources pour dénouer les conflits qui se réalisent à l'intérieur des systèmes juridiques du continent noir [118]. Le caractère ouvert des institutions du droit de la famille en Afrique noire n'est pas le résultat d'une délibération politique mais plutôt une imposition de l'histoire amplifiée par les sociétés contemporaines. En d'autres mots, les institutions du droit de la famille en Afrique noire ne sont pas coordonnées dans une logique de hiérarchie ou de dépendance, mais plutôt de dialogue. Ce n'est pas dans une perspective de soumission les unes aux autres que s'effectue la rencontre de ces différentes civilisations dans les systèmes juridiques africains. De par ces rapports horizontaux entre les différentes institutions, les systèmes juridiques en Afrique noire empruntent une identité plus circulaire que linéaire. Ils n'ont pas été conçus en contemplation d'un modèle clos fédérant toutes les institutions autour d'une même idéologie, mais plutôt pour créer une correspondance entre eux et le syncrétisme social. Et l'insertion des droits de l'homme dans les systèmes juridiques africains, malgré leur revendication totalitaire ou unilatéraliste, loin d'envahir tout le système juridique ne fait que remplir le compartiment occidental du pluralisme familial en Afrique noire. À cet effet, les contradictions existant entre les règles qu'ils véhiculent et celles provenant des civilisations négro-africaine ou arabo-musulmane du fait de leur autonomie respective, dans un espace pluraliste, aux fins de leur résolution invite à réfléchir non plus sur une hiérarchie des normes, mais plutôt sur une hiérarchie des valeurs.

La nature circulaire des systèmes juridiques en Afrique noire refoule en principe toute approche dogmatique ou présomptive (hiérarchie des normes) dans la résolution des conflits entre ces différentes valeurs. L'équilibre d'un système juridique circulaire de par sa complexité s'éloigne du principe de la prévisibilité (dogmatique) pour adopter celui du modèle casuistique (relatif). L'interpénétration des différentes civilisations dans le système circulaire étant

118. F. K. CAMARA, « Enseigner, promouvoir et mettre en œuvre les droits de l'homme en Afrique : faire entendre la voix des ancêtres », in *L'enseignement du droit en Afrique francophone*, *Revue sénégalaise de droit et science politique*, ex-*Droit sénégalais*, n° *12*, 2014, p. 95-120. Pour cette universitaire sénégalaise, la tradition humaniste africaine peut servir de grille de lecture aux droits de l'homme.

perçue comme structurelle, la régulation des éventuelles tensions y survenant, sans perdre de sa cohérence, ne peut emprunter ses instruments à une des normes du système juridique. Disposées dans une architecture horizontale, égalitaire, les différentes valeurs d'un système circulaire dans leur confrontation ne peuvent se résoudre qu'à travers des instruments extérieurs à la positivité du droit et souvent incarnés par des méthodes substantielles. Et c'est à travers souvent cette méthode substantielle que le conflit entre l'institution familiale et les droits de l'homme emprunte ses modes de résolution.

2. La mise en œuvre d'une méthode substantielle

La convocation d'une méthode substantielle ou métajuridique pour la résolution des contradictions existant entre l'institution familiale et les droits de l'homme passera naturellement par une démonstration des limites de la technique juridique. L'inopérabilité de la hiérarchie des normes dans le conflit entre la famille et les droits de l'homme n'est pas exclusivement conceptuelle mais aussi technique. Cette situation s'explique par l'absence d'un vocabulaire uniforme des conventions et autres textes internationaux relatifs aux droits de l'homme. En atteste la Charte africaine des droits de l'homme et des peuples qui, tout en promouvant des valeurs individuelles à l'image de toutes les conventions ayant trait aux droits de l'homme, cherche également à préserver des valeurs collectives telles que la famille, la culture, les peuples [119]… La revendication par ce texte de son attachement à des valeurs « positives » de la tradition négro-africaine [120] contribue à décrédibiliser le discours universaliste des instruments juridiques relatifs aux droits de l'homme. Le syncrétisme [121] assumé par la Charte africaine des droits de l'homme et des peuples, quoique conforme à l'évolution historique de ses États membres, cependant rend complexe la compréhension de la philosophie des droits de l'homme dans l'esprit du législateur africain. Dans une perspective comparative, la Charte africaine des droits de l'homme et des peuples décline un contenu inédit, en ce quelle

---

119. M. GLELE-AHANHANZO, « Théorie et pratique des droits de l'homme dans l'Afrique contemporaine », *Annales africaines*, 1986-1987-1988, n° spécial, *op. cit.*, p. 134.
120. C'est dans cette optique que la Charte africaine des droits de l'homme et des peuples dans son préambule affirme que : « Tenant compte des vertus de leurs traditions historiques et des valeurs de civilisation africaine qui doivent inspirer et caractériser leurs réflexions sur la conception des droits de l'homme et des peuples ».
121. S. DOUMBE-BILLE : « Un quart de siècle de protection des droits de l'homme en Afrique », in *Les droits de l'homme en évolution, Mélanges en l'honneur du professeur Petros J. Pararas*, Bruxelles, Bruylant, 2009, p. 135 ; F. OUGUERGOUZ, *La Charte africaine des droits de l'homme et des peuples : une approche juridique des droits de l'homme entre tradition et modernité*, Paris, PUF, 1993.

promeut à la fois des droits individuels et collectifs (peuples) [122], mais aussi se particularise par les *devoirs* [123] qu'elle institue tant à l'égard des États (articles 18, 22, 25, 26 CADHP) que de l'individu envers la famille et la société (articles 27, 28, 29 CADHP). Cette approche originale des droits de l'homme issue du législateur africain, si elle n'est pas aporétique [124], brouille tout de même le droit international des droits de l'homme dans le continent noir.

Sous ce rapport, le raisonnement pyramidal est sans intérêt du fait du caractère égalitaire des instruments juridiques en concurrence. La nature conventionnelle de la Charte africaine des droits de l'homme et des peuples ne permet pas la mobilisation de la hiérarchie des normes au profit d'autres textes internationaux. Les éventuelles contradictions entre textes internationaux s'expriment en termes de conflits de conventions rendant par la même occasion, en principe, l'inopérabilité de la hiérarchie des normes. Malgré l'identité partielle de leur objet (droits de l'homme), une comparaison entre la Charte africaine des droits de l'homme et des peuples et les autres conventions internationales relatives aux droits de l'homme révèle quelques antinomies qui complexifient la résolution des conflits de conventions [125]. Les difficultés relatives à l'articulation de la Charte africaine des droits de l'homme avec les autres textes internationaux ayant trait aux droits humains s'intensifient du fait de l'absence de clauses de compatibilité à l'intérieur desdites conventions. Cette situation se justifie en ce que le discours universaliste et dogmatique des droits de l'homme se conjugue mal avec l'insertion de clauses de compatibilité organisant leur éventuelle cohabitation. Et l'article 61 CADHP, tout en permettant à la Commission africaine des droits de l'homme et des peuples de prendre en compte dans sa mission « les autres conventions internationales, soit générales, soit spéciales, établissant des règles expressément reconnues par les États membres de l'Organisation de l'unité africaine (actuelle Union africaine), les pratiques africaines conformes aux normes internationales relatives aux droits de l'homme et des peuples, les coutumes généralement acceptées comme étant le droit, les principes généraux de droit reconnus par les nations africaines ainsi que la jurisprudence et la doctrine », loin de constituer une clause de compatibilité ne fait que renforcer l'abstraction de son contenu. L'autorisation faite à la Commission africaine de s'ouvrir aux autres conventions internationales n'est que spéculative du fait de l'absence de précision des domaines dans lesquels ladite structure peut convoquer de tels textes internationaux.

---

122. M. MUBIALA, « Les droits des peuples en Afrique », *RTDH*, 2004, p. 985 ; *Le système régional africain de protection des droits de l'homme*, Bruxelles, Bruylant, 2005, p. 35-48.
123. C. AINETTER, « La Charte africaine des droits de l'homme et des peuples », *Annales africaines*, n° spécial, 1986, 1987, 1988, *op. cit.*, p. 146.
124. M. SINKONDO, « La Charte africaine des droits de l'homme et des peuples ou les apories juridiques d'une convention encombrante », *RDPA*, n° *816*, p. 288 et s.
125. D. BUREAU, « Les conflits de conventions », *Trav. Com. fr.* DIP, 1999, p. 203.

Les antinomies entre la Charte africaine des droits de l'homme et des peuples et les autres textes internationaux ratifiés par les États africains, même constitutives de conflits de conventions, cependant, pourraient difficilement emprunter leur résolution aux techniques classiques forgées par la doctrine et la jurisprudence. En effet, les techniques telles que la règle de l'efficacité maximale, la règle de la matière spéciale (*lex specialis*), la règle de la convention postérieure (*lex posterior*) [126]... souvent invitées pour trancher les conflits de conventions peuvent difficilement s'adapter aux textes internationaux ayant pour objet les droits de l'homme. Cette inadaptation s'explique en ce que ces méthodes mentionnées ci-dessus semblent être conçues pour des conventions internationales s'éloignant des questions idéologiques ou des valeurs fondamentales [127]. Leur nature purement technique constitue une limite pour la résolution des conflits de conventions ayant trait aux « droits fondamentaux ». La mise à l'écart par les magistrats français de la Convention franco-marocaine du 10 août 1981 relative au statut des personnes et de la famille et à la coopération judiciaire témoigne du choix de techniques substantielles pour trancher les conflits entre les textes internationaux renfermant des questions civilisationnelles. Invitée à se prononcer sur les antinomies existant entre la Convention franco-marocaine ci-dessus évoquée et la Convention européenne de sauvegarde des droits de l'homme et des libertés fondamentales, la Cour de cassation française, par le canal de l'ordre public international (français), neutralise les répudiations régulièrement constatées au Maroc et devant produire des effets en France [128].

La mobilisation de l'ordre public comme méthode substantielle devant refouler les conventions internationales contraires aux « valeurs françaises » [129], récemment a été constatée dans un arrêt de la Cour de cassation en

---

126. B. Dutoit, F. Majoros : « Le lacis des conflits de conventions en droit privé et leurs solutions possibles », *RCDIP*, 1984, p. 565 et s., spéc. p. 577-587.
127. D. Bureau, « Les conflits de conventions », *op. cit.*, p. 214.
128. Cass. civ., 11 mars 1997, *Dalloz*, 1997, p. 400, note M.-L. Niboyet. En l'espèce, si l'article 13 de la Convention franco-marocaine du 10 août 1981 stipulait que : « les actes constatant la dissolution du lien conjugal homologués par un juge au Maroc entre conjoints de nationalité marocaine dans les formes prévues par leur loi nationale produisent en France dans les mêmes conditions que les jugements de divorce prononcés à l'étranger », sa contradiction avec l'article 5 du protocole n° 7 additionnel à la Convention européenne de sauvegarde des droits de l'homme et des libertés fondamentales (égalité des époux lors de la dissolution du lien matrimonial) fut tranchée au profit de cette dernière convention.
129. En effet, dans la décision du 28 janvier 2015, la Cour de cassation française estime qu'une « loi marocaine compétente qui s'oppose au mariage de personnes de même sexe dès lors que, pour au moins l'une d'elles, soit la loi personnelle, soit la loi de l'État sur le territoire duquel elle a son domicile ou sa résidence le permet » est contraire à l'ordre public français. Cette décision fondée

date du 28 janvier 2015 relatif au mariage d'un Marocain avec un Français installés en France [130].

L'ajournement progressif de la hiérarchie des normes au profit de l'ordre public informe sur la nouvelle épistémologie du droit occidental en rapport avec les « droits fondamentaux » ou les « droits de l'homme ». Elle est annonciatrice d'un nouveau positivisme non plus fondé sur la sacralité de la norme

---

sur l'ordre public international suscite un problème fondamental. S'il est acquis que l'ordre public en droit international privé renvoie à la « conscience des juges », ce contenu, quoique relatif, ne peut, en principe, s'éloigner de la normativité sociale. Or, il était acquis que la loi du 17 mai 2013 relative au « mariage pour tous » ne rencontrait pas l'assentiment des segments les plus vastes de la population française. Dans ce même ordre d'idées, entre le 17 mai 2013 et le 28 janvier 2015 rien ne présage un changement radical de l'opinion publique française sur le mariage entre personnes de même sexe. Nouvel et seul oracle de l'ordre public international, la jurisprudence française, à travers sa décision du 28 janvier 2015, soustrait à l'État son monopole sur la loi (principe de la supériorité des textes internationaux [Convention franco-marocaine] sur les lois internes [code civil] posé par l'article 55 de la Constitution française du 4 octobre 1958), mais aussi se substitue à l'opinion générale pour dire ce qui relève du nouvel ordre public international français extrait de la loi du 17 mai 2013.

130. Cass. civ., 1ère, arrêt n° 96, 28 janvier 2015. Voir D. BODEN, S. BOLLEE, B. HAFTEL, P. HAMMJE, P. de VAREILLES-SOMMIERES, « Mariage de personnes de même sexe : exception d'ordre public », *Rev. crit. DIP*, 2015, p. 400 ; H. FULCHIRON, Le « mariage pour tous » est d'ordre public en matière internationale, *D.* 2015, p. 464. En l'espèce, une opposition au mariage du procureur général relative à une union homosexuelle entre un Marocain et un Français prenait appui sur les textes suivants : l'article 5 de la Convention franco-marocaine du 10 août 1981, les articles 175-1 du code civil, 422 et 423 du code de procédure civile. Saisie de ce contentieux, la Cour de cassation, tout en écartant le jeu de la hiérarchie des normes (supériorité de ladite Convention franco-marocaine sur le code civil à son article 202 découlant de la loi du 17 mai 2013), s'appuie sur l'article 4 de la Convention bilatérale franco-marocaine pour convoquer l'ordre public français et, *in fine*, permettre au Marocain résidant en France de pouvoir se marier avec un Français. En effet, même si l'article 4 de ladite convention franco-marocaine permet au juge français compétent d'appliquer sa propre loi lorsque le droit marocain est manifestement contraire à son ordre public, l'érection de l'article 202-1 al. 2 du code civil français en principe d'ordre public international parait spécieuse. Ce texte posant une règle de conflit certes plus substantielle que processuelle, tout de même objectivement ne présume en rien sa nature d'ordre public international. À l'image de l'article 309 du code civil, l'article 202-1 al. 2 constitue un impérialisme galopant du juridisme français contre les civilisations qui lui sont opposées. Ce texte s'analyse comme une simple négation du statut personnel des étrangers en matière de formation du mariage.

per se (convention internationale), mais plutôt sur une valeur libérale (culture occidentale) [131].

Loin de promouvoir la mise en œuvre d'un phénomène de réciprocité en Afrique subsaharienne – révélatrice d'une approche réactionnaire –, l'insertion des droits de l'homme dans les systèmes juridiques dudit continent ne peut pas se réaliser à travers une méthode exclusivement processuelle à l'image de la hiérarchie des normes. C'est parce qu'ils véhiculent des valeurs éminemment sociétales que les droits de l'homme doivent s'accompagner d'une approche métajuridique qui passerait d'abord par la conceptualisation d'un ordre public africain. Et la Charte africaine des droits de l'homme et des peuples en 1981 semblait inviter dans cette direction lorsqu'elle évoquait dans son préambule les « valeurs de civilisation africaine qui doivent inspirer et caractériser leurs réflexions (les États africains) sur la conception des droits de l'homme et des peuples ».

131. M. TROPER, « Le positivisme et les droits de l'homme », in *Le droit et la nécessité*, *op. cit.*, p. 31 et s., spéc., p. 39-45.

Héritage scientifique du professeur Dominique Sarr

Seydou DIOUF

Le nom du professeur Dominique Sarr me rappelle des souvenirs dont les premiers remontent aux années 1979-1980. Dominique Sarr, alors maître assistant du professeur Bernard Durand, nous expliquait en séances de travaux dirigés des textes *d'Histoire du droit*. La qualité et la pertinence de ses enseignements m'ont beaucoup marqué au point de m'avoir déterminé à opter pour cette matière. Au nombre de ces textes, je citerai deux qui m'avaient beaucoup marqué à l'époque. Le premier, intitulé *l'Histoire du Vase de Soissons*, évoque la brutalité des mœurs du peuple mérovingien [1] ; le second : *la Reine de Kassa, la principale femme du Mansa Souleymane*, traite de la nature du pouvoir dans l'Empire soudanais [2].

Les séances de travaux dirigés qu'il assurait étaient bien préparées et méthodiques. En matière de commentaire on lisait d'abord minutieusement le texte en soulignant ses mots-clés avant de dégager son objet, c'est-à-dire le problème fondamental traité par le texte [3].

Lors des séances de travaux dirigés, il était toujours serein, rassurant, très ouvert à la discussion et savait bien écouter ses étudiants avec une patience légendaire. Durant les années pendant lesquelles je l'ai fréquenté, je ne l'ai presque jamais vu en colère ; sauf une seule fois contre un étudiant qui s'appelait Guindo. Ce dernier l'avait offensé au cours d'une discussion en salle.

En revisitant les travaux du maître, j'ai compris qu'il avait une approche très équilibrée de l'histoire du droit et des institutions. Il était lui-même avisé et pondéré dans son comportement de tous les jours. L'homme est resté égal à lui-même, tout en étant conscient de l'influence que les voyages et surtout les longs séjours exerçaient sur les Africains. À cet effet, je me rappelle bien de

---

1 Un soldat récalcitrant avait arraché et brisé le vase que la ville de Soissons avait offert à Clovis. Un an plus tard, ce dernier reconnut le soldat et le poignarda.

2 La reine Kassa, la principale femme de Mansa Souleymane, jugée coupable d'un grand crime, était condamnée et disgraciée par le roi. Elle était accusée de vouloir détrôner son mari.

3 Cette méthode appliquée dans les TD en histoire du droit est plus connue sous l'appellation de : *décorticage, regroupement et détermination de l'objet du texte.*

l'une de ses phrases suivantes : « en venant de la métropole, les indigènes contractent des habitudes qui les poussent à modeler leur vie juridique sur le modèle métropolitain. Une fois revenu de la colonie, ils sont tentés de délaisser leurs propres institutions et d'abandonner certaines d'entre elles qui ne correspondent plus à leur nouvelle manière de vivre » [4].

Bien qu'ayant séjourné en Europe et à la lumière de sa thèse de doctorat, préparée et soutenue à l'université de Montpellier, Dominique Sarr n'a jamais changé de comportement. Il est resté **un *authentique fils de l'Île aux coquillages*** [5]. Ainsi, nos sources rapportent qu'il fréquentait les lépreux vivant dans la rue à Dakar-Plateau à qui, il apportait aide et assistance.

Sur le plan scientifique, le professeur Sarr s'est illustré à travers l'analyse de la jurisprudence de la Cour d'appel de l'AOF et des tribunaux indigènes du Sénégal en cernant le phénomène colonial sous son angle juridique [6]. Mieux, il est le premier africain agrégé en histoire du droit et des institutions. Le professeur fait donc partie des pionniers de l'histoire du droit en Afrique. Ses qualités de chercheur apparaissent de toute évidence au cours de la préparation de sa thèse. La documentation concernant son sujet était rare, éparpillée et dont certains fichiers n'étaient accessibles que pour la seule période antérieure à la Deuxième Guerre mondiale, plus précisément en 1940 [7].

L'administration coloniale était systématiquement opposée à la divulgation des sources de la justice locale. Elle redoutait les critiques intempestives susceptibles de troubler son œuvre. Pour pallier cette difficulté, le professeur Dominique Sarr s'est rabattu sur les sources jurisprudentielles pour écrire sa thèse. Il a dépouillé plus de quarante mille arrêts conservés aux Archives nationales et publiés dans les *Recueils Dareste* et *Penant*. Il a également consulté tous les registres de la Cour d'appel de l'AOF conservés au greffe de la Cour, de 1862 à 1960 ; chaque registre contenant deux cents (200) arrêts environ [8].

L'œuvre posthume du professeur Dominique Sarr constitue un regard critique sur le fonctionnement de la justice coloniale (I) ; en même temps qu'elle représente une précieuse référence en matière de droit coutumier (II).

---

4. D. SARR, *L'État colonial et les coutumes africaines,* Cours, 3ème année de licence, 1982-1983.
5. On fait référence au Joal, sa terre natale.
6. Sa thèse consacrée à la Cour d'Appel de l'AOF est soutenue devant la faculté de droit et sciences économiques de Montpellier, le 1er octobre 1980. Son article portant sur la jurisprudence des tribunaux indigènes du Sénégal : les causes de rupture du lien matrimonial de 1872 à 1946 est publié dans les *Annales africaines* en 1984.
7. Il s'agit des sources relatives aux correspondances administratives, aux affaires politiques, à l'inspection et au contrôle.
8. Les arrêts dépouillés couvrent les périodes 1822, 1905, 1950, 1960. V. D. SARR, La Cour d'appel de l'AOF, Thèse, Université de Montpellier, 1980, p. 11

I. Un regard critique sur le fondement de la justice coloniale

L'étude du fonctionnement de la justice coloniale permet d'en déceler deux limites principales : celle de la politique d'assimilation judiciaire (A) et celle qui se rapporte au principe du respect des coutumes indigènes (B).

A. La limite de la politique d'assimilation judiciaire

Le professeur Dominique Sarr a comparé deux systèmes judiciaires hétérogènes et irréductibles. Il s'agit du système métropolitain institué dans la colonie sénégalaise d'une part, et le système judiciaire autochtone correspondant à la civilisation africaine, d'autre part.

Les idées soutenues, aussi bien dans la thèse qu'à travers les enseignements du maître, permettent de mesurer aisément les limites de la politique d'assimilation mise en place dans la colonie sénégalaise. L'assimilation était perçue « comme une union intime dans tous les domaines entre la colonie et la métropole ». La volonté du gouvernement métropolitain était de réaliser l'uniformisation du droit par la seule référence à son système judiciaire. Cependant, les difficultés relatives à la mise en œuvre d'une telle politique vont conduire à son échec. En effet, il fut impossible, voire irréaliste, d'appliquer intégralement aux peuples africains vivant en économie d'autosubsistance le droit métropolitain mieux adapté à l'ordre politique, social et économique de l'Europe capitaliste.

Le législateur colonial pensait que le système juridique métropolitain était le meilleur et le plus parfait. Mais l'intensité de la résistance opposée au droit colonial par les coutumes africaines a contraint la métropole à revoir sa politique d'assimilation qui manquait de réalisme.

Du reste, si une telle politique juridique avait persisté sans fléchir, beaucoup de litiges portés devant les juridictions métropolitaines resteraient sans solution ; puisque les lois françaises étaient silencieuses sur certains faits. C'est fort de cela qu'au début du XXe siècle, l'autorité coloniale avait changé de stratégie en substituant l'assimilation outrancière et directe à l'assimilation progressive caractérisée par le maintien de la diversité des statuts personnels.

Cet assouplissement se manifestera concrètement par la création des juridictions de droit local ayant compétence exclusive à l'égard des indigènes [9]. À ce titre, l'article 2 du décret du 22 mars 1931 précise que les indigènes justiciables des tribunaux indigènes [10] sont les individus originaires des possessions françaises de l'AOF et l'AEF ne possédant pas la qualité de citoyen français.

9. Ces tribunaux étaient organisés par le décret du 10 novembre 1903 modifié par les décrets du 6 août 1912, du 22 mars 1924 et du 8 décembre 1931.
10. Il faut noter que le tribunal indigène est composé d'un président assisté de deux assesseurs ayant voie délibérative.

Cependant, la création des Quatre Communes de plein exercice exposa alors la métropole à un dilemme. En effet, les indigènes nés sur ces territoires, de même que leurs descendants sont et demeurent des citoyens français. En conséquence, ils sont de facto justiciables des tribunaux français en matière civile, commerciale et pénale.

Or, les musulmans originaires des Quatre Communes de plein exercice du Sénégal sollicitaient la création des tribunaux musulmans afin de soustraire leur droit privé (état civil, succession, mariage, testament, etc.) à l'application du code civil français. Cette doléance divisa l'autorité coloniale en deux tendances antagonistes : l'une favorable à la revendication des musulmans au nom du respect de la religion, tandis que l'autre, hostile à leur requête, se fonde sur la supériorité européenne en préconisant l'uniformisation juridique. C'est pourquoi, Jacomy, se faisant porte-parole du gouvernement, estime : « l'islamisme c'est l'obstacle le plus sérieux à la colonisation. Son influence rend les populations noires rebelles à notre civilisation ; le marabout est notre adversaire obstiné. L'érection d'un tribunal musulman n'est pas seulement inutile, elle constitue un véritable danger » [11].

Toutefois, la tendance modérée a prévalu en apportant une exception de taille à la compétence des principes reconnus aux tribunaux français. Le décret du 20 mai 1857 permet aux indigènes musulmans du Sénégal de saisir la juridiction des cadis en matière de mariage, succession, testament et donation.

Par ailleurs, la doctrine coloniale a été marquée par la proclamation du respect des coutumes indigènes. Mais ce principe souffre de nombreuses exceptions.

B. Des exceptions au respect des coutumes indigènes

Le comparatiste équilibré des institutions coloniales et indigènes, professeur Dominique Sarr, a examiné beaucoup d'exceptions au principe du respect des coutumes indigènes. Ceux qui nous intéressent répondent à diverses préoccupations. Certains sont d'ordre rationnel, par exemple : la coutume est écartée si elle comporte des dispositions contraires à la vision du colonisateur.

D'autres exceptions tiennent à l'histoire. L'évolution des colonies a souvent entraîné l'altération ou le dépérissement de certaines coutumes. C'est notamment le cas lorsque la colonisation fait naître des situations nouvelles ou crée des besoins nouveaux pour la solution desquelles la coutume est mal adaptée. Il devient tout à fait légitime d'appliquer à ces nouveaux événements la loi d'origine métropolitaine.

Certaines exceptions sont la conséquence logique de la politique d'assimilation. Il en est notamment ainsi en matière de contrat civil ou commercial. Pour les contrats conclus entre Français et Indigènes, la coutume est écartée ; c'est la loi française qui s'applique. Cette solution est considérée à juste titre comme une simple conséquence de la politique d'assimilation.

---

11. D. SARR, La Cour d'appel de l'AOF, *op. cit,*, p. 4.

C'est aussi le cas, lorsque deux indigènes contractent en optant pour l'application de la loi française. Au cas échéant, l'autorité coloniale ne les empêche pas de faire ce choix libre et opportun dès lors que les indigènes trouvent les dispositions de la loi française plus avantageuses que celles de la coutume autochtone.

Les sanctions d'adultère illustrent parfaitement les atteintes portées au principe du respect des coutumes indigènes d'après l'abondante jurisprudence étudiée par le professeur Dominique Sarr :

- Dans une affaire jugée par le tribunal de Kaolack, le 8 janvier 1917, les prévenus Maha Konaté, Bambara de statut non musulman, âgé de 25 ans, et la dame Sira Diakhaté, Bambara de statut musulman âgée de 20 ans, ont été surpris en flagrant délit d'adultère dans la lougan de Maha Konaté par le mari de Sira Diakhaté. Celui-ci avait intimé l'ordre à Maha de ne plus entrer chez lui. Le tribunal coutumier, sur le fondement de la loi indigène, avait décidé que l'abus de confiance est puni de la peine de mort.

Or, cette sanction étant contraire au « principe de la civilisation française », la peine capitale fut écartée par le tribunal qui condamna Maha Konaté à 2 ans de prison et Sira Diakhaté à 250 F d'amende.

- Il en est de même dans une affaire jugée le 12 janvier 1905 par le tribunal du cercle de Sédhiou. Il s'agit du sieur Fofana, de statut musulman, âgé de 40 ans coupable de rixe avec Fodé Toumani, le mari de sa complice. Le tribunal indigène invoquant la coutume, décida que le Coran sanctionne le crime d'adultère de 100 coups de fouets.

Cependant, le tribunal a condamné le sieur Fofana à un mois de prison puisque la *flagellation* est contraire à l'ordre public colonial, elle devient de facto caduque au profit de la peine d'emprisonnement.

- Par ailleurs, le 2 août 1910 le tribunal de cercle de Casamance a jugé une affaire dans laquelle, le prévenu Affanao Diamé, de statut musulman, a été reconnu coupable non seulement d'avoir séduit la femme de Diacoundado, mais aussi pour avoir tué ce dernier qui a voulu se faire justice lui-même.

D'après la coutume invoquée par les accesseurs indigènes, cette infraction était punie de la mutilation. Par contre, le tribunal avait déclaré : « attendu que dans la fixation de la peine, il y a lieu de tenir compte, à titre de circonstance atténuante, de l'état de barbarie de la population indigène, attendu qu'il convient néanmoins de réprimer les instincts de sauvagerie de cette population, condamne Diamé à un an de prison ».

- Enfin, dans un jugement rendu le 21 janvier 1912 par le tribunal de province de Nioro du Rip, la dame Ndendé So, de statut musulman, est inculpée d'avoir commis l'adultère avec le nommé Yego Deso en fuite. Pour les assesseurs indigènes, la lapidation est la sanction prévue par la coutume. Mais le président du tribunal, représentant le gouverneur général, a récusé la peine qui n'est plus applicable dans les juridictions françaises en condamnant la femme adultère à 200f d'amende.

Ces différents jugements démontrent clairement que le principe du respect des coutumes indigènes n'a jamais été appliqué en matière pénale. Les assesseurs indigènes n'avaient pas la haute juridiction ; ils ne pouvaient légalement obtenir l'exécution d'une condamnation à la peine de mort ou de mutilation. Leurs décisions qui n'étaient qu'une simple parodie de justice, étaient constamment écartées au nom de la supériorité du droit métropolitain.

Le professeur Dominique Sarr s'est révélé être une bonne référence en matière de droit coutumier sénégalais qu'il maitrisait parfaitement.

II. Le professeur Dominique Sarr, une référence en matière du droit coutumier africain

Il n'est pas exagéré de dire que le professeur Dominique Sarr était un fin connaisseur du droit coutumier africain. Il a bien démontré cette capacité dans ses travaux de recherches en marchant sur les traces de célèbres auteurs comme T. Olawale Elias, Cheikh Anta Diop, Guy A. Kouassigan et autres. Il cite abondamment des auteurs comme M. Bourjol, J. Chabas, P. Dareste, etc., qui ont marqué l'histoire du droit coutumier africain.

Le professeur Dominique Sarr a analysé et résumé les différentes caractéristiques des coutumes sénégalaises et maliennes. Ne seront cités ici que quelques exemples relatifs aux successions coutumières (A) et aux contrats de louage de service (B).

A. Les successions coutumières

Les exemples les plus typiques concernent le système successoral pratiqué par les Peuls et les Diolas.

1. Le système successoral peul

Le droit coutumier successoral appliqué par les Peuls est fondé sur l'idée que les biens personnels du *de cujus* doivent revenir à la souche à laquelle ils doivent leur origine.

Les Peuls font une distinction entre les biens dont le défunt a hérité de sa branche maternelle et les biens qu'il a acquis personnellement par son travail.

a. Les biens dont le défunt a hérité de sa branche maternelle

Les Peuls pratiquent le système successoral matrilinéaire, ce qui signifie que les biens qui constituent la masse successorale proviennent de la branche maternelle du *de cujus*, à l'exception de ceux venant de sa lignée paternelle. Autrement dit, l'héritage n'est pas dévolu aux enfants du défunt, mais à ceux de sa sœur utérine.

En la matière, le tribunal de Nioro du Rip, dans son jugement du 21 mars 1910, confirme que, d'après la coutume peule, le neveu est toujours considéré comme l'héritier de son oncle.

Il se pose alors la question de l'héritage d'un Peul qui n'a pas de neveu ?

Dans ce cas, la coutume permet à ce dernier de racheter une femme pour en faire sa sœur afin que son fils devienne *de facto* son héritier.

b. Les biens personnels du défunt

Les biens personnels du *de cujus* sont entièrement recueillis par les fils, tandis que ceux de la mère sont dévolus à ses filles. Cependant, ce principe n'est pas rigide : il est assorti de tempérament : si légalement les filles ne peuvent prétendre à une part successorale de leur père, la coutume permet à ce dernier de leur faire une donation de son vivant. Il en est également de même pour la mère à l'égard de ses fils.

Cette règle ressemble à l'institution du *legs obligatoire* appliqué en droit musulman [12]. Elle traduit autant une disposition juridique qu'une nécessité d'ordre pratique. Les biens propres de la mère (bijoux, parures), ne peuvent être utilisés que par les filles, et ceux du père (armes, outils, chevaux) que par les garçons.

Les successions peules sont toujours difficiles à appliquer par la justice locale : les Peuls se confient entre eux des têtes de bétails et le système matrilinéaire en vigueur chez eux oblige les frères à garder les troupeaux de leurs sœurs.

Étant entendu que l'acte initial en vertu duquel une sœur confie ses troupeaux à son frère remonte parfois à plusieurs générations, la détermination de la généalogie de la tête de chaque bétail est sources de litiges inextricables pour un étranger [13].

2. Le mode de dévolution successoral diola

L'ethnie diola se singularise par la pratique d'un système successoral patrilinéaire. Les fils héritent de leur père tandis que les filles sont en principe écartées de la succession.

D'après un jugement rendu par le tribunal de cercle de Casamance en date du 19 août 1913 « les filles n'héritent qu'à défaut d'héritiers mâles ». Selon le même jugement, « l'adoption n'existe pas dans la coutume diola ».

Une autre originalité des successions diola réside dans l'organisation d'une dévolution par la lignée collatérale. En la matière, le jugement rendu par

12. Une personne qui meurt à la survivance de petits enfants exclus de la succession est tenue dans la limite des biens disponibles de leur accorder un legs obligatoire d'une valeur égale à la quote-part des biens que leur auteur aurait recueilli s'il avait survécu.
13. D. SARR, *L'État colonial et les coutumes africaines,* Cours, 3ème année de licence, 1982-1983.

le tribunal du cercle de Casamance le 9 novembre 1914 indique : « une coutume diola impérative dans certains villages du canton de Bincelleki (?) exige que l'héritier donne une part de l'héritage aux parents de la lignée collatérale. Cette portion de l'héritage composée des bœufs ou de rizières est appelée Kamohene » [14].

Parmi les pratiques coutumières sénégalaises, il en est une qui a bien retenu la préoccupation du professeur Dominique Sarr. Il s'agit du contrat de louage de services.

B. Le contrat de louage de services

Le salariat agricole, plus connu sous l'appellation *newetaane* ou *nawetanisme,* constitue le contrat de louage de service le plus équitable et le plus original.

La racine du mot *nawetaane* signifie en wolof, selon Cheikh Anta Diop « passer l'hivernage », c'est-à-dire la saison des pluies [15].

Le contrat de « *nawetaane* » expire à la fin de l'hivernage et n'est renouvelable qu'au gré des contractants. Le « *navétantisme* » est un état transitoire dans la vie d'un jeune homme qui va travailler à l'extérieur afin de constituer une dot pour retourner se marier dans son village et se fixer définitivement [16]. Le véritable salariat agricole a débuté avec la venue des Maliens et des Guinéens qui sont d'excellents cultivateurs appréciés par les Sénégalais. Dans le contrat de *nawetaane,* le travailleur saisonnier (*sourga*) reçoit de son employeur (*ndiatigué*) un lopin de terre, une avance de semences, le logement et la nourriture ; en contrepartie, il est tenu d'assister ce dernier dans ses travaux champêtres les matins du mardi, mercredi, samedi et dimanche. Il lui reste donc pour ses propres champs les matinées du lundi, du jeudi et du vendredi [17].

Les cas de rupture de contrat de *nawetaane* étaient relativement rares ; à l'exception des *sourgas* (employés saisonniers) réputés gros mangeurs et paresseux qui terminent rarement leur contrat.

La démarche scientifique du professeur Dominique Sarr est caractérisée par la modération. Elle n'est pas loin de nous rappeler l'idée du ***droit flexible*** théorisé par Jean Carbonnier. À lire attentivement l'œuvre, malheureusement inachevée, du professeur Dominique Sarr, on comprend que le droit du peuple colonisateur ne pouvait se suffire à lui seul pour régler tous les problèmes des peuples colonisés. Les droits traditionnels devaient être intégrés dans les droits positifs des États postcoloniaux.

---

14. *Ibid.*
15. C. A. DIOP, *L'Afrique noire précoloniale*, Paris, Présence africaine, 1960, p. 144.
16. *Ibid.*
17. Le lundi, jour férié chez les animistes, est un jour de repos et de marché. Le vendredi, jour férié chez les musulmans, n'était observé que par le chef de famille.

Le professeur Dominique Sarr savait prendre du recul par rapport au contenu de ses enseignements ; il ne se laissait guère subjuguer par le charme des sujets qu'il abordait et il ne cherchait à influencer personne. Les développements qu'il consacre aux éléments basiques du droit musulman, plus particulièrement au droit successoral coranique, sont intéressants, correctes et objectifs. Sa pensée est large, ouverte et positive à l'image de ses enseignements qui embrassaient beaucoup de domaines. Sa méthode historique privilégie l'étude des textes législatifs et des sources jurisprudentielles.

Le professeur Dominique Sarr n'était pas seulement un juriste comparatiste du droit et des institutions. L'héritage scientifique qu'il a laissé fait aussi de lui un anthropologue. Dans ce domaine, ses enseignements dispensés ont permis à de nombreuses générations d'étudiants de comprendre la dynamique du politique, les formes graduelles de passage des sociétés sans classes aux sociétés de classes, l'origine des rangs, des castes, les relations entre le pouvoir et la famille, le sacré et le profane.

Félix Eboué :
Un gouverneur à « principes »

Bernard Durand

Les innombrables biographies sur Eboué aident beaucoup à cerner rapidement comment un Guyanais, simple administrateur colonial devenu gouverneur général de l'AEF, et qui, faisant le choix pendant la guerre de suivre le général de Gaulle, se trouve enterré au Panthéon ! C'est peu de dire que les travaux qu'il a suscités sentent le dithyrambe, portés qu'ils sont par une « fixation » majeure, celle qui lie cet homme à la position tout à fait remarquable qu'il a prise en 1940 pour faire de l'AEF un des piliers du refus à Vichy et du succès de la reconquête. Cette fixation a soutenu de manière constante les commémorations qui ne sont guère des lieux propices à l'esprit critique permettant de répondre à la question posée par les organisateurs. Statues, timbres, discours sont là pour unir l'homme et la carrière à des évènements, à une histoire, qu'il s'agit de glorifier, ce qui, par ailleurs, ne diminue en rien les vrais mérites de l'homme et des choix qu'il a faits.

Mais une carrière ne se résume pas à quatre années, aussi spectaculaires soient-elles ! Et, de fait, de 1908 à 1944, c'est un autre fil directeur qui lie toutes ces années et met l'accent sur « l'homme de couleur » à la carrière exemplaire. Il renvoie à l'image d'un premier « gouverneur noir », dont la carrière côtoie en permanence le thème du racisme et oppose ceux qui dénigrent le choix qui est fait d'un Noir pour de hautes fonctions et ceux qui, au contraire, reprochent à ceux-ci de ne pas « accepter le succès d'un noir » et accentuent à plaisir les qualités exceptionnelles de l'intéressé. De cette veine est la biographie dressée par René Maran, un Antillais de ses amis, prix Goncourt en 1921, dont on reconnaît qu'il a autant écrit sur Eboué que « sur lui-même », en raison sans doute de l'identification de race, et de son vécu identique. On n'en citera qu'un passage : « Son intelligence aérée, sa finesse native, son bon sens naturel, sa calme droiture, sa lucide activité, ses dons de linguiste, sa pondération, son parfait équilibre physique et mental font partout merveille ». Mais on retiendra également ceux qui s'emparent du personnage pour appuyer la démonstration « des identités plurielles et mêlées dans l'Hexagone » [1], pour évoquer les figures de Gaston Monnerville, de Léopold Sédar Senghor, d'Aimé Césaire et « des » Alexandre Dumas… Qu'il le veuille ou non et quoi qu'il fasse, Félix Eboué sera toujours sous un regard qui ne se départit jamais de son « état de Noir », y compris lorsque présidant la conférence de Brazzaville, il sera soumis à cette image : « un Noir la préside » [2] !

Et donc, il m'a semblé – lectures faites – que le personnage traduisait parfaitement les trajectoires de « coloniaux » et de mesurer la volatilité ou la force de leurs convictions à l'aune de la progression de leurs carrières. Mais il s'y inscrit si parfaitement et dans le sens d'une telle constance dans ses convictions qu'il me semble difficile de maintenir un quelconque suspense. Si l'on s'attarde sur l'essentiel de sa carrière, on est frappé par l'exemplarité de son comportement et sa fidélité à une déontologie toujours respectée. Du « modeste administrateur » en poste en Oubangui à celui de gouverneur de l'AEF, en passant par les responsabilités exercées aux Antilles, il est difficile de noter, dans sa démarche et dans ses attitudes, de véritables changements. Et c'est en le vérifiant par les différentes étapes traversées que nous pourrons ensuite aller plus loin dans l'analyse de ce gouverneur, un « homme de terrain », qui s'est forgé une philosophie et dont les actes sont restés en totale harmonie avec ses principes. Il faut donc investir ces derniers et déceler les cheminements qui les ont forgés. Afin d'en persuader les lecteurs, je vais à mon tour brosser une galerie de six portraits – ou de six tableaux, chacun étant accompagné d'une légende – un peu à l'image d'une exposition au cours de laquelle on prend par la main les visiteurs pour les convaincre du bien-fondé de la manifestation.

A. Un administrateur colonial de base ? Un assimilé au pays des « noirs »

1. Un fonctionnaire colonial

Reçu à l'école coloniale en novembre 1906, Eboué obtient sa première nomination au Congo le 22 décembre 1908, colonie de mauvaise réputation où l'on envoie « enfants perdus et têtes brûlées » [3]. C'est lui-même qui, le préférant à un emploi à Madagascar, choisit ce poste, motivé sans doute,

1. Albert M'PAKA, *Felix Eboué (1884-1944) Gouverneur général de l'Afrique équatoriale française, premier résistant de l'Empire*, Paris, L'Harmattan, 2008, p. 244 et s.
2. Elikia M'BOKOLO, in *Brazzaville, aux sources de la décolonisation*, Actes du colloque organisé par l'Institut Charles-de-Gaulle et l'Institut d'histoire du temps présent, Paris, Plon, 1988, p.258.
3. R. MARAN, *Félix Eboué, grand commis et loyal serviteur (1844-1944)*, Paris, L'Harmattan, 2007, p. 17.

comme l'écrit René Maran, par cette appartenance de naissance au monde noir et porté par un apostolat qui le met dans les pas de Schœlcher. De 1909 (poste de Bouka) à 1912, puis de 1912 à 1917 (Damara et Kouango) il mène la vie difficile d'un administrateur de brousse dans une région à problèmes. Les populations y sont hostiles ou réticentes, les tribus turbulentes, voire agressives. Et donc, le jeune administrateur y est conduit à mener batailles contre des tribus venues du Cameroun et coupables de razzia, et à faire le coup de feu contre les assaillants. « Simple chantier à ouvrir » selon Colette Dubois, qui met l'accent sur les zones difficiles dont il est chargé, sans grands moyens (dans la subdivision de Louango, en décembre 1914, il ne dispose que d'un seul adjoint et de trente gardes), alors que la Première Guerre mondiale qui éclate impose réquisitions de porteurs, de tirailleurs, d'impôts divers.

Attentif à rendre compte des tournées qu'il effectue (480 kilomètres à pied au cours du premier trimestre 1915), ses rapports fourmillent de données sur les sociétés diverses, leurs oppositions, les dissidences et les zones calmes, la réception par les populations de l'annonce de la guerre, le prélèvement d'une impôt patriotique contre remise de médailles, l'incompréhension des populations, leur peur de se rendre dans des zones d'autres ethnies (il est clair que les Africains qui se déplacent le font en masse par crainte de « l'animosité » des autres races et la peur « d'être mangés »). Il réalise que son choix de servir au Congo le confronte à une des régions les plus difficiles : dilution des populations dans un « logement géographique » des plus malaisés, faiblesse des richesses qui imposent de solliciter en permanence l'aide financière de la métropole, mobilité extrême des administrateurs pressés de quitter le pays et donc peu capables de nouer avec les chefs des relations utiles, grandes compagnies considérées comme « des colonies dans la colonie », ravage des épidémies (2 500 morts en 1917), difficultés de circulation, rudesse des mœurs, racisme avoué et regards définitivement acquis sur « l'arriération des populations » classées cannibales, partage des territoires entre ceux pacifiés et ceux dits « militaires », soumis aux révoltes, etc. [4]

Les années qui suivent, le voient exercer toutes les fonctions d'un administrateur. Il tient la justice coutumière, s'intéresse au travail de la terre, répond aux ordres de ses supérieurs. L'article de Colette Dubois [5] confirme la vie d'un administrateur au service du pouvoir colonial, semblable à « des milliers d'autres » et, conclut-elle, « avec les traits d'un sans-grade de l'administration qui témoigne d'une génération colonialiste au service de la France ». Fonctionnaire colonial, même s'il ne partage pas tous les travers de certains coloniaux usant de la chicotte et tout attentif qu'il soit à comprendre

4. Brian WEINSTEIN, *A Black Colonialist - Eboué*, New York, Oxford University Press, 1972.
5. Josette RIVALLAIN et d'Hélène D'ALMEIDA-TOPOR (dir.), *Félix Eboué, Soixante ans après*, Paris, Publications de la SFHOM, 2008, p. 115-125.

les « autres » ou à vouvoyer les Africains, il est amené à user de tous les moyens qui permettent la réalisation des programmes retenus et qui sont du lot de tout administrateur : travail forcé, peines de l'indigénat, réquisitions et usage de la force armée.

2. Un administrateur proche des populations

Il est probablement un domaine dans lequel ses origines ont vraiment pesé de tous leurs poids, c'est dans la certitude qui l'habite que, tout en jouant son rôle de fonctionnaire colonial, il doit se rapprocher des chefs, mieux connaître d'abord ces populations et ensuite mieux agir à leur égard.

D'entrée, chargé par le gouverneur de l'AEF, Martial Merlin, de mettre au pas la circonscription de Bozoum (une région qui sera cédée à l'Allemagne en 1911 et reprise quelques années plus tard), il choisit, à l'occasion d'un ordre d'arrestation d'un chef, de négocier avec lui, arguant qu'il est préférable « d'avoir les chefs comme alliés plutôt que comme prisonniers ». D'entrée, également, il s'intéresse aux mœurs, aux langues des populations et fait de la bonne entente avec les chefs un principe de gouvernement au point d'en faire ses « amis » [6]. En 1914, il affronte la révolte des Bandas qui refusent les réquisitions, épouse une « Bada Marcelline » de la famille Sokambi, selon la coutume, échappe à un attentat grâce à un chef et réussit la pacification grâce à l'accord avec Sokambi. Sans doute, cette collaboration n'est-elle pas sans risque, Sokambi étant par ailleurs soupçonné de tirer profit de cette alliance en vendant comme esclaves les dissidents soumis. Mais il juge difficile de rompre ces appuis et c'est à cette époque qu'il se forge une philosophie proche de celle de Delavignette, c'est-à-dire « un mélange d'assimilation et d'association » pour bâtir une « *Native Policy* » cohérente, une « politique indigène » dont il dira, en 1928, que la « tâche civilisatrice » est un « non-sens ». Les Africains ont leurs valeurs, leurs structures sociales, leurs chefs, tout ce qui sert à l'ordre et à donner un sens à la vie.

Mieux connaître les populations, c'est pour lui, comme le dira René Maran, « se faire une âme indigène » en apprenant les langues et les dialectes et en pénétrant leurs coutumes. Enquêtes et recherches le conduiront à publier trois ouvrages, un sur les langues en usage dans l'Oubangui, un deuxième sur les peuples de l'Oubangui-Chari et le dernier sur les « langages tambourinés et sifflés », respectivement publiés en 1918, puis en 1931. Persuadé que tout administrateur doit être ethnographe, Eboué investit du temps dans une meilleure connaissance de populations, déjà étudiées pour la période précédente de 1891-1901 par le gouverneur Bobichon. Dans un mémoire sur « Les

6. B. WEINSTEIN, *op.cit.*, p. 44.

peuples de l'Oubangui-Chari » [7], il rédige de nombreuses notes sur les mythes, les croyances, les coutumes des Bandas ; il s'y montre sensible à la signification des institutions (rôle des danses rituelles dans l'éducation physique, rôle de l'initiation dans l'acquisition d'une morale, rôle des punitions des enfants dans l'éducation pour éviter ensuite de bien pires châtiments), tout en les liant directement aux préoccupations administratives. Comme il l'écrit lui-même [8], l'étude à laquelle il s'est livré n'est pas une fin en soi mais la « recherche des moyens susceptibles d'accélérer le rythme de l'évolution de l'homme dans la voie du progrès social, moral et matériel ». Il en tirera cette idée qu'il faut à ces populations des réformes économiques qui leur permettent de développer leurs cultures vivrières, accéder au coton plutôt qu'au caoutchouc, etc. De fait, il va se consacrer à développer la culture du coton, jusqu'ici activité familiale : installation de quatre compagnies, sous contrôle de l'administration, installation de centres d'achats, construction de routes. Ce fut un succès, malgré les critiques habituelles démenties par les faits, tant en ce qui concerne les efforts accomplis (routes, hôpitaux, écoles) grâce à l'implication de tous (y compris des missionnaires), qu'en ce qui a trait aux progrès économiques (plantations de Céréa, reboisement, coton, augmentation des populations).

3. *Un acteur colonial soucieux de sa carrière*

C'est donc une période au cours de laquelle il se forge une identité et mesure les difficultés à satisfaire tout à la fois ses principes (il s'oppose, par exemple, au travail forcé et à l'usage de la chicotte), sa légitime ambition de réussir sa carrière et sa capacité à supporter les critiques qu'il juge injustes, soit qu'elles touchent la vie coloniale elle-même, soit qu'elles le touchent personnellement. Fidèle en amitié, il paiera certainement celle de Maran, dont on juge qu'elle lui a coûté une carrière difficile tant le roman *Batouala* est reçu par les administrateurs bien différemment que par les sphères « parisiennes » : tous les blancs aux colonies y sont caricaturés comme des ivrognes et des malfaiteurs ; quant aux blanches, « des femmes légères », écrit Henri Dirat, inspecteur des affaires civiles qui fut lieutenant-gouverneur par intérim en Oubangui-Chari et à qui Eboué a dit que le « bouquin avait reçu un accueil favorable… et avait toutes ses chances pour le prix Goncourt » [9].

---

7. *Revue d'ethnographie*, nouvelle série n° 27, *Félix Eboué, Les peuples de l'Oubangui-Chari. Essai d'ethnographie, de linguistique et d'économie sociale*, Publications du comité de l'Afrique française, Paris, 1933.
8. *Idem*, p. 95 et s.
9. Voir aussi Marc MICHEL, « L'affaire Batouala : René Maran, écrivain anticolonialiste ou écrivain de l'ambiguïté », in Pierre GUILLAUME (dir.), *Identités caraïbes*, Paris, éd. du CTHS, 2002, p. 77-94.

Mais c'est dans son activité quotidienne qu'il se trouve en butte à des avanies sans aucun doute injustes. Weinstein en décrit minutieusement les péripéties. Frappé par la malaria, il obtient un congé, se rend à Kinshasa puis à Matadi où il a la désagréable surprise de se voir refuser l'accueil dans un hôtel parce que « noir ». De retour, et en charge d'un district plus large où il se consacre aux activités habituelles (construction de routes, révoltes, caoutchouc, minerais, plantes vivrières, épidémies), il se voit reprocher par Augagneur d'abuser de l'indigénat, d'effectuer de trop sévères réquisitions et même de prendre un congé trop long (1921-23). Il le prendra en Guyane où il se marie, et en France où il se rapproche de mouvements « anticolonialistes ». De retour, et ayant refusé le Gabon, il revient en Oubangui où la situation économique s'est détériorée. Cette fois, c'est Lamblin, le lieutenant-gouverneur qui lui reproche son manque de déplacements et son défaut de surveillance puis, en 1925, Lamblin et Antonetti lui reprochent de ne pas mieux contrôler ses subordonnés et de trop laisser l'administration se décentraliser.

Bref, sa carrière piétine, au point qu'il commence à se plaindre des injustices dont il est victime. Ainsi, proteste-t-il en jugeant qu'il accomplit un travail efficace pour le coton (5 000 hectares plantés à Bangassou et 1500 à Bakouma plus la création de la société cotonnière française – Cotonfran), succès pour lequel il reçoit cependant des critiques d'un agronome, connu pour son intérêt pour le café et qui reproche à Eboué de sous-payer les travailleurs ; ou d'un autre administrateur qui rapporte qu'il néglige ses autres devoirs (construction de routes) et que son programme a causé une famine. Il se heurte à la direction de la « Compagnie des sultanats » à qui il reproche de sous payer les chasseurs d'ivoire tandis que les autres lui reprochent d'avoir un « intérêt », financier cette fois, dans le coton. Son travail sur le coton est passé sous silence par Lamblin qui s'en attribue le mérite et même, en 1926 et en l'absence de Lamblin, Prouteaux écrit un rapport qui critique son programme.

Antonetti s'oppose à une promotion et, en 1928, Eboué avoue que son zèle s'est refroidi. Mais, bien qu'amer ou désespéré, il sait toujours rester prudent et respecter le devoir de réserve. D'une part, il mettra moins en cause une aversion d'Antonetti à sa personne qu'une vision négative sur les administrateurs d'AEF selon laquelle ils seraient dédaignés par rapport à ceux qui servent à Madagascar ou en AOF, « l'élite contre les « rejets » ! Il songera même un moment à quitter l'administration après avoir atteint le grade d'administrateur en chef et l'écrira à Blaise Diagne. Il faut évidemment prendre acte, dans la modération de ses opinions politiques et son absence de dogmatisme, du fait que fonctionnaire colonial et administrateur scrupuleux, il est tenu à une certaine discrétion, même si ses sympathies vont vers la SFIO. Il le fait par souci de sa carrière, à laquelle il prête une attention jalouse, se désespérant des obstacles qui se dressent devant elle, confiant à ses amis ses craintes de n'être pas promu, mettant en avant une victimisation qui n'est pas d'ailleurs imaginaire, et mettant ses retards en regard de son respect pour la hiérarchie et de la reconnaissance qui lui est affirmée quant à la qualité de son travail. Et enfin, même si sa modération est conforme à sa vraie nature, il évite toute rupture avec son devoir de réserve. Ainsi, lorsque son fils Henry, parti en France, s'est lié avec des intellectuels antillais – Césaire – ou africains – Senghor – et a signé une pétition pour réclamer justice, Eboué se fâche et interdit à son fils d'avoir des relations avec les communistes. Henry lui répondra pour demander son pardon et lui assurer qu'il n'aurait plus rien à voir avec la politique : par la suite, Eboué parlera en souriant de son « leftwingson » [10].

B. Un « politique » dépité ? Un Guyanais chez les « assimilés » aux Antilles

Nommé enfin au grade d'administrateur en chef (sa promotion intervient en 1930) et parti en congé en France en avril 1931, il songe à un poste à Cayenne, mais Blaise Diagne l'en dissuade. Du reste, Paul Raynaud, opposé à l'envoi des administrateurs dans leurs régions d'origine, le nomme, le 28 janvier 1932, secrétaire général en Martinique.

On peut y voir avec Weinstein [11] un tournant dans sa carrière. De fait, il trouve là-bas un monde très différent du monde africain où la question raciale, les oppositions politiques, les institutions, sont très éloignées de ce qu'il a connu en Afrique. C'est en outre un saut qualitatif dans sa carrière, un secrétaire général ayant la tâche de diriger l'administration, de préparer la correspondance officielle et les décrets, de présenter des propositions aux gouverneurs, diriger la préparation du budget, assister au Conseil privé, de siéger au Conseil général, etc., bref passer d'un emploi « local » à une responsabilité

10. Il reste donc dans un juste milieu et partage les vues de Diagne pour les Antillais et Guyanais. En témoigne, à Paris, Bruxelles et Londres en 1921, la tenue des congrès panafricains. Beaucoup viennent des colonies anglaises, des Indes et de l'Amérique du Nord. Antillais et Créoles suivent les délibérations. Ils proclament l'égalité des races, tout en admettant qu'un fossé d'une centaine d'années les sépare sur le plan de l'industrialisation et de l'organisation sociale. Mais ils nient le droit d'un pays de contrôler indéfiniment un autre et ils réclament le « *self-government* local ». À l'exception des Antillais, membres de la Ligue universelle de la défense de la race noire, fondée à Paris en 1921, les leaders francophones noirs ont une vue moins radicale. Diagne, Candace veulent une assimilation portée par le progrès et l'économie, passant ainsi aux yeux des autres comme des « Français noirs par accident » « ou virtuellement Français ».
11. B. WEINSTEIN, *op. cit.*, p.125-150.

s'étendant sur un territoire. Ces deux années et quelques mois [12], vont le projeter dans un monde où il va mesurer la dimension « politique » de ses nouvelles fonctions. Et c'est peu de dire qu'il en sortira éclairé sur les difficultés avec lesquelles il vit « la politique » ! Il avouera lui-même combien les « intrigues de la politique locale » lui ont déplu.

1. L'hostilité du gouverneur

Déplaisir, d'abord, en raison des relations plutôt mauvaises qu'en tant que secrétaire général ou gouverneur par intérim il va avoir avec le gouverneur Gerbinis qu'il remplace, pendant un mois en juillet 1932, et six mois, de juillet 1933 à janvier 1934. Il découvre que Gerbinis se méfie de lui puis lui devient hostile sans qu'il comprenne tout à fait pourquoi. En fait, il lui reproche de ne pas avoir pris au sérieux la publication de « Légitime défense » dont les articles, écrits par de jeunes intellectuels martiniquais, critiquent la colonisation française. Créoles et blancs s'effraient de cette unique livraison. Eboué répond qu'il n'a tout simplement pas paniqué mais il pense que Gerbinis veut son rappel. De fait, devant à nouveau partir, Gerbinis fait savoir qu'il ne veut pas qu'Eboué le remplace. Mais Eboué est soutenu par ses amis : Diagne le rassure et Candace dira que pour Gerbinis ce n'est qu'une question raciale et que, dans l'opinion de Gerbinis, l'erreur qu'a commise Eboué c'est d'être « incontestablement noir »... Il est renommé et, cette fois, s'installe vraiment à Vieux Moulin, prend la voiture officielle et organise son propre cabinet.

2. L'agitation martiniquaise

Déplaisir, ensuite, parce qu'il arrive en Martinique en une période particulièrement « noire » pour l'économie, basée sur le sucre de canne et frappée par la crise de 1929 et, dans le même temps, engagement total dans la tâche qui l'attend. Se heurtant à une vague de grèves accompagnées de violences, il va donner un aperçu des méthodes qu'il affectionne. Celle de la parole, par laquelle il cherche à concilier patrons et grévistes, demandant aux premiers de faire un effort salarial et aux autres de ne pas se jeter dans les excès, étant tenu par sa position de faire respecter l'ordre républicain ; prônant le progrès social au point qu'on lui reprochera en tant que gouverneur d'être trop près du peuple ; refusant autant que possible d'opposer gendarmerie et population, préférant la voie de la justice et sollicitant l'action du procureur par le biais de mandats de justice ; faisant observer aux ouvriers le caractère illégal de certaines manifestations : entraves à la liberté du travail, violations de la

---

12. Voir Léo ELISABETH, « Eboué à la Martinique (février 1932-mai 1934) de l'apaisement à la remontée des tensions », *in* Josette RIVALLAIN et d'Hélène D'ALMEIDA-TOPOR (dir.), *Félix Eboué, Soixante ans après*, *op. cit.*

propriété d'autrui, désordres sur la voie publique, menaces de mort ; intervenant comme arbitre entre employeurs et salariés dans la signature des accords et ensuite dans leur application souvent défectueuse ; exhortant les ouvriers à différencier une grève juste et une grève qui est déclenchée avant que ne soient épuisées les voies d'un compromis ; bref en mettant l'accent sur le rôle d'arbitrage de l'État et en mettant en avant l'idée non seulement de « minimum vital », mais aussi de « minimum social » dans un pays où les lois ne sont pas les mêmes qu'en métropole et où il faut du temps pour mettre en place les modifications à apporter (il faudra entre 15 et 23 mois pour préparer la semaine de 40 heures) [13]. Dans le fond, il concilie ses convictions humanistes, sa fonction de gouverneur et la fidélité aux normes républicaines.

3. La gestion des « affaires »

Enfin, le moins que l'on puisse dire est qu'il plonge alors dans un imbroglio politique qui le place dans une situation bien différente de celles qu'il a pu connaître en Oubangui. C'est en permanence une ébullition politique qui mobilise ses forces et le met au-devant de toutes sortes de difficultés : Procès, campagnes de presse, protestations du Conseil général sur fond de projets divers (constructions, contrats d'électrification, ports, cité universitaire, etc. et donc emprunts)... et débats sur les pouvoirs respectifs du Conseil général et du gouverneur, à quoi s'ajoute la crise due au volcan et enfin les élections. Et donc, se greffant sur ces vraies questions, tout ce qui peut arriver à la Martinique le place en première ligne des critiques et des approbations. Ainsi, par exemple, de l'accueil qui lui est fait, à lui et à son épouse, et dont rend compte une presse favorable : on lui donne acte de son art de la conciliation et on s'émerveille d'un bal en 1933, « aux frais des époux Eboué », qu'il donne comme intérimaire où « tous les éléments de la population » sont réunis comme ils ne l'ont jamais été ! C'est un triomphe dans une presse unanime ! Mais le revers de la médaille se trouve dans les relations avec le gouverneur Gerbinis et les interprétations qui en sont données : pour les uns « il l'a soutenu en toutes circonstances », pour les autres « il a refusé d'être le larbin du titulaire » ! Au vrai, le débat nourrit les divergences politiques entre socialistes et républicains, alimente les ragots sur des « gouverneurs sans postes qui cherchent à supplanter » ceux qui en ont un et, visant directement Eboué, nourrit l'incontournable question d'un « noir à un tel poste ! ».

Mais il faut prendre acte aussi des affaires mi-rocambolesques, mi-criminelles, qui, sans affecter la bonne opinion qu'on a sur lui sur place, le

13. Voir Alain BUFFON, « Eboué et les grèves en Guadeloupe (1936-1938), *Bulletin de la Société d'Histoire de la Guadeloupe*, *181-182*, p. 173-191.

coupent de Paris. Ainsi de l'affaire Fourêt, qui tient un peu de Clochemerle [14] ou, d'une autre affaire tout aussi futile, lors d'une commémoration où quelqu'un a déployé le drapeau rouge socialiste SFIO, vite enlevé. Mais on accusera Eboué de s'investir dans la politique (un journaliste a pris une photo rapprochant Eboué du drapeau). Ainsi, plus sérieusement, de l'affaire Aliker, un communiste qui publie un journal communiste « La justice » et prône la lutte pour l'indépendance : plusieurs fois sévèrement agressé on le retrouve noyé. Eboué se voit accusé de ne pas l'avoir protégé tandis que d'autres l'accusent d'avoir été trop favorable aux communistes. Une question écrite au ministre des colonies insinue que le Procureur général n'a pas fait son travail et a peut-être approuvé « de pareilles violations de la loi » [15]. Tout cela a-t-il un rapport avec son rappel ? En tout cas, Gerbinis revient en janvier 1934 et Eboué est envoyé au Soudan à un moment où, en février 1934, les « économies » qui sont décidées voient 10 gouverneurs et 93 administrateurs « retirés »..., dont Gerbinis...

4. L'application d'un programme

Aux années passées en Martinique qui apparaissent un peu comme un tour de piste, vont succéder – passé l'intermède du Soudan – les années à la Guadeloupe, profondément perturbée par une crise sociale alors que le Front populaire l'y envoie pour gouverner. Weinstein note que le programme du Front populaire regroupe autour de lui des partis mais aussi des organisations comme celle de « la ligue des droits de l'homme » et que les idées mises en avant (liberté de la presse, appui aux écoles publiques, âge scolaire obligatoire jusqu'à 14 ans, nationalisation des industries de guerre, réduction du temps de travail, etc...) entraînent l'adhésion d'Eboué.

Gouverneur de la Guadeloupe [16] d'octobre 1936 à juillet 1938, il va devoir faire la preuve de son savoir-faire et de sa volonté de « n'être pas un gouverneur à sens unique ». La Guadeloupe est alors département français

14. Fourêt est à la tête du système scolaire et en même temps principal du lycée. On dit de lui qu'il persécute les instituteurs socialistes et qu'il n'aime pas les noirs, Or Fourêt s'arroge le droit de corriger les copies de philosophie du bac et autres examens. Faisant suite à trop d'échecs, les élèves se rebellent et saccagent sa voiture, ce qui amène Eboué à avoir des entretiens avec lui et à le mettre en garde quant à l'ordre public. Fourêt s'entête et 30 élèves sur 38 sont collés (dont le fils d'Eboué, Henry) et il écrit à Eboué une lettre sarcastique. Tension, agression d'élèves : lettre d'Eboué au ministre. Fourêt partira à la retraite l'année suivante après avoir retiré sa plainte contre les élèves et renoncé à corriger.
15. Élie CASTOR et Raymond TARCY, *Félix Eboué*, Paris, L'Harmattan, p. 178
16. René BELENUS, « Félix Eboué : gouverneur de la Guadeloupe », *in* Josette RIVALLAIN et d'Hélène D'ALMEIDA-TOPOR (dir.), *Félix Eboué, Soixante ans après*, *op. cit.*, p. 146-155.

sur le plan civique et politique mais sous l'autorité d'un gouverneur nanti de pouvoirs beaucoup plus importants qu'un préfet métropolitain et relevant du ministère des colonies. Il peut prendre les arrêtés et toutes dispositions nécessaires à la bonne gestion. Jean-Claude Degras [17] décrit l'arrivée d'Eboué à la Guadeloupe. Sa « couleur » est le sujet de conversation majeur, les uns y voyant un message (« maintenant nous les nègres sommes les maîtres » et Eboué va nous donner force et courage et lever les nègres à genoux »), les autres une chose incroyable au point d'affréter un car pour le vérifier. Mais Eboué va devoir à la fois régler la question économique (confrontation entre travailleurs de la canne à sucre et propriétaires fonciers) et se confronter aux imbroglios électoraux avec d'un côté Maurice Satineau, conservateur lié aux groupes de pression industriels et financiers de la colonie, maire et député de la grande-terre, considéré à la fin de la première guerre mondiale comme un des leaders de la communauté noire de France et de l'autre Gratien Candace, député de la Basse-Terre, ancien vice-président de l'assemblée nationale, sous-secrétaire d'état, etc., d'obédience radical-socialiste, « exemple type du nègre qui a réussi ».

Très vite les complications s'annoncent, à commencer par celles qui viennent de ce que tout rapprochement avec un des protagonistes entraîne la méfiance de son adversaire : rencontrer Rolland René-Boisneuf, c'est s'aliéner Satineau.... Dans une adresse au peuple, Eboué affiche son programme (celui du Front populaire), dit son intention d'être un arbitre impartial et de sa sollicitude pour les travailleurs et introduit un contrôle des prix que le gouverneur Bouge a refusé. Au conseil général il expose son « programme social minimum », en fait celui du Front populaire : les 40 heures, le crédit facile pour les petits planteurs, la vente de terres de l'État, des fonds pour l'éducation, le développement du sport à l'image de l'Angleterre et des USA. Il rencontre les grévistes, affirme que les travailleurs peuvent avoir confiance en lui mais qu'il n'hésitera pas à saisir la justice »... Enfin, en décembre 1936, il est nommé gouverneur.

Quoiqu'il soit attentif aux intérêts des travailleurs, acquis aux idées du Front populaire, dans un pays où les préjugés de couleur sont une véritable institution, il va devoir ramener le calme et introduire les réformes sur fond de grèves. Il va le faire à sa manière. D'une part, en allant sur le terrain et en parlant. Ses discours fustigent la violence, invitent aux rapprochements, dénoncent les agitateurs ; il accepte la grève mais refuse les blocages, désapprouve les excès de revendications, prône l'union. Il consacre un temps considérable à jouer les arbitres au point que ses détracteurs lui reprochent d'aller trop près du peuple. Il affirme qu'il n'usera jamais de la force militaire pour réagir, « refusant de tirer sur le peuple ». D'autre part, en mettant en place une politique économique qui entend redresser les budgets et ouvrir la

17. Jean-Claude DEGRAS, *Felix Eboué, le Gouverneur nègre de la République (1936-1944)*, Paris, Le Manuscrit, 2004.

colonisation agricole par la voie de concessions domaniales, mais également en privilégiant le social (cantines scolaires, apprentissage, aménagements sportifs, etc.). Enfin, tout en réussissant à appliquer le programme du Front populaire, il l'anticipe en prenant en compte les spécificités de la Guadeloupe : majoration des salaires de 35 %, des dockers de 100 %, primes d'insalubrité là où le travail est pénible, salaire minimum pour les travailleurs des champs. Et il promulgue par arrêté du 11 janvier 1937 le décret du 14 décembre 1936 qui étend aux colonies les dispositions des lois de juin 1936 sur les congés annuels payés et la semaine de quarante heures.

Mais il se heurte à d'inévitables oppositions. En particulier de la part des « consulaires » et des Blancs et mulâtres qui ne supportent pas la nomination d'un gouverneur noir au moment où le petit peuple dit son enthousiasme de voir « un noir parler mieux le français que beaucoup de blancs » ! Il est vrai que parfois la dénonciation qu'il fait des « trublions légendaires », des « augures qui flattent le peuple pour l'assouvissement d'intérêts personnels », ne lui font pas que des amis. Une montagne de télégrammes puis de délégations sont adressés à Paris après la chute du gouvernement Blum pour réclamer son rappel. Et les politiques (« les trublions »), les deux « noirs » députés, Candace et Satineau qui lui ont d'abord fait bon accueil, le desservent pour des raisons électoralistes. L'affaire Satineau-Séjor (son premier adjoint qui menace Satineau d'une arme) va mettre le feu aux poudres, Une enquête ministérielle est diligentée à la suite des accusations contre Eboué rendu responsable de l'agitation par son attitude partisane. Eboué se défendra auprès de la Mission d'inspection générale des colonies et mettra en cause la campagne d'injures et de menaces de mort même, commencée par le journal de Satineau. Eboué ne pourra pas endiguer la violence. Certains grands propriétaires fonciers n'ont aucun scrupule à dénommer leur bouvier, Eboué, par dérision et mépris. Des démêlés identiques ont lieu avec Candace.

Toute la politique d'Eboué qui visait à pacifier, à parler, à appliquer le programme du Front populaire va se heurter à l'opposition des « politiques » sur fond de grèves et de fraudes électorales. La lecture de la presse donne une idée de la frénésie qui règne à l'occasion des joutes électorales. De fait, l'un des soucis majeurs est de lutter contre les fraudes électorales et d'assainir les mœurs. Ceux-ci sont étonnamment primitifs, les armes et la violence étant le lot de toute élection. Et les résultats à la hauteur des fraudes. Il n'était pas rare de trouver entre deux candidats un résultat qui donne 1074 voix à l'un… et 1 à l'autre ! La surveillance des votes fut donc une priorité, mais justement cela lui valut de s'exposer aux critiques et aux sarcasmes. Eboué est alors la cible des journalistes. Un article, lors des cantonales de février 1938, en soutien de Satineau, dira « fils d'esclave, vous deviez employer tous vos moyens à faire respecter la volonté du peuple ; vous avez trahi les devoirs de votre charge, votre place n'est plus parmi nous. Partez ! ». On lui reproche, par son action, de « faire élire » telle personne, « un protégé du gouverneur » et le rédacteur du *Miroir de la Guadeloupe* de se moquer de lui en écrivant « qu'il a joué franc jeu (allusion à un discours d'Eboué), sans hypocrisie et sans peur, surtout sans finesse »... Il termine en disant que les descendants d'esclaves « forgent aujourd'hui les chaînes pour eux et leurs frères, sur l'ordre et au profit des descendants de ceux qui jadis, ont tenu leurs pères dans l'esclavage »[18]. Un autre journal écrira le 26 février 1938 : « La fraude la plus cynique est pratiquée avec la complicité du gouverneur Félix Eboué ». Et, relatant les élections au cours desquelles un « radical socialiste de la 24e heure » a été élu, un article souligne les entorses à la loi et le fait que le jour du scrutin « Papa féfé lui livra la garnison en équipage de guerre. Le Gosier fut transformé en terre d'occupation... les électeurs frappés violemment et blessés grièvement ». Et que pour avoir crié sous les fenêtres du gouverneur « À bas le gouverneur fraudeur », Me Henri Rinaldo comparaîtra devant la correctionnelle sous l'inculpation d'injure au gouverneur » [19].

Et ce sont les « politiques » finalement qui vont contribuer à son départ. Satineau va l'accuser de favoriser l'instruction de poursuites judiciaires à l'encontre de certains de ses amis du *parti républicain Schoelchériste*. Et de son côté Candace met en cause « l'impossible autorité d'un gouverneur noir sur les populations noires antillaises d'une part, et d'autre part le froissement de l'élément blanc à se laisser gouverner par un noir »... Bien que soutenu par Henry Béranger, sénateur de la Guadeloupe qui dénonce une campagne de dénigrement visant à pointer du doigt la partialité d'Eboué, celui-ci se trouve pris par d'autres affaires (légions d'honneur, emprisonnements, élections au Sénat, etc.) et d'autres élections qui viennent envenimer ses relations avec les élus qui cherchent à ce qu'il soit rappelé. Moutet n'est plus ministre et les relations se refroidissent avec Mandel. Ce dernier est plein de dédain pour les gouverneurs « potentats qui ont besoin qu'on leur donne une leçon de temps en temps ». Eboué est rappelé en France par Georges Mandel, ministre des colonies, de son gouvernement de la Guadeloupe le 15 juillet et son départ est l'occasion pour la foule de l'acclamer. Il y verra la main de « deux parlementaires » de cette île et de « quelques-uns de leurs sportulaires », appuyés par « trois ou quatre folliculaires » [20], au vrai en butte à toute une fraction du milieu colonial des grands planteurs dénonçant le « gouverneur rouge ». Ce retour devait en revanche le propulser au poste de gouverneur du Tchad, puis à celui de gouverneur général de l'AEF. En dépit des accusations lancées contre lui par Satineau et Candace, il est nommé au Tchad.

18. Alain M'PAKA, *op. cit.* p. 191.
19. CASTOR & TARCY, *op. cit.*, p. 182.
20. R. MARAN, *op. cit.*, p. 59 et s.

C. Un « héros » de la résistance ? Un « noir » contre le nazisme

1. Faire un choix national

La nomination au Tchad pouvait être perçue comme un désaveu, en tout cas par les Guadeloupéens qui ne « le voient pas revenir », par Eboué lui-même qui sait se rendre dans une des colonies les moins favorisées (De fait, dès son arrivée, il peut constater que le logement qui lui est proposé est rudimentaire et mal équipé), et même de Mandel qui explique, tout à la fois, que le Tchad est vital en cas de guerre et en raison des Italiens en Lybie et Éthiopie et… qu'il pourra lui trouver un autre poste dans quelques mois.

La situation est difficile. Le Tchad compte quatre départements qui, aux frontières du Tchad et de la Lybie, sont administrés par les militaires. Or Eboué estime que ce sont de mauvais administrateurs, tendant à former une caste à part et dédaigneux des autorités constituées. Il craint également une division du commandement avec le chef militaire, le colonel Granier. De fait, les militaires refusent parfois de coopérer avec les civils et les relations mauvaises de Laurentie avec les militaires font que cette opposition gagne les relations entre tirailleurs et gardes africains qui se battent, Eboué nommera à sa place Maurice Adam qui sort de Saint-Cyr pour apaiser les querelles. En outre, à son arrivée quelques conflits sont en cours au Ouaddai et la pression des Italiens se fait plus forte au Borkou-Ennedi-Tibesti, peuplés de nomades.

Chargé d'établir des routes pour acheminer troupes et armes, il lui faut s'entendre avec les chefs, appuyé par Laurentie qui a d'excellentes relations avec les chefs africains (lui aussi leur dit « vous »)… et partage ses vues sur l'autorité qu'il faut leur reconnaître. D'autant que ce sont eux en temps de guerre qui recrutent les soldats, collectent les taxes et maintiennent l'ordre dans leurs sociétés respectives. Eboué convainc Ourada, le sultan du Ouaddai, de soutenir les Français, au grand dam des Italiens [21]. Avec la défaite, la coupure avec la France se dessine. Un accord prévoit que les Italiens pourront désarmer les Français du Tchad et s'avancer de 200 kilomètres.

Après le discours de De Gaulle du 18 juin et les tergiversations de Boisson qui, après avoir manifesté qu'il entend poursuivre la guerre puis apprenant qu'il n'est pas suivi par l'Afrique du Nord, change de bord, Eboué se rallie à la Résistance. La déclaration d'Eboué intervient le 26 août 1940. Il sera évidemment révoqué par Vichy de son grade et de ses fonctions, ainsi que condamné à mort par contumace par la Cour martiale le 5 juin 1941. C'est donc un climat peu serein qui domine, entretenu par des opposants et quelques affaires provoquées par les réquisitions [22].

---

21. Eboué est évidemment la cible de la presse italienne et allemande : un négro gouverneur nommé par le juif Mandel… Vos ancêtres cannibales… etc…
22. CASTOR & TARCY, *op. cit.*, p. 318. Celle de « l'affaire des Trois francs » le mit en difficulté. Un groupe de lettrés avait rédigé une motion de protestation

Il est nommé gouverneur général de l'AEF et se rend à Brazzaville. Les débuts sont difficiles car, à peine nommé par de Gaulle le 12 novembre 1940 et en tournée d'inspection, il apprend que sa nomination fait l'objet de critiques et qu'une rébellion s'organise. Un télégramme destiné à de Gaulle protestait contre sa nomination disant qu'ils refuseraient ses ordres. Le télégramme intercepté, une copie est envoyée à Eboué. Il revient à Brazzaville et quelques-uns des comploteurs sont expulsés. De Gaulle est contraint de prendre position entre lui et le médecin-général Adolphe Cissé, à l'origine de cette cabale. Cissé sera envoyé comme médecin général des troupes combattantes du Caire.

Mais l'essentiel est ailleurs. Dans le choix que de Gaulle a fait de lui entre certainement pour une part outre la connaissance qu'Eboué a de la région [23] le fait déterminant de la « race », Eboué étant salué par les Africains comme un des leurs à un moment où le racisme nazi joue le rôle de repoussoir [24]. De même, ne faut-il pas négliger, outre son appartenance à « l'intelligentsia coloniale », à une époque où les colons sont divisés et très hostiles à Eboué, la compétence de celui-ci pour chercher à temporiser et à apaiser les tensions. Or, il faut aller vite et le Tchad, surtout, est vital en raison de sa position stratégique. Il l'est, d'une part, pour la résistance puisque les premiers ralliements, ceux des comptoirs de l'Inde (27 juin 1940) et de Port-Vila (Nouvelles-Hébrides) au nord de la Nouvelle-Calédonie (20 juillet 1940), ne peuvent suffire. Le Tchad et le Gabon vont donc constituer un appui majeur. D'autre part, l'AEF, en basculant clairement dans la résistance, assurera aux Anglais le passage vital, par le Tchad, vers le Soudan et l'Égypte, vers une Méditerranée devenue allemande. Enfin, il évitera à cette Afrique un affrontement inévitable avec les colonies anglaises et surtout le Nigeria et l'étouffement économique qui en aurait résulté. Le Cameroun va suivre.

2. Dicter une politique

Les dernières années d'Eboué vont être l'occasion pour lui de porter ou de participer à deux actions majeures ayant trait à la colonisation proprement dite et qui se situent aux deux extrémités de ces brèves années. D'une part, dans sa dimension « interne », par la circulaire qu'il rend relative à la

---

contre le paiement contraint d'un impôt pour la Société de prévoyance. Ils furent arrêtés et Eboué dans sa circulaire du 20 mai 1941 approuva la répression. Ce fut le début de l'affaire Matsoua.

23. Mais il aurait pu aussi bien choisir le docteur Adolphe Cissé qui dirigeait depuis des années les services de santé de l'AEF et du Cameroun et qui avait une connaissance tout aussi forte du milieu colonial.

24. Hitler dira « une bande de singes espère, au cœur de l'Afrique, arrêter le cours des événements ». Les événements qui suivront lui donneront tort.

« politique indigène », presque un an après avoir été nommé gouverneur général, d'autre part dans l'organisation de la conférence de Brazzaville et sa participation à celle-ci du 30 janvier 1944 au 8 février 1944, quelques mois seulement avant sa mort survenue au Caire le 17 mai de la même année.

C'est dans la « politique indigène » et dans sa circulaire du 8 novembre 1941 qu'il va synthétiser avec un certain éclat les idées accumulées au cours de ces années et qui feront dire de lui qu'il est un des partisans de « l'Indirect Rule ». Peu importe d'ailleurs que ses « collègues » aient déjà, avant, pendant et après la Première Guerre mondiale mais pour d'autres territoires, ouvert la voie et peu importe également que ces idées viennent trop tard ! Ce qui compte c'est qu'elles traduisent la constance d'un gouverneur qui entend initier une politique qui s'appuie sur les chefs et sur les traditions des populations, au point de vouloir renouer avec « l'âme primitive » par la redécouverte des initiations, encourager les responsabilités des élites indigènes, redonner des pouvoirs de justice... La lecture en est édifiante : après avoir pointé du doigt les maux de l'AEF (population qui stagne, incapacité de fournir le personnel utile à l'expansion, maladies qui se répandent) et envisager leurs causes (système des grandes compagnies, exploitation économique désordonnée, prosélytisme parfois maladroit, mise en sommeil de l'enseignement et mépris des cadres politiques et sociaux indigènes), la nouvelle politique entend définir et mettre en vigueur une « politique de la population » et « faire une société » en s'appuyant sur ses institutions naturelles pour développer le sens de la dignité et de la responsabilité.

S'ensuivent des développements sur les chefferies et la nécessité de les « reconnaître » (une fois recherchés, par « une étude préalable et approfondie », les « chefs légitimes ») afin, par leur intermédiaire, de « mouvoir » la masse indigène, en leur assurant son respect, en faisant ainsi émerger une vraie élite, une « aristocratie que nous respecterons également mais que nous formerons et sanctionnerons avec élégance, c'est-à-dire par une « relation personnelle entre le chef et l'administrateur ». À ce prix, on évitera de diriger par des « fonctionnaires indigènes » qui n'ont pas, comme les chefs, le sens de « leur patrie », qui ne sont pas retenus par la coutume et n'ont pas comme les chefs le soin de « leur famille ». D'où comme première mesure la volonté de reconnaître à ces chefs le droit de rendre justice civile, qui leur appartient déjà en fait, mais aussi de leur restituer la justice pénale.

Restent toutefois les villes, qui « ont suivi leur carrière propre et acquis une personnalité qui les exclut de la coutume politique indigène ». C'est ici qu'il faut donner à cette bourgeoisie, à des notables évolués, le sens des responsabilités en y créant des communes indigènes, en attribuant au corps municipal des fonctions encore modestes, en faisant ainsi naître le statut de « notable évolué », à mi-chemin entre le citoyen et l'indigène. Mais une politique de la « population » impose aussi que l'on s'occupe des métis (pour éviter qu'ils soient extraits *a priori* de la famille de la mère lorsqu'ils ont été « oubliés par le père »), des populations « inoccupées » des agglomérations, dites populations « flottantes » (ce qui dépasse la seule réglementation du vagabondage pour mobiliser les associations, les sociétés sportives, les missions religieuses, les employeurs), etc.

Mais ces convictions dépassent les dimensions politiques pour intégrer les préoccupations juridiques et sociales. Juridiques, puisqu'un chapitre IV développe en quoi le respect de la coutume est nécessaire et des chapitres suivants énumèrent le rôle que doivent tenir « l'influence chrétienne », « l'enseignement », « l'économie ». On y lit que c'est aux juges indigènes « seuls » à trancher en première instance les questions d'état – mariage, divorce, adultère, attribution des enfants naturels, successions – et que trop de liberté a été donnée à la femme indigène dans le mariage, tout comme il n'y a pas lieu d'exiger le consentement de la fille au mariage, même s'il est « essentiel et souhaitable en soi ». Quant à la polygamie, il est renvoyé, comme pour le mariage d'ailleurs, à des solutions relevant de l'enseignement chrétien, d'une discipline religieuse et du relèvement de la situation économique. Bref, sur bien des points comme pour la dot, la sagesse à suivre est de ne pas intervenir ou le moins possible... pas plus d'ailleurs dans ce domaine ou dans celui de l'évangélisation (qui ne doit pas saper le pouvoir des chefs et conduire lentement les familles à de nouvelles habitudes, sauf à reconnaître plus fermement les « coutumes chrétiennes » ou à faire travailler de concert administrateurs et missionnaires).

Changements aussi dans l'enseignement, incapable jusqu'ici de former médecins, vétérinaires, ingénieurs... : « combien avons-nous de secrétaires, de comptables, de commis d'ordre dignes de ce nom » ? Et sur ce dernier point, la conviction que l'enseignement public et celui des écoles chrétiennes doivent œuvrer dans la même direction, conviction qui se concrétise dans une collaboration qui s'appuie sur des moyens financiers donnés à l'enseignement chrétien, le refus de toute étatisation et la volonté de développer « un statut d'intérêt commun, d'intérêt public ».

Quant à l'économie, qui doit ne pas déraciner les indigènes de leur sol, il faut enrichir les noirs par des cultures de rapport, comme le coton en Oubangui-Chari ou au Tchad, mais avec d'autres cultures adaptées aux régions ciblées. Ces changements contribueront aussi à modifier « le rôle du colon, dévoreur de main d'œuvre ». Et c'est sur le rôle de celui-ci dans la « nouvelle politique indigène » que la circulaire se focalise pour terminer. Non seulement, il faudra lui faire jouer un rôle de promoteur exemplaire sur sa concession dans le but « d'éveiller » l'agriculture locale, mais encore il fournira les indigènes en graines, plants et outils et leur achètera leur récolte, aidé en cela par le service de l'agriculture. Mais pour y parvenir, il sera nécessaire de repenser les contrats qui le lient à la colonie ou à la Société de prévoyance. En outre, lui sont réservés les autres activités minières et forestières, les entreprises de travaux publics et les industries de toutes sortes, d'où les indigènes sont écartés par manque de capital et de connaissances techniques mais qui sont dévoreuses de travailleurs et épuisent une population démographiquement. Est ainsi abordée la question de la main-d'œuvre, surexploitée par une dispersion des activités, mal employée (en particulier par l'éloignement que les recrutements qui vident les villages et alimentent ensuite cette population flottante et improductive des villes), par la pénurie de machines. Aussi Eboué plaide-t-il pour des chantiers qui regroupent travailleurs, femmes et enfants appartenant à « la même race ou la même tribu », créant ainsi de vrais villages qui garantiront la survie et la préservation dans un cadre naturel. En retour, le travailleur doit savoir qu'il n'est pas là seulement lorsqu'il a besoin de quelques francs, et que s'il n'exécute pas le contrat, il sera soumis à la contrainte par corps en cas de non-paiement des dommages-intérêts…

Élever l'indigène c'est enfin renoncer à ce commerce ridicule d'articles sans valeur qui flatte l'individualisme sans profit pour la communauté, avilit l'indigène et, au contraire, opter pour un commerce de qualité qui aide les familles à progresser dans leur installation [25]. Il est clair que cette approche n'a pas reçu des « colons » un accueil favorable et que par la suite l'accueil fut tout aussi mitigé à Londres.

3. Acquérir une dimension internationale

La Conférence de Brazzaville trouve une partie de ses fondements dans la défaite de la France et le regain des mouvements anticolonialistes. Il faut repenser le système colonial et ne pas imaginer que l'on peut agir ici comme on l'a fait aux Antilles. L'idée de la réunir date de juillet 1943, et Laurentie fut chargée de la mettre sur pied. Elle devait se limiter aux territoires de l'Afrique française et à Madagascar et ne serait composée que des gouverneurs généraux et gouverneurs chefs de territoires, un choix très restrictif qui la plaçait à l'abri des pressions prévisibles des milieux économiques coloniaux et des Africains « évolués ». Ses buts étaient de réfléchir à l'orientation à donner à la position de la France en Afrique sur le plan de la politique indigène, le développement économique… et la réforme de l'organisation administrative. Elle serait placée sous la présidence du gouverneur Eboué, dont les idées, diversement reçues, pouvaient aider à mobiliser les Africains : promesse d'assouplir l'indigénat, promotion des chefs indigènes, ouverture d'un statut « d'évolué », respect des coutumes, etc., à quoi s'ajoutait évidemment son ralliement rapide au général de Gaulle et la mobilisation réussie en AEF contre la « philosophie nazie », et le symbole que représentait ce premier gouverneur noir.

Le commissariat des colonies en avait dessiné quelques règles d'action : défendre et illustrer la politique coloniale française tournée vers « l'intérêt de l'indigène », faire progresser « sa vie » dans le cadre familier qui est le sien,

25. Félix EBOUÉ, *La nouvelle politique indigène pour l'Afrique équatoriale française*, Brazzaville, Office français d'édition, 1941, 59 p.

redéfinir la place des Européens, maintenir ou renforcer les autorités traditionnelles, donner aux « évolués » un statut nouveau et un rôle accru, rejeter toute politique économique fondée sur le pacte colonial, industrialiser, associer les indigènes à la gestion de la chose publique par la création d'institutions politiques représentatives. Une note du 8 décembre 1943 évoquait même l'élévation des Africains à la responsabilité la plus complète dans le cadre et par le progrès de leurs coutumes et institutions propres et le besoin d'affirmer la personnalité de ces pays d'outre-mer « à l'intérieur d'une fédération » associant sur un pied d'égalité la métropole et ses possessions. Plusieurs fois, revenait l'expression « patries africaines » et le gouverneur général Laurentie entendait transformer l'Empire colonial « en un ensemble plus ou moins fédéral, où tout pays français, moralement égal à chacun des autres, métropole comprise, serait capable de suivre sa vocation distincte, tout en participant aux droits et devoirs d'une même société ». Du reste, Pierre-Olivier Lapie, gouverneur du Tchad en 1941-1942 pour le compte de la France libre, avait maintes fois évoqué le besoin de « fédération », communauté des pays français d'Outre-mer alors qu'au même moment André Mercier, député communiste, affirmait le caractère « une et indivisible, de la République française, métropole et territoires d'Outre-mer »... soit le défi de faire se retrouver un Jacobin assimilateur et un Girondin autonomiste !

Ce fut toute l'ambiguïté de cette conférence. D'un côté, de Gaulle qui entend prendre tout son temps, ne sacrifier aucune parcelle de souveraineté, imbu de l'idée que la nation la plus avancée doit dire quand viendra le temps de l'émancipation, appuyé par « le jacobinisme des bonnes intentions qui refuse à jamais de se dessaisir de rien, escomptant tout du maintien de sa présence » (Jacques Soustelle). De l'autre, Felix Eboué, Laurentie et quelques autres, qui croient en la capacité des évolués de se diriger eux-mêmes, en tout cas au besoin d'aller vers une formule qui annonce l'émancipation. Au résultat, une conférence qui traitera pour l'essentiel des progrès sociaux : enseignement, hygiène, assistance médicale, fin des corvées, fin de l'indigénat... Il faut dire que les discours d'ouverture avaient donné la tonalité des ambiguïtés. Celui de Pleven, commissaire aux colonies, le 30 janvier 1944, avait souligné combien la préoccupation de la conférence « serait l'Africain » et « l'ascension des populations africaines vers la personnalité politique », mais en ajoutant que ce serait dans la droite ligne des Lyautey, Gallieni, Van Vollehoven, Brazza, etc., que la France avait introduit la paix et les institutions de l'éducation, de l'assistance, de l'apostolat et des réalisations techniques... Et il concluait ainsi : « Nous lisons de temps à autre que cette guerre doit se terminer par ce qu'on appelle un affranchissement des peuples coloniaux. Dans la grande France coloniale, il n'y a ni peuples à affranchir ni discriminations raciales à abolir. Il y a des populations qui se sentent français et qui veulent prendre, et à qui la France veut donner, une part de plus en plus large dans la vie et les institutions démocratiques de la communauté française. Il y a des populations que nous entendons conduire étape par étape à la personnalité, pour les plus mûres aux franchises politiques, mais qui n'entendent connaître d'autre indépendance que l'indépendance de la France ».

D. Un humaniste convaincu ?

Si l'on reste sur le versant politique de l'action, il est clair que les convictions socialisantes de Félix Eboué et son appartenance à la franc-maçonnerie ont joué un rôle certain. Certes, il est franc-maçon, adhérent à la SFIO mais il est probable que le Guyanais qu'était Eboué avait été, comme beaucoup d'autres, conduit à lier franc-maçonnerie et droits de l'homme en raison de la politique de la Troisième République assimilatrice et de la Deuxième République abolitionniste de l'esclavage, soit Schœlcher et Ferry... deux francs-maçons il est vrai ! Il y adhère cependant assez tard, seulement en 1922. Le fait-il par arrivisme ? Parce qu'il s'est fait embrigader ? Par conviction ? Et certes, beaucoup de francs-maçons peuplent l'administration coloniale... mais si c'est par arrivisme pourquoi le faire si tard ? D'autre part, la loge dans laquelle il se fait initier (« La France équinoxiale de Cayenne », d'obédience Grande Loge de France) et dans laquelle il restera toute sa vie, s'affiche « républicaine et laïque » et met en avant le péril clérical. Mais, de fait, il participe peu à la vie de la Loge et à ses travaux et la seule Planche, qu'il présente en 1934, concerne « la langue symbolique, les signes initiatiques, les danses traditionnelles, la musique des peuplades de l'Oubangui-Chari ». Cela manifeste la vraie priorité qu'il donne à ses préoccupations dans la franc-maçonnerie. De même, à la Loge « Fort de France », quoique assidu, il ne présente pas de Planche et n'occupe jamais un poste d'officier, ce qui ne veut pas dire qu'il ne sait pas user lorsque c'est nécessaire de l'appui des loges, en particulier lorsque la « voix de Brazzaville » se fera entendre et qu'il persuadera les francs-maçons de Guyane, par le réseau des loges maçonniques, de rejoindre la résistance [26].

Mais, il est loin d'adhérer à des attitudes dictées pas cette appartenance. Sa politique à l'égard du clergé n'est teintée d'aucun anticléricalisme, il entretient d'excellents rapports avec les clergés et avec l'évêque de Pointe-à-Pitre qui le choisit comme parrain lorsqu'il est décoré de la Légion d'honneur. Et les subventions qu'il attribue aux écoles chrétiennes de l'AEF lui valent les remontrances de la Loge de Brazzaville. Joseph-Roger de Benoist a résumé en quelques pages ses relations avec les missions catholiques [27], son respect

26. Jean-Claude DEGRAS, *Félix Eboué, le gouverneur nègre de la République (1936-1944)*, Paris, Le manuscrit, 2004, p. 298.
27. Joseph-Roger DE BENOIST, « Félix Eboué et les missions catholiques », in *Brazzaville, aux sources de la décolonisation*, Actes du colloque organisé par

pour les prêtres, son souci de voir les missionnaires laissés libres de faire leur travail, de ne pas être empêchés par les chefs, mais en exigeant qu'ils se gardent d'immixtions dans l'administration, son appel au respect mutuel. De fait, il entretient des liens d'amitié avec beaucoup d'évêques : Genoud à la Guadeloupe, Augouard en Afrique, Biechy au Tchad. Et il les séduit par sa capacité à tenir une discussion théologique avec les prélats ou, lors de la décoration de grand officier de la légion d'honneur qu'il remet à l'un d'entre eux, en faisant une allocution dont Genoud avoua que « peu de mes prêtres seraient capables d'en faire ». Quant à Mgr Thévenoud, auquel il s'opposera parfois, il se félicitera des intentions de la Conférence de Brazzaville : faire évoluer les coutumes vers la liberté de la femme, choix de l'époux, mariage monogamique, reconnaissance des coutumes chrétiennes, respect de toutes les croyances, choix du christianisme pour faire évoluer insensiblement les coutumes, rôle des écoles privées, etc. De même, comprend-il vite que l'assimilation « égalitaire » ne peut pas jouer en Afrique et que les idées de Ferry n'y sont pas transposables. Il admet la diversité et la liberté des hommes, pense que les Africains ont des valeurs non négligeables, même s'il continue à affirmer la supériorité de la culture occidentale. Du reste la dimension « respect de l'autre » l'emporte ici, et en particulier le « respect des cultures » auxquelles il s'intéresse. Sa circulaire de 1941 témoigne de tout cela [28].

Il est donc plutôt un « humaniste maçon » et un « philosophe chrétien » dont les idéaux de justice et de fraternité se rejoignent. En fait Eboué a été marqué par son éducation à Cayenne : tolérance, admirateur de la Bible, sens de l'intérêt public et jugement des hommes avant tout sur leur personne… Et c'est « de sa personne » dont il faut chercher à percer la carapace qui le rend profondément un homme « à principes » et capable de « résignation » devant les attaques que sa personne subit tout en gardant le cap qu'il s'est fixé par « temps de tempête ».

E. Un « stoïcien »

Sans doute, comme nous l'avons dit, engagement politique et déontologie professionnelle sont-ils les deux atouts majeurs d'une carrière que des bouleversements exceptionnels vont transformer en destin. Mais ce sont surtout les quatre dernières années que retiennent ses historiens. Il en manque cinquante-six qui ont contribué à forger son caractère et l'ont marqué de manière indélébile.

---

l'Institut Charles-de-Gaulle et l'Institut d'histoire du temps présent, Paris, Plon, 1988, p. 180-187.

28. Voir Raymond GUILLANEUF, « Félix Eboué franc-maçon », *in* Josette RIVALLAIN et d'Hélène D'ALMEIDA-TOPOR (dir.), *Félix Eboué, Soixante ans après*, *op. cit.*, p. 45-51.

Sa jeunesse d'abord, qui en fait un adepte du sport d'équipe puis un amoureux de la philosophie et de maîtres tels que Sénèque, Épictète et Marc-Aurèle. Certes, il s'inscrit à la Faculté de droit de Paris et suit les cours de l'École des langues orientales en vue du concours de l'École coloniale mais il est certainement plus judicieux de renvoyer à sa formation intellectuelle (avant tout sa philosophie stoïcienne qui lui vient de ses lectures et de ce qu'il en retient, puisant chez les anciens – Épictète, Homère et Platon – et dans la Bible des principes d'action humaniste) la définition de sa personnalité et de ses principes d'action.

Il faut donc investir une autre approche, plus philosophique encore. On comprend que la pensée Épictète, traduite par Arrien dans ses *Entretiens* et le *Manuel*, si chère à l'ascèse monastique et aux jésuites désireux de préparer les lettrés chinois au christianisme, ait pu fortement impressionner. Esclave affranchi par un affranchi de Néron, éducateur d'Arrien, haut fonctionnaire romain, Épictète prônait la rectitude de la raison, le devoir, la fermeté d'esprit [29]. Et c'est sans doute la connaissance d'Épictète qui a forgé le mieux son système de réflexion qu'il a exprimé dans le discours prononcé le 1er juillet 1937 à la distribution des prix du lycée Carnot, à Pointe-à-Pitre.

Par ce canal, c'est toute l'approche stoïcienne qui irrigue la pensée d'Eboué et l'inspire d'autant plus que les obstacles, tant personnels que professionnels, auxquels il est confronté sont autant d'occasion de les mettre en pratique. La « voie longue du stoïcisme » exhorte à la vertu et à la tempérance. Même s'il s'agit d'une philosophie « populaire » qui professe que l'appareillage sensoriel et rationnel de chacun lui donne accès à la connaissance du réel, cette philosophie considère que la « vérité » n'est accessible qu'au « sage », les autres se situant sur une échelle sur laquelle se retrouvent les hommes les plus exigeants comme les hommes de bonne volonté. En même temps, c'est une doctrine de la résignation, une philosophie pour « gros temps » dans les détresses privées et les calamités publiques qui offrent le recours imprenable de la « citadelle intérieure » dont parlait Marc-Aurèle. Mais ce n'est pas une école d'inaction, car elle prône au contraire le développement des possibilités natives, fût-ce au prix de l'effort et de la peine, tout en soulignant le mérite qui consiste à choisir les choses qu'il est raisonnable de choisir et faire tout ce qui est en son pouvoir pour les obtenir. La seule chose qui compte est la perfection morale. En politique, l'homme rationnel doit agir dans l'intérêt de son pays, se disposer à « souffrir pour lui ». Il pourra en être empêché par la corruption qui règne dans la cité et rend impossible de favoriser la vertu et de combattre les vices. Ambitionnant une approche mondialiste et cosmopolitique, le stoïcisme antique considère que la « cité est dépassée ».

29. Voir *Encyclopedia Universalis*, Corpus 7, au mot "Épictète".

Cette influence l'a très certainement aidé – et c'est là le deuxième volet de sa psychologie – à surmonter sa position raciale dans un monde où les places qu'il a occupées l'ont confronté continûment aux préjugés. Je ne voudrais pas apparaître « paranoïaque à sa place » mais si, sans doute, l'étude des langues orientales l'a orienté très tôt vers les cultures indigènes, il est évident qu'il se sent lui-même « homme de la forêt » et conscient, très vite, de ce que sa « couleur » sera, sottement, toujours mise en avant. Disons une fois pour toutes que ce racisme latent l'a obligé à se sentir observé sans bienveillance et donc l'a contraint à faire la preuve que, bien que « se devant à deux races différentes », il devait, par dessus tout, être attentif à se conduire de façon exemplaire. On ne doutera pas de la réalité des entraves diverses qui ont pu être mises à la carrière de ce futur gouverneur, en butte à l'hostilité « bornée » de certains Blancs autant qu'à la méfiance d'Africains. Ni des quelques difficultés qu'il a eu dans sa carrière avec tel ou tel chef de service ou tel fonctionnaire, sauf à prendre acte de ce que ces oppositions ponctuelles semblent parfois téléguidées par un fonctionnaire plus haut placé « un pacte le liant au gouverneur titulaire, celui-ci escomptant un échec de mon intérim », position dont Eboué lui-même se dit le 20 octobre 1933 ne « pas être dupe » lors de ses fonctions aux Antilles. On évoquera également les tâches qui lui sont confiées et qu'il accomplit avec application mais non sans noter que si le gouverneur Augagneur l'a salué comme « l'élite de ses administrateurs », il n'en obtint pas pour autant la nomination comme « administrateur de première classe ».

Mais je vais rappeler quelques manifestations supplémentaires qui démontrent que « vaincre les préventions » fut, tout au long de sa carrière, un effort constant. On soulignera, en premier lieu, ses débuts en Oubangui-Chari où sa présence, par elle-même, hérisse les fonctionnaires en place, au mieux car ils sont de médiocre niveau au pire parce qu'ils sont racistes. Albert Maurice le résumera ainsi : « Les années qui s'ouvrent devant lui… où il faut enfouir en lui-même les injures des uns, l'ingratitude des autres, endurer le choc du préjugé de couleur et s'armer d'audace contenue dans l'accomplissement de son quotidien labeur ». Et également cinq ans plus tard en 1927, où il est conduit à se défendre par une longue lettre adressée au gouverneur de l'Oubangui-Chari contre les critiques de son successeur à Bangassou, critiques formulées contre sa gestion du Bas-Mbomou. Il y souligne la pratique habituelle aux fonctionnaires de dénigrer leur prédécesseur, les succès de son équipe dans la production cotonnière, y rappelle les accusations antérieures qu'il a affrontées sur la soi-disant sévérité qu'il aurait mise à l'application des peines de l'indigénat, et surtout les conséquences répétées que ces « incidents » ont eu sur sa carrière. Paie-t-il ainsi le soutien qu'il a apporté à *Batouala*, roman de Maran qui a obtenu le prix Goncourt en 1921 ? En tout cas, nommé en avril 1934 Secrétaire général du gouvernement du Soudan, il désespérera d'être jamais nommé gouverneur et découvrira qu'un de « ses vieux amis de l'École coloniale », le gouverneur Fosset, dont il exerce l'intérim à Bamako, avait dans une correspondance adressée au gouverneur général, souligné que « ce serait un dangereux précédent et une grave erreur que de confier à un homme de couleur l'intérim du gouvernement dont il était titulaire ».

J'ai très volontairement « sauté » deux années de sa carrière, les années 1934-1936 qui séparent son poste à la Martinique de son poste à la Guadeloupe. Non pas que ces deux années soient exceptionnelles puisque, au contraire, ce poste de secrétaire général puis de gouverneur par intérim au Soudan sont considérés par ses biographes comme un « interlude » (Weinstein). Il y remplit les fonctions habituelles, visite les cercles, demande aux commandants de lui écrire directement, applique la politique de Brevié, prononce des peines d'indigénat contre ceux qui refusent de travailler (nomades touareg et sectes musulmanes), entretient des relations tendues avec l'Office du Niger et les missionnaires, dont Mgr Thévenoud, auquel il s'oppose sur la question des convertis, les mariages, etc. Mais ces fonctions attestent une nouvelle fois du regard porté sur lui, aggravé encore par le fait qu'il est dans une région bicolore où les populations du nord côtoient celles du Sud… Perçu comme « frère de race » par ces dernières, il est évidemment dénoncé comme incapable en raison de sa couleur par des administrateurs blancs qui expliquent que les musulmans n'ont pas de respect pour « un descendant d'esclave » ; et – ce qui ne fait qu'aggraver les choses – qui répandent l'idée qu'il ne peut gouverner sans des subordonnés blancs qui ont autorité en raison de la couleur de leur peau. Et jusqu'à dire aux Touaregs qu'il n'était pas vraiment le gouverneur, mais seulement là pour conseiller « le chef » de la même manière que les castés conseillent les chefs touaregs ! On imagine aisément que la rengaine, vécue pendant tant d'années, a dû imposer à cet homme de se protéger en se forgeant une philosophie hors du commun. Il la formulera en quelques mots lorsque le général de Gaulle lui demandera s'il peut nommer Bertaut gouverneur à la Guadeloupe, alors qu'il a un ancêtre africain. Tout en détaillant les raisons positives et surtout le fait que les Américains ne verront pas d'inconvénients à ce choix – contrairement à ceux qui disent qu'il faut pour eux un « pur blanc » – il ajoutera que la seule question à se poser est de savoir « s'il gouvernera bien une des Antilles ».

F. Un « personnage de roman »

Comment ne pas lier ces deux éléments – stoïcisme et race – et constater que ce sont deux états d'une même personnalité qui le condamnent à les faire marcher de conserve. Tous ses biographes ont évidemment retenu à l'envie le titre « jouer le jeu » et la formule qu'il avait répétée plusieurs fois dans son discours de 1937. Mais c'est la définition qu'il en donne qui importe et qui recouvre le désintéressement, l'esprit d'indépendance, le piétinement des préjugés, le mépris des cabales, le respect des valeurs, l'affirmation du poids de la philosophie du droit, l'invitation à se débarrasser du complexe d'infériorité, etc. On y voit donc se mêler références et solutions à ses propres interrogations en même temps qu'invitation à s'élever au-dessus des obstacles.

Deux phrases sonnent fort, celle empruntée à Épictète (« Il y a des choses qui dépendent de nous ; il y a des choses qui ne dépendent pas de nous » ou « ce qui m'arrive est-il en mon pouvoir ou pas ? ») et cette phrase qu'à ma connaissance ses biographes ne commentent pas : « Jouer le jeu... *C'est se pénétrer que ce n'est pas en tuant Caliban que l'on sauvera Ariel »*.

1. Eboué en « Prospero » ?

Cette phrase est une énigme car, d'une part elle n'est accompagnée d'aucune sorte de développement à la différence de celles qui invite les élèves à « piétiner les préjugés », « garder son indépendance », « savoir prendre ses responsabilités », « accepter la décision de l'arbitre », etc. Et d'autre part, parce que, faisant référence à « La Tempête », tragédie de Shakespeare, il n'y a, à proprement parler, dans cette pièce aucun rapport entre la liberté d'Ariel, un esprit au service de Prospero, et la punition de Caliban, insulaire monstrueux et fils d'une sorcière, réduit en esclavage par Prospero. Shakespeare fait de Prospero le maître des deux, mais l'un veut sa liberté (Ariel) et l'autre (Caliban), qui veut tuer Prospero, entend passer sous un autre maître. Il faut donc envisager une lecture « coloniale » ou du moins une transposition toute personnelle, de la part d'Eboué, à la manière dont il faut assumer les choix qui se présentent. La transposition coloniale, utilisée plus tard par Aimé Césaire, qui reprend le thème en 1969 dans « Une tempête, adaptation pour un théâtre nègre », appuiera l'image en faisant de Caliban l'esclave qui souhaite s'émanciper et d'Ariel, un mulâtre également esclave. Et Octave Mannoni dans son ouvrage intitulé « *Prospero et Caliban, Psychologie de la colonisation* », en parallèle à l'histoire de Robinson et Vendredi, fait d'Ariel « Vendredi » et de Caliban... un cannibale. Or, écrit Mannoni [30], « le même homme est à la fois Ariel et Caliban ». On peut donc imaginer alors le message « colonial » d'Eboué qui n'entend pas exprimer de préférence entre les évolués et les autres. Mais la phrase d'Eboué peut aussi bien vouloir dire qu'il n'est pas nécessaire d'user de moyens extrêmes pour résoudre un problème, ce qu'illustre son refus de la répression et sa volonté en toute occasion de la négociation et de l'entente équilibrée.

2. Eboué en « Georges » ?

Évoquant les identités plurielles, certains auteurs ont eu à cœur de retracer en quelques lignes les apports de tous ceux qui, de Dumas à Monnerville,

30. Octave MANNONI, *Prospéro et Caliban, Psychologie de la colonisation*, Paris, Éditions universitaires, 1984, p. 105.

ont apporté un démenti aux philosophies raciales [31]. Puis-je aller plus loin pour suggérer que la vie d'Eboué a, d'une certaine façon, eu comme « guide » Alexandre Dumas et, en particulier un roman d'Alexandre Dumas ! Compte tenu de ses choix de carrière et de son admiration pour Schœlcher, on peut estimer que les « revues coloniales » étaient connues de Félix Eboué de même que les positions anti-esclavagistes d'Alexandre Dumas. Il avait eu l'occasion de les exprimer très ouvertement en 1838, lorsque la *Revue coloniale* avait annoncé la parution dans un de ses prochains numéros de ses « poésies ». Or, Dumas jugeait cette revue comme étant un organe esclavagiste et il adressa une lettre à la *Revue des colonies*, revue anti-esclavagiste, pour dire son refus et ses sympathies « pour les adversaires des principes que défendent « Messieurs de la revue coloniale » [32]. En outre, en 1843, Alexandre Dumas a publié son premier roman : *Georges* ! Un roman « mulâtre » qui s'attaque aux préjugés sociaux des créoles blancs envers les mulâtres libres. Georges Munier, riche mulâtre de l'île de France, devenue l'île Maurice en 1810, est résolu à « tuer à lui seul le préjugé qu'aucun homme de couleur n'avait osé combattre ». Il y revient, parce que « c'était là qu'existait le préjugé que son courage et son orgueil croyait pouvoir vaincre » [33]. De teint clair au point de pouvoir passer pour blanc, il se heurte à une société coloniale bornée et malveillante alors qu'il a été en Europe et qu'il est à Maurice parfaitement reconnu par la société « européenne » éclairée.

La critique considère ce roman comme l'un des meilleurs de Dumas parce, que tout en étant un roman exotique et d'aventures, « il met en scène des personnages complexes, aux prises avec des problèmes concrets caractérisant une société bien définie ». Mais, dans le même temps, cette même critique prend acte de ce qu'Alexandre Dumas y campe un personnage « libre (comme lui), riche (comme lui) et remarquable d'intelligence, de talent et d'énergie (comme lui »). Ce portrait renvoie, à plusieurs titres, à celui d'Eboué, dressé alors qu'il est élève à Cayenne : vive intelligence, sportif accompli, passionné de lecture (il n'est cependant « ni un fort en thème, ni un matheux, ni un géographe averti »). De même, accomplit-t-il un parcours remarquable en tous points. Il est donc, à quelques différences près qu'un roman dévoile évidemment par ses exagérations, un « Georges » et je me demande si le bal qu'il donne à la Martinique n'est pas la reproduction

31. Voir A. M'PAKA, *op. cit.*, p. 243 et s.

32. D'autres revues diffusent à profusion des élucubrations racistes. En 1858, la *Revue contemporaine* affiche l'infériorité absolue de la race noire et, prenant pour exemple la littérature haïtienne, entend démontrer que « seuls les mulâtres ont pu produire des œuvres, secondaires certes, mais néanmoins estimables. Et ce, bien entendu, grâce à la part de sang blanc qui coule dans leurs veines ».

33. Voir Alexandre DUMAS, *Georges*, éditions de Léon-François HOFFMANN, Paris, Gallimard, Folio classique, 2009, p. 206.

voulue de celui que donne Lord Murrey, le gouverneur anglais, bal au cours duquel, alors que le gouverneur lui demande « s'il n'y a pas moyen d'arranger tout cela », Georges avoue à celui-ci « Je l'ai espéré un instant, Milord ; j'ai cru que quatorze ans de domination anglaise avaient tué le préjugé que je revenais combattre ; je me trompais ». En tout cas, on retrouve chez Eboué les étapes fixées par Dumas, parmi lesquelles l'exemplarité affichée non seulement dans le caractère, mais dans la réussite sociale acquise par Georges en Europe, c'est-à-dire dans la confrontation avec un « ailleurs des colonies » ainsi que dans la « révolte », celle de Georges qui prend la tête d'une insurrection d'esclaves et celle d'Eboué qui se révolte contre Vichy et l'armistice. Mais sans doute vais-je trop loin pour souligner malgré tout que les révoltes d'Eboué restent fidèles à ses principes : « jouer le jeu, c'est mériter sa libération ».

Auteurs

Mamadou BADJI
Agrégé des Facultés de droit, professeur titulaire d'histoire du droit, doyen de la Faculté des sciences juridiques et politiques, Université Cheikh Anta Diop de Dakar (Sénégal)

Patrice Samuel Aristide BADJI
Agrégé des Facultés de droit, professeur assimilé à la Faculté des sciences juridiques et politiques, Université Cheikh Anta Diop de Dakar (Sénégal)

André CABANIS
Professeur émérite de l'Université Toulouse 1 Capitole, Toulouse (France)

Bakary CAMARA
Agrégé des Facultés de droit, professeur titulaire d'histoire du droit, doyen de la Faculté de droit public, Université des sciences juridiques et politiques de Bamako (Mali)

Fatou Kiné CAMARA
Maîtresse de conférences titulaire, Faculté des sciences juridiques et politiques, Université Cheikh Anta Diop de Dakar (Sénégal)

Christine F. BLACK
Chercheure principale au Northern Institute de l'Université Charles Darwin, Territoire du Nord (Australie)

Mamadou DAGRA
Maître de conférences de droit public, ancien doyen de la Faculté des sciences économiques et juridiques, Université Abdou Moumouni de Niamey (Niger)

Françoise DIENG
Professeur assimilée, directrice du Laboratoire "Droit patrimonial de la famille", Faculté des sciences juridiques et politiques, Université Cheikh Anta Diop de Dakar (Sénégal)

Amadou Abdoulaye DIOP
Agrégé des Facultés de droit, professeur assimilé, chef du département d'histoire du droit et des institutions, Faculté des sciences juridiques et politiques, Université Cheikh Anta Diop de Dakar (Sénégal)

El Hadji Omar DIOP
Docteur en droit public, maître de conférences assimilé, directeur des études de l'Institut des droits de l'homme et de la paix (IDHP), Université Cheikh Anta Diop de Dakar (Sénégal)

Abdoul Aziz DIOUF
Agrégé des Facultés de droit, professeur assimilé à la Faculté des sciences juridiques et politiques, Université Cheikh Anta Diop de Dakar (Sénégal)

Seydou DIOUF
Agrégé des Facultés de droit, professeur assimilé à la Faculté des sciences juridiques et politiques, Université Cheikh Anta Diop de Dakar (Sénégal)

Bernard DURAND
Professeur honoraire à l'Université de Montpellier, doyen honoraire de la Faculté de droit de Montpellier (France)

Paul NGOM
Agrégé des Facultés de droit, professeur assimilé, Faculté des sciences juridiques et politiques, Université Cheikh Anta Diop de Dakar (Sénégal)

Table des matières

Tome 1

Tome 2

Le Sénégal aux éditions L'Harmattan

Dernières parutions

L'ESTHÉTIQUE SOCIALE DES PULAAR
Socioanalyse d'un groupe ethnolinguistique
Sy Harouna
L'esthétique sociale pulaar est une mise en ordre éthique de la vie sociale. Elle est l'inventaire systématique de ce qu'il y a de beau et de laid dans le social relativement à ses valeurs, à ses normes, à ses règles et à ses codes qui commandent des postures, des relations, des rapports et des qualités appropriés. L'analyse des contradictions de la société pulaar du Fuuta Tooro a révélé des logiques et des stratégies fondées sur des rapports de castes et sur les représentations sociales que ces rapports produisent.
(31.00 euros, 304 p.)
ISBN : 978-2-343-11189-6, ISBN EBOOK : 978-2-14-002810-6

LE BAYNUNK GUNAAMOLO, UNE LANGUE DU SUD DU SÉNÉGAL
Analyse phonologique, morphologique et syntaxique
Diop Sokhna Bao - Préface de Denis Creissels
Le Sénégal est un pays multilingue avec des langues majoritaires et des langues minoritaires, de par le nombre de leurs locuteurs, mais également de par la quantité de travaux dont chacune dispose. Les langues majoritaires ont fait l'objet de nombreuses recherches, à la différences des langues minoritaires. Ce constat est à l'origine du choix porté sur la description de la variante gunaamolo du baynunk (parlé au sud du Sénégal, plus précisément à Niamone, dans la région de Ziguinchor) qui est une langue en danger très peu décrite. L'utilité et l'intérêt de ce travail résident dans la sauvegarde et la connaissance de cette langue et sa communauté. Elle peut servir aussi de référence à des recherches futures.
(Coll. Études africaines, 38.50 euros, 392 p.)
ISBN : 978-2-343-09614-8, ISBN EBOOK : 978-2-14-002913-4

DE L'HÉRITAGE ARABO-ISLAMIQUE SAINT-LOUISIEN
Une illustration par les œuvres d'Abbas Sall et d'Abdoulaye Fall Magatte
Fall Cheikh Tidiane - Préface de Samba Dieng et Postface de Mouhamed Habib Kébé
Cet ouvrage porte sur la réhabilitation du legs culturel arabo-islamique ouest-africain en général et saint-louisien en particulier. Revaloriser un pan du patrimoine culturel par l'entremise de l'imagination poétique locale de deux intellectuels demeure l'objectif principal de cette étude. Une partie descriptive constituée de la traduction d'une cinquantaine de poèmes suivie d'un volet analytique constitue la méthodologie de ce travail de recherche. La moisson tirée de ce travail préliminaire apporte quelques éclairages sur l'intérêt de la traduction de manuscrits arabes, notamment ceux produits par d'éminents ulémas du Sénégal, tels les deux poètes faisant l'objet de cette étude.
(Harmattan Sénégal, 35.00 euros, 340 p.)
ISBN : 978-2-343-11306-7, ISBN EBOOK : 978-2-14-003014-7

L'AGRICULTURE DU SÉNÉGAL SOUS LA COLONISATION
Diop Ismaïla
L'introduction de l'arachide au Sénégal au début du XXe siècle révolutionne le paysage agricole. La France décide alors de faire du Sénégal une colonie arachidière. Le Sénégal devient la troisième puissance arachidière du monde après les États-Unis et l'Inde. Cette monoculture extensive aboutit à un déficit vivrier chronique, une dégradation des sols, une dépendance vis-à-vis des importations de riz en provenance d'Asie. Pour y remédier, le rapport de la mission Roland Portères de 1952 recommande des mesures d'aménagement du territoire, de restauration des sols, de promotion de l'agriculture intégrée sérère.
(Harmattan Sénégal, 23.50 euros, 218 p.)
ISBN : 978-2-343-11129-2, ISBN EBOOK : 978-978-2-14-002836-6

CASAMANCE
À quand la paix ?
Bassène René Capain - Préface du père Nazaire Diatta
Malgré leur volonté et leur engagement affichés d'aller vers la fin du conflit armé en Casamance, la position des parties en guerre n'a jamais réellement évolué. L'État du Sénégal se dit prêt à négocier sur tous les points, sauf sur ceux relatifs à l'intégrité territoriale et l'unité nationale, alors que, de son côté, le MFDC soutient une position contraire en déclarant être disposé à ne négocier que sur la question se rapportant à l'indépendance totale de la Casamance. Cette situation montre que le conflit armé est encore loin de finir en Casamance.
(28.50 euros, 276 p.)
ISBN : 978-2-343-10426-3, ISBN EBOOK : 978-2-14-002593-8

PARCOURS D'UN JOURNALISTE AUTODIDACTE
Ndiaye Pape Ngagne - Préface de Mamoudou Ibra Kane
Pape Ngagne Ndiaye, par son style, est devenu un rendez-vous incontournable de l'espace audiovisuel sénégalais. L'émission « Faram Faccce » qu'il anime présentement sur TFM est très courue des hommes et femmes politiques pressés de se soumettre au feu roulant et nourri des questions du redoutable interviewer, unique dans son genre. Ce livre n'est pas seulement une autobiographie, mais aussi une réflexion thématique et une sélection rigoureuse de certains numéros de la célèbre émission qui se veut « un décryptage des questions majeures de l'actualité nationale ».
(37.00 euros, 360 p.) ISBN : 978-2-343-09916-3, ISBN EBOOK : 978-978-2-14-002822-9

DES FRANCENABE AUX MODOU-MODOU
L'émigration sénégalaise contemporaine
Fall Papa Demba - Préface du Professeur Abdoulaye Bara Diop
Principalement centré sur la France et ses anciennes colonies d'Afrique, le champ migratoire sénégalais s'est, de manière originale, progressivement étendu à des destinations naguère méconnues ou peu fréquentées (comme les États-Unis, l'Italie, l'Espagne, l'Afrique du Sud ou le Brésil). Peu à peu, les migrants sont devenus des acteurs incontournables du développement. La prise en compte de ces populations, et de leurs mouvements, devient donc nécessaire aux programmes et politiques de développement durable.
(Harmattan Sénégal, 40.00 euros, 559 p., Illustré en noir et blanc)
ISBN : 978-2-343-10796-7, ISBN EBOOK : 978-2-14-002539-6

« DOYEN » AMADY ALY DIENG, LE TRANSMETTEUR INTÉGRAL (1932-2015)
Économie biographique ou sémio-Histoire
Ngaïdé Abdarahmane
Amady Ali Dieng nous a quittés il y a un an. Pour lui rendre hommage et s'en rappeler les enseignements, l'auteur de cet ouvrage a décidé de compiler ses nombreux écrits ou interventions. Les quatorze textes qui composent cette anthologie sont représentatifs et significatifs de la personnalité, du style et des préoccupations d'Amady Ali Dieng. On y retrouve son style, son humour et son esprit critique.
(Harmattan Sénégal, 23.50 euros, 228 p., Illustré en noir et blanc)
ISBN : 978-2-343-10855-1, ISBN EBOOK : 978-2-14-002561-7

41 RULES TO BE HAPPY
Kane Babaly
Seeing that happiness is the goal towards which all men strive for, the author wrote this book to help the reader in treasuring the joyous of life and realizing his desires in entirety, to be fulfilled, to claw his way to the top and to assure him it will turn out well in the end. Moreover, this book intends to give the keys us to get the secret for reaching we want in this life. 41 rules to be happy is a little self help book which has 41 rules that are meant to allow every reader to live life in full potential.
(Harmattan Sénégal, 14.50 euros, 138 p.)
ISBN : 978-2-343-10904-6, ISBN EBOOK : 978-2-14-002583-9

SÉNÉGAL
Les limites du Plan Sénégal Émergent
Mansour Samb El Hadji
Cet ouvrage présente une analyse profonde des politiques publiques en décortiquant le Plan Sénégal Émergent (PSE) qui jusque-là n'a fait l'objet d'aucune analyse critique sérieuse. Le Sénégal est face à un défi, le défi de son émergence, un défi qu'il compte relever avec tous ses fils. Ce défi qui mobilise aujourd'hui tout le monde doit nous pousser à proposer de nouveaux chemins et à animer un débat nécessaire et incontournable dans tout processus d'émergence.
(Harmattan Sénégal, 27.00 euros, 276 p.)
ISBN : 978-2-343-09721-3, ISBN EBOOK : 978-2-14-002372-9

SÉNÉGAL
Dynamiques paysannes et souveraineté alimentaire
Le procès de production, la tenue foncère et la naissance d'un mouvement paysan
Diop Amadou Makhouredia - Préface d'Yves Guillermou ; Postface de Fodé Niang
Le présent ouvrage contribue à la compréhension des stratégies développées par la petite paysannerie et les dynamiques qui animent les exploitations agricoles familiales permettant la production de biens nécessaires à l'alimentation et l'entretien des familles. La capacité des paysans à prendre en main leurs propres préoccupations a été mise en évidence par l'émergence d'organisations, de groupements, d'associations et d'unions dans tout l'espace rural sénégalais.
(Harmattan Sénégal, 26.00 euros, 256 p.)
ISBN : 978-2-343-10852-0, ISBN EBOOK : 978-2-14-002457-3

HISTOIRE ET SOCIOLOGIE DES RELIGIONS AU SÉNÉGAL
Tamba Moustapha
Le Sénégal reste une exception dans le domaine religieux : 90 % de musulmans, 5 % de chrétiens et 5 % d'adeptes de l'animisme. C'est aussi le pays où les musulmans et les catholiques partagent le même cimetière, où les conjoints partagent des religions différentes, où les écoles privées catholiques comptent 60 à 70 % d'élèves de confession musulmane, etc. Ce phénomène n'est pas dû au hasard. L'histoire et la sociologie des religions permettent de l'expliquer amplement. Cet ouvrage souligne cette exception sénégalaise pour montrer qu'au moment où notre monde est en proie au fanatisme, à l'intolérance et au terrorisme religieux, le Sénégal propose un autre « modèle ».
(Coll. Études africaines, série Economie, 41.00 euros, 426 p.)
ISBN : 978-2-343-10424-9, ISBN EBOOK : 978-2-14-002506-8

FIGURES DU POLITIQUE ET DE L'INTELLECTUEL AU SÉNÉGAL
L.S. Senghor - M. Dia - A. Ly - CH. A. Diop A. Diouf & F. Mitterrand - J.R. De Benoist - A. Seck - TH. Fall - A. M. Samb - A.M. Samb JR - TH. Monod - H. Bocoum - G. R. Thilmans
Samb Djibril
Cet ouvrage réunit des personnalités politiques et/ou intellectuelles très diverses : Léopold Sédar Senghor, l'Immortel Noir ; Mamadou Dia, le brillant économiste ; François Mitterrand et Abdou Diouf, deux experts politiques, ou encore Théodore Monod, le savant probe. Ces figures sont autant de coryphées auxquels l'auteur a voulu rendre hommage, afin de rappeler que la terre africaine du Sénégal ne manque pas de princes de l'esprit ni de nourriture intellectuelle.
(26.00 euros, 266 p.)
ISBN : 978-2-343-10731-8, ISBN EBOOK : 978-2-14-002513-6

TÉLÉVISIONS AU SÉNÉGAL
Entre désert de contenu et sécheresse intellectuelle
Djimbira Cheikh Mouhamadou
« Il faut lire ce livre en considérant qu'il a été sciemment écrit dans l'intention de nuire à la société spectaculaire. Il n'a jamais rien d'outrancier. » Cette pensée de Guy Debord nous permet de comprendre à bien des égards, l'ouvrage de Cheikh Mouhamadou Djimbira qui est un plaidoyer pour la création de programmes audiovisuels de qualité.
(11.50 euros, 80 p.)
ISBN : 978-978-2-343-10790-5, ISBN EBOOK : 978-978-2-14-002528-0

UN SCOUT SÉNÉGALAIS
L'aventure citoyenne (deuxième édition)
Ndene Pascal - Préface de Jacques Moreillon
Lorsque nous parlons de l'adolescence, nous évoquons l'autonomie, la responsabilisation, la citoyenneté, le jeu, les relations avec les parents et avec les pairs. Toutes ces questions sont abordées dans ce livre qui montre avec humour le parcours éducatif d'un adolescent dans le scoutisme. Ce livre s'adresse à tous les jeunes, garçons et filles, aux parents et éducateurs de tout milieu social et culturel, ainsi qu'à tous les scouts et guides du monde.
(14.00 euros, 124 p.)
ISBN : 978-2-343-10965-7, ISBN EBOOK : 978-2-14-002526-6

LA PENSÉE DE CHEIKH AHMADOU BAMBA FACE AUX DÉFIS AFRICAINS
Sow Cheikh Mar
Cheikh Ahmadou Bamba Mbacké a su déterminer une nouvelle vision aux yeux de ses contemporains en formulant d'une façon très claire des idées novatrices capables de faire bouger le peuple. Cette conception de la société dans sa globalité a permis «à chaque individu de devenir un centre d'initiative, de création et de responsabilité à tous les niveaux : celui de l'économie, de la politique, de la culture ; une conception qui ne soit ni individualiste, ni totalitaire mais fondée sur les communautés de base».
(Harmattan Sénégal, 24.00 euros, 238 p.)
ISBN : 978-2-343-10021-0, ISBN EBOOK : 978-2-14-002284-5

LE MODERNISME EN ISLAM
Introduction à la pensée de Sayyid Amir Ali
Diagne Mbengue Ramatoulaye
« Les thèmes abordés par le Professeur Ramatoulaye Diagne dans sa lecture de la pensée d'Amir Ali ont tous un lien indéfectible avec le pluralisme et la paix. (...) Dans la lecture de son ouvrage, on arrive à comprendre que le modernisme d'Amir Ali est une sorte de renouveau dans la pensée islamique. C'est un mouvement d'intellection qui intègre, dans une cohérence architecturale, l'usage de la raison, l'esprit du soufisme pratique ghazalien et la finalité de la prière qui concilie l'ascèse de l'âme à la transformation positive des sociétés. » Abdoul Aziz Kebe, Ancien Chef du Département d'Arabe UCAD-DAKAR.
(Harmattan Sénégal, 15.00 euros, 144 p.)
ISBN : 978-2-343-09977-4, ISBN EBOOK : 978-2-14-002211-1

MA RENCONTRE AVEC ALLAH
De l'obscurité à la lumière
Mbengue Adama Ousmane
Cet ouvrage traite surtout de la question essentielle du Mahdi qui vient pour apporter les solutions idoines en s'appuyant sur la Sharia mouhammadiya et la Tariqah ahmadiya afin d'offrir à tout individu le meilleur profil dans la société idéale qu'il compte établir.
(Harmattan Sénégal, 14.50 euros, 134 p.)
ISBN : 978-2-343-10299-3, ISBN EBOOK : 978-2-14-002277-7

Structures éditoriales du groupe L'Harmattan

L'Harmattan Italie
Via degli Artisti, 15
10124 Torino
harmattan.italia@gmail.com

L'Harmattan Hongrie
Kossuth l. u. 14-16.
1053 Budapest
harmattan@harmattan.hu

L'Harmattan Sénégal
10 VDN en face Mermoz
BP 45034 Dakar-Fann
senharmattan@gmail.com

L'Harmattan Cameroun
TSINGA/FECAFOOT
BP 11486 Yaoundé
inkoukam@gmail.com

L'Harmattan Burkina Faso
Achille Somé – tengnule@hotmail.fr

L'Harmattan Guinée
Almamya, rue KA 028 OKB Agency
BP 3470 Conakry
harmattanguinee@yahoo.fr

L'Harmattan RDC
185, avenue Nyangwe
Commune de Lingwala – Kinshasa
matangilamusadila@yahoo.fr

L'Harmattan Congo
67, boulevard Denis-Sassou-N'Guesso
BP 2874 Brazzaville
harmattan.congo@yahoo.fr

L'Harmattan Mali
Sirakoro-Meguetana V31
Bamako
syllaka@yahoo.fr

L'Harmattan Togo
Djidjole – Lomé
Maison Amela
face EPP BATOME
ddamela@aol.com

L'Harmattan Côte d'Ivoire
Résidence Karl – Cité des Arts
Abidjan-Cocody
03 BP 1588 Abidjan
espace_harmattan.ci@hotmail.fr

L'Harmattan Algérie
22, rue Moulay-Mohamed
31000 Oran
info2@harmattan-algerie.com

L'Harmattan Maroc
5, rue Ferrane-Kouicha, Talaâ-Elkbira
Chrableyine, Fès-Médine
30000 Fès
harmattan.maroc@gmail.com

Nos librairies en France

Librairie internationale
16, rue des Écoles – 75005 Paris
librairie.internationale@harmattan.fr
01 40 46 79 11
www.librairieharmattan.com

Lib. sciences humaines & histoire
21, rue des Écoles – 75005 paris
librairie.sh@harmattan.fr
01 46 34 13 71
www.librairieharmattansh.com

Librairie l'Espace Harmattan
21 bis, rue des Écoles – 75005 paris
librairie.espace@harmattan.fr
01 43 29 49 42

Lib. Méditerranée & Moyen-Orient
7, rue des Carmes – 75005 Paris
librairie.mediterranee@harmattan.fr
01 43 29 71 15

Librairie Le Lucernaire
53, rue Notre-Dame-des-Champs – 75006 Paris
librairie@lucernaire.fr
01 42 22 67 13

www.ingramcontent.com/pod-product-compliance
Lightning Source LLC
LaVergne TN
LVHW011141061026
849535LV00003B/556